I0033857

CIRCULAIRES

DU MINISTÈRE DE LA JUSTICE,

PUBLIÉ PAR LES ORDRES

DE M. LE GARDE DES SCEAUX, MINISTRE DE LA JUSTICE.

TOME TROISIÈME.

1863 À 1875.

PARIS.

IMPRIMERIE NATIONALE

RECUEIL OFFICIEL

DES

INSTRUCTIONS ET CIRCULAIRES

DU MINISTÈRE DE LA JUSTICE.

8° F
1730

RECUEIL OFFICIEL

DES

INSTRUCTIONS ET CIRCULAIRES

DU MINISTÈRE DE LA JUSTICE,

PUBLIÉ PAR LES ORDRES

DU GARDE DES SCEAUX, MINISTRE DE LA JUSTICE.

TOME TROISIÈME.

1863 À 1875.

2216

PARIS.

IMPRIMERIE NATIONALE.

M DCCC LXXXIII.

TABLE CHRONOLOGIQUE

DES INSTRUCTIONS ET CIRCULAIRES

CONTENUES DANS LE TROISIÈME VOLUME.

EXPLICATION DES ABRÉVIATIONS.

C. C.	Code civil.
C. de proc.	Code de procédure civile.
C. de com.	Code de commerce.
C. d'inst. crim.	Code d'instruction criminelle.
C. P.	Code pénal.
Ord.	Ordonnance.
Décr.	Décret.
Art.	Article.
Cass. civ.	Arrêt de la Cour de cassation, chambre civile.
Cass. req.	Arrêt de la Cour de cassation, chambre des requêtes.
Cass. crim.	Arrêt de la Cour de cassation, chambre criminelle.
Inst.	Instruction.
Inst. gén.	Instruction générale.
Circ.	Circulaire.
Déc. min.	Décision ministérielle.
Avis du Cons. d'adm. . .	Avis du Conseil d'administration du Ministère de la justice.
Bull. off.	Bulletin officiel du Ministère de la justice.
Voy.	Voyez.

RECUEIL OFFICIEL

DES

INSTRUCTIONS ET CIRCULAIRES

DU MINISTÈRE DE LA JUSTICE.

ENREGISTREMENT. — Frais de justice. — Procédure criminelle. — Procès-verbaux. — Exploits.

Du 14 janvier 1863.

A MM. LES PROCUREURS GÉNÉRAUX.

Par une lettre du 14 mai dernier [1], je vous ai invité à me faire savoir comment étaient observées dans votre ressort les lois de brumaire et de frimaire an VII, sur le timbre et l'enregistrement des actes judiciaires, ainsi que les diverses instructions concertées entre l'administration de l'enregistrement et la Chancellerie et qui se rattachent à cette matière.

Votre réponse, rapprochée de celles de vos collègues, m'a donné lieu de reconnaître que ces lois et instructions avaient été très diversement comprises. J'ai constaté notamment que la circulaire du 24 septembre 1823, qui résumait toutes les règles de la matière, n'avait pas toujours été présente à l'esprit des magistrats.

Il importe à la bonne administration de la justice de rétablir sur ce point une complète uniformité dans tous les ressorts : je me vois donc dans la nécessité de vous rappeler les

---

[1] Voy. cette circulaire du 14 mai 1862. — Consultez, sur les actes en matière criminelle à timbrer et à enregistrer, le tableau annexé à la circulaire du 14 août 1876 (Bull. off. 1876, p. 154).

principes qui doivent être partout et rigoureusement observés.

Il résulte des différents textes cités dans ma lettre du 14 mai, à laquelle je vous recommande de vous référer :

1° Qu'en matière criminelle aucun des actes, jusqu'à l'arrêt définitif, ne doit être timbré et enregistré lorsqu'il n'y a point de partie civile, et que, s'il y a partie civile, les actes spéciaux faits à la requête de cette partie, ainsi que les jugements qui prononcent des condamnations civiles sont seuls assujettis à la double formalité;

2° Qu'en matière correctionnelle tous les actes qui précèdent l'ordonnance de renvoi ou la citation sont, lorsqu'il n'y a pas de partie civile, affranchis de la formalité et que les actes qui suivent y sont soumis;

3° Qu'en matière de simple police, tous les actes de procédure doivent être timbrés et enregistrés.

Ainsi, les procès-verbaux, actes et jugements, soit en matière de crimes, soit en matière de délits, lorsqu'il n'y a pas de partie civile, sont affranchis du timbre et de l'enregistrement : cette exemption, comme je l'ai dit dans ma lettre du 14 mai, comprend les procès-verbaux des procureurs impériaux, des juges d'instruction, des juges de paix, etc., et des autres personnes chargées par le ministère public d'apprécier dans une affaire déterminée la nature du crime ou du délit, etc. etc.

Mais les exploits signifiés à la requête du ministère public dans les instances suivies devant les tribunaux correctionnels doivent, à moins qu'il n'y ait partie civile en cause, être visés pour timbre et enregistrés en débet; la dispense de timbre et l'enregistrement gratis, autorisés par les articles 16 de la loi du 13 brumaire an VII, et 70, § 3, n° 9, de la loi du 22 frimaire suivant, s'appliquent seulement aux exploits signifiés par les huissiers et les gendarmes dans les procédures en matière criminelle et dans celles qui sont faites pour l'examen préalable de toutes les affaires par le juge d'instruction ou par la chambre des mises en accusation, afin de caractériser l'infraction commise et de régler la compétence.

La circulaire du 24 septembre 1823 avait fait des réserves expresses quant à l'enregistrement et au timbre des actes à l'égard desquels cette formalité est exigée par des lois spéciales.

Ces recommandations paraissent avoir été perdues de vue dans un grand nombre de ressorts. M. le Ministre des finances m'a fait remarquer, en effet, qu'on négligeait assez généralement de faire timbrer et enregistrer les procès-verbaux dressés par les gardes champêtres et forestiers et par les gendarmes, qui, d'après l'article 12 de la loi du 13 brumaire, l'article 74 de la loi du 25 mars 1817 et l'article 170 du Code forestier, doivent être visés pour timbre et enregistrés en débet. J'appellerai particulièrement votre attention sur la nécessité de cette double formalité pour les procès-verbaux dressés en matière de chasse et qui ont été l'objet de difficultés entre quelques parquets et l'administration de l'enregistrement.

Je terminerai par une observation importante : c'est qu'il ne faut classer parmi les procès-verbaux soumis au timbre et à l'enregistrement que ceux qui constatent un fait donnant lieu à une poursuite, et non ces actes nombreux et divers des agents de la police judiciaire, qui ne peuvent être considérés que comme des pièces d'ordre et de renseignement, et pour lesquels la dispense est de droit. Cette distinction est, du reste, établie par l'article 491 du décret du 1er mars 1854, sur la gendarmerie.

Je vous prie de vouloir bien m'accuser réception de cette circulaire et donner à tous vos substituts et aux greffiers des instructions détaillées à l'effet d'assurer l'exécution uniforme, dans votre ressort, des lois sur le timbre et l'enregistrement des actes judiciaires. Pour être complètes, ces instructions devront remédier aux abus résultant d'usages locaux, comme les énonciations fautives consignées souvent sur les formules imprimées dont se servent les parquets et les cabinets d'instruction.

DELANGLE.

PÊCHE FLUVIALE. — Poursuites. — Frais de justice.

Du 6 mars 1863.

A MM. LES PROCUREURS GÉNÉRAUX.

En vertu d'un décret du 29 avril 1862, la surveillance de la police et l'exploitation de la pêche fluviale se trouvent aujourd'hui placées exclusivement dans les attributions du Ministère de l'agriculture, du commerce et des travaux publics et confiées à l'administration des ponts et chaussées.

J'ai appris que des divergences s'étaient manifestées dans les parquets quant à l'appréciation des conséquences de la décision de Sa Majesté; je vous recommande de rétablir partout l'uniformité dans la pratique.

Le décret dont le but a été de substituer les agents de l'administration des ponts et chaussées à ceux de l'administration forestière, n'a rien changé aux règles et aux principes adoptés jusqu'à ce jour en ce qui concerne les attributions des agents ordinaires de la police judiciaire et des officiers du ministère public pour la constatation et la poursuite des infractions en matière de pêche.

Les poursuites qu'ils ont à diriger contre les délinquants seront faites au nom de l'administration des ponts et chaussées ainsi qu'elles avaient lieu au nom de l'administration forestière, avant le décret du 29 avril. Les frais, dans ce cas, continueront à être acquittés soit sur simple taxe, soit sur mémoire séparé, selon leur nature, pour le compte du ministère chargé du service.

Je rejetterai donc toute taxe et tout article de dépense qui figureraient de ce chef dans les états de frais urgents soumis à ma régularisation par les receveurs de l'enregistrement ou dans les mémoires ordonnancés par les magistrats, dont la responsabilité serait engagée s'ils ne se conformaient pas à l'instruction du 30 septembre 1826 et à l'article 158 du décret du 18 juin 1811, concernant les frais de justice[1].

DELANGLE.

---

[1] La circulaire du 9 septembre 1863 a confirmé ces instructions en communiquant une circulaire du Ministre des travaux publics.

Voy. circ. du 23 juillet 1864, sur les avis trimestriels à communiquer aux ingénieurs en chef relativement aux suites données par les tribunaux aux procès-verbaux constatant les délits de pêche.

ÉLECTIONS. — *Pourvois.* — *Transmission.*

Du 19 mars 1863.

A MM. LES PROCUREURS GÉNÉRAUX PRÈS LES COURS IMPÉRIALES.

Plusieurs pourvois formés en matière électorale ont exigé des avant-faire-droit pour ordonner l'envoi des pièces que l'article 23 de la loi du 2 février 1852 prescrit aux greffiers des justices de paix de transmettre, sans frais, au greffier de la Cour de cassation.

D'un autre côté, les décisions des juges de paix en ces matières étant la plupart motivées d'une manière générale sur ce que les réclamants ne justifient pas de la durée de domicile voulue, il en résulte qu'en l'absence de toutes les pièces fournies par les électeurs, il est impossible à la Cour de cassation d'exercer son contrôle, et le recours ouvert par la loi devient ainsi illusoire.

Il est urgent de faire cesser cet état de choses, en recommandant à MM. les juges de paix de veiller à ce que leurs greffiers aient soin, conformément à l'obligation que la loi leur impose, de transmettre exactement au greffier de la Cour de cassation *toutes les pièces* produites à l'appui de la réclamation, et particulièrement la décision de la commission signifiée à l'électeur, et la décision de la justice de paix sur l'appel [1].

DELANGLE.

---

[1] Voy. circ. des 25 septembre 1845 et 26 avril 1849, relatives à l'envoi des dossiers de pourvoi à la Cour de cassation.

M. le procureur général près la Cour de cassation a adressé, le 17 mars 1870, une circulaire spéciale aux procureurs généraux, afin de recommander l'envoi des actes de dénonciation. Cette circulaire est ainsi conçue :

«Aux termes de l'article 23 du décret organique du 2 février 1852, les pourvois contre les décisions des juges de paix en matière électorale sont formés par simple requête dénoncée aux défendeurs dans les dix jours qui suivent; ils sont jugés d'urgence; les pièces et mémoires fournis par les parties sont transmis sans frais par le greffier de la justice de paix au greffier de la Cour de cassation.

«L'exécution de cet article fait souvent naître, pour la Cour de cassation, une situation regrettable que je crois devoir signaler à votre attention.

«Un grand nombre de greffiers de justices de paix adressent à la Cour les pourvois avant l'expiration du délai de dix jours qui est accordé pour la dénonciation aux défendeurs, et sans cet acte de dénonciation. En présence d'un dossier incomplet, la chambre des requêtes (aujourd'hui la chambre civile), statuant

Frais de justice. — Translation des prévenus et accusés. — Gendarmes. — Indemnités.

Du 20 avril 1863.

A MM. les Procureurs généraux.

Un décret impérial du 18 février dernier, portant règlement sur l'administration et la comptabilité de la gendarmerie, a virtuellement abrogé l'article 12 du décret du 18 juin 1811.

Aux termes de cet article, lorsque les gendarmes étaient chargés de la translation de prévenus et accusés, toutes leurs dépenses indistinctement, et celles dont ils avaient fait l'avance pour les individus transférés, devaient leur être remboursées sur la production de mémoires appuyés de quittances justificatives.

Les articles 314 à 317 du décret du 18 février dernier, dont les dispositions ont été concertées entre mon département et celui de la guerre, ont modifié cette règle [1].

---

longtemps après l'expiration des délais, ne trouve pas aux pièces la preuve qu'il a été satisfait à la loi, et elle est exposée à déclarer non recevable, à défaut de dénonciation, des pourvois qui ont été réellement dénoncés, mais dont l'acte de dénonciation n'a pas été transmis.

«Plusieurs fois les rapporteurs, afin d'éviter un aussi grave inconvénient, se sont adressés à mon parquet qui a dû faire rechercher si la dénonciation avait eu lieu. Mais cette intervention, faite après coup et individuellement, n'est pas de nature à remédier à la situation.

«Lorsque le demandeur devance l'expiration du délai, en déposant l'acte de dénonciation, il est sans inconvénient, et il est même désirable, que le greffier de la justice de paix transmette immédiatement les pièces à la Cour de cassation. Dans le cas contraire, il me paraît nécessaire de laisser au demandeur le temps d'accomplir les formalités légales. Or, la loi lui accorde dix jours pour la dénonciation, et il faut joindre à ce laps de temps celui de quatre jours qui est donné à l'huissier pour l'enregistrement de cet acte. Il serait donc nécessaire que, dans le cas où le dépôt de l'acte de dénonciation n'a pas été fait, avant l'expiration du délai, les greffiers des justices de paix ne se dessaisissent des dossiers des pourvois en matière électorale, que quinze jours après la déclaration du pourvoi.

«Paul Fabre.»

Voy. aussi circ. du 8 août 1860, sur les avis que les juges de paix doivent transmettre aux préfets à l'occasion des décisions en matière électorale, et circulaire du 14 mars 1868, relative à la revision annuelle des listes électorales et aux constestations auxquelles peut donner lieu cette opération.

[1] Ces articles ne sont applicables qu'au cas où les gendarmes chargés de la translation sont obligés de sortir du département. Lorsqu'ils restent dans le département de leur résidence, ils n'ont droit qu'à l'indemnité de service extraordinaire. (Art. 322 du décret du 18 février 1863.) — Voy. circ. des 1er juin 1865 et 18 avril 1867.

A l'avenir, on ne remboursera plus aux gendarmes que les avances qu'ils auront pu faire pour leur locomotion, pour celle des prévenus, pour la nourriture de ces derniers et autres frais extraordinaires les concernant. Ces avances devront, comme par le passé, faire l'objet de mémoires détaillés.

Quant à leurs dépenses personnelles de nourriture, de séjour et de découcher, les gendarmes y feront face au moyen d'une indemnité fixée à 6 francs par jour pour les sous-officiers, à 5 francs pour les brigadiers et à 4 francs pour les gendarmes.

Cette indemnité ne leur sera accordée que pour l'aller seulement; celle qui leur est due pour le retour, et qui est déterminée par des règlements spéciaux sur les frais de route des militaires, leur sera payée sur les fonds du Ministère de la guerre, à titre d'avance, et à charge de remboursement par le Ministère de la justice[2].

Ces nouvelles dispositions mettront un terme aux allocations abusives qui n'étaient que trop souvent constatées au sujet des translations dont il s'agit et aux difficultés qu'elles soulevaient. Il arrivait fréquemment, en effet, que les gendarmes, donnant une interprétation erronée au règlement provisoire du 11 mai 1856, réclamaient, indépendamment du remboursement de leurs dépenses, l'indemnité fixe allouée par ce règlement, bien que, sous l'empire de l'article 12 du décret du 18 juin 1811 qui n'avait pas cessé d'être en vigueur, ils n'y eussent aucun droit.

Désormais, cette indemnité leur sera régulièrement dévolue pour les translations qui sont à la charge du Ministère de la justice; mais il est bien entendu qu'elle est destinée à les couvrir de leurs dépenses personnelles, à l'exception seulement de leurs frais de locomotion[3].

Je vous prie, Monsieur le Procureur général, de donner connaissance aux magistrats de votre ressort de la modification apportée à l'article 12 du décret du 18 juin 1811. Vous

---

[2] Cette prescription est rappelée avec insistance par les circulaires des 1er juin 1865 et 14 août 1876, § 10 (Bull. off. 1876, p. 146).

[3] Lorsque les gendarmes d'escorte sont relevés au cours du transport par d'autres gendarmes, le procureur de la République qui aura requis la taxe des premiers devra en donner avis au parquet du lieu de destination. (Circ. du 14 août 1876, § 10. — Bull. off. 1876, p. 146.)

leur recommanderez en même temps de régler avec le plus grand soin les frais en question, afin qu'aucune allocation contraire aux dispositions qui viennent d'être arrêtées ne soit irrégulièrement payée sur les fonds des frais de justice, notamment en ce qui concerne le retour des gendarmes, dont le payement direct sur exécutoire des magistrats constituerait un double emploi avec le remboursement qui sera fait par mon département au Ministère de la guerre.

DELANGLE.

ACTES JUDICIAIRES. — Transmission à l'étranger. — Copies illisibles.

Du 8 mai 1863.

A MM. LES PROCUREURS GÉNÉRAUX.

L'article 20 de la loi de finances du 2 juillet 1862 dispose que les copies des exploits, celles des significations d'avoué à avoué et des significations de tous jugements, actes ou pièces, doivent être correctes, lisibles et sans abréviations. Toute contravention à cette prescription légale est punie d'une amende de 25 francs. Cet article reproduit, en les complétant, les dispositions du décret du 29 août 1813, dont mes prédécesseurs ont, par diverses circulaires, invité les officiers du ministère public à assurer la stricte exécution, soit en provoquant l'application de l'amende, soit en exerçant, en cas d'infractions réitérées, des poursuites disciplinaires contre les contrevenants. Je n'ai rien à ajouter aux instructions contenues en ces circulaires.

Mais il est une espèce d'actes sur lesquels je dois appeler votre attention. Je suis informé par M. le Ministre des affaires étrangères que des plaintes nombreuses se sont élevées à l'étranger contre la négligence extrême avec laquelle seraient écrits et copiés les actes signifiés hors de France. Ces pièces seraient illisibles à ce point que la traduction en deviendrait presque impossible; les noms des lieux ou des personnes, dont la correction et l'exactitude sont particulièrement nécessaires, seraient transcrits avec une telle incurie qu'il en résulterait habituellement des difficultés et des retards fâcheux pour la remise aux intéressés des pièces qui les concernent.

La surveillance du ministère public est pourtant facile en pareille matière, puisque tous les actes destinés à l'étranger doivent être préalablement déposés au parquet; j'ai donc lieu de craindre que, dans quelques ressorts, elle ne s'exerce pas avec une suffisante sollicitude.

Je vous prie, en conséquence, Monsieur le Procureur général, d'appeler l'attention de vos substituts sur la nécessité de veiller avec plus de soin à l'exécution de l'article 20 de la loi du 2 juillet 1862 et plus particulièrement de leur rappeler les prescriptions précises et détaillées des circulaires des 18 mars 1824, 15 avril 1840 et 6 décembre 1850[1], concernant les exploits et copies d'actes qui doivent être signifiés hors du territoire continental de la France.

DELANGLE.

CODE PÉNAL. — Modifications.

Du 30 mai 1863.

A MM. LES PROCUREURS GÉNÉRAUX.

La loi du 18 avril 1863 sur la réforme du Code pénal va être promulguée le 1er juin.

Comme toutes les lois nouvelles, celle du 18 avril soulève dans son application des questions transitoires que vous devez vous apprêter à résoudre lorsque vous serez consulté par les parquets de votre ressort.

Je n'ai pas besoin de vous rappeler le principe contenu

[1] Les circulaires du 18 mars 1824 et du 15 avril 1840 ont pour objet de rappeler les prescriptions du décret du 29 août 1813, au sujet des copies signifiées en général. (Voy. circ. du 15 avril 1840.) — Celle du 6 décembre 1850, non insérée, a pour objet spécial les copies destinées à l'étranger; elle signale les abus provenant : « 1° de ce que les copies sont ou illisibles ou surchargées d'abréviations « qui les rendent inintelligibles, ce qui ne permet pas de les traduire; 2° de ce « que les noms, professions, qualité et domicile des défendeurs n'y sont pas exac-« tement indiqués. » La circulaire rappelle les dispositions qui prononcent l'amende en cas de copies illisibles, et l'article 61, § 2, du Code de procédure civile qui exige que les exploits contiennent le nom et la demeure du défendeur.

dans l'article 4 du Code pénal. Plus général encore que ne semble l'indiquer son texte, il ne s'applique pas seulement au cas où la loi attache pour la première fois un caractère pénal à un fait auparavant impuni ou passible de peines inférieures. Une jurisprudence invariable l'étend à toutes les circonstances qui, comme en matière de récidive, viendraient modifier au préjudice de l'inculpé la situation qui résultait pour lui de l'état antérieur de la législation.

Aussi, vous recommanderez à tous les membres des tribunaux de répression de veiller à ce que, dans les jugements ou arrêts statuant sur des faits antérieurs à la promulgation de la loi, le texte des anciens articles appliqués soit inséré avec une scrupuleuse exactitude. Leur vigilance à cet égard préviendra, plus sûrement que les articles 411 et 414 du Code d'instruction criminelle, des cassations coûteuses pour le Trésor et préjudiciables à la justice.

Un second principe, non moins certain, que la jurisprudence n'a cessé d'observer et que le législateur avait proclamé dans l'article 6 du décret du 23 juillet 1810, c'est que la loi en vigueur au moment du jugement du délit doit être appliquée au condamné de préférence à la loi ancienne, si ses dispositions sont plus douces [1]. Cette règle profitera également aux accusés de crimes anciens ramenés par la loi nouvelle aux proportions d'un délit, et aux prévenus correctionnels, si la peine édictée par la loi du 18 avril est moins forte que celle qu'ils avaient encourue.

D'un autre côté, la Cour de cassation décide invariablement que les lois de compétence criminelle sont exécutoires du jour de leur promulgation et s'appliquent aussi bien aux procès commencés qu'aux procès à naître. Vos substituts devront, par conséquent, requérir le renvoi en police correctionnelle de tous les inculpés de crimes, transformés en délit par la loi nouvelle, à l'égard desquels la chambre des mises en accusation n'aura pas *définitivement* réglé la compétence. Quant aux accusés déjà renvoyés aux assises, ils seront, en vertu de la décision passée en force de chose jugée, traduits

---

[1] Ce principe a été formulé de la manière la plus explicite dans l'article 267 du Code de justice militaire de 1857, et dans l'article 376 du Code pour l'armée de mer de 1858.

devant la cour qui leur fera, d'après le verdict du jury, application des peines les plus douces.

Je ne puis me proposer, dans une circulaire, de commenter les différentes dispositions de la loi que vous allez appliquer. Il n'appartient qu'à la jurisprudence de la Cour suprême, éclairée par les travaux des juridictions criminelles, de préciser la portée de chacune des innovations consacrées par la loi du 18 avril.

La lecture de l'exposé des motifs (*Voyez au* Moniteur, *1862, annexe C, n° 14, à la séance du 28 janvier 1862*) aura suffisamment révélé à tous les magistrats le but que s'est proposé le Gouvernement en présentant le projet de loi. Ce ne pouvait être un désir irréfléchi d'innovation ou l'intention d'ébranler les bases d'une législation pénale acceptée par l'esprit public et consacrée par nos mœurs. Les jurisconsultes consultés sur l'opportunité des réformes, et les commissions qui se sont inspirées des révélations de la jurisprudence, ont unanimement reconnu que, trente ans après la réforme de 1832, il était temps qu'une *revision* modeste, mais indispensable, vînt, d'une part, remplir les lacunes ou corriger les erreurs signalées par les arrêts et, de l'autre, atténuer la sévérité de certains articles contre lesquels protestaient les verdicts du jury.

Une étude comparative de tous les textes anciens et nouveaux est l'unique moyen de vous pénétrer de l'esprit pratique et de la portée des réformes partielles et judicieuses de la loi du 18 avril. Je me bornerai à appeler ici votre attention sur un petit nombre de dispositions spéciales et je terminerai par quelques réflexions sur la récidive et l'article 463.

§ 1er.

DISPOSITIONS SPÉCIALES.

ART. 134.

Les dispositions du nouvel article 134 méritent d'être remarquées. Elles n'ont pas pour but de créer un délit nouveau, car le Corps législatif a repoussé avec raison une première rédaction qui semblait retirer à la *coloration frauduleuse* son caractère *d'altération* ou de *contrefaçon*. Il s'agit seulement du déclassement, par atténuation de la peine, de l'une des variétés des crimes prévus par les anciens articles 132, 133 et 134. Cette observation a son importance pour la répression des faits de cette nature commis avant la promulgation de la loi.

Comme dans les deux articles précédents il était superflu d'ajouter que, pour être punissable, cette contrefaçon ou altération spéciale devra avoir été commise sur le territoire français, à moins cependant que, comme il arrivera le plus souvent, elle ne constitue l'un des actes de participation intentionnelle à l'émission ou à l'introduction ultérieures en notre pays. Les mots : «pour tromper sur la nature du métal» doivent être considérés comme l'équivalent du mot *frauduleusement* consacré par la jurisprudence pour caractériser toutes les variétés du faux.

ART. 222.

Complété par une disposition qui rend la répression plus efficace dans les cas où l'article 376 du Code pénal n'offrait pas de garanties suffisantes, l'article nouveau maintient en faveur des magistrats administratifs et judiciaires, auxquels il assimile les jurés, la protection de la loi contre tous les outrages par paroles, publics ou non publics, et y ajoute une répression nécessaire contre les outrages par écrits ou par dessins non publics, mais reçus dans l'exercice ou à l'occasion de l'exercice de fonctions officielles. Des scrupules qui n'ont jamais eu rien de fondé, ont entraîné des remaniements successifs qui ont fait disparaître l'harmonie entre cet article et l'article 223 quant au minimum de la peine, mais qui ne laissent du moins aucun doute sur l'intention du législateur. L'outrage sera puni *de quelque manière* qu'il ait été *adressé* au fonctionnaire, et le défaut de publicité ne protégera plus celui qu'une intention criminelle aura conduit à inculper l'honneur et la délicatesse du délégué de l'autorité publique attaqué à raison de l'accomplissement de son mandat. Il est évident que le coupable ne peut trouver une protection dans l'habileté des moyens détournés à l'aide desquels il a atteint la victime de son agression anonyme ou avouée; mais il serait difficile de prévoir comment des magistrats intelligents pourraient abuser de la loi. La manifestation, même passionnée et réprouvée par la morale, de ressentiments politiques ou judiciaires, ne sera pas reprochée à l'écrivain ou à l'artiste qui l'auraient confiée à des mémoires secrets ou à des feuilles dont la révélation ne serait pas leur œuvre.

Dans le cas de non-publicité, vous devrez considérer la plainte préalable de l'offensé comme une condition indispensable que la prudence, à défaut de la loi, impose à l'exercice de l'action publique dont vous restez toujours maître d'apprécier l'opportunité [2].

ART. 308.

Les articles 305 et suivants du Code pénal étaient trop sévères à l'égard des menaces graves qui ne révèlent pas nécessairement la résolution arrêtée de les accomplir. L'ordre public, intéressé à la répression efficace de ces manœuvres, prescrivait de modérer les peines afin de les proportionner au degré de perversité du coupable. Mais il réclamait aussi une protection contre l'intimidation non moins funeste quelquefois, qui résulte de la menace de simples voies de fait ou violences. Tantôt les craintes exagérées de la victime laissée sans défense l'ont soumise au joug d'une oppression odieuse, ou l'ont entraînée à des extrémités violentes; tantôt les préjugés, en attachant à l'agression un caractère déshonorant, ont triomphé des préceptes religieux, des prohibitions de la loi, de l'intérêt de la famille, et condamné le citoyen paisible à demander aux chances d'un duel inégal la réparation que la loi lui refusait.

Le nouvel article 308, dans sa généralité, complète heureusement sous ce rapport le système de nos lois protectrices de la liberté individuelle.

ART. 330, 331, 333, 334.

Les sentiments de haute moralité qui inspiraient le Corps législatif, se sont énergiquement manifestés dans la série des

[2] Voy. loi du 17 mai 1819 (art. 16 et 19), loi du 26 mai 1819 (art. 5), loi du 25 mars 1822 (art. 6), et loi du 29 décembre 1875 (art. 5 et 6).

importantes modifications qui ont placé les outrages publics de l'article 330 sous l'influence de l'article 58, étendu jusqu'à la treizième année la protection due à l'enfance contre l'attentat sans violence, et infligé à l'ascendant qui a souillé le mineur âgé de plus de treize ans et non marié, une peine bien modérée, du reste, puisqu'elle échappe à l'aggravation de l'article 333.

Vous trouverez un enseignement pratique non moins intéressant dans le rejet d'une rédaction nouvelle de l'article 334, qui avait été introduite dans le projet sur l'initiative de la Commission. Au système absolu qui réduisait rigoureusement l'application de la loi au proxénétisme, et qui excusait tout acte commis *dans le but de satisfaire ses propres passions*, le législateur a préféré la doctrine de la Cour de cassation qui atteint le débauché lui-même lorsque les raffinements de son immoralité en ont fait l'instrument habituel de la corruption d'autrui [3] ou le complice du pourvoyeur de ses plaisirs coupables [4].

Si le vote du Corps législatif a supprimé en même temps quelques mots destinés à résoudre des difficultés soulevées par la doctrine, il n'en résultera aucun inconvénient pratique. D'une part une jurisprudence invariable proclame que la *pluralité* des victimes n'est pas nécessaire à l'application de l'article 334 [5]; de l'autre, le proxénétisme exercé par les parents ou tuteurs au préjudice de la mineure sera presque toujours accompagné de *l'habitude*, suffisamment manifestée par la répétition des actes de *tolérance* ou *d'encouragement*, d'après la doctrine des arrêts du 10 novembre 1860 et du 13 février 1863.

ART. 361 à 366.

Vous apprécierez sans peine les conséquences pratiques du déclassement des faux témoignages en matière correctionnelle, dont la fréquence dans certaines localités accuse une démoralisation à laquelle il est nécessaire d'apporter des re-

---

[3] Voir arrêts de cassation (crim.) des 27 avril 1854, 23 août 1855, 10 janvier et 13 novembre 1856, 7 juillet 1859.

[4] Voy. cass. crim. des 10 novembre 1860 et 13 février 1863.

[5] Voy. cass. crim. des 17 janvier 1829, 29 janvier 1830, 4 janvier et 17 octobre 1838, et 31 janvier 1850.

mèdes prompts et efficaces. Vous ne devez pas hésiter à inviter les magistrats de votre ressort à user fréquemment, en cette matière, du pouvoir qui leur est attribué par l'article 181 du Code d'instruction criminelle et à juger séance tenante ces *délits d'audience* dont il leur est facile de réprimer l'audace par des peines justement proportionnées, en présence des témoins de la faute, et sans frais pour le Trésor.

ART. 400, § 2.

Exercée par des misérables pour qui notre législation pénale n'a pas de secrets et dont toutes les manœuvres sont calculées avec une effrayante habileté, *l'extorsion par voie de contrainte morale* a pris depuis longtemps, sous le nom vulgaire de *chantage*, des proportions vraiment inquiétantes. Quelquefois, l'autorité, désarmée par l'imprévoyance de la loi, a dû assister impuissante à ces compromis scandaleux par lesquels l'honneur des citoyens et le repos des familles alarmées transigeaient à prix d'or et sans sécurité pour le lendemain.

Désormais la confiance peut renaître dans le cœur de l'innocent, que des apparences trompeuses avaient exposé à une accusation scandaleuse; du condamné repentant qui a expié son délit en subissant sa peine; ou du coupable d'une de ces fautes dont la prudence de la loi a abandonné le jugement à la conscience et à la morale.

La loi nouvelle atteindra, en effet, la menace brutale ou habilement dissimulée, directe ou indirecte, expresse ou cachée sous des réticences transparentes, qu'elle ait ou non obtenu le résultat que s'est proposé l'agent de l'extorsion.

Mais le ministère public doit se faire un devoir d'apporter dans une matière aussi délicate une réserve et des ménagements tout particuliers. Il faut éviter qu'une intervention irréfléchie vienne précipiter des révélations qu'il importerait de prévenir plus encore que de réprimer. L'intérêt privé peut avoir tout à perdre et la morale publique n'a peut-être rien à gagner à l'éclat d'un scandale prémédité.

D'ailleurs, il ne faut pas exagérer la portée d'une loi dont le bienfait dépendra de la sagesse de son application. Les mots : «imputations diffamatoires», dont la jurisprudence fixera du reste l'interprétation, n'imposent pas au ministère public l'obligation de poursuivre sans examen tous les cas qui pourraient rentrer dans l'article 13 de la loi du 17 mai 1819.

D'un autre côté le mot *extorsion*, impliquant la *fraude* et l'*injustice*, doit exclure des prévisions de l'article 400, § 2, la transaction lucrative dans laquelle la victime d'un délit ou quasi-délit aurait imposé et obtenu la réparation d'un préjudice. Tel serait le cas du mari qui, sans connivence avec sa femme, placerait le complice de l'adultère entre la nécessité d'un sacrifice pécuniaire et le scandale d'une poursuite. L'indélicatesse ou une avidité méprisable ne peuvent rendre criminelle la renonciation, prévue par l'article 4 du Code d'instruction criminelle, au droit consacré par l'article 1er du même code.

ART. 405.

La revision de cet article n'a pas créé une incrimination nouvelle.

Avant elle, la tentative d'escroquerie avait été jugée punissable par le législateur de 1832, mais une rédaction vicieuse avait ôté toute efficacité pratique à la loi, en faisant dépendre la tentative elle-même d'une *remise effective* qui consommait en réalité le délit.

Le nouveau texte continuera à exiger, avec l'article 2 du Code pénal, la volonté criminelle persévérante aussi bien que le commencement d'exécution. La jurisprudence imposera, comme par le passé, aux rédacteurs de la sentence, l'énumération minutieuse des faits, sans laquelle la Cour de cassation, obligée ici d'entrer dans l'examen des manœuvres frauduleuses, ne peut discerner si la condamnation se fonde sur l'escroquerie caractérisée ou sur des mensonges qui échappent à la rigueur de la loi [6].

D'ailleurs, quoique la généralité de l'article doive atteindre les escrocs de toute classe et de tout âge, je vous recommande de veiller à ce que vos substituts, bien pénétrés de la véritable pensée de la loi, ne confondent pas avec la tentative proprement dite d'escroquerie les manifestations du dol civil

---

[6] Voy. cass. crim. des 17 juin 1843, 10 mai 1850, 20 mars et 2 juillet 1852, et 21 juin 1855.

ou commercial contre lesquels la prudence des contractants est une sauvegarde suffisante, et dont la répression n'est pas réclamée impérieusement par l'intérêt social, l'exploitation impudente de la crédulité publique ou les périls du commerce national menacé de discrédit.

ART. 423 [7].

La disposition additionnelle de cet article me donne occasion de vous rappeler et de maintenir les prescriptions de la circulaire du 4 juin 1857, qui, en faisant ressortir l'efficacité des peines accessoires de l'affiche du jugement et de l'insertion dans les journaux, recommande au ministère public l'usage des réquisitions formelles et l'exercice du droit d'appel, toutes les fois que la publicité n'aura pas été ordonnée, à moins que les circonstances ne soient exceptionnellement favorables.

§ 2.

DISPOSITIONS GÉNÉRALES.

Le législateur de 1863 a introduit dans les principes généraux du Code pénal deux modifications importantes, en ce qui concerne la récidive et les circonstances atténuantes.

ART. 57 et 58.

Par la revision des premiers mots de l'article 57, le projet du Gouvernement s'était borné à résoudre, dans un sens conforme au dernier état de la jurisprudence, la question de savoir si la peine correctionnelle infligée pour un crime pouvait constituer le condamné en état de récidive légale.

C'est à l'initiative de la Commission du Corps législatif qu'est due, dans les articles 57 et 58, l'innovation par laquelle le crime commis après la première condamnation et *qui devra n'être puni que de peines correctionnelles* est assimilé au délit et encourt la même aggravation. Le rapport de la Commis-

---

[7] Voyez la loi du 27 mars 1851, sur la répression des fraudes dans la vente des marchandises. — Les dispositions de cette loi ont été étendues aux boissons par la loi du 5 mai 1855.

sion[8] ne laisse aucun doute sur l'intention des rédacteurs de ces textes. Le cas prévu par eux leur a paru «une variété de «la récidive de délit à délit», parce que « le crime dégénère «en délit par la peine qui lui est infligée». On comprend dès lors que, pour ce crime, comme pour le délit, ils aient édicté une aggravation identique de la peine principale et l'obligation d'infliger la surveillance. Ils ont pensé, d'ailleurs, que cette rigueur serait tempérée au besoin dans l'un et l'autre cas par la faculté d'atténuation résultant de l'article 463.

C'est en effet ce qui aura lieu sans obstacle lorsque le verdict aura *réellement fait dégénérer le crime en délit* par l'admission des excuses légales ou la négation des circonstances aggravantes, puisqu'il appartient alors à la Cour d'accorder ou de refuser le bénéfice de l'article 463.

Mais il ne faut pas se dissimuler les difficultés que soulèvera dans la pratique la rédaction adoptée, en présence d'un verdict qui, en déclarant l'accusé coupable d'un crime passible soit des travaux forcés à temps, soit de la reclusion, lui aura en même temps accordé les circonstances atténuantes. Les peines de la récidive sont-elles toujours encourues dans ces deux cas? Pourront-elles être atténuées au-dessous du maximum indiqué par les articles 57 et 58? Ces graves questions devront appeler toute l'attention des membres du parquet et des présidents d'assises. Il ne m'appartient pas de les résoudre théoriquement, et elles ne pourront être tranchées définitivement que par la Cour de cassation éclairée par les travaux des juridictions criminelles[9].

ART. 463.

L'avant-dernier paragraphe de cet article a restreint au minimum des peines correctionnelles la limite de l'atténuation

---

[8] Voir *Moniteur,* Corps législatif. — Annexe au procès-verbal du 6 mars 1863.

[9] Cette double question, sur l'application des articles 57 et 58 du Code pénal, a été formellement tranchée par deux arrêts de la Cour de cassation (crim.), des 26 mars et 15 septembre 1864, commentés par Chauveau et Helie (Th. du C. P., t. Ier, nos 223 à 229, édit. 1872). Si le nouveau crime est passible de la reclusion, la déclaration des circonstances atténuantes a pour effet d'autoriser la réduction au minimum de l'article 401; s'il est passible des travaux forcés à temps, la déclaration des circonstances atténuantes n'autorise à appliquer que le maximum du même article.

en faveur des auteurs d'une classe de délits : ceux que leur gravité rend passibles d'un an au moins d'emprisonnement. Avant la loi du 18 avril, ces *délits* étaient presque tous des *crimes* et la peine infligée ne pouvait descendre au-dessous d'un an ou deux ans de prison. Aujourd'hui, quoiqu'une pareille faiblesse de répression méritât un blâme sévère, ils *pourront* n'être punis que de six jours d'emprisonnement[10].

Il suffit d'énoncer cette *latitude* pour réduire à leur juste valeur les critiques passionnées dont cette disposition a été l'objet.

DELANGLE.

FRAIS DE JUSTICE. — Translation des prévenus et accusés. — Adjudications.

Du 16 juillet 1863.

A MM. LES PROCUREURS GÉNÉRAUX.

En vertu d'une décision de M. le Ministre de la guerre, le service des convois militaires a été mis en adjudication, le 28 mai dernier, par département, pour trois ans, à partir du 1er juillet courant[1].

Dans le cahier des charges arrêté pour l'exécution de ce service, Son Excellence a fait insérer une clause qui impose aux entrepreneurs l'obligation d'effectuer les translations des prévenus et accusés aux mêmes prix que ceux consentis avec le Ministère de la guerre, si je juge convenable de profiter de la faculté qui m'est laissée à cet égard.

J'ai dû attendre, pour être fixé sur le meilleur parti à prendre, que le relevé des marchés passés dans chaque département m'eût été communiqué.

M. le Ministre de la guerre vient de m'adresser ce relevé

---

[10] La distinction faite par les paragraphes 10 et 11 de l'article 463 du Code pénal, a été supprimée par le décret du 27 novembre 1870. Le paragraphe 11 est applicable par les tribunaux correctionnels dans tous les cas, sans exception, où ils reconnaissent l'existence de circonstances atténuantes.

[1] Le service des convois militaires est, depuis 1863, mis en adjudication dans chaque département. Les prescriptions de la présente circulaire doivent continuer à recevoir leur application.

qui ne comprend que soixante-dix-sept départements. L'adjudication n'a pas eu de résultat dans les autres.

Examen fait des différents prix auxquels ces marchés ont été conclus, j'ai constaté que, contre mon attente, ils étaient généralement plus élevés que ceux qui ont été réclamés pour les translations des prévenus depuis la cessation de l'entreprise Bourlon.

L'usage de la faculté qui m'a été réservée ne me semble donc, quant à présent, offrir aucun avantage réel, si ce n'est dans les départements où les transports sont effectués au moyen de réquisitions d'urgence ou de conventions essentiellement provisoires qui peuvent à chaque instant laisser le service en souffrance.

Pour assurer d'une façon régulière les translations et prévenir les difficultés dont les parquets m'ont souvent entretenu, il peut être utile de traiter dans ces départements avec les entrepreneurs des convois militaires. MM. les intendants vous communiqueront ainsi qu'à vos substituts les marchés qui ont été souscrits.

Quant aux départements où vous avez passé, pour les translations des prévenus et accusés, des traités qui sont en cours d'exécution et dans lesquels m'a été réservé un droit de résiliation, pour le cas où M. le Ministre de la guerre organiserait un service général, j'ai reconnu qu'il n'y avait pas lieu d'user de ce droit dont on pourrait contester l'application au cas actuel où le Ministère de la guerre s'est borné à constituer des entreprises par département. Il faudrait d'ailleurs que l'adoption des nouveaux marchés présentât quelque avantage pécuniaire. A mesure que nos traités viendront à expirer, on examinera le parti qu'il conviendra de prendre pour leur renouvellement ou leur remplacement.

Enfin, à l'égard des départements où l'administration de la guerre n'a pas conclu de marché, les choses devront nécessairement rester jusqu'à nouvel ordre dans l'état où elles sont.

Telle est, Monsieur le Procureur général, la ligne de conduite que je vous invite à suivre, selon la situation, dans chacun des départements de votre ressort, du service des transports judiciaires.

Je ne juge pas nécessaire, à moins de difficultés imprévues, que les marchés que vous auriez à passer soient soumis à mon approbation préalable, et je vous délègue, ainsi qu'à vos substituts, tout pouvoir pour traiter en mon nom avec les soumissionnaires de transports militaires. Je vous transmets seulement, pour plus d'uniformité et de régularité dans le service, un modèle de marché qui est en harmonie avec les clauses du cahier des charges arrêté par M. le Ministre de la guerre et auquel on devra se conformer exactement [2].

---

[2] MARCHÉ.

Entre les soussignés, d'une part, M. le procureur général à..., ou M. le procureur impérial à..., agissant en vertu de la délégation qui lui a été donnée par M. le Garde des sceaux et des instructions contenues dans la circulaire du 16 juillet 1863;

D'autre part, le s^r..... chargé du service des convois militaires dans le département d..... pour trois ans, à partir du 1er juillet 1863, ont été passées les conventions suivantes, conformes au cahier des charges arrêté par M. le Ministre de la guerre, et notamment à la clause insérée à l'article 1er, qui est ainsi conçue : «L'entrepreneur sera tenu d'effectuer les translations des prévenus et accusés «civils, et le transport des objets pouvant servir à conviction ou à décharge, aux «mêmes prix que ceux consentis par le Ministère de la guerre.»

ARTICLE PREMIER.

Le s^r..... s'engage à effectuer dans tout le département d..... à partir du ..... et jusqu'au 30 juin 1866, les translations des prévenus et accusés, en dehors des voies ferrées, et, s'il y a lieu, le transport des pièces de conviction, au moyen de voitures à un collier qui devront contenir de un à cinq individus (articles 1er et 12 du cahier des charges).

ART. 2.

Ces translations s'effectueront d'un lieu de logement militaire ou gîte d'étape à un autre avec lequel il correspond sur la route à parcourir, et quelle que soit la distance.

Elles devront s'effectuer aussi d'un gîte d'étape sur un lieu qui ne le serait pas, et réciproquement (art. 2).

Dans le premier cas, il sera payé à l'entrepreneur par voiture à un collier et par étape ou journée de marche (art. 17)........................ tant.

Dans le second cas, à raison d'une demi-journée de marche ou demi-fourniture, quelle que soit la distance (art. 18)........................ tant.

ART. 3.

Au moyen des prix stipulés à l'article précédent, l'entrepreneur sera tenu de payer les fournitures de gré à gré aux particuliers qui les auront faites (art. 18).

Dans aucun cas et pour aucune fourniture, il ne pourra réclamer aucune indemnité en sus desdits prix.

ART. 4.

En cas d'interruption du service, sur un point quelconque du département, il y serait pourvu par des marchés d'urgence ou par tout autre moyen que les autorités locales jugeraient convenable, aux risques et périls de l'entrepreneur qui

Vous voudrez bien, aussitôt que des traités auront été conclus dans votre ressort, m'en adresser une copie.

J. Baroche.

Loteries. — *Loteries étrangères.* — *Publicité.*

Du 11 août 1863.

A MM. les Procureurs généraux.

Les articles 3 et 4 de la loi du 21 mars 1836 punissent des peines portées à l'article 410 du Code pénal les auteurs, entrepreneurs ou agents des loteries prohibées soit françaises, soit étrangères, ou des opérations qui leur sont assimilées.

Le paragraphe 2 de cet article 4 soumet en outre à la pénalité de l'article 411 du Code pénal «ceux qui auront col-

---

serait tenu de payer immédiatement les fournitures faites, aux prix des marchés d'urgence ou à ceux fixés par les autorités locales (art. 27).

Art. 5.

Dans le courant de chaque trimestre, l'entrepreneur dressera un mémoire en double expédition, dont une sur timbre, de toutes les fournitures qu'il aura effectuées pendant le trimestre précédent.

Ce mémoire, conforme au modèle n° 1 annexé à l'instruction du 30 septembre 1826, devra être appuyé des ordres de fournitures, au bas desquels aura été apposé un *vu arriver*, par le maire ou l'adjoint du lieu de l'arrivée, ou par le concierge de la prison dans laquelle le prévenu aura été conduit.

Le payement en sera effectué, sur notre réquisitoire et sur l'exécutoire de M. le premier président de la cour..... ou de M. le président du tribunal d... par le receveur de l'enregistrement établi près cette cour ou ce tribunal.

Art. 6.

Les fournitures qui n'auraient pas été portées dans le mémoire établi pour le trimestre pendant lequel elles auront été effectuées pourront être comprises dans un des mémoires suivants, pourvu toutefois qu'elles ne soient point atteintes de la prescription prononcée par l'article 5 de l'ordonnance du 28 novembre 1838.

Art. 7.

Lorsque des condamnés, des mendiants et vagabonds non traduits devant les tribunaux, ou tous autres individus dont les frais de conduite ne sont pas imputables sur les fonds du Ministère de la justice, auront été transférés dans la même voiture que les prévenus ou accusés, l'entrepreneur déduira du prix de cette voiture la portion qui devra être payée sur d'autres fonds.

Art. 8.

Les droits de timbre et d'enregistrement du présent marché sont à la charge de l'entrepreneur.

«porté ou distribué les billets ainsi que ceux qui, par des «avis, annonces, affiches ou par tout autre moyen de publi-«cation, auront fait connaître l'existence de ces loteries ou «facilité l'émission des billets.»

Ces dispositions, dont le but a été d'enlever aux organisateurs de ces loteries tout moyen d'attirer les capitaux, semblent avoir perdu depuis quelque temps de leur force d'intimidation.

Je suis en effet informé que chaque année des loteries étrangères prélèvent sur la passion du jeu des sommes considérables en France, et que c'est à la publicité que leur accorde de nouveau la presse départementale qu'elles doivent le placement de leurs billets.

Cet état de choses semble indiquer que MM. les chefs de parquet se sont relâchés de l'active surveillance que leur a recommandée l'un de mes prédécesseurs par sa circulaire du 27 juillet 1836.

Vous voudrez bien leur en rappeler les dispositions qui n'ont rien perdu de leur autorité, et veiller à ce que les journaux de votre ressort se conforment rigoureusement à la loi.

Votre surveillance doit aussi porter sur les annonces de ventes d'immeubles qui ne seraient que des loteries déguisées.

J'ajouterai ici, pour remplacer les dispositions transitoires de cette circulaire, qu'il importe d'assimiler aux annonces des loteries proprement dites les annonces d'opérations à primes «offertes au public pour faire naître l'espérance d'un gain qui «serait acquis par la voie du sort[1].»

J. BAROCHE.

FRANCHISE POSTALE. — Receveurs de l'enregistrement.

Du 26 août 1863.

A MM. LES PROCUREURS GÉNÉRAUX.

Je vous informe et vous prie d'informer vos substituts que Son Exc. M. le Ministre des finances, sur le rapport de M. le di-

---

[1] Voy., sur les emprunts étrangers avec lots, note du 8 juin 1877 (Bull. off. 1877, p. 68); sur les loteries étrangères, note insérée au *Bulletin*, 1877, p. 27.

recteur général des postes, et après s'être concerté avec moi a pris, à la date du 19 août courant, la décision suivante.

« Les receveurs de l'enregistrement et des domaines sont « autorisés à correspondre en franchise, sous bande, avec « les juges de paix et les commissaires de police, dans l'étendue « de leur canton[1]. »

Le Conseiller d'État, Secrétaire général,

P. LENORMAND.

CHEMINS DE FER. — Employés. — Témoins.

Du 7 septembre 1863.

A MM. LES PROCUREURS GÉNÉRAUX.

Mon attention a été appelée plusieurs fois sur les difficultés que rencontraient les employés de certaines compagnies de chemin de fer pour obéir à la justice[1], lorsqu'ils étaient cités comme témoins devant les tribunaux. Obligés par des règlements intérieurs à rester à leur poste jusqu'à l'autorisation de leurs chefs et ne pouvant même demander cette autorisation par le télégraphe, ils faisaient souvent défaut, et leur absence entraînait soit des condamnations contre eux, soit des renvois d'une session d'assises à une autre et une prolongation des détentions préventives.

Ces abus ont été signalés à Son Exc. le Ministre des travaux publics, de l'agriculture et du commerce. Il vient d'y mettre un terme par la circulaire du 23 juillet, qui autorise les employés cités en justice à prévenir la compagnie par voie télégraphique.

Mais les compagnies ont fait remarquer avec raison que, dans un grand nombre de gares, le chef de gare est seul pour assurer le service, et qu'en cas d'absence il faut envoyer un autre employé pour le remplacer. Pour satisfaire à ces

---

[1] Voy. circ. du 23 mai 1856, note.

[1] Voy. circ. du 19 avril 1857, spéciale aux ingénieurs du contrôle appelés par les juges d'instruction.

nécessités locales, je vous charge, Monsieur le Procureur général, de prendre dans votre ressort les mesures nécessaires pour que, dans le cas où le témoignage d'un chef de gare et, en général, de tout employé de chemin de fer, sera nécessaire à la justice, la notification du mandement de citation soit faite, autant que possible, en temps utile pour faciliter les correspondances et les remplacements qu'occasionnera l'absence temporaire de l'employé.

J. Baroche.

Pêche fluviale. — Poursuites. — Frais de justice. — Ponts et chaussées.

Du 9 septembre 1863.

A MM. les Procureurs généraux.

Pour faire suite à ma circulaire du 6 mars 1863, je crois devoir vous faire connaître que, par une circulaire du 28 juillet dernier, Son Exc. M. le Ministre de l'agriculture, du commerce et des travaux publics a donné aux agents de son département des instructions définitives sur la poursuite des délits et contraventions en matière de pêche fluviale, ainsi que sur le mode de payement des frais judiciaires[1]. Vos substituts de-

---

[1] Voici le texte de ces instructions :

Monsieur le Préfet, depuis la mise en vigueur du décret du 29 avril 1862, qui a fait passer le service de la pêche des attributions de l'administration des forêts dans celles de l'administration des ponts et chaussées, j'ai eu l'honneur de vous adresser diverses instructions sur des points qui intéressaient ce service.

Je viens vous faire connaître aujourd'hui les dispositions que, de concert avec M. le Ministre de la justice et M. le Ministre des finances, j'ai cru devoir adopter pour la poursuite des délits et contraventions et le payement des frais résultant de cette poursuite.

1° Poursuite des délits et contraventions.

Les délits et contraventions sont constatés par les gardes-pêche spéciaux organisés conformément aux instructions de la circulaire de mon prédécesseur, en date du 20 juin dernier, et par les officiers de police judiciaire qui relèvent directement des procureurs impériaux près les tribunaux de première instance.

Dans chaque service, les procès-verbaux dressés par les gardes-pêche sont transmis par eux à l'ingénieur ordinaire, puis par celui-ci à l'ingénieur en chef, qui les adresse immédiatement avec ses observations au procureur impérial. Les procès-verbaux des autres officiers de police judiciaire sont adressés par eux

vront prendre une plus ample connaissance de cette circulaire dans les bureaux de MM. les ingénieurs. Je vous ferai remarquer que, d'après cette circulaire, la nature et les obligations du service des ingénieurs ne leur permettront pas de suivre les affaires introduites à la requête de l'administration des ponts et chaussées comme le faisaient les agents de l'administration des forêts. Par suite de cette innovation, le ministère public agira seul, quoique toujours au nom de l'administration substituée par le décret du 29 avril 1862 à celle qui était autrefois chargée des poursuites. Aucune difficulté

---

directement au procureur impérial qui, avant de poursuivre, les communique, au besoin et s'il le juge convenable, à l'ingénieur en chef, pour avoir ses observations et son avis.

Dans tous les cas, les poursuites sont exercées par les soins et à la diligence du ministère public, sans aucune intervention obligatoire de la part des ingénieurs et autres agents de l'administration des ponts et chaussées, qui ne peuvent, à raison de la nature et des obligations de leur service, remplacer sous ce rapport les agents de l'administration des forêts. Ils ne seront donc pas tenus de requérir directement devant les tribunaux correctionnels dans les affaires introduites à leur requête, comme le faisaient les agents forestiers qui se chargeaient habituellement aussi de préparer les assignations, de faire les citations et significations d'exploits, d'exposer les affaires devant les tribunaux et d'interjeter appel des décisions, usant ainsi des droits et prérogatives conférés par les articles 50 et 51 de la loi du 15 avril 1829 aux agents de l'Administration chargés de la surveillance de la pêche.

2° PAYEMENT DES FRAIS DE POURSUITE ET D'INSTANCE JUDICIAIRE.

Ces frais, qui étaient à la charge de l'administration des forêts, assimilée à la partie civile aux termes de l'article 158 du décret du 18 juin 1811, seront acquittés par l'administration des ponts et chaussées, soit directement, soit par voie de remboursement à l'administration des domaines qui en fait l'avance. Les dispositions admises à titre provisoire, et relatées dans ma circulaire du 23 juin dernier, demeurent ainsi définitives. Je vais d'ailleurs, pour éviter toute ambiguïté, les reproduire ici avec quelques développements.

Il convient d'abord de distinguer avec soin les frais exposés en vue d'arriver à la condamnation, des frais qui sont faits postérieurement pour le recouvrement de cette condamnation.

A l'égard de ces derniers frais, l'administration de l'enregistrement continuera d'en faire à la fois, comme elle le fait depuis longues années, l'avance et le recouvrement, et elle sera remboursée des non-valeurs sur le budget des travaux publics, comme elle l'était sur le budget des forêts.

Quant aux frais de poursuite jusques et y compris le jugement, ils se subdivisent en plusieurs catégories et se règlent conformément aux indications suivantes, quels que soient les agents qui ont constaté les contraventions.

Il faut d'abord exclure les droits de timbre et d'enregistrement des procès-verbaux et des actes de la procédure et des jugements; le timbre et l'enregistrement de ces diverses pièces ayant toujours lieu en débet, il n'en résulte aucune charge pour l'Administration.

Viennent ensuite les frais des actes faits par les huissiers chargés d'instru-

ne se présentera lorsque les ingénieurs auront transmis les procès-verbaux des gardes-pêche, avec leurs observations. Quant aux procès-verbaux des autres officiers de police judiciaire, le procureur impérial avisera; si l'affaire présente des doutes, il consultera l'ingénieur en chef, afin que dans les limites de la légalité l'action judiciaire ne vienne pas contrarier les vues de l'administration spéciale responsable du développement de la pêche. En cas d'appel surtout, il sera convenable d'établir un complet accord avec l'administration des travaux publics, quoiqu'elle abdique les droits résultant pour

---

menter contre les délinquants, et le coût des expéditions ou extraits de jugements : ces frais étaient payés directement par le budget des forêts; ils seront payés de la même manière par le budget des travaux publics, au moyen de mandats personnels délivrés par l'ingénieur en chef, sur la présentation de mémoires particuliers dûment taxés.

Les taxes à témoins continueront d'être payées immédiatement à titre d'avance par le receveur de l'enregistrement, et elles lui seront remboursées par le payeur du Trésor; mais ces taxes devant rester à la charge du service des ponts et chaussées, elles seront l'objet d'un mandat de régularisation délivré à chaque fin de mois au nom du payeur, par l'ingénieur en chef, sur le vu du relevé sommaire ou bordereau des taxes acquittées.

Enfin, tous les frais antérieurs aux condamnations seront, après avoir été liquidés dans le jugement, recouvrés comme précédemment sur les condamnés par le receveur de l'enregistrement; mais, en cas d'insolvabilité des redevables, il ne doit être exercé aucun recours contre l'administration des travaux publics.

En ce qui concerne le remboursement par le service des ponts et chaussées à l'administration des domaines des non-valeurs résultant des frais de poursuite pour le recouvrement des amendes et autres condamnations, ce remboursement aura lieu ainsi qu'il suit, conformément à une instruction du directeur de la comptabilité des finances en date du 28 décembre 1838 : dans les premiers jours du mois de janvier de chaque année, les receveurs de l'enregistrement dressent un état des frais tombés en non-valeurs dans le courant de l'année précédente; ils soumettent cet état, avec les pièces à l'appui, à la taxe du président du tribunal, puis l'adressent au directeur de l'enregistrement. Ce fonctionnaire, après avoir retranché les frais dont la perte peut être imputée aux receveurs, revêt l'état de son certificat attestant la régularité des poursuites et transmet le tout au conservateur des forêts, aujourd'hui à l'ingénieur en chef des ponts et chaussées. Après s'être assuré de l'accomplissement de toutes ces formalités, l'ingénieur en chef, agissant comme le faisait le conservateur, délivre sur le payeur du Trésor, au profit de chaque receveur, un mandat de remboursement.

Toutes les sommes payées pour frais de poursuite seront d'ailleurs imputées, comme l'indique la circulaire du 23 juin précitée, sur le fonds du service de la pêche fluviale, sans aucun ordonnancement spécial de crédit.

Les règles qui précèdent ne reçoivent d'exception que pour les délits qui portent préjudice seulement aux particuliers, c'est-à-dire pour la pêche en temps permis et avec engins autorisés, mais sans la permission de celui à qui le droit de pêche appartient. Dans ce cas, c'est à l'intéressé à se porter partie civile et à faire les avances de frais que cette situation comporte.

Armand BÉHIC.

elle des articles 50 et 51 de la loi du 15 avril 1829. Quant au payement des frais, la circulaire du 28 juillet, parfaitement conforme aux principes suivis par notre département, indique le mode de liquidation des mémoires des huissiers et des greffiers. Vos substituts y trouveront des indications qui mettront fin aux réclamations continuelles des agents judiciaires à qui des salaires sont dus en cette matière[2].

J. BAROCHE.

NOTAIRES. — Dons et legs. — Autorisations.

Du 12 septembre 1863.

A MM. LES PROCUREURS GÉNÉRAUX.

L'ordonnance du 2 avril 1817 impose à tout notaire dépositaire d'un testament contenant un legs au profit de l'un des établissements ou titulaires qu'elle prend soin de mentionner, l'obligation de leur donner avis lors de l'ouverture ou de la publication du testament, et le décret de décentralisation du 25 mars 1852 a investi les préfets du droit de statuer sur tous les dons et legs, lorsqu'il n'y a pas de réclamation des familles. Toutefois cette disposition a été interprétée, après avis du Conseil d'État, en ce sens que les préfets cessent d'être compétents toutes les fois que le testament, outre le legs charitable, contient en faveur d'établissements publics, tels que les fabriques et les cures, d'autres libéralités pour l'acceptation desquelles l'autorisation du Gouvernement est indispensable.

Les notaires accomplissent généralement, avec une grande régularité, l'obligation qui leur est imposée par l'ordonnance de 1817; mais il arrive fréquemment que le préfet, dans l'ignorance où il demeure du contexte entier des dispositions de charité ou de bienfaisance contenues dans le même testament, autorise l'acceptation de l'une d'elles, alors que la

---

[2] Voy. circ. du 23 juillet 1864 sur l'avis à donner aux ingénieurs des ponts et chaussées des suites données aux procès-verbaux qui constatent les délits de pêche.

coexistence de plusieurs rend nécessaire l'approbation par le Gouvernement[1].

---

[1] Les notaires dépositaires de testaments sont tenus d'aviser les établissements publics des dispositions qui les concernent (V. circ. du 24 mai 1831). Ils doivent, en outre, adresser au préfet de chaque département où se trouvent les établissements intéressés, un état sommaire de toutes les dispositions relatives aux établissements publics. Chaque préfet instruit les affaires qui le concernent et en transmet le dossier, avec son avis, au préfet du département le plus intéressé dans les libéralités du testateur. Les héritiers du testateur sont appelés à prendre connaissance du testament, à donner leur consentement à son exécution ou à produire leurs moyens d'opposition (ordon. du 14 janvier 1831).

Aux termes du décret du 25 mars 1852, visé dans la circulaire du 12 septembre 1863, il appartient aux préfets de statuer sur les dons et legs intéressant les communes et les départements, mais ceux-ci ne sont compétents qu'autant qu'il n'y a pas de réclamations des familles. Il suit de là qu'ils ne peuvent statuer avant de s'être assurés que les héritiers ne réclament pas contre l'exécution des libéralités. Dans ce but, une circulaire du Ministre de l'intérieur du 5 mai 1852, relative à l'exécution du décret précité, prescrit aux préfets de ne prononcer qu'après avoir mis les héritiers en demeure de déclarer s'ils adhèrent ou s'opposent à l'acceptation. La compétence des préfets est également limitée quand les libéralités contiennent des dispositions connexes, c'est-à-dire intéressant dans le même acte des établissements distincts, religieux ou civils et présentant entre eux un caractère synallagmatique, c'est-à-dire créant des obligations bilatérales. Il en est de même des libéralités contenant des dispositions complexes, c'est-à-dire faites dans un même acte au profit d'établissements distincts mais par des dispositions indépendantes les unes des autres. Ces décisions ont été prises après un avis du Conseil d'État en date du 25 décembre 1855, dont voici les termes :

«Considérant que, sous l'empire de la législation antérieure au décret du «25 mars 1852, les préfets statuaient sur l'autorisation relative aux libéralités «faites en faveur d'une commune et acceptées par délibération du conseil municipal, lorsqu'elles étaient de nature mobilière, n'excédaient pas une valeur «de 3,000 francs et n'avaient donné lieu à aucune réclamation (loi du 18 juillet «1837, art. 48);

«Que les délibérations portant refus n'étaient exécutoires qu'en vertu d'une «ordonnance (loi et article précités);

«Que l'acceptation ou le refus des donations et legs faits au départements devaient, dans tous les cas, être autorisés par ordonnance rendue en Conseil «d'État (art. 30 de la loi du 20 mai 1838);

«Que les libéralités faites aux établissements ecclésiastiques, fabriques d'églises «ou associations religieuses ne pouvaient être acceptées, lorsqu'elles excédaient «300 francs, qu'en vertu d'une autorisation du Roi (lois des 2 janvier 1817 et «24 mai 1825);

«Qu'en outre, suivant la jurisprudence du Conseil, les libéralités connexes et «collectives étaient soumises à l'approbation de l'autorité supérieure, alors même «que l'un des dons et legs rentrait, par sa destination communale, dans la «compétence des préfets;

«Considérant que le décret du 25 mars 1852 a conféré aux préfets le pouvoir «de statuer sur les affaires départementales et communales qui n'affectent pas «directement l'intérêt général de l'État, et notamment sur l'acceptation ou le «refus des dons et legs faits au département sans charge immobilière et sur «les dons et legs de toute sorte de biens faits aux communes, lorsque, dans l'un

C'est pour obvier à cet inconvénient que M. le Ministre de l'intérieur, après s'être concerté avec M. le Ministre de l'in-

---

«et l'autre cas, il n'y a pas réclamation des familles (art. 1er, nos 7 et 42 du ta-«bleau A);

«Qu'en vertu de cette extension d'attributions, les préfets prononcent, en «l'absence de réclamations, sur l'acceptation ou le refus des libéralités faites au «département ou à la commune, quelles qu'en soit la nature et l'importance;

«Qu'il n'a point été dérogé aux lois et ordonnances ci-dessus visées, en ce «qui concerne les dons et legs ayant une destination religieuse, lesquels sont de-«meurés, aux termes de l'article 1er du décret du 25 mars 1852, en dehors de «ces dispositions;

«Qu'il résulte de ce qui précède que le décret, sainement interprété dans son «texte et dans son esprit, n'a porté ni voulu porter atteinte aux principes établis «en matière de connexité;

«Considérant que la connexité dérive de la disposition même, lorsque, par «exemple, un legs est fait à une fabrique à la charge d'en affecter une partie au «soulagement des indigents;

«Que, dans ce cas et autres analogues, il est constant, et reconnu par l'Ad-«ministration elle-même, que la disposition ne peut être scindée, et que, dans «le concours des deux compétences, elle doit être déférée à l'autorité la plus «élevée;

«Considérant qu'il n'en saurait être autrement lorsque les testaments ou «actes de donation contiennent tout à la fois des libéralités en faveur d'éta-«blissements civils et d'établissements ecclésiastiques, dont l'acceptation peut «être autorisée, pour les uns, par arrêté du préfet, et doit l'être, pour les autres, «par décret;

«Que si, en effet, chaque autorité statuait séparément sur la demande en au-«torisation qui est de sa compétence, la décision du préfet relative aux établisse-«ments civils pourrait nuire à la liberté d'appréciation de l'autorité supérieure «touchant les établissements ecclésiastiques;

«Que pour décider s'il convient, eu égard aux circonstances générales de «l'affaire, à la fortune du testateur et à celle des héritiers, d'autoriser un legs en «faveur d'un établissement ecclésiastique, il est nécessaire que le Chef de l'État «connaisse en même temps de toutes les autres libéralités;

«Qu'en outre, des autorités différentes pourraient prendre des résolutions en «sens contraire sur les mêmes actes entre vifs ou de dernière volonté;

«Qu'il ressort de ces considérations que c'est au Gouvernement qu'il appartient «de statuer sur les libéralités, soit connexes, soit collectives, parce que seul il «peut embrasser les diverses dispositions dans une vue d'ensemble et apprécier «les éléments de décision qu'une instruction commune aurait réunis;

«Considérant qu'il est vrai que le décret du 25 mars 1852 a voulu donner la «plus grande garantie à l'intérêt des familles, en attribuant à une simple oppo-«sition l'effet de dessaisir l'autorité préfectorale et de porter l'affaire à la con-«naissance de l'autorité supérieure;

«Que toutefois, en l'absence même de réclamations, et quel qu'en soit le motif, «le Gouvernement n'a pas moins à remplir, suivant le vœu de l'article 910 du «Code Napoléon, des devoirs de protection et de surveillance, aussi bien dans «l'intérêt des familles elles-mêmes que dans celui des établissements religieux et «de l'ordre public;

«Est d'avis :

«Que le décret du 25 mars 1852 ne fait pas obstacle à ce que les dispositions «entre vifs ou testamentaires contenant des libéralités, soit connexes, soit

struction publique et des cultes et mon prédécesseur, a soumis au Conseil d'État un projet de règlement d'administration publique qui a obtenu, le 30 juillet dernier, la sanction de Sa Majesté, et dont voici la teneur :

NAPOLÉON, etc.

Sur le rapport de notre Ministre secrétaire d'État au département de l'intérieur,

Vu l'ordonnance royale du 2 avril 1817;

Vu l'avis de notre Ministre de l'instruction publique et des cultes, du 24 février 1863;

Vu l'avis de notre Garde des sceaux, Ministre de la justice, du 1er mai 1863;

Notre Conseil d'État entendu,

Avons décrété et décrétons ce qui suit :

ARTICLE PREMIER.

Tout notaire dépositaire d'un testament contenant un ou plusieurs legs au profit des communes, des pauvres, des établissements publics ou d'utilité publique, des associations religieuses ou des titulaires énumérés dans l'article 2 de l'ordonnance royale du 2 avril 1817, devra transmettre au préfet du département, sans délai, après l'ouverture du testament, un état sommaire de l'ensemble des dispositions de cette nature insérées au testament, indépendamment de l'avis qu'il

---

«collectives, demeurent soumises à l'examen et à l'approbation de l'autorité «supérieure;

«Et que c'est à cette autorité qu'il appartient de statuer sur l'ensemble de ces «libéralités.»

Cet avis a été porté à la connaissance des préfets par une circulaire du Ministre de l'intérieur, en date du 25 janvier 1856.

En vertu de l'article 1er de la loi du 24 juillet 1867, les conseils municipaux statuent par leurs délibérations, sur l'acceptation ou le refus des dons ou legs faits aux communes sans charges, conditions ni affectations immobilières, lorsque ces dons ou legs ne donnent pas lieu à réclamation. Mais, en cas de désaccord entre le maire et le conseil municipal, la délibération n'est exécutoire qu'après l'approbation du préfet.

L'article 26 de la loi du 10 août 1871 accorde, en ce qui concerne les départements, les mêmes pouvoirs aux conseils généraux, et dans les mêmes conditions; toutefois la décision n'a d'effet qu'après avoir été régularisée par un arrêté préfectoral (art. 53 de la même loi).

est tenu de donner aux légataires en exécution de l'article 5 de l'ordonnance précitée.

Ce décret doit être interprété en ce sens que les notaires, indépendamment de l'avis spécial qu'ils sont déjà tenus de donner aux légataires, en exécution de l'article 5 de l'ordonnance du 2 avril 1817, devront adresser un état sommaire de l'ensemble des libéralités contenues dans le même acte, à chacun des préfets des départements dans lesquels sont situés les établissements légataires.

J. Baroche.

Casiers judiciaires. — Vérification. — Demandes d'extraits.

Du 3 décembre 1863.

A MM. les Procureurs généraux.

.... [1].

Les procureurs impériaux, en visant les bulletins n° 2 délivrés par les greffiers, doivent s'assurer avec beaucoup de soin que les mentions qu'ils contiennent sont complètes et légales; la mauvaise rédaction d'un extrait du casier judiciaire peut entraîner les conséquences les plus regrettables.

Ainsi chaque jour des greffiers portent comme condamnés des enfants qui, d'après les termes formels de l'article 66 du Code pénal, sont acquittés comme ayant agi sans discernement et envoyés dans une maison de correction pour y être élevés. On a fermé ainsi à quelques jeunes gens l'entrée dans des carrières honorables ou dans les rangs de l'armée [2].

Lorsque des bulletins n° 1 renfermant de semblables irrégularités seront soumis à votre vérification, je vous prie de les renvoyer pour les faire rectifier ou compléter.

Il existe aussi dans plusieurs ressorts un abus auquel il importe de mettre un terme.

---

[1] La première partie de la circulaire est consacrée à des recommandations concernant la rédaction des cadres de la justice criminelle.

[2] Voir les mesures prises pour éviter ces erreurs (Circ. du 8 décembre 1868, § XVII).

J'ai eu plusieurs fois l'occasion de remarquer que des procureurs impériaux, au lieu de répondre par une simple lettre à des demandes de renseignements que je leur adresse sur les individus portés dans les états des récidives, font rédiger par leurs greffiers et me transmettent des bulletins n° 2 qui sont complètement inutiles. Il en est de même lorsqu'au moment de la confection des listes du jury, le ministère public désire vérifier si les personnes inscrites sur ces listes n'ont pas été condamnées à des peines ou pour des faits entraînant une incapacité légale prévue par la loi du 9 juin 1853; dans ce cas, la rédaction d'un bulletin n° 2 ne peut rigoureusement se justifier qu'autant que l'extrait est affirmatif.

L'indemnité due pour la délivrance des bulletins n° 2 étant, dans ces circonstances, à la charge de l'État, cette dépense doit être prise en considération; vous voudrez bien, par conséquent, inviter vos substituts à ne faire dresser d'extraits des casiers judiciaires qu'autant qu'ils leur seront expressément demandés.

. . . .[3]

J. Baroche.

Jeunes détenus. — Maisons de correction. — Visites.

Du 29 février 1864.

A MM. les Procureurs généraux.

Aux termes de l'article 14 de la loi du 5 août 1850, les colonies pénitentiaires et correctionnelles destinées aux jeunes détenus condamnés ou placés sous la tutelle administrative en vertu de l'article 66 du Code pénal, sont soumises à la surveillance spéciale du procureur général du ressort, qui est tenu de les visiter chaque année[1].

Je ne doute pas que vous ne remplissiez ce devoir avec exactitude, car la magistrature a toujours porté un vif intérêt

---

[3] Quelques indications relatives aux comptes de la justice civile et commerciale terminent la circulaire.

[1] Voy. circ. du 18 octobre 1852, *in fine*.

au développement des établissements destinés aux jeunes détenus. Mais je vous prie de vouloir bien, à l'avenir, me rendre compte, par un rapport spécial et détaillé, du résultat de chacune des visites que vous aurez faites personnellement ou par un magistrat délégué. Je vous prie de me faire connaître dans ces rapports l'influence qu'exerce dans les divers établissements la durée de la détention, telle qu'elle est fixée habituellement par l'usage des tribunaux de votre ressort. La circulaire du 22 novembre 1847 a fixé votre attention sur cet objet[2].

J. BAROCHE.

NOTAIRES. — Établissements de pêche. — Actes notariés.

Du 9 mars 1864.

A MM. LES PROCUREURS GÉNÉRAUX D'AIX, AMIENS, BORDEAUX, CAEN, DOUAI, MONTPELLIER, PAU, POITIERS, RENNES ET ROUEN.

M. le Ministre de la marine et des colonies m'informe que fréquemment des actes notariés constatant des ventes, locations ou partages d'établissements de pêche sur le rivage, ont été adressés à son département par des intéressés qui en réclamaient le bénéfice[1].

Les autorisations d'établissements de cette nature, accordées en vertu de l'article 2 du décret du 9 janvier 1852, sont essentiellement révocables et ne peuvent constituer au profit de ceux qui les ont obtenues ni un droit de propriété, ni même un titre à indemnité en cas de suppression. Une clause dans ce sens est expressément énoncée dans les arrêtés d'au-

---

[2] Sur la durée de la détention. Voy. également une note du 1er avril 1876 (Bull. off. 1876, p. 69).

[1] Les établissements dont il est ici parlé sont subordonnés aux besoins de la navigation et l'Administration a le pouvoir discrétionnaire d'en ordonner la suppression quelle que soit leur ancienneté et quel qu'ait été le mode de concession. De nombreuses décisions du Conseil d'État l'ont décidé ainsi. (Voy. arrêts des 10 août 1847 et 14 mai 1858.)

Le décret du 9 janvier 1852, article 2, sur l'exercice de la pêche côtière, prévoit explicitement que l'autorisation d'établir des pêcheries maritimes peut être révoquée purement et simplement.

torisation. Il arrive cependant que des tiers, se méprenant sur la nature de l'autorisation et sur le caractère des actes notariés, croient pouvoir invoquer ces actes comme constituant à leur égard de véritables droits. Quelquefois même on a produit au Ministère de la marine des actes de vente qui étaient absolument nuls en ce que l'objet cédé n'était pas transmissible, l'autorisation ayant été accordée à la personne en raison de sa qualité de marin.

En vue de prévenir des difficultés et conformément au désir exprimé par mon collègue, je vous prie de transmettre ces observations aux chambres des notaires des arrondissements maritimes de votre ressort pour qu'elles les communiquent à tous les membres de leur corporation et leur fassent savoir qu'ils ne doivent jamais négliger d'éclairer les parties dans les circonstances dont il s'agit, ni de leur rappeler la clause de révocation mentionnée dans les arrêtés d'autorisation.

J. Baroche.

Grâces. — Amendes. — Notifications.

Du 15 avril 1864.

A MM. les Procureurs généraux.

En recherchant, pour répondre aux vues de Sa Majesté, les simplifications praticables dans l'expédition des affaires et les restrictions qu'il serait possible d'apporter, sans compromettre les intérêts du service, à la correspondance administrative, j'ai reconnu, de concert avec Son Exc. M. le Ministre des finances, que la notification actuellement adressée par la Chancellerie au département des finances, des décisions d'admission ou de rejet des recours en grâce s'appliquant en tout ou partie à des amendes, faisait inutilement double emploi avec celle que les chefs de parquet doivent toujours transmettre, en pareil cas, aux directeurs des domaines[1]. Nous

---

[1] Voy. circ. des 3 mars 1855 et 17 mai 1858, et notes. Actuellement, les décisions intervenues sur les recours en grâce sont notifiées directement par les procureurs de la République aux receveurs des finances, qui en informent les percepteurs. Si le recours a été rejeté, le recouvrement est poursuivi par ces

avons décidé, en conséquence, que la première de ces deux notifications serait supprimée à partir du 1er mai prochain.

En portant cette résolution à votre connaissance, Monsieur le Procureur général, je vous invite de la manière la plus pressante à veiller avec un redoublement d'attention à ce qu'à l'avenir les magistrats chargés de faire mentionner sur les arrêts et jugements les décisions gracieuses, ne négligent jamais de faire parvenir exactement et sans retard au directeur des domaines de chaque département tout avis qui leur aura été officiellement adressé, des décisions prises sur des recours en grâce intéressant des condamnés frappés d'amendes, de confiscation ou de peines pécuniaires quelconques.

Cette notification sera pour l'administration financière le seul moyen d'être informée des décisions relatives aux condamnations dont elle est chargée d'assurer le recouvrement. Elle sera faite dans tous les cas où la solution, favorable ou contraire, provoquée ou non, impliquera la remise, la modération ou le maintien d'une amende ou sa substitution à une peine corporelle; toutes les fois, en un mot, que l'administration des domaines se trouvera appelée à coopérer, en quoi que ce puisse être, à l'exécution de la décision prise.

La notification ne devra pas non plus être restreinte aux affaires à l'égard desquelles les directeurs des domaines auraient été invités précédemment à surseoir aux poursuites.

Les prescriptions de la circulaire du 17 mai 1858 restent en vigueur; cependant vous devez vous attacher à accélérer le service des grâces, qui laisse à désirer au point de vue de la célérité. A cet effet, vous veillerez à ce qu'au début de l'instruction sur le recours en grâce les directeurs des domaines ne soient interpellés que dans les affaires où les condamnés sollicitent expressément eux-mêmes la remise des peines pécuniaires. Il vous appartient d'apprécier si vous devez, suivant les cas, consulter vous-même directement, ou faire consulter par vos substituts d'arrondissement, ces fonctionnaires, à qui il est indifférent de répondre à tel ou tel

---

derniers; dans le cas contraire, l'article est admis en non-valeur en fin d'exercice. (Loi du 29 décembre 1873 et instr. du Ministre des finances du 20 septembre 1875, n° 96. Bull. off. 18[illegible]

magistrat. Je vous laisse aussi le soin de décider si, par une mesure générale, et pour être plus certain de l'exécution de mes instructions sans multiplier les correspondances, vous devrez notifier vous-même ou déléguer aux parquets le soin de notifier aux directeurs les décisions de Sa Majesté[2].

Je maintiens également la circulaire du 20 août 1859[3], d'après laquelle il ne doit pas être sursis à l'exécution des peines corporelles, ou des affiches et insertions, après le délai de quinze jours depuis la condamnation définitive, à moins que le ministère public n'ait reçu un avis émané de la Chancellerie, annonçant que le recours en grâce, envoyé ou allégué, est bien l'objet d'une information[4].

J. BAROCHE.

FRAIS DE JUSTICE. — Translation des condamnés.

Du 1er juin 1864.

A MM. LES PROCUREURS GÉNÉRAUX.

Des difficultés se sont élevées au sujet de l'imputation des frais auxquels peut donner lieu la translation des condamnés qui, n'étant pas détenus préventivement au moment où la sentence devient définitive, sont arrêtés ou se constituent volontairement prisonniers pour subir leur peine.

Son Exc. M. le Ministre de l'intérieur avait pensé que la translation en voiture de ces individus ne pouvait être imputée sur le budget de son département, attendu que, s'ils avaient été incarcérés avant jugement, leur transport en qualité de prévenus aurait été à la charge du Ministère de la jus-

---

[2] Sur tous ces points, se reporter à l'instruction de 1875 précitée, nos 92 et suiv. Actuellement c'est le percepteur qui, informé par le receveur particulier de l'arrondissement, lequel a été avisé lui-même par le procureur de la République de l'existence du recours en grâce, sursoit au recouvrement. C'est également le receveur qui, sur avis du percepteur, fait connaître si l'amende est payée ou non.

[3] Les dispositions de cette circulaire relative à l'exécution des peines se trouvent reproduites en note de la circulaire du 30 juillet 1872. Pour les peines capitales, voyez la circulaire du 27 septembre 1830.

[4] Voy. à cet égard les dispositions des circulaires du 10 juillet 1877 (Bull. off. 1877, p. 87) et 29 janvier 1879 (Bull. off. 1879, p. 10).

tice et que la tolérance du parquet, en leur évitant une détention préventive, ne devait pas entraîner une augmentation de frais pour son administration.

Ce système étendait à tort à certains *condamnés* les dispositions des articles 2 et 4 du décret du 18 juin 1811, et soulevait d'ailleurs des inconvénients graves au point de vue de la liquidation des frais, en établissant deux catégories de condamnés, dont les uns seraient transférés pour le compte du département de l'intérieur et les autres pour celui du Ministère de la justice. Des observations échangées entre les deux départements nous ont amenés à reconnaître, d'un commun accord, que les frais de translation des *prévenus* et *accusés* étaient seuls imputables sur les fonds de mon département, et que ceux relatifs aux *condamnés* devaient, sans aucune distinction, et comme par le passé, être mis à la charge du Ministère de l'intérieur[1]. C'est d'après cette base que se régleront, à l'avenir, toutes les questions de frais de cette nature.

Je vous prie, Monsieur le Procureur général, d'en donner immédiatement avis à vos substituts, qui devront s'y conformer scrupuleusement.

M. le Ministre de l'intérieur, en donnant son assentiment à ces principes, formule, en même temps, une réclamation sur laquelle j'appelle votre attention.

La plupart des condamnés, arrêtés en vertu de jugements auxquels ils n'ont pas encore satisfait, sont transférés aux lieux où ils doivent subir leur peine sur les réquisitions des procureurs impériaux, sans que l'autorité administrative ait été mise en demeure de faire exécuter ces transfèrements dont sont chargés les convois civils ou les chemins de fer, à des conditions beaucoup plus onéreuses que s'ils avaient lieu par les voitures cellulaires.

Il est convenable que l'autorité à laquelle incombe le payement intervienne dans les mesures à prendre pour assurer les

---

[1] Voy. circ. du 18 novembre 1864, § 11. Ce n'est là que l'application du décret du 18 juin 1811.

On doit remettre à l'autorité administrative, qui est chargée d'acquitter les frais de retour, les condamnés extraits et appelés en témoignage dès qu'ils ont comparu devant la justice. (Circ. des 30 juin 1875 et 14 août 1876, § 17. — Bull. off. 1876, p. 150).

moyens les plus économiques, qui sont à la fois les plus rapides et les plus sûrs, d'effectuer la dépense.

En conséquence, Son Excellence me demande de donner des ordres pour la remise préalable à la disposition des préfets et sous-préfets, des condamnés à la charge de son ministère qu'il s'agira, à l'avenir, de faire transférer dans toutes les directions.

Cette demande de M. le Ministre de l'intérieur est trop légitime pour qu'il n'y soit pas fait droit, surtout à l'égard des individus arrêtés dans des départements éloignés du lieu où ils ont été condamnés et où ils doivent être ramenés pour y subir leur peine.

Vous voudrez donc bien recommander à vos substituts, lorsque des condamnés arrêtés par la gendarmerie seront conduits devant eux, de ne pas donner les ordres nécessaires à leur translation, mais de les mettre officiellement à la disposition de l'autorité administrative, afin qu'elle puisse user des moyens de transport qui lui paraîtront le moins onéreux.

Mes prescriptions actuelles ne s'appliquent pas aux individus condamnés, mais dont l'identité n'est pas constatée légalement et doit donner lieu à la procédure spéciale prévue par les articles 518 et suivants du Code d'instruction criminelle. Ils continueront à être transférés à la charge de mon département, puisque, la condamnation n'étant pas immédiatement exécutoire, ils doivent être assimilés aux prévenus et accusés.

J. Baroche.

Serment. — *Frais.* — *Agents de la marine.*

Du 8 juin 1864.

A MM. les Procureurs généraux d'Aix, Bordeaux, Caen, Douai, Montpellier, Pau, Poitiers, Rennes et Rouen.

Il résulte des renseignements qui m'ont été transmis que des greffiers ont réclamé des droits plus ou moins élevés pour la prestation de serment des gardiens de batteries, syndics des gens de mer, gardes maritimes et guetteurs du service électro-sémaphorique.

Il a été plusieurs fois décidé par mes prédécesseurs que les prestations de serment des agents des administrations générales ne devaient donner lieu à aucune allocation en faveur des greffiers. Ces officiers publics ont seulement à percevoir, au profit de l'État, un droit de timbre et d'enregistrement pour la transcription sur le registre à ce destiné du procès-verbal constatant la réception du serment. Quant au montant de ces droits, voici ce qui vient d'être arrêté par M. le Ministre des finances, avec lequel M. le Ministre de la marine et des colonies s'est concerté à ce sujet[1].

En ce qui concerne le timbre, la quotité du droit varie suivant la dimension du papier employé et il est, par suite, impossible d'en indiquer le chiffre d'une manière absolument exacte. Toutefois, sauf le cas exceptionnel où une demi-feuille ne serait pas suffisante, à raison de la longueur de l'acte, le coût du timbre ne doit pas excéder 50 centimes[2], soit que la prestation de serment soit rédigée sur une demi-feuille isolée, soit que, le serment étant reçu par un tribunal civil de première instance, le greffier porte sur un registre timbré l'acte qui le constate. (Décret du 8 décembre 1862, art. 1er, n° 2.)

A l'égard du droit d'enregistrement, les prestations de serment des gardiens de batteries, syndics des gens de mer, gardes maritimes et guetteurs du service électro-sémaphorique ne figurent pas au nombre des actes tarifés nommément par les lois qui régissent cet impôt; mais il y a lieu de leur appliquer, par analogie, l'article 69, § 3, n° 3, de la loi du 22 frimaire an VII, qui assujettit au droit fixe de 3 francs les prestations de serment «des gardes des douanes, gardes forestiers «et gardes champêtres.» En effet, les fonctions de ces gardes et celles des divers agents ci-dessus désignés présentent le même caractère. Les uns et les autres sont investis du droit de constater des contraventions spéciales, ainsi que cela résulte pour les gardiens de batteries, de la loi du 2 mai 1858 sur le domaine militaire, pour les gardes maritimes et les

---

[1] Les instructions du Ministre de la marine relatives à la fixation des frais afférents aux serments prêtés par les agents de la marine et portant la date du 29 novembre 1864, ont été, le 22 décembre suivant, communiquées aux procureurs généraux auxquels la présente circulaire a été adressée.

[2] Aujourd'hui, 60 centimes. (Loi du 23 août 1871, art. 2.) Le droit de timbre a été réglé d'une façon définitive et générale. Voy. circ. du 23 novembre 1864.

syndics des gens de mer, des décrets des 9 janvier 1852 sur la pêche côtière, 19 et 20 mars suivant sur le rôle d'équipage et la navigation au bornage et enfin pour les guetteurs du service électro-sémaphorique, du décret du 17 mai 1862, qui a institué ces agents.

M. le Ministre des finances a, en conséquence, décidé, le 17 mai dernier (ainsi que l'un de ses prédécesseurs l'avait déjà fait, le 4 septembre 1858, pour le serment des gardiens de batteries), que les prestations de serment des syndics des gens de mer, gardes maritimes et guetteurs du service électro-sémaphorique seront enregistrées au droit de 3 francs, en principal[3].

J. Baroche.

Préséances. — Présidents d'assises. — Visites. — Costumes.

Du 15 juin 1864.

A MM. les Premiers Présidents des Cours impériales et Procureurs généraux près les mêmes Cours.

Il s'est élevé, dans un certain nombre de ressorts, des difficultés à l'occasion de la tenue, dans les visites reçues et rendues par les présidents d'assises aux représentants de l'autorité militaire. Je me suis concerté, dans le but de les faire disparaître, avec Son Exc. M. le Maréchal Ministre de la guerre.

A côté du costume obligatoire qu'elle porte dans l'exercice de ses fonctions et aux cérémonies officielles dans lesquelles elle figure[1], la magistrature a un costume de ville réglé par les décrets des 22 mai et 18 juin 1852. Le Gouvernement s'est, il est vrai, abstenu de déclarer ce costume de ville obligatoire; mais la pensée qui avait dicté les décrets prédatés était en général de rehausser l'éclat de la magistrature, et

---

[3] Voy. circ. des 23 janvier 1856, 13 novembre 1858 et 17 septembre 1875 relatives aux serments des gardes d'artillerie, gardiens de batterie et agents du service de la marine.

[1] Voy. circ. du 31 juillet 1821 sur le costume des magistrats dans les cérémonies funèbres.

en particulier de faciliter l'application de la règle de la réciprocité. « C'est revêtus de leur uniforme ou de leur costume, « dit la circulaire du 25 novembre 1853, que les chefs mili- « taires ou les membres des diverses administrations font aux « magistrats, par exemple aux présidents d'assises, les visites « auxquelles ils sont tenus. Dès lors, il paraît convenable que « les magistrats, lorsqu'ils rendent ces visites, soient pareille- « ment en costume. S'affranchir, en pareil cas, de la règle « de la réciprocité, c'est manquer à la loi des bienséances offi- « cielles. »

Cette recommandation doit être maintenue; il faut autant que possible ne pas s'affranchir de la règle des bienséances officielles, qui veut qu'entre les diverses autorités les honneurs soient reçus et rendus dans des conditions égales de cérémonial et de tenue.

Cependant, par cela même que le costume de ville n'est pas obligatoire, il est juste de reconnaître, et M. le Maréchal Ministre de la guerre a reconnu comme moi, qu'il pouvait être nécessaire d'admettre dans la pratique quelques tempéraments. Il ne fallait pas, en effet, qu'une question d'étiquette, si importante qu'elle soit d'ailleurs, apportât du trouble dans un service aussi essentiel que le service criminel.

Si donc le président d'assises est muni du costume de ville il devra recevoir la visite soit en robe, soit en costume de ville, et la rendre en costume de ville. Si, par des motifs particuliers et dont je vous laisse l'appréciation, le magistrat n'avait pas le costume de ville, il devrait recevoir la visite en robe, et à cause de la difficulté de porter le costume officiel à l'extérieur, il serait admis à la rendre en habit noir et en cravate blanche [2].

Mais je ne saurais trop vous recommander de veiller à ce qu'un abus signalé à plusieurs reprises ne se renouvelle pas. Quelques présidents d'assises se sont crus autorisés par l'usage à recevoir en simple habit noir les visites qui leur étaient faites par les officiers en costume officiel. Il convient que les magistrats prouvent, par la forme même de la réception, le

---

[2] Décision conforme du 1er juillet 1876, concertée avec le Ministre de la guerre (Bull. off. 1876, p. 124).

prix qu'ils attachent aux marques de déférence qui s'adressent à leurs fonctions.

Je ne doute pas que cette manière de procéder, concertée avec Son Exc. M. le Maréchal Ministre de la guerre, ne soit de nature à concilier tous les intérêts, et ne maintienne les bons rapports, si essentiels à sauvegarder, entre l'armée et la magistrature.

J. Baroche.

Tarif. — Greffiers. — Émoluments.

Du 2 juillet 1864.

A MM. les Procureurs généraux près les Cours impériales.

L'interprétation de quelques-unes des dispositions du décret du 24 mai 1854, relatif aux émoluments des greffiers des tribunaux de première instance et des cours impériales, a donné lieu depuis quelque temps à des difficultés dont les tribunaux ont été saisis, et dont, pour quelques-unes au moins, la solution a été portée jusqu'à la Cour de cassation. En présence des décisions récentes émanées soit des cours impériales, soit de la Cour de cassation, il m'a paru nécessaire de résumer, en les modifiant au besoin, les instructions particulières adressées par mes prédécesseurs aux chefs des parquets de plusieurs cours impériales [1].

I.

La disposition du décret dont l'interprétation paraît prêter le plus à la controverse est le paragraphe 7 de l'article 1er, ainsi conçu : «Les greffiers, dans les tribunaux civils de pre«mière instance, ont droit aux émoluments suivants : 1°... «.. 2°..... 3°....... 7° pour tout acte, déclaration ou «certificat fait ou transcrit au greffe et qui ne donne pas lieu «à un émolument particulier, quel que soit le nombre des «parties.... 1 fr. 50 cent.»

---

[1] Voy. circ. du 27 mai 1854 explicative du décret du 24 mai et celle du 13 décembre 1862 sur le décret du 8 décembre de la même année.

On s'est demandé si les actes à l'occasion desquels le greffier perçoit la remise de 12 centimes et demi, qui lui est accordée par les lois des 21 ventôse et 22 prairial an VII, devaient être considérés comme donnant lieu à un émolument particulier, et si, par conséquent, les greffiers sont sans droit pour réclamer, à raison de ces actes, l'émolument de 1 fr. 50 cent.

L'étude des travaux préparatoires du décret du 24 mai 1854 me porte à penser qu'il ne convient pas d'entendre en ce sens les expressions précitées du paragraphe 7 de l'article 1er, et que, dès lors, il ne faut pas, pour apprécier si tel acte, déclaration ou certificat donne ou non droit à un émolument de 1 fr. 50 cent., se préoccuper des dispositions des lois de l'an VII, mais rechercher s'il peut, par sa nature, son contexte et son objet, être considéré comme rentrant dans la catégorie des actes qu'on doit qualifier actes, déclarations ou certificats. La Cour de cassation a indiqué une base d'appréciation qui peut servir de guide et qui permet d'éviter une extension abusive des termes du décret en disant : que le droit de 1 fr. 50 cent. n'est dû « qu'autant que les actes, déclaration « et certificats supposent de la part du greffier un travail réel « qui seul peut donner lieu à un salaire. » Il est bien entendu aussi qu'il ne s'agit pas des actes énumérés par l'article 8.

A. Partant de ce principe, j'admets que les greffiers peuvent réclamer le droit de 1 fr. 50 cent. pour un acte d'affirmation de créance en matière de distribution par contribution, pour certificats de non-opposition ni appel, retrait de copies collationnées, pour dépôts de rapports d'experts, de signatures, de répertoires, de cahiers de charge, pour actes de voyage, et, en général, pour tous actes rédigés ou transcrits par le greffier sur les registres du greffe et donnant lieu à une intervention directe et à un travail réel et personnel du greffier.

B. Quant aux réquisitions d'ouvertures d'ordres et de contributions, aux dires et contredits sur les procès-verbaux d'ordres et de contributions, et sur les cahiers de charge, la Cour de cassation avait décidé par son arrêt des 16-24 février 1863 qu'ils ne peuvent donner lieu à l'émolument de 1 fr. 50 cent.; mais la cour de Bordeaux, à laquelle l'affaire avait été renvoyée, a admis une opinion contraire; son arrêt est en ce moment soumis à la Cour de cassation, qui devra statuer sur le point en litige par un arrêt rendu en assemblée générale. Cette question doit donc demeurer réservée [2].

C. Une autre conséquence me paraît découler des principes posés plus haut, c'est que le droit de 1 fr. 50 cent. ne s'applique qu'aux actes de déclaration et certificats faits et transcrits au greffe, mais non aux simples mentions à faire, soit sur des pièces annexées à des actes ou jugements, soit sur des registres du greffe. Ainsi, le droit de 1 fr. 50 cent. n'est pas dû pour la mise au rôle des affaires litigieuses; ainsi encore, la Cour de cassation, dans son arrêt du 16 février, a, par des motifs qui me paraissent péremptoires, décidé, en cassant un arrêt de la cour de Pau, que le droit de 1 fr. 50 cent. n'était pas dû : 1° pour l'annexe au procès-verbal d'ordre des certificats de radiation des inscriptions des créanciers non colloqués, prescrits par l'article 770 du Code de procédure; 2° pour l'annexe à la minute des jugements d'adjudication, de la quittance et des pièces justificatives énoncées en l'article 713 du même code; 3° pour les mentions d'opposition inscrites sur un registre spécial, en exécution de l'article 163 du Code de procédure.

D. Je dois ajouter, pour éviter toute confusion, que les instructions concernant les prestations de serment et comprises dans la circulaire générale du 16 juin 1855 doivent continuer à recevoir leur exécution [3].

II.

DROIT D'ÉTAT.

L'article 9 du décret de 1854 oblige le greffier à inscrire au bas des expéditions qui lui sont demandées, le détail des

---

[2] Voy. circ. du 8 août 1867 qui relate l'arrêt de cassation rendu le 8 janvier 1867 par les chambres réunies.

[3] Aux termes de cette circulaire, les dispositions antérieures au tarif du 24 mai 1854, en vertu desquelles les prestations de serment des employés des finances ne donnent lieu qu'à un droit d'enregistrement et au coût du papier timbré, sont toujours en vigueur. Le paragraphe 7 de l'article 1er du tarif ci-dessus relaté ne saurait s'appliquer à la constatation des prestations de serment. (Circ. du 16 juin 1855, et la note.)

déboursés et des droits auxquels chaque arrêt, jugement ou acte donne lieu ; à défaut d'expédition, il doit faire cette mention sur des états signés de lui et qu'il remet aux parties et à leurs avoués. Il lui est alloué par chaque état, un émolument de 10 centimes.

La Cour de cassation a, par son arrêt du 16 février 1863, décidé que les greffiers ont droit à l'émolument de 10 centimes prévu par cet article pour l'inscription des causes au rôle, attendu que la mise au rôle donne lieu à des droits divers dont «les greffiers sont tenus de faire connaître les «détails à la partie ou à son avoué.» Cette interprétation confirme celle précédemment donnée par la Chancellerie sur ce point.

Mais, par une autre disposition également conforme aux instructions du Ministre de la justice, l'arrêt de la Cour suprême décide que cet émolument n'est pas dû pour les actes dressés et délivrés en *brevet* par les greffiers, «attendu que «les actes en brevet ne sont pas retenus en minute, qu'ils «sont remis aux parties et valent pour elles comme expédi«tions, qu'ils doivent dès lors et sans qu'il soit besoin de le «constater par un état spécial porter en marge, comme les «expéditions, le détail des frais auxquels ils donnent lieu.»

Je ne puis qu'approuver la double solution qui précède.

III.

INSCRIPTIONS SUR LE RÉPERTOIRE ET TIMBRE.

Le paragraphe 14 de l'article 1er du décret du 24 mai 1854 accorde, pour la mention de chaque acte sur le répertoire prescrit par l'article 49 de la loi du 22 frimaire an VII, un droit de 10 centimes. Le paragraphe 3 de l'article 3 alloue aux greffiers 15 centimes comme remboursement du papier timbré : 1°........; 2°........; 3° pour chaque mention portée sur un registre timbré. La question s'était élevée de savoir si ces deux allocations devaient être cumulées. La Cour de cassation l'a résolue affirmativement par le motif que, ces dispositions ayant chacune un objet distinct, les droits qu'elles édictent ne s'excluent pas l'un l'autre. C'était depuis longtemps l'avis de la Chancellerie. Il y donc lieu d'y persister.

IV.

BULLETINS DE REMISE.

Le paragraphe 3 de l'article 1er du décret accorde aux greffiers, pour chaque bulletin de distribution ou de remise de cause, 10 centimes. Les greffiers ont prétendu que le nombre des droits à réclamer par eux devait être illimité comme le nombre des remises, et qu'à tort on avait semblé prescrire dans quelques instructions d'en fixer le nombre à deux pour chaque affaire. Certains passages d'un rapport présenté au nom de la commission de législation du Conseil d'État ont été invoqués par les greffiers comme favorables à leurs prétentions ; mais il est certain que l'assemblée générale du Conseil d'État ne s'est point associée aux idées exprimées dans ce rapport, et qu'il a été reconnu que cette question rentrait dans l'appréciation des juges taxateurs. La circulaire générale du 27 mai 1854 doit donc, sur ce point, continuer à recevoir son exécution. Je n'entends pas déterminer à l'avance le nombre des bulletins pour lesquels le droit de 10 centimes devra être alloué, mais j'appelle la plus sérieuse attention des magistrats sur les abus qui pourraient se manifester en cette matière.

Tels sont, Monsieur le Procureur général, les points sur lesquels il m'a paru nécessaire de préciser et de modifier quelques-unes des instructions précédentes. Le décret du 24 mai 1854 est en vigueur depuis plus de dix ans ; ses dispositions, autres que celles sur lesquelles je viens d'appeler votre attention, n'ont donné lieu à aucune difficulté sérieuse et tout commentaire m'en a paru inutile.

Je vous prie de donner des instructions pour qu'à l'avenir les greffiers se conforment exactement aux instructions de la présente circulaire.

J. BAROCHE.

Serment. — *Frais.* — *Gardes-pêche.* — *Greffiers.*

Du 7 juillet 1864.

A MM. les Procureurs généraux près les Cours impériales.

Il résulte des renseignements qui m'ont été communiqués par M. le Ministre de l'agriculture, du commerce et des travaux publics, que des greffiers ont réclamé des droits plus ou moins élevés pour la prestation de serment des agents préposés à la surveillance de la pêche fluviale [1].

Il a été plusieurs fois décidé par mes prédécesseurs que les prestations de serment des agents des administrations générales ne devaient donner lieu à aucune allocation en faveur des greffiers. Ces officiers publics ont seulement à percevoir, au profit de l'État, un droit de timbre et d'enregistrement pour la transcription sur le registre à ce destiné du procès-verbal constatant la réception du serment. Quant au montant de ces droits, voici ce qui vient d'être arrêté par M. le Ministre des finances, avec lequel M. le Ministre de l'agriculture, du commerce et des travaux publics s'est concerté à ce sujet[2].

Aux termes d'une décision du Ministre des finances, en date du 17 février 1831, lorsque les commissions délivrées aux agents sont *un original ou brevet*, revêtus de la signature de l'autorité ou du fonctionnaire qui confère l'emploi, la quotité du droit de timbre est fixée d'après la dimension du pa-

---

[1] Les dispositions de la présente circulaire ont été portées à la connaissance des préfets par une circulaire du Ministre de l'agriculture, du commerce et des travaux publics en date du 16 août 1864. Une seconde, du 21 novembre 1864, a complété la première en faisant connaître les droits dus pour le timbre du répertoire et de la feuille d'audience tels qu'ils sont indiqués dans la circulaire du Garde des sceaux en date du 23 novembre 1864.

Une nouvelle circulaire du 12 novembre 1873, émanée de Ministère des travaux publics, indique les modifications apportées par les dispositions législatives aux frais primitivement fixés pour la prestation de serment. Ces droits sont conformes à ceux indiqués dans la circulaire du 17 septembre 1875, pour les agents de la marine. Les traitements des agents préposés à la surveillance de la pêche sont toujours inférieurs à 1,500 francs, et le droit d'enregistrement dû par ceux-ci est en principal de 4 fr. 50 cent., 5 fr. 63 cent. avec les 2 décimes 1/2. (Loi du 28 février 1872, art. 4.)

[2] Voy. circ. des 16 juin 1855 et 8 juin 1864. Le remboursement du droit de timbre a été réglé d'une manière générale et absolue par la circulaire du 23 novembre 1864.

pier employé ; mais si elle est *la copie*, *l'ampliation ou l'extrait* de l'arrêté qui nomme aux fonctions, elle ne peut, tout en restant soumise au timbre de dimension, être frappée d'un droit inférieur à 1 fr. 50 cent. (Lois du 13 brumaire an VII, art. 19, et du 2 juillet 1862, art. 17)[3]. Les commissions des agents chargés de la police de la pêche tombent sous l'application de la première de ces dispositions[4].

Les greffiers ne peuvent, ainsi que cela a eu lieu dans quelques arrondissements, réclamer le prix du timbre du registre destiné à la transcription des commissions des agents, ce registre, là où il est d'usage de le tenir, étant exempt du timbre en vertu de l'article 16 de la loi du 13 brumaire an VII.

Quant aux droits d'enregistrement, les prestations de serment des gardes-pêche, qui ont été, dans l'origine, assimilés aux gardes forestiers, sont soumises à un droit fixe de 3 francs en principal (non compris décime et double décime), conformément aux prescriptions de l'article 68, § 3, n° 3, de la loi du 22 frimaire an VII[5].

J. BAROCHE.

PÊCHE FLUVIALE. — Poursuites. — États trimestriels. — Ponts et chaussées.

Du 23 juillet 1864.

A MM. LES PROCUREURS GÉNÉRAUX.

M. le Ministre de l'agriculture, du commerce et des travaux publics m'ayant exposé l'avantage qu'il y aurait pour l'administration des ponts et chaussées à être régulièrement informée des suites données par les parquets ou par les tribunaux correctionnels aux procès-verbaux qui constatent des délits de pêche, nos deux départements ont arrêté de concert les mesures suivantes pour assurer la transmission de ces renseignements.

---

[3] Aujourd'hui 1 fr. 80 cent. (Loi du 23 août 1871, art. 2.)
[4] Voy. circ. du 16 juin 1855, note.
[5] Voy. sur le montant de ces frais, circ. des 16 juin 1855, 8 juin 1864 et 17 septembre 1875.

Chaque trimestre, MM. les ingénieurs en chef adresseront directement à MM. les procureurs impériaux des états conformes au modèle ci-joint et dont les premières colonnes seront remplies par eux. MM. les procureurs impériaux devront leur renvoyer directement ces états, après les avoir complétés, en inscrivant, dans les dernières colonnes réservées à cet effet, les renseignements qui leur sont demandés par MM. les ingénieurs.

Je crois devoir vous faire remarquer, Monsieur le Procureur général, que la présente circulaire ne règle qu'une simple transmission de renseignements et ne porte aucune atteinte aux instructions que vous avez reçues sur les devoirs du ministère public en ce qui touche la suite à donner aux procès-verbaux en matière de pêche. En recevant avis de la décision prise, soit par le parquet, soit par le tribunal, MM. les ingénieurs seront tenus au courant du résultat des procès-verbaux; mais le ministère public conservera sa liberté d'appréciation dans les limites tracées par ma circulaire du 9 septembre 1863[1].

J. BAROCHE.

EMPRISONNEMENT. — Élargissement. — Point de départ des peines.

Du 5 septembre 1864.

A MM. LES PROCUREURS GÉNÉRAUX.

Les condamnés détenus dans les prisons départementales sont élargis, à l'expiration de leur peine, en vertu d'ordres signés par le procureur impérial. Cette pratique offre un double inconvénient, en ce qu'elle crée pour les procureurs impériaux, en dehors de leurs fonctions habituelles, une lourde responsabilité, et en ce qu'elle fait naître certaines difficultés entre les parquets et l'administration des prisons.

Je me suis concerté avec M. le Ministre de l'intérieur, dont l'attention avait été appelée sur ces difficultés, et nous avons arrêté ensemble les dispositions suivantes qui donnent une juste satisfaction aux exigences de la pratique, tout en res-

---

[1] Voy. également circ. du 6 mars 1863.

pectant le principe posé dans les articles 197 et 376 du Code d'instruction criminelle, en vertu duquel le ministère public, étant chargé de faire exécuter les condamnations, doit constater lui-même le point de départ et le terme des peines [1].

A l'avenir, MM. les procureurs impériaux n'auront aucun ordre à donner pour faire élargir les détenus dont la peine est sur le point d'expirer. Ils devront se borner à mentionner, au pied de l'extrait du jugement délivré pour la rédaction de l'écrou, la date du jour où la peine a commencé à courir. Cette indication contient implicitement celle du jour où la peine doit expirer. Quand ce jour est arrivé, le gardien chef procède, sur l'ordre de l'autorité administrative, à l'élargissement des condamnés.

Toutefois, le gardien chef est tenu d'adresser au parquet, huit jours à l'avance, la liste des condamnés dont la peine est sur le point d'expirer.

Cette règle générale comporte une exception et certaines réserves.

Par exception, le ministère public demeure chargé d'ordonner lui-même la mise en liberté des individus condamnés à une peine n'excédant pas vingt jours. Dans ce cas, en effet, la peine est le plus souvent subie avant que le gardien chef ait en mains l'extrait régulier qui lui est nécessaire pour connaître le jour de l'expiration de la peine, extrait qui ne peut être délivré qu'après l'enregistrement du jugement pour lequel un délai de vingt jours est imparti [2].

Vous appellerez particulièrement l'attention de vos substituts sur cette exception, afin que des mesures convenables soient prises dans chaque parquet pour la surveillance de ces peines de courte durée.

Enfin, Monsieur le Procureur général, il importe de ne pas perdre de vue que cette innovation a un caractère essen-

[1] Les états quotidiens de situation, créés par une décision prise en 1868, de concert entre les départements de la justice et de l'intérieur (Bull. off. 1876, p. 53), facilitent aux magistrats cette mission de surveillance sur l'exécution des peines.

[2] Voy. circ. du 10 juin 1862. Les greffiers ne peuvent se fonder sur les dispositions de l'article 20 de la loi du 22 frimaire an VII, pour différer l'enregistrement des jugements et arrêts, lorsque ces actes ont été rédigés immédiatement et signés dans le délai de vingt-quatre heures imparti par les articles 164 et 370 du C. d'inst. crim.

tiellement administratif, et qu'elle ne porte aucune atteinte aux droits généraux conférés au ministère public par les articles 197 et 376 du Code d'instruction criminelle, ni au droit d'ordonner directement, conformément aux articles 615 et suivants du même code, l'élargissement des individus détenus arbitrairement, ni enfin au droit de prescrire la mise en liberté des individus qui ont été l'objet d'une grâce définitive.

Vos substituts devront prendre connaissance des instructions que M. le Ministre de l'intérieur adresse aux préfets à ce sujet[3].

J. BAROCHE.

---

[3] Ces instructions, contenues dans la circulaire du Ministre de l'intérieur, du 7 septembre 1862, sont conçues dans les mêmes termes que celles émanées du Garde des sceaux; elles ont été complétées postérieurement par plusieurs circulaires du même département :

1° Circ. du 12 novembre 1867 : Pour prévenir de fréquentes difficultés sur l'exécution des peines, les directeurs des maisons centrales devront renvoyer aux parquets de qui ils émanent, les extraits de jugements ou d'arrêts dans lesquels ils relèveraient soit une omission matérielle, soit toute autre erreur.

Au cas où le détenu aurait été frappé de plusieurs condamnations sans que la confusion des peines ait été prononcée, une décision spéciale du procureur général, provoquée par le directeur, doit intervenir, pour prévenir toute réclamation ultérieure de la part du condamné.

Dans le cas où la solution donnée soulèverait des difficultés, il en sera référé au Ministre de l'intérieur, par l'intermédiaire des préfets, et le Garde des sceaux aura à prendre une décision définitive. Il en sera de même dans le cas où les condamnations successives auraient été prononcées dans des ressorts différents.

2° Circ. du 21 février 1868: Pour faire suite à l'instruction précédente, il est expliqué que les parquets ne peuvent que fixer, sur les extraits, le point de départ des peines réellement commencées en dehors de la maison centrale. C'est à l'autorité administrative qu'il appartient d'inscrire sur ces extraits le jour de la libération des détenus, en tenant compte des diverses circonstances qui influent sur la durée des peines.

3° Circ. du 6 juillet 1868 : L'article 40 du Code pénal fixe une règle précise pour le cas où la durée de la peine se compte par jours et par mois. Les peines d'emprisonnement à plusieurs mois doivent se calculer date pour date, et non par période de trente jours (cass. crim., 27 décembre 1811, déc. min. du 26 décembre 1873). Pour celles qui atteignent une ou plusieurs années, l'époque de la libération doit avoir lieu, jour pour jour, à la date correspondant à l'entrée en prison, et non pas la veille.

Le point de départ des peines doit être déterminé conformément aux articles 24 du Code pénal et 373 du Code d'instruction criminelle : l'interprétation de l'article 24 du Code pénal n'a jamais rencontré de difficultés sérieuses, toutes les fois qu'il s'agit de peines correctionnelles prononcées contre un inculpé. Quelle que soit la juridiction qui a statué, l'article 24 est applicable et l'exécution de la peine commence le jour même de la condamnation, si le condamné ne forme ni appel ni pourvoi. S'agit-il d'une peine criminelle, de la reclusion par exemple,

Frais de justice. — Translation des extradés. — Translation des condamnés.

Du 18 novembre 1864.

A MM. les Procureurs généraux.

Des réclamations bien fondées du département de l'intérieur, sur quelques erreurs commises par les parquets en matière d'imputation de frais de justice criminelle, m'engagent à vous rappeler les règles suivantes qui devront être appliquées dans votre ressort.

---

l'article 373 du Code d'instruction criminelle est seul applicable, mais son interprétation a donné lieu à quelques difficultés.

On avait décidé d'abord que l'exécution de la condamnation commencerait le cinquième jour, en laissant, entre ce jour et le point de départ de la peine, le délai de «trois jours francs» imposé par l'article précité.

Depuis, sur le vu de nombreux arrêts de la Cour de cassation, admettant que le pourvoi peut être utilement formé le quatrième jour après celui de l'arrêt, par interprétation des mots «trois jours francs», les décisions de la Chancellerie ont été différentes, la condamnation n'est devenue définitive qu'après l'expiration du quatrième jour, non compris celui de l'arrêt, et l'exécution de la peine ne peut commencer que le lendemain, de telle sorte que, si l'arrêt a été rendu le 1er du mois, le point de départ doit être fixé au 6.

Le désistement du pourvoi, à la différence du désistement de l'appel, a pour effet de rendre le pourvoi non avenu.

4° Lettres du Ministre de la guerre, des 14 et 31 janvier 1873, écrites après avis du Garde des sceaux et publiées au Code des prisons : Les sentences des cours martiales ne peuvent donner lieu, aux termes de l'article 2 du décret du 2 octobre 1870, ni à recours en revision, ni à recours en cassation, et l'exécution des peines commence le lendemain du jour de la condamnation (art. 3), sauf pour les militaires condamnés; l'exécution de la dégradation militaire, dans le cas où elle est encourue, doit alors être prise comme point de départ de l'exécution des autres peines.

Pour les individus condamnés par les conseils de guerre, les articles 127 et 148 du Code de justice militaire ayant décidé que les peines prononcées par les conseils de guerre ne devenaient définitives qu'à l'expiration des délais cumulés du recours en revision et du pourvoi en cassation, il s'ensuit qu'il doit toujours s'écouler un délai de cinq jours francs entre le prononcé de la condamnation et le point de départ de l'exécution, même quand le condamné n'a formé ni recours en revision, ni pourvoi en cassation, d'où la conséquence que la peine prononcée le 1er décembre ne peut être exécutée que le 7 au plus tôt.

Si le condamné a formé un recours en revision et ne s'est pas pourvu en cassation, l'exécution de la peine ne commence que quatre jours francs après le rejet en revision.

Toutefois les individus en état de détention préalable qui ont été condamnés à la peine de l'emprisonnement et n'ont pas usé de la faculté de se pourvoir en revision, se trouvent dans une situation analogue à celle prévue par l'article 24 du Code pénal. Pour ces détenus, le point de départ de la peine doit être fixé à la date même de la condamnation.

I. *Extradition.* — Les frais de conduite à la frontière des étrangers livrés par la France, en vertu d'un décret d'extradition, doivent être acquittés sur les fonds du Ministère de la justice.

L'extradition a un caractère essentiellement judiciaire par son objet, l'examen qui la précède, les formalités qui l'accompagnent. En imposant à mon département les frais dont il s'agit, une juste réciprocité, proclamée par la plupart des traités internationaux, l'exonère des frais faits à l'étranger pour la livraison des Français fugitifs.

L'intervention des agents du département de l'intérieur, en vue d'une exécution plus sûre et plus prompte, ne doit rien changer à ces principes.

Les frais de conduite à la frontière des étrangers expulsés du territoire restent, au contraire, à la charge du budget de l'intérieur, seul responsable de cette mesure purement administrative.

II. *Condamnés. Frais de translation.* — Ma circulaire du 1er juin 1864 [1] n'a pas consacré d'innovation aux principes résultant du décret du 18 juin 1811. C'est donc à tort que certains magistrats ont pensé que les translations *antérieures* ne devaient pas être régies par la règle concertée avec le Ministère de l'intérieur. Tous individus condamnés *définitivement* doivent être transférés aux frais de l'administration chargée de l'excution des peines, sans *distinguer* ceux arrêtés préventivement d'avec ceux qui étaient restés libres ou ceux arrêtés dans l'arrondissement où ils doivent subir leur peine, d'avec ceux arrêtés en dehors de ce territoire, etc. Mais les condamnés conduits devant la cour d'appel ou les condamnés *par défaut*, transférés pour purger leur opposition, sont des *prévenus* dont la translation reste à la charge du budget de mon département.

J. BAROCHE.

---

[1] Voy. cette circ. et la note.

Serment. — Frais. — Agents des administrations générales. — Greffiers.

Du 23 novembre 1864.

A MM. les Procureurs généraux.

Les dispositions des circulaires des 23 janvier 1855, 13 novembre 1858, 8 juin et 7 juillet 1864, concernant les frais de prestation de serment des gardes d'artillerie, gardiens de batterie, syndics des gens de mer, gardes maritimes, guetteurs du service électro-sémaphorique et gardes-pêche, ont donné lieu de la part de plusieurs greffiers, à diverses réclamations.

Après m'être concerté à ce sujet avec mes collègues, j'ai pensé qu'il y avait lieu de rejeter, conformément à la règle établie, toutes celles de ces réclamations qui, comme le *droit d'état* et la *mention sur le répertoire*, n'avaient pour objet que des émoluments; mais il m'a paru juste de tenir compte aux greffiers des déboursés réellement faits par eux. J'ai, en conséquence, décidé qu'il leur serait alloué, par application de l'article 1er (nos 2 et 3) du décret du 8 décembre 1862 : 1° 50 centimes [1] pour le timbre de la feuille d'audience ou du registre contenant l'acte de prestation de serment, et 2° 20 centimes [2] pour le timbre de la mention portée au répertoire [3].

Veuillez donc, je vous prie, faire savoir sans retard, aux greffiers des tribunaux de première instance de votre ressort, qu'outre les droits d'enregistrement et du timbre des commissions déterminés par les circulaires précitées, ils ne peuvent réclamer, pour les prestations de serment dont il s'agit, que les deux droits de 50 et de 20 centimes ci-dessus mentionnés [4].

J. Baroche.

---

[1] Aujourd'hui 60 centimes (loi du 23 août 1871, art. 2).
[2] Aujourd'hui 25 centimes (loi du 24 novembre 1871, art. 1er).
[3] Voy. circ. des 16 juin 1855, 8 juin et 7 juillet 1864. Voy. aussi circ. du 17 septembre 1875, qui concerne spécialement les droits d'enregistrement dus pour les prestations de serment.
[4] Des instructions en date du 10 octobre 1865 adressées aux procureurs géné-

TIMBRE. — *Papier timbré.* — *Vente.* — *Officiers ministériels. Débitants de tabac.*

Du 24 novembre 1864.

A MM. LES PROCUREURS GÉNÉRAUX.

M. le Ministre des finances a pris, sous la date du 15 novembre courant, un arrêté par lequel : « à partir du 1er janvier 1865, les débitants de tabacs désignés par le directeur « général de l'enregistrement, des domaines et du timbre, « seront tenus de vendre au public, *à l'exclusion des officiers « ministériels et publics*, les papiers timbrés de toute nature et « les timbres mobiles proportionnels. »

Il résulte de cet arrêté que les officiers ministériels et publics ne pourront, comme par le passé, s'approvisionner dans d'autres lieux que dans les bureaux d'enregistrement, du papier timbré dont ils devront faire emploi dans l'exercice de leurs fonctions.

Pour établir entre les mains des acheteurs la provenance du papier timbré qui leur sera vendu par les débitants de tabac, les receveurs d'enregistrement apposeront sur chaque feuille l'empreinte d'une griffe portant un numéro spécial à chaque débit, de sorte qu'il sera toujours facile, le cas échéant, de reconnaître à la simple inspection du papier, si l'officier ministériel l'a, contrairement à l'arrêté, acheté chez un débitant ou dans un bureau d'enregistrement.

Je vous prie de faire connaître cet arrêté aux officiers ministériels et publics de votre ressort, en les invitant à s'y conformer. Ils manqueraient à leurs devoirs en contrevenant à des prescriptions prises dans l'intérêt combiné du public et du Trésor.

J. BAROCHE.

---

raux d'Aix, Bastia, Bordeaux, Caen, Douai, Montpellier, Pau, Poitiers, Rennes et Rouen ont étendu l'application de la présente circulaire, ainsi que de celles des 8 juin et 7 juillet 1864, aux gardes jurés élus par les associations de pêcheurs, aux inspecteurs des pêches et aux prud'hommes pêcheurs, l'institution de ces agents ayant été consacrée dans un intérêt d'ordre public.

Pêche fluviale. — Frais de justice. — Remboursement.

Du 16 janvier 1865.

A MM. les Procureurs généraux.

Aux termes d'une circulaire de Son Exc. le Ministre des travaux publics, en date du 28 juillet 1863, les taxes à témoins en matière de délits de pêche, payées à titre d'avance par l'administration de l'enregistrement, lui sont remboursées par le payeur du Trésor sur les fonds du service des ponts et chaussées, au moyen d'un mandat de régularisation délivré, au nom du payeur, par l'ingénieur dans le service duquel le délit a été constaté[1].

Quand, dans un même département, le service de la navigation et de la pêche est divisé entre plusieurs ingénieurs, il importe, pour prévenir des erreurs ou des retards, que le payeur sache quel est celui des ingénieurs qui doit délivrer le mandat. Pour atteindre ce but, j'ai décidé, sur la demande de mes collègues des finances et des travaux publics, que les greffiers inscriraient au bas de la taxe de chacun des témoins présentée par eux à la signature des magistrats, le nom de l'ingénieur et l'indication du service dans lequel le procès-verbal a été dressé.

Le greffier connaîtra ce nom et ce service par un simple coup d'œil jeté sur le procès-verbal qui doit présenter en marge ces indications, aux termes d'une circulaire récente de M. le Ministre des travaux publics. Si le procès-verbal n'émanait pas d'un agent des ponts et chaussées, le parquet serait toujours en mesure de fournir ces indications.

J. Baroche.

---

[1] Voy. circ. des 6 mars et 9 septembre 1863 relatives à la constatation des délits en matière de pêche fluviale, à la transmission des procès-verbaux et au payement des frais; la circulaire du Ministre des travaux publics est reproduite en note de la circulaire du 9 septembre.

Frais de justice. — Translation des prévenus ou accusés. — Gendarmes. — Indemnité.

Du 1er juin 1865.

A MM. les Procureurs généraux.

Dans le but de maintenir une rigoureuse uniformité dans le service des translations de prévenus ou accusés, et d'éviter des imputations de frais irrégulières, j'appelle votre attention et votre surveillance active sur les décisions suivantes concertées avec le département de la guerre.

La circulaire de mon département, en date du 20 avril 1863, a porté à la connaissance des parquets les nouvelles règles qui devaient être suivies, conformément aux articles 314 à 317 du décret du 18 février 1863, pour le règlement des indemnités dues aux gendarmes escortant des prévenus ou accusés.

Elle établissait, notamment «en ce qui concerne le retour «des gendarmes, que le payement direct sur exécutoire des «magistrats constituerait un double emploi avec le rembour-«sement qui sera fait, s'il y a lieu, par le département de la «justice au Ministère de la guerre.»

J'ai été informé que, dans plusieurs arrondissements, on méconnaissait ces prescriptions et les dispositions si précises des articles 314, paragraphe dernier, et 317 du décret précité. Tandis qu'il est interdit aux magistrats d'allouer aucune indemnité pour le retour des gendarmes, il est arrivé qu'ils ont adressé à des compagnies de chemin de fer des réquisitions impliquant retour gratuit aux frais du Ministère de la justice. C'était placer les compagnies dans l'alternative ou de désobéir à l'article 314 final, ou de refuser de tenir compte d'un réquisitoire irrégulier.

Ces erreurs n'ont aucune excuse. On ne doit même pas requérir le retour gratuit dans les cas où les gendarmes ne sortent pas du département. Si l'article 314, § 1er, n'a pas prévu cette hypothèse, d'autres dispositions du décret, sur lesquelles il règne un accord complet entre le département de la guerre et le mien, dispensent en ce cas mon ministère du payement des indemnités et des frais de retour. Dans tous les cas, il n'appartenait pas aux magistrats de résoudre arbitrairement la question, et les difficultés, en matière de remboursement de frais de retour, ne pouvaient être traitées qu'entre les Ministères de la guerre et de la justice[1].

Il importe de mettre un terme à des divergences toujours fâcheuses. En conséquence, j'ai décidé que les compagnies de chemin de fer qui recevraient une réquisition comprenant le retour des gendarmes, dans quelque hypothèse que ce soit, devront la considérer comme nulle et non avenue en cette partie. Les agents à qui elle sera représentée seront invités à n'y avoir aucun égard, et elle engagera, en tous cas, la responsabilité des signataires.

Un exemplaire de ma circulaire sera transmis, à cet effet, à toutes les compagnies de chemin de fer. Elle leur servira d'autorisation formelle pour rejeter des réquisitions illégales et maintenir leur droit de traiter au retour les gendarmes comme militaires voyageant isolément (art. 314 final), sans se préoccuper des imputations de frais au budget des divers ministères.

Les magistrats peuvent être appelés à requérir des translations de condamnés et repris de justice qui, selon la situation dans laquelle ils se trouvent, voyagent à la charge, soit de mon département, soit de celui de l'intérieur. Mais les fonctionnaires de l'intendance militaire, chargés de délivrer aux gendarmes des mandats d'indemnité de route pour leur retour, ne peuvent avoir mission de discerner à quel ministère le remboursement des frais de retour doit être réclamé s'ils ne trouvent dans les réquisitions des indications précises à cet égard. Pour éviter toute difficulté et toute erreur dans la liquidation de ces frais, j'ai décidé qu'à l'avenir, et en toutes circonstances, les magistrats responsables indiqueront en tête de leurs réquisitions le ministère qui doit supporter les frais d'escorte et de translation. La distinction est facile dans

---

[1] La circulaire du 18 avril 1867 a modifié cette seconde prescription de la circulaire. En cas de translation dans le département, les indemnités d'aller et de retour seront payées directement par le Ministère de la justice.

chaque espèce d'après les principes posés dans mes circulaires des 1er juin et 18 novembre 1864[2].

J. BAROCHE.

TÉLÉGRAPHE. — Correspondance. — Procureurs de la République. Présidents d'assises.

Du 10 août 1865.

A MM. LES PROCUREURS GÉNÉRAUX PRÈS LES COURS IMPÉRIALES.

La correspondance télégraphique peut donner à l'action du ministère public une promptitude et une efficacité incontestables. Aussi, dès l'installation du service des télégraphes, les procureurs impériaux ont-ils été autorisés à correspondre entre eux par cette voie.

Malheureusement, quelques magistrats n'ont pas apporté dans l'usage du télégraphe toute la réserve désirable[1]. Les uns y ont eu recours lorsque cela n'était pas absolument nécessaire, d'autres ont donné à leurs dépêches une longueur démesurée; enfin, la forme de la *dépêche-circulaire* a été souvent employée. Il en est résulté, pour le service, une surcharge considérable, et, par suite, des réclamations réitérées de la part de M. le Ministre de l'intérieur.

Les instructions émanées de la Chancellerie, notamment

---

[2] Voy. les circulaires à leur date.

Tableau des différentes catégories d'individus dont le transport est à la charge du Ministère de la justice.

1. Prévenus ou accusés.
2. Condamnés par contumace.
3. Condamnés par défaut, qui sont dans les délais légaux pour former opposition.
4. Extradés (circulaire du 18 novembre 1864).
5. Condamnés allant en appel (même circulaire).
6. Individus, condamnés ou non, allant en témoignage ou en instruction.
7. Condamnés dont l'identité n'est pas constatée légalement et doit donner lieu à la procédure spéciale prévue par les articles 518 et suivants du Code d'instruction criminelle (circulaire du 1er juin 1864).

(Extrait de la circulaire du Ministère de l'intérieur, en date du 6 janvier 1868.)

[1] Les procureurs de la République ne doivent user qu'en cas d'urgence de la voie télégraphique. (Voy. circ. du 12 novembre 1851 et 6 janvier 1853.)

pour interdire la circulaire télégraphique, n'ayant pas fait cesser les abus signalés, mon prédécesseur s'est vu dans la nécessité *d'interdire d'une manière absolue aux magistrats des parquets des tribunaux de première instance l'usage du télégraphe pour les communications qu'ils peuvent avoir à se faire entre eux.* (Circulaire du 9 janvier 1863.)

Les inconvénients résultant de cette prohibition radicale ont été, depuis lors, bien des fois signalés. Il n'est pas douteux que, dans certains cas, il importe, soit pour procéder d'urgence à un acte d'information, soit pour se rendre compte de la nécessité du maintien ou de la cessation de la détention préventive, de recourir au mode de correspondance le plus rapide. Cette célérité dans les investigations premières, sur l'identité et les antécédents des prévenus, deviendra plus indispensable encore à raison des dispositions de la loi sur la liberté provisoire, qui ne tardera pas à être promulguée.

J'ai pensé, en conséquence, qu'il convenait de revenir sur l'interdiction absolue prononcée par la circulaire du 9 janvier 1863. Je me suis, à cet effet, concerté avec M. le Ministre de l'intérieur, et il a été convenu entre nos deux départements que les procureurs impériaux reprendraient la faculté de correspondre entre eux par la voie télégraphique[2].

J'ai appelé son attention sur un autre point. Aux termes des règlements en vigueur, les présidents d'assises n'ont pas la franchise télégraphique; il est nécessaire de conférer cette faculté à ces magistrats, soit pour les informations auxquelles ils ont le droit de procéder, soit pour l'exercice, au cours même des débats, de leur pouvoir discrétionnaire. Il ne serait pas convenable de les obliger à avoir recours à l'intermédiaire d'autres fonctionnaires. Son Exc. M. le Ministre de l'intérieur a bien voulu entrer dans mes vues, et un arrêté du 28 juillet 1865 accorde la franchise aux présidents d'assises avec le Ministre de la justice, les procureurs généraux et les procureurs impériaux. Il est bien entendu que la réciproque existera, et que les fonctionnaires ci-dessus dénommés auront franchise pour transmettre leur réponse aux présidents d'assises.

---

[2] La prohibition de la *dépêche-circulaire* demeure toutefois une règle absolue. (Voy. circ. du 6 avril 1866.)

Mais je ne saurais trop vous recommander de nouveau de veiller à ce que l'on ne se serve du télégraphe qu'avec réserve. Si un magistrat avait recours à ce moyen de correspondance en dehors des cas réellement urgents, je n'hésiterais pas à mettre à sa charge le coût de la dépêche. Je tiendrai la main à la rigoureuse application de cette règle.

Vous voudrez bien, en portant ma circulaire à la connaissance des magistrats de votre ressort, leur faire savoir en même temps que je maintiens de la manière la plus formelle toutes les instructions sur la matière antérieures à la circulaire du 9 janvier 1863, et j'ai la confiance qu'aucun d'eux ne voudra compromettre, par un défaut de mesure et de discernement, un droit qui leur est rendu en vue des intérêts de la société et de l'humanité.

J. Baroche.

Liberté provisoire. — Instructions générales.

Du 14 octobre 1865.

A MM. les Procureurs généraux.

L'Empereur, en ouvrant la session de 1865, annonçait au Corps législatif qu'une loi lui serait présentée pour augmenter les garanties de la liberté individuelle et diminuer les rigueurs de la détention préventive, en autorisant la mise en liberté provisoire, avec ou sans caution, même en matière de crimes. Cette loi, qui modifie un certain nombre d'articles du Code d'instruction criminelle[1], a été, après une mûre délibération, votée par le Corps législatif, et promulguée sous la date du 14 juillet 1865.

Cette grave mesure de la détention préventive avait dès longtemps préoccupé l'Empereur et son Gouvernement, et déjà plusieurs réformes sur cette matière avaient été proposées à la Chambre et acceptées par elle avec un libéral empressement.

Ainsi, la loi du 4 avril 1855 accorde au juge d'instruction

---

[1] Elle remplace les articles 91, 94, 113 à 126, 206 et 613 du C. d'instr. criminelle.

le droit de donner mainlevée, pendant le cours de l'instruction, de tout mandat de dépôt, quelle que soit la nature de l'inculpation [2].

Plus tard, et à la date du 17 juillet 1856, une autre loi simplifie et accélère l'instruction, en abrégeant plusieurs délais et en supprimant l'intervention de la chambre du conseil [3]. Enfin une troisième loi du 20 mai 1863 institue, pour le jugement des flagrants délits, une procédure plus simple et plus rapide encore. Toutes ces réformes législatives, aussi bien que la loi du 14 juillet 1865, procèdent du même principe et tendent au même but : recourir le moins possible à la détention préventive, en abréger la durée et en adoucir le régime.

Je me propose surtout, dans cette circulaire, d'appeler votre attention sur l'esprit et la portée de la dernière loi, afin d'en rendre l'exécution aussi entière, aussi favorable qu'il sera possible, sans toutefois compromettre les véritables intérêts de la répression; mais je veux en même temps, saisissant l'occasion qui se présente, réclamer votre concours énergique pour réaliser, dans la procédure criminelle, les progrès préparés par les lois antérieures et qui n'ont pas été, jusqu'ici, complètement obtenus.

J'ai la plus grande confiance dans les excellents effets que doit produire la législation nouvelle; mais les meilleures lois restent impuissantes, si elles ne sont résolument appliquées, conformément à l'esprit dans lequel elles ont été conçues, et si l'on n'a pas, quand cela est juste et nécessaire, la force de rompre avec des habitudes ou des traditions souvent opposées aux réformes qui ont été adoptées. Je fais donc appel, dans le but que je viens de vous signaler, à toute l'influence qui vous appartient légitimement sur les magistrats instructeurs [4] et sur les membres de vos parquets [5]; je me tiendrai personnellement au courant de toutes les mesures que les circonstances vous suggéreront, de toutes les communications que vous dictera la situation particulière de votre ressort.

---

[2] Voy. la circulaire du 1er juin 1855.
[3] Voy. la circulaire du 23 juillet 1856.
[4] Art. 57 du C. d'inst. crim.
[5] Art. 27 du C. d'inst. crim.

Les dispositions de la dernière loi se divisent en deux catégories bien distinctes :

Les unes organisent sur de nouvelles bases la procédure relative à la mise en liberté provisoire, telle qu'elle était prévue par le chapitre VIII du Code d'instruction criminelle, c'est-à-dire dans les cas où il s'agit de statuer sur l'incident soulevé par un inculpé réclamant sa libération.

Les autres, d'un usage fréquent et d'une portée plus générale, se rattachent aux tentatives, déjà faites par les lois du 17 juillet 1856 et du 20 mai 1863, pour simplifier ou accélérer les informations criminelles, pour fournir au juge des moyens légaux d'abréger spontanément les détentions, ou pour lui imposer le devoir de ne pas les prolonger sans les motifs les plus graves.

Je résumerai donc mes instructions en deux paragraphes distincts.

PREMIÈRE PARTIE.

LOI SUR LES FLAGRANTS DÉLITS.

Les articles 91, 94, 113, §§ 2 et 3, 206 et 613 appartiennent à la catégorie des prescriptions qui ont pour but et pour effet la réduction de la détention préventive au minimum de durée compatible avec la sûreté publique.

Au début d'une affaire judiciaire, et lorsque l'auteur d'un délit flagrant est arrêté, la loi du 20 mai 1863 [c] vient d'abord offrir au magistrat un moyen rapide et efficace de rendre l'expiation exemplaire en rapprochant la répression de la faute. Vous savez, Monsieur le Procureur général, avec quelle facilité et quels avantages cette procédure a fonctionné dans les grandes villes. On peut dire qu'elle n'a présenté aucun des inconvénients qu'on avait paru redouter. Je n'en veux d'autres preuves que le nombre infiniment petit des appels contre les décisions rendues en exécution de cette loi, et ce fait remarquable que je n'ai pour ainsi dire pas été consulté sur des questions contentieuses nées de ses dispositions. Cependant, dans les contrées dont la population n'est pas agglomérée, son application a été très incomplète. Peut-être devait-on s'y

---

[c] Voy. la circulaire du 20 mars 1866 qui recommande l'application de cette loi à toutes les contraventions en matière de douanes.

attendre ; mais cet état de choses doit s'améliorer, car il ne tient à aucune difficulté qui soit véritablement insurmontable. Pour atteindre ce but, vous aurez d'abord à vous rendre, au point de vue de l'exécution de cette loi, un compte exact de la situation et des ressources de chaque arrondissement.

La facilité et la rapidité des moyens de communication influent évidemment sur l'usage d'une procédure dont le caractère distinctif est de placer devant les juges, sans aucun délai et sans formalités superflues, l'inculpé avec les témoins ou les preuves matérielles de sa faute. Il faut que les chefs de parquet prennent l'habitude de se demander au début de chaque affaire s'ils pourront recourir à ce mode de procédure ; ils n'y renonceront qu'en cas d'impossibilité absolue.

Les rapports, que j'attends de vous, sur les moyens que vous aurez employés pour diriger et encourager vos substituts dans cette voie, seront examinés par moi avec intérêt. Je considérerai comme un grand service rendu à la bonne administration de la justice correctionnelle l'usage fréquent de la loi sur les flagrants délits, loi qui, dans ma conviction, pourrait recevoir dans presque tous les tribunaux une application journalière. Sans doute il faut, pour en arriver là, modifier quelques habitudes anciennes et ne pas recule devant des efforts nouveaux, mais je connais le zèle des magistrats, et je compte sur leur amour pour tout ce qui est bon et juste.

Déjà, par de sages pratiques et par leur seule initiative dans l'application des lois anciennes, ils ont souvent apporté à nos codes criminels des améliorations si importantes, que je ne puis douter de leur empressement à accueillir et à pratiquer la loi des flagrants délits, lorsqu'elle leur sera mieux connue. D'ailleurs, si des difficultés se présentent, n'hésitez pas à me les déférer, et ma réponse ne se fera pas attendre.

Pourquoi, d'ailleurs, ne multiplierait-on pas, dans le cours de chaque semaine, les audiences correctionnelles réglementaires, en les échelonnant de manière à ce que les affaires, à mesure qu'elles sortent des cabinets d'instruction, fussent appelées à l'une de ces audiences, sans autre retard que l'observation des délais légaux ? Le déplacement plus fréquent des magistrats serait compensé par la moindre durée des audiences. Ce système, pratiqué avec avantage dans plusieurs ressorts, remplace jusqu'à un certain point et, dans tous les cas, facilite l'application de la loi sur les flagrants délits. Je recevrai avec satisfaction toutes les propositions touchant leurs règlements intérieurs que les compagnies judiciaires seraient disposées à prendre dans ce sens.

Je vous recommande aussi d'user soit de votre influence directe, soit des bons rapports établis avec les administrations indépendantes, pour que tous les agents de la police judiciaire apportent une prudente réserve dans l'usage de l'arrestation préventive.

Sans doute, il faut que la répression soit assurée, mais serait-elle compromise, si, dans bien des cas, les simples délinquants non récidivistes, prévenus de rixes, d'outrages légers à des fonctionnaires, de vols minimes, étaient laissés jusqu'au jugement aux travaux de la campagne ou à leurs ateliers?

J'arrive maintenant aux prescriptions de la nouvelle loi, qui, dans le cours d'une information régulière, sont destinées à faire disparaître les entraves imposées au bon vouloir des magistrats, ou à leur rappeler ces obligations de vigilance et d'humanité, contrepoids nécessaire des droits qui leur sont conférés dans l'intérêt social.

Les modifications apportées aux articles 91 et 94 étaient réclamées depuis longtemps.

Art. 91. *Liberté facultative en matière criminelle.* — L'obligation légale d'ordonner l'arrestation en matière criminelle pesait lourdement sur la conscience du magistrat, quoique la jurisprudence eût proclamé que le texte rigoureux de l'ancien article 91 était dépourvu de sanction.

Il est des espèces tellement favorables, qu'en attendant le règlement de la procédure, la liberté de l'inculpé n'entrave réellement pas l'action de la justice. D'ailleurs, depuis 1855, il y avait anomalie dans la loi qui permettait de lever le mandat de dépôt pendant le cours de l'instruction[7] sans distinction entre le cas de crime et celui de délit, et qui, d'autre

---

[7] Art. 94 du Code d'inst. crim. qui avait été déjà modifié par la loi du 4 avril 1855.

part, se substituait au libre arbitre du juge, en lui prescrivant d'arrêter sans discernement au début de la procédure.

Art. 94. *Mainlevée du mandat d'arrêt.* — Quant à l'article 94[8], il se complète aujourd'hui par l'assimilation si logique du mandat d'arrêt au mandat de dépôt, en ce qui concerne la mainlevée d'office par les magistrats. La crainte de ne pouvoir soustraire au mandat d'arrêt le prévenu qui, au retour d'une absence momentanée, pourrait fournir des explications satisfaisantes, n'empêchera plus de décerner, contre tout défaillant ou contumace et contre tout évadé, ce mandat si complet, en ce qu'il précise les charges, et si nécessaire, en ce qu'il survit seul au jugement par défaut et remplace au correctionnel l'ordonnance de prise de corps.

Art. 113, §§ 2 et 3. *Libération de plein droit.* — A la suite des articles qui déterminent les conditions et les formes de la détention, le législateur, dans le nouvel article 113, §§ 2 et 3, détermine, pour la première fois, la durée qu'elle ne ne devra pas dépasser dans certains cas. Il divise les délits en deux classes, suivant que le maximum de la peine atteint deux années d'emprisonnement ou reste inférieur à cette limite[9].

Dans la seconde hypothèse, le prévenu *domicilié* jouira, si son état de récidive ne vient pas le lui enlever, du bénéfice d'une libération de plein droit à l'expiration du cinquième jour après son interrogatoire. Une peine quelconque, antérieurement encourue pour crime, un emprisonnement de plus d'un an pour délit, ou l'état de vagabondage, rendent le détenu indigne de cette faveur.

Cette disposition nouvelle impose des obligations diverses à tous les agents qui concourent à l'exercice de la police judiciaire, et il vous appartient de veiller à ce que chacun les remplisse avec exactitude.

Les rédacteurs des procès-verbaux devront, à l'avenir, s'expliquer avec précision sur la question de domicile, et vous

[8] Voy. circ. du 1er juin 1855 sur la levée du mandat de dépôt.

[9] Voy. circ. du 20 mars 1866 sur l'application du nouvel article 113, § 2, en matière de contributions indirectes et de douanes.

vous concerterez au besoin avec les autorités compétentes pour que des instructions suffisantes éclairent les agents sur la nécessité de formuler nettement le résultat de leurs recherches sur ce point.

Le domicile se reconnaît, en droit criminel, aux mêmes caractères qu'en droit civil. Les articles 40, 91 ancien, 68, 109 du Code d'instruction criminelle faisaient déjà ressortir la différence qni a existé de tout temps entre *le domicile* auquel sont attachés certains privilèges, et la simple *résidence* ou la dernière *habitation.*

Il sera bon que les juges instructeurs et les membres du parquet aient sous les yeux, dans le local affecté au service correctionnel, une liste de tous les délits communs ou spéciaux qui comportent la mise en liberté de droit, après le cinquième jour.

Dès le début de la poursuite, ils feront porter leurs investigations sur les questions que soulève l'article 113.

L'emploi du télégraphe, dans les limites fixées par ma circulaire du 10 août dernier [10], permettra de vérifier, au besoin, si les antécédents du prévenu le placent dans l'exception défavorable prévue par la loi. De fausses indications données par l'inculpé, dans son interrogatoire, seraient de graves présomptions de vagabondage ou de récidive.

Le parquet se contentait ordinairement d'un réquisitoire introductif sans constater par écrit le résultat de ses conférences ultérieures avec le juge. En effet, le mandat de dépôt légalise virtuellement la détention, quelles que soient les incriminations qui se succèdent, se remplacent ou s'accumulent. Il paraît nécessaire, désormais, que des réquisitoires successifs marquent avec précision les modifications amenées par le progrès de procédure, soit dans les énonciatiens du premier acte relatives au domicile, soit dans la nature de la prévention. Ces réquisitions seront consultées avec fruit dans le cas d'incident contentieux.

On peut prévoir que des prétentions de bonne foi ou les *conseils de prison*, dont l'influence est si connue, soulèveront

---

[10] Cette circulaire prescrit de n'user du télégraphe que dans les cas d'urgence absolue. Voy. également circ. du 6 avril 1866 qui interdit les dépêches-circulaires.

des débats sur ce droit à la mise en liberté. De quelque manière que se produise l'incident, et quelle que soit la nature de l'attaque dirigée contre la décision du juge ou du tribunal saisi, vous veillerez à ce qu'aucun retard ne puisse être apporté, soit à l'information, soit au jugement sur le fond. Le cas le plus ordinaire sera celui d'une demande adressée au juge, qui répondra par une ordonnance motivée, soumise à la revision de la chambre d'accusation, si le réclamant persiste.

Le point de départ du délai légal, pour la mise en liberté après un délai de cinq jours, est l'interrogatoire de l'inculpé reçu par le juge[11].

L'article 113, §§ 2 et 3, est étranger à la procédure des flagrants délits, organisée par la loi du 20 mai 1863, et dans laquelle la détention peut avoir été ordonnée par le tribunal lui-même. Ici, les charges ne sont pas encore précisées; le délit peut s'aggraver de circonstances que recherche la justice. Il n'y a ni interrogatoire écrit, ni réquisitoire, ni ordonnance.

J'ai insisté sur les exigences de la loi, parce qu'il s'agissait de la libération érigée en droit absolu pour le détenu, auquel incombe dès lors l'obligation de justifier de l'accomplissement de toutes les conditions imposées. Le pouvoir attribué aux magistrats de lever le mandat, même sans conditions, leur permettra, s'il y a lieu, de donner une application tout à fait légale à l'adage : *In dubiis pro libertate.*

Art. 206. L'article 206 emprunte à la loi des flagrants délits, pour en faire une règle générale, la libération de plein droit après un jugement d'acquittement, même quand il y aurait appel par le ministère public[12]. La présomption d'innocence l'emporte en ce cas sur le préjugé résultant de l'ordonnance ou de l'arrêt de renvoi, et l'inculpé comparaîtra libre devant les juges d'appel. Mais le détenu condamné ne pourra, sous prétexte d'appel, se prévaloir de l'article 113,

---

[11] Il résulte du discours de M. Lacaze, commissaire du Gouvernement au Corps législatif, que le délai de cinq jours court, non du jour de l'interrogatoire final ou définitif, mais du premier interrogatoire, qui a eu lieu dans les vingt-quatre heures.

[12] Art. 6 de la loi du 20 mai 1863.

§ 2, pour exiger sa libération, alors même que la peine prononcée serait inférieure à deux années. Il ne s'agit plus ici de détention préventive et de mandats; c'est la sentence qui exerce virtuellement ses effets sur la détention, puisque l'article 24 du Code pénal fixe à la date du jugement le commencement de l'exécution, à moins que la loi ne retarde ce point de départ à titre de punition du fol appel. La condamnation démontre l'intérêt qu'aurait l'individu à prendre la fuite.

Art. 613. Une modification légère de l'article 613 complète la série des mesures par lesquelles le législateur a voulu affirmer son respect pour la liberté individuelle.

L'interdiction de communiquer n'a jamais pu être confondue, que par des esprits prévenus ou peu éclairés, avec le *secret* de l'ancienne procédure inquisitoriale ou avec la *mise au cachot*, peine réglementaire du détenu dangereux. Elle comporte plusieurs degrés, dont on n'a pas toujours distingué les différences notables. Tantôt il faut interdire à l'intérieur la communication entre deux malfaiteurs pour empêcher le concert dans l'intervalle des interrogatoires; tantôt il s'agit de faire obstacle à ce que des parents ou des complices du dehors reçoivent le mot d'ordre pour faire disparaître les produits ou les instruments du crime ou pour suborner des témoins. Cette dernière espèce d'interdiction est elle-même générale ou partielle.

En donnant une sanction nouvelle à ce moyen d'instruction, aussi légitime, dans de sages limites, que la détention préventive elle-même, le législateur a voulu prévenir jusqu'à la possibilité d'un abus, en exigeant le renouvellement de l'ordonnance au bout de dix jours.

Je suis heureux de constater que la magistrature ne pouvait, en cette matière, être accusée d'un excès de rigueur systématique. La surveillance organisée à la Chancellerie depuis 1819, et les comptes rendus mensuels permettaient déjà de relever les abus qui auraient pu se glisser dans ce service. Le chiffre de 546 ordonnances d'interdiction de communiquer rendues en 1864, comparé à celui de 55,841 détenus, ne révélait pas à coup sûr un danger sérieux; mais, d'un autre côté, l'emploi si modéré de cette mesure démontre que l'ordonnance sera rarement renouvelée, et qu'il ne résultera de l'obligation nouvelle aucune entrave sérieuse pour les travaux des magistrats instructeurs.

L'interdiction de communiquer continuera à être réservée pour les cas graves [13], et, afin qu'aucune confusion ne puisse s'introduire à l'avenir, l'ordonnance devra distinguer dans sa formule si elle est limitée à l'intérieur ou si elle s'étend à tous ou à quelques-uns des visiteurs libres.

Je tiens aussi à ce que le mot: *mise au secret*, qui ne correspond ni à une réalité ni à un texte de loi, soit rigoureusement banni de la langue juridique et de votre correspondance.

DEUXIÈME PARTIE.

A côté des prescriptions qui, dans toutes les procédures, stimulent la vigilance des magistrats, en leur traçant des règles dont l'observation est confiée à leur initiative, la loi nouvelle a placé une série de dispositions qui remplacent avec avantage l'ancien chapitre VIII du Code d'instruction criminelle sur la liberté provisoire et le cautionnement [14].

Le détenu, à qui sa libération n'est pas spontanément accordée, peut la réclamer lui-même. Les conditions qu'il aura à remplir, les garanties qu'il offrira, la juridiction appelée à statuer sont fixées d'une manière plus libérale et plus complète qu'autrefois.

Grâce à la rapidité des procédures, à l'humanité et au discernement des magistrats, les demandes contentieuses de libération provisoire deviendront peu fréquentes et pour ainsi dire exceptionnelles; mais il n'en était pas moins nécessaire de dégager l'exercice du droit des entraves qui le rendaient inefficace et presque impraticable.

Sur la demande du détenu qui réclame sa libération provisoire, le juge, directeur de l'information, est naturellement constitué arbitre au premier degré de l'incident. Il pèse les

---

[13] Voy. circ. du 10 février 1819, n° 2, et circ. du 6 décembre 1840, § 7, qui prescrivent l'envoi d'un état mensuel rendant compte des procédures dans lesquelles il a été ordonné interdiction de communiquer.

[14] Voy. circ. du 23 juillet 1856, § 3, 1°, sur la loi du 17 juillet 1856, qui avait déjà modifié l'article 114 du Code d'inst. crim.

motifs invoqués par le prévenu, l'intérêt qu'il peut avoir, suivant les circonstances, à se soustraire à l'action de la justice ou à attendre sa décision, les garanties de moralité, de fortune, de famille, les liens divers qui le rattachent à son pays et devront l'empêcher de fuir. Ce sont là des appréciations bien délicates, sans doute, mais auxquelles suffiront l'intelligence du juge et son expérience des hommes et des choses. La première pensée d'un inculpé est souvent de fuir, mais bientôt il réfléchit que la fuite ne lui assure pas l'impunité, mais une condamnation par contumace ou par défaut d'autant plus sévère et à laquelle il ne pourra se soustraire que par un long exil, c'est-à-dire par la ruine, par l'anéantissement de tous les liens qui constituent la famille et la vie sociale tout entière.

Dans la décision qu'il doit prendre, le juge instructeur n'est pas abandonné à ses seules lumières. Il s'éclaire par les conclusions du ministère public, qu'il reçoit sans être obligé de s'y conformer.

Il peut accorder la libération provisoire, quel que soit le titre de la prévention (délit ou crime), et même sans exiger aucun cautionnement. Ce sont là deux innovations capitales des articles 113, § 1er, et 114.

Toute restriction a disparu, même celle de l'ancien article 115 relativement aux vagabonds et repris de justice. Les règles absolues sont rarement sans inconvénients; le meilleur système était évidemment d'accorder au magistrat une entière latitude pour apprécier chaque cas spécial. On pouvait se fier à son discernement pour reconnaître dans quelles circonstances il convient de se contenter de l'engagement solennel pris par le détenu «de se représenter à tous les actes de la «procédure et pour l'exécution du jugement aussitôt qu'il en «sera requis (art. 113).» Si des garanties accessoires lui paraissent nécessaires, le juge (art. 120) peut les puiser dans l'engagement écrit d'un tiers solvable, qui ne consignera pas de deniers, aussi bien que dans le versement effectif d'une somme appartenant au détenu ou à un tiers.

Le même pouvoir discrétionnaire est attribué aux cours ou tribunaux, qui peuvent être appelés à statuer sur l'incident.

En effet, à toutes les phases de la procédure, et, comme le disait l'ancien code, en tout état de cause, la demande formulée par le prévenu, détenu ou menacé d'arrestation, trouvera des juges pour l'apprécier. Les nouveaux articles 116 à 119 précisent en les simplifiant les formalités de la procédure à suivre dans les différents cas. Les prévisions de la loi semblent avoir été au-devant de toutes les difficultés.

Le formalisme exagéré de l'ancienne loi a été banni également des dispositions où il est traité des effets et des obligations résultant du cautionnement (art. 114, et 120 à 124).

Avec le cautionnement en immeubles ont disparu toutes les difficultés d'évaluation de la solvabilité des cautions ou de la valeur des propriétés.

Qu'il s'agisse de réaliser les deniers, objet de la soumission, ou d'en obtenir la restitution, qu'il y ait lieu à des poursuites ou au partage entre les ayants droit des sommes qui leur sont acquises, les articles 121 [15] et 124 organisent une procédure si rapide et si simple que nul ne peut se méprendre sur ses droits et sur ses devoirs. On s'est efforcé surtout de dispenser les intéressés de ces productions de pièces, de ces démarches interminables, qui ajournaient ou neutralisaient les effets de la décision rendue.

Dans toutes ces dispositions, la pensée constante du législateur a été de supprimer toutes les entraves, toutes les difficultés, qui pourraient éloigner les cautions ou paralyser leur bienveillance au préjudice des inculpés détenus.

Si un cautionnement a été souscrit ou réalisé, le législateur entre dans une voie toute nouvelle, en faisant correspondre une division des sommes exigées au double engagement imposé au prévenu de se représenter, d'abord au cours de la procédure, et plus tard, s'il y a lieu, pour l'exécution de la condamnation.

Il appartient au juge d'évaluer librement dans son ordonnance la quotité de ces deux cautionnements, dont l'affectation est bien distincte.

L'obéissance aux ordres de la justice est un devoir doublement sacré pour celui dont les promesses solennelles lui ont mérité une faveur.

S'il s'en montre indigne, l'équité et la logique prescrivent

---

[15] Sur l'application de l'article 121, § 1er, voyez la circulaire du 15 janvier 1868, qui détermine les justifications à faire pour le versement du cautionnement.

de réprimer cette déloyauté par l'attribution à l'État de la première partie du cautionnement.

Tout défaut à un acte de la procédure, jusques et y compris l'exécution, entraîne de plein droit cette attribution, irrémissible par voie de grâce, comme toutes les conséquences légales attachées à une situation judiciaire irréparable[16].

Aucun excès de rigueur n'est à craindre, puisque le juge est libre d'excuser le défaut, et qu'en cas d'acquittement le jugement qui reconnaît l'innocence peut même encore ordonner la restitution des sommes déjà acquises à l'État.

L'exercice immédiat des droits de l'administration financière[17], chargée des encaissements et recouvrements, est facilité par la production d'un simple certificat du greffe[18]. Pour éviter toute méprise, il est bon que le greffier trouve dans le dossier des mentions officielles du juge, constatant, à chaque défaut de l'inculpé, que, dûment convoqué, il n'a pas été autorisé à s'absenter, ou que l'excuse produite ultérieurement n'a pas été agréée. Le ministère public veillera à ce que tout soit régularisé à cet égard.

Si le prévenu a fidèlement observé son engagement de comparaître à tous les actes, la première partie du cautionnement versé par lui est restituée, sauf les droits que les créanciers du propriétaire des fonds exerceraient, par voie de saisie-arrêt, dans les termes du droit commun.

Quant à la seconde partie du cautionnement, elle garantit, en cas de condamnation, les frais et les amendes. S'il y a lieu à partage entre l'État et la partie civile, il est fait de la manière la plus simple (art. 124, § 3). Le législateur n'a pas affecté, comme autrefois, le cautionnement aux réparations civiles. C'eût été obliger le juge à exagérer le montant du

---

[16] La circulaire du 1er octobre 1851, non insérée, recommandait de requérir la confiscation du cautionnement en cas de condamnation par défaut; le cautionnement était alors acquis au Trésor (arrêt de cass. crim. du 19 octobre 1821). Les dispositions expresses du nouvel article 122 rendent cette recommandation sans objet.

[17] D'après le nouvel article 121, le cautionnement doit être versé entre les mains du receveur de l'enregistrement. Les dispositions d'une circulaire du 6 janvier 1817, d'après laquelle ce versement devait, conformément à la loi de finances du 28 avril 1816 et à l'ordonnance du 8 juillet 1816, être effectué directement à la Caisse des dépôts et consignations, sont actuellement sans intérêt.

[18] Art. 124 du Code d'inst. crim.

cautionnement, sans aucune base certaine, à un moment où la partie civile n'a pas encore de droits acquis. Si, plus tard, elle parvient à les faire consacrer par la justice, sa condition sera celle de tous les créanciers du condamné.

Une ordonnance de mise en liberté provisoire, surprise au début de la procédure, ne pouvait constituer, au profit de l'inculpé, un droit irrévocable et sans restrictions; aussi les articles 126, 125 et 115 ont-ils justement prévu les trois cas qui peuvent se présenter.

Après l'arrêt de renvoi aux assises, la mise en liberté provisoire ne fait pas obstacle à l'exécution de l'ordonnance de prise de corps[19].

Si le prévenu a fait défaut, sans excuse valable, à un acte de la procédure, la confiscation de la première partie du cautionnement ne peut suffire pour donner satisfaction à la justice. La violation d'un engagement solennel aggrave l'inculpation, et tout mandat d'arrestation pourra être décerné par la juridiction saisie de l'affaire, sauf la faculté d'accorder de nouveau la liberté provisoire.

Enfin, les prévisions de la loi ont voulu qu'il y eût un remède à l'erreur du juge, qui aurait cru trop facilement la liberté du prévenu compatible avec la manifestation de la vérité. De nouveaux mandats pourront être décernés dans la même affaire, sans que l'inculpation ait changé, s'il se présente des circonstances graves[20]; tels seraient, notamment, des préparatifs de fuite, des aliénations frauduleuses de la fortune de l'inculpé, des tentatives d'intimidation ou de séduction des témoins, etc. Toutefois, le pouvoir discrétionnaire du juge instructeur cesse de s'exercer dans les cas où la juridiction supérieure a dû annuler une première décision repoussant la demande de mise en liberté provisoire. L'article 115, § 2, pose à cet égard une règle que la loyauté et l'impartialité du magistrat rendaient sans doute inutile, mais qui a l'avantage d'ôter tout prétexte à des récriminations contre l'accomplissement d'un devoir.

---

[19] Lorsque l'arrêt de renvoi aux assises est devenu définitif, la cour d'assises, ni aucune autre juridiction, n'est compétente, *même en cas de renvoi d'une session à une autre*, pour accorder la mise en liberté provisoire. (Cass. crim., 13 juin et 13 juillet 1872, 14 mars 1873; art. 126 du Code d'inst. crim.)

[20] Art. 115 du Code d'inst. crim.

L'article 115 est d'ailleurs étranger au cas où des révélations ou des plaintes ultérieures feraient peser sur l'individu déjà poursuivi l'inculpation d'un nouveau crime ou délit. Pour éviter, dans cette hypothèse, toute confusion et toute réclamation, j'invite le ministère public à ouvrir, par un réquisitoire spécial, une procédure distincte, sauf à réclamer plus tard, le cas échéant, la jonction des affaires.

Cette loi du 14 juillet 1865, si libérale dans ses prévisions, sera désormais la règle unique de la matière. Déjà le décret du 17 avril 1852 (art. 26 et 27) avait fait disparaître, pour tous les délits de la presse, les formes spéciales de procédure introduites par la loi du 26 mai 1819. On pouvait regretter en théorie que le droit commun, dans lequel on était rentré, fût moins favorable que la loi d'exception, en ce qui concernait la liberté provisoire. Les progrès réalisés par la loi commune donnent désormais satisfaction à tous les intérêts vraiment respectables[21]. Cette observation, que m'ont suggérée des discussions récentes, n'a pour ainsi dire aucun intérêt pratique, tant il est rare que des mandats soient décernés en matière de délits de presse.

Telles sont, Monsieur le Procureur général, les premières considérations que j'ai cru utile d'indiquer à votre expérience, sauf à les compléter par une correspondance et par des instructions spéciales. Je les recommande à vos méditations et à votre attention la plus vigilante. Quel intérêt en serait plus digne que celui de la liberté individuelle!

J. BAROCHE.

ALIÉNÉS. — Magistrats. — Visites périodiques. — Rapports.

Du 17 janvier 1866.

A MM. LES PROCUREURS GÉNÉRAUX.

En présence des critiques récemment dirigées contre la législation de 1838 sur les aliénés, Son Exc. le Ministre de l'inté-

---

[21] La loi du 20 mai 1863, sur l'instruction des flagrants délits, n'est point applicable aux délits de presse. Voy. l'article 7 de cette loi.

rieur vient d'appeler mon attention sur l'opportunité de multiplier les actes de surveillance administrative à l'égard des asiles publics et privés, et sur les moyens de rendre plus efficace l'intervention des autorités locales auxquelles la prévoyance de la loi a donné mission de signaler tous les abus.

L'article 4 de la loi du 30 juin 1838 a placé divers magistrats au nombre des fonctionnaires chargés de visiter périodiquement les établissements de toute nature consacrés au traitement des affections mentales. Le département de la justice a toujours attaché une grande importance à l'accomplissement de ces devoirs, ainsi que le prouvent deux circulaires spéciales en date des 28 mai 1844 et 21 septembre 1860[1].

J'insiste de nouveau auprès de vous, Monsieur le Procureur général, pour qu'aucun magistrat ne méconnaisse ou ne néglige de remplir les obligations qui lui sont imposées par des textes précis et par de graves intérêts sociaux aussi bien que privés. Il n'est pas impossible de prévoir des cas où la liberté individuelle, dont la protection vous est confiée, pourrait être intéressée par le dépôt irrégulier d'un individu sain d'esprit, victime de combinaisons criminelles. Même en dehors de cette hypothèse que l'intervention constante de l'autorité administrative rend presque invraisemblable, les visites des magistrats peuvent révéler des abus dont les véritables aliénés seraient victimes ou qui s'opposeraient à leur guérison.

La magistrature ne doit pas, sans doute, se méprendre sur ses attributions en cette matière. Ce n'est pas mon département qui nomme les médecins ou directeurs des asiles publics, qui est juge des prescriptions auxquelles doivent être soumises les maisons de toute espèce, ou qui donne les ordres pour la sortie des aliénés.

La surveillance que la loi confère aux magistrats ne doit

---

[1] La circulaire du 28 mai 1844, en outre des visites périodiques qu'elle prescrit, fixe l'indemnité de transport due aux magistrats qui visitent des établissements d'aliénés placés à plus de 5 kilomètres de leur résidence. Ces dispositions ont été rappelées dans la circulaire, non insérée, du 21 septembre 1860. Voy. également circ. du 8 juillet 1869 soumettant à l'examen des magistrats un certain nombre de questions relatives à l'amélioration du régime des établissements d'aliénés.

pas dégénérer en hostilité ou s'inspirer d'un esprit de défiance et de mauvais vouloir. Personne n'ignore le degré d'astuce et d'habileté que peuvent déployer des monomanes même dangereux, entrevus au cours d'une visite pendant laquelle l'espoir de conquérir la liberté suspend la manifestation extérieure d'une folie trop réelle. Une incessante immixtion dans le régime intérieur pourrait entraver les effets bienfaisants du traitement médical.

Mais les magistrats sont trop habitués à se rendre compte de la portée de leurs démarches pour qu'il soit nécessaire d'insister davantage sur le caractère et le but de leur action. D'ailleurs vous les connaissez individuellement et vous savez ceux qui devraient être stimulés ou retenus. Ce qu'il importe, c'est de veiller à ce que la coopération de tous ceux que la loi désigne ne se ralentisse pas. Vous pouvez y pourvoir par des injonctions à ceux qui sont directement placés sous vos ordres ou par des invitations concertées, s'il le faut, avec M. le premier président.

Les obligations imposées par la loi aux procureurs impériaux sont surtout fort précises. *Une fois au moins par semestre*, ils doivent inspecter les établissements publics, et *à chaque trimestre* les établissements privés doivent recevoir leur visite. Il va sans dire que tout magistrat, dans l'intérêt de l'exemple et pour dégager sa responsabilité, doit constater son inspection par un visa apposé sur les registres de la maison. Mais c'est surtout le résultat de chacune de ces visites qui ne doit pas être perdu pour l'autorité supérieure. Elles feront l'objet de rapports immédiats étudiés par vous et dont vous m'adresserez chaque année, dans le courant de janvier, le résumé, en ce qui concerne chaque établissement. Vous n'attendrez pas, d'ailleurs, cette époque pour me signaler les faits qui réclameraient mon intervention ou seraient de nature à soulever des difficultés. Vous me ferez connaître ceux des magistrats de tout ordre qui, pénétrés de la pensée du législateur et organes intelligents de la sollicitude du Gouvernement, auront découvert un abus et procuré une amélioration ou une réforme. M. le Ministre de l'intérieur attache beaucoup de prix au concours que l'autorité judiciaire peut prêter en cette matière aux administrateurs des départements. Il insiste sur ce point dans sa récente circulaire et ne craint pas, plus que moi, que des conflits puissent s'élever entre des fonctionnaires que réunira toujours une pensée commune, celle de faire produire à la loi les effets bienfaisants que le législateur s'est proposés.

En ce qui me concerne, je dois déclarer que tout magistrat qui n'accomplirait pas avec une religieuse exactitude les devoirs que la loi lui impose encourrait vis-à-vis de moi une grave responsabilité.

Un concert établi entre les présidents, les procureurs impériaux et les juges de paix, pour échelonner leurs visites et les rendre plus fructueuses, produirait les meilleurs effets, surtout pour les asiles placés dans des cantons ruraux et plus ou moins éloignés du chef-lieu.

J. BAROCHE.

SCELLÉS. — Fonctionnaires de la marine.

Du 23 janvier 1866.

A MM. LES PROCUREURS GÉNÉRAUX.

Je vous transmets.... exemplaires d'une instruction de M. le Ministre de la marine et des colonies, en date du 4 novembre dernier, relative à l'apposition des scellés qui doit être faite en exécution de l'article 633 de l'ordonnance de la marine du 25 mars 1765, sur les papiers trouvés, après décès, au domicile des officiers, fonctionnaires ou agents de la marine[1].

---

[1] INSTRUCTION

POUR L'EXÉCUTION DE L'ARTICLE 633 DE L'ORDONNANCE DE LA MARINE DU 25 MARS 1765, RELATIVE À L'APPOSITION DES SCELLÉS SUR LES PAPIERS DES OFFICIERS DE LA MARINE, DE L'ADMINISTRATION, ET AUTRES AGENTS ATTACHÉS AU DÉPARTEMENT DE LA MARINE ET DES COLONIES.

1° *De l'apposition des scellés.*

ARTICLE PREMIER.

Aussitôt après le décès d'un officier général, supérieur ou autre, d'un fonctionnaire ou agent du département de la marine et des colonies, mort en retraite ou en activité de service, le maire en informe le juge de paix.

Ce dernier doit en donner immédiatement avis, soit à l'autorité maritime la

Veuillez, je vous prie, adresser à vos substituts près les tribunaux de première instance de votre ressort un exemplaire de

---

plus voisine, soit au général commandant la division militaire, sans que cet avis puisse suspendre l'apposition des scellés, dont il est parlé à l'article 3.

ART. 2.

Si l'autorité maritime est la première instruite du décès, elle s'empresse d'en donner avis au juge de paix.

ART. 3.

Ce magistrat appose les scellés sur les papiers, cartes, plans et mémoires relatifs à la marine trouvés au domicile du défunt, *et autres que ceux dont celui-ci est l'auteur;* il prévient l'autorité maritime du jour où ces scellés sont levés.

ART. 4.

L'autorité maritime peut se faire représenter à l'apposition des scellés par un officier ou agent délégué par elle.

Mais, lorsqu'elle ne se trouve pas à portée du lieu de résidence du décédé, c'est le département de la guerre qui opère pour le compte du département de la marine, conformément aux instructions concertées à ce sujet entre les deux départements.

ART. 5.

Les papiers sur lesquels le juge de paix appose les scellés sont indiqués dans la nomenclature annexée à la présente instruction.

ART. 6.

Les papiers non compris dans cette nomenclature sont également mis sous les scellés, lorsque le délégué de la marine le réclame.

Si le juge de paix croit devoir, dans l'intérêt de la famille, se refuser à communiquer ou à inventorier certains papiers, le conflit est vidé par voie de référé devant le président du tribunal de l'arrondissement.

ART. 7.

Dans le cas où l'apposition des scellés n'a d'autre but que l'exécution de l'ordonnance de 1765, l'administration de la marine supporte les frais de l'opération, comme étant seule intéressée à son accomplissement.

ART. 8.

L'officier ou l'agent délégué pour assister à l'apposition des scellés est désigné d'après la localité où elle a lieu, savoir :

Dans les départements de la Seine et de Seine-et-Oise, par le Ministre de la marine et des colonies;

Dans la circonscription d'un arrondissement maritime, par le préfet de cet arrondissement;

Dans les établissements hors des ports, par les directeurs de ces établissements;

Dans les colonies françaises, par les gouverneurs;

En Algérie, par le commandant de la marine.

L'officier ou l'agent désigné doit, autant que possible, être choisi parmi ceux du corps dont le décédé faisait partie.

ART. 9.

Quand un officier général, officier supérieur ou autre, un fonctionnaire ou

cette instruction, dont les dispositions ont été concertées avec mon département, en les chargeant d'inviter chacun des juges

---

agent du département de la marine et des colonies, décède à bord d'un bâtiment de l'État, le commandant désigne un officier pour assister à l'inventaire et mettre de côté les papiers qu'il y a lieu de revendiquer pour le département, à l'exception de ceux qui intéressent la mission ou le service du bâtiment.

Une copie de cet inventaire particulier est annexée à l'inventaire général des effets et papiers destinés à être remis à la famille.

2° *De la levée des scellés et de l'examen des documents scellés.*

ART. 10.

L'autorité maritime délègue un officier ou agent pour être présent à la levée des scellés; cet officier ou cet agent doit être, autant que possible, le même que celui qui a assisté à leur apposition.

ART. 11.

L'autorité maritime doit faire en sorte qu'aucun retard ne soit apporté, par le fait de son représentant, dans l'opération de la levée des scellés.

ART. 12.

Dans le cas où le juge de paix, par des circonstances quelconques, se verrait obligé de lever les scellés avant l'arrivée du délégué de l'autorité maritime, il devra séparer des autres papiers ceux qui peuvent intéresser la marine et les placer sous de nouveaux scellés.

ART. 13.

S'il est présent à la levée des scellés, le délégué de l'autorité maritime procède avec soin à l'examen et au tri des documents à mettre de côté, conformément à la nomenclature ci-dessous mentionnée.

ART. 14.

Les objets ou documents reconnus appartenir au département de la marine, ou qui sont de nature à l'intéresser, sont inventoriés séparément, avec indication de ceux qui sont la propriété particulière du décédé. Tous sont remis au délégué de l'autorité maritime, dont le reçu est apposé sur l'inventaire.

Ce délégué adresse ensuite ces papiers, avec ampliation de l'inventaire et du reçu, à l'autorité maritime qui l'a désigné pour cette mission. Celle-ci transmet le tout au Ministre dans le plus bref délai possible.

Dans le cas où la remise des papiers est refusée à l'officier délégué, le conflit est vidé, par voie de référé, devant le président du tribunal de l'arrondissement.

ART. 15.

Après examen, le Ministre ordonne le classement, dans les divers services de son département, de ceux de ces documents qui ont été reconnus bons à conserver.

Il renvoie les autres à la famille.

ART. 16.

Dans le cas où, parmi les documents inventoriés, il s'en trouve qui, bien que traitant de sujets intéressant la marine ou les colonies, sont reconnus être l'œuvre

de paix de leur arrondissement à se conformer exactement, en ce qui les concerne, aux prescriptions qu'elle renferme.

---

ou la propriété personnelle du défunt, le Ministre peut en prescrire l'acquisition, après estimation amiable, sauf recours devant les tribunaux en cas de contestation.

Paris, le 4 novembre 1865.

Approuvé :

Le Ministre secrétaire d'État de la marine et des colonies,

Signé P. DE CHASSELOUP-LAUBAT.

CATALOGUE

DES PIÈCES DE TOUTE NATURE ET DE TOUTE DATE À REMETTRE AU DÉPARTEMENT DE LA MARINE, APRÈS LE DÉCÈS DES OFFICIERS ET AGENTS DE CE DÉPARTEMENT.

SECTION 1re. — *Actes du Gouvernement.*

ART. 1er. Lois, ordonnances, arrêts, délits, déclarations, décrets, arrêtés, règlements.

ART. 2. Rapports au Roi, à la Convention nationale, au Directoire exécutif, au Premier Consul, à l'Empereur.

ART. 3. Rapports au Ministre de la marine, arrêtés et décisions ministérielles.

ART. 4. Traités, conventions avec les puissances étrangères.

SECTION 2. — *Actes, avis et délibérations de divers conseils.*

ART. 5. Conseil du Roi.

ART. 6. Conseil de marine.

ART. 7. Conseil d'amirauté.

ART. 8. Conseil des travaux.

ART. 9. Conseils ou comités divers.

SECTION 3. — *Correspondance.* (*Souverains et princes.*)

ART. 10. Des chefs du pouvoir exécutif (Rois ou autres).

ART. 11. Du Premier Consul Bonaparte.

ART. 12. De l'Empereur Napoléon Ier.

ART. 13. Tout ce qui porte, soit une signature du Roi ou de l'Empereur, soit une annotation, soit un simple approuvé de sa main.

ART. 14. Des souverains, princes et alliés de la famille impériale ou royale.

ART. 15. Des souverains et princes étrangers, alliés ou ennemis de la France.

SECTION 4. — *Correspondance.* (*Ministres, agents diplomatiques, pairs et députés.*)

ART. 16. Des ministres, du contrôleur général des finances, des intendants du commerce, des directeurs généraux, etc.

Ces magistrats devront, à cet effet, recommander aux maires des diverses communes de leur canton de les informer,

---

ART. 17. Des ministres, ambassadeurs et consuls de France dans les pays étrangers.

ART. 18. Des ministres, ambassadeurs et consuls des nations étrangères en France.

ART. 19. Des membres des Conseils des Anciens et des Cinq-Cents, de la Chambre des pairs et de la Chambre des députés, des commissaires de la Convention nationale, des représentants du peuple en mission dans les ports, près des armées navales et dans les colonies.

SECTION 5. — *Correspondance. (Clergé, Parlements, autorités militaires et civiles dans les provinces.)*

ART. 20. Des ardinaux, archevêques, évêques et autres ecclésiastiques.

ART. 21. Des présidents, procureurs, avocats généraux des parlements, cours et tribunaux.

ART. 22. Des gouverneurs et lieutenants généraux des provinces du royaume, des généraux commandant les divisions militaires dans les départements.

ART. 23. Des intendants des généralités ou provinces du royaume, des préfets, sous-préfets, maires, jurats, syndics, échevins, etc.

ART. 24. Des officiers de tous grades de l'armée de terre.

SECTION 6. — *Correspondance. (Officiers et agents de la marine.)*

ART. 25. Des grands maîtres, chefs et intendants de la navigation et du commerce.

ART. 26. Des amiraux,
vice-amiraux,
lieutenants généraux des armées navales,
chefs d'escadre,
contre-amiraux,
chefs de division,
capitaines de vaisseau, etc.

ART. 27. Des généraux des galères,
lieutenants généraux des galères,
chefs d'escadre des galères,
capitaines des galères.

ART. 28. Des commandants de la marine dans les ports,
commandants des armes,
préfets maritimes.

ART. 29. Des intendants dans les ports,
ordonnateurs dans les ports,
commissaires généraux de la marine,
commissaires de la marine,
commissaires des classes, etc.

ART. 30. Des constructeurs, ingénieurs de la marine,
aumôniers,
chirurgiens de la marine,
autres agents entretenus.

sans le moindre retard, du décès de tous les officiers et fonctionnaires de la marine auxquels est applicable l'article 633 de l'ordonnance précitée.

ART. 31. Des gouverneurs des colonies françaises.

ART. 32. Des commissaires généraux d'artillerie,
commissaires ordinaires d'artillerie,
officiers de galiotes,
officiers d'artillerie,
directeurs des forges et fonderies,
officiers d'infanterie de la marine.

ART. 33. Des officiers des amirautés de France.

SECTION 7. — *Correspondance. (Commerce.)*

ART. 34. Des armateurs et capitaines de navires de commerce.

ART. 35. Des directeurs des compagnies de commerce, savoir :

Compagnie
- de Saint-Christophe, créée en 1626.
- du Canada, créée en 1628.
- de Madagascar, créée en 1637.
- d'Orient, créée en 1642.
- de Cayenne, créée en 1651.
- de la Chine, créée en 1660.
- des Indes occidentales, créée en 1664.
- d'Afrique, créée en 1673.
- du Sénégal créée en 1679.
- de Guinée, créée en 1685.
- de Saint-Domingue, créée en 1698.
- du Sud ou de l'Assiente, créée en 1698.
- de la Chine, créée en 1705.
- de l'Occident, créée en 1717.
- des Indes, créée en 1719.
- perpétuelle des Indes, créée en 1720.

SECTION 8. — *Documents divers.*

ART. 36. Tous les registres de correspondance, d'ordres, etc., provenant des armées navales, escadres, etc., ou corps de troupes employés à des opérations militaires dans les colonies ou dans tout autre pays d'outre-mer.

ART. 37. Les journaux de navigation, ordres du jour, bulletins, mémoires sur les tactiques navales, signaux de côte et de reconnaissance, rôles d'équipage, états de revue, matricules, etc.

ART. 38. Les états de situation des bâtiments armés, en armement ou en construction, ceux des magasins et arsenaux dans les ports et dans les colonies.

ART. 39. Les rapports des inspecteurs généraux des différents corps de la marine.

ART. 40. Les registres ou cahiers relatifs à l'état civil, au greffe, au notariat des colonies appartenant ou ayant appartenu à la France.

ART. 41. Les annuaires de la marine, manuscrits sur parchemin se rapportant aux règnes de Louis XIV et de Louis XV.

Ainsi qu'il est dit dans la circulaire du 31 mai 1844[2], concernant l'apposition des scellés sur les papiers des officiers et fonctionnaires militaires, il appartient aux juges de paix d'examiner quels sont, parmi les papiers des fonctionnaires décédés, ceux qui doivent être mis sous les scellés et ceux qu'il convient d'en affranchir; mais ils ne sauraient, sans manquer à leurs devoirs, se dispenser de procéder à l'apposition des scellés, lorsqu'il ne résulte pas, d'une manière évidente, de l'examen des papiers du défunt, qu'il ne s'en trouve aucun de nature à être réclamé par l'État. Dès l'instant que des doutes peuvent s'élever à cet égard, l'autorité maritime doit être appelée à intervenir pour apprécier le caractère et l'importance des documents dont il s'agit.

J. BAROCHE.

LIBERTÉ PROVISOIRE. — Contributions indirectes. — Douanes.

Du 20 mars 1866.

A MM. LES PROCUREURS GÉNÉRAUX.

Les réclamations de prévenus arrêtés en matière de douanes et de contributions indirectes ont donné lieu, dans plusieurs arrondissements, à des difficultés, en soulevant la question de savoir si l'article 113, § 2, du Code d'instruction

---

Et subsidiairement :

Les mémoires accompagnés de leurs cartes, plans, croquis et calques, les pièces, les notes se rapportant, soit à des projets non suivis d'exécution, inventions ou essais, soit à des faits accomplis avec ou sans nom d'auteur, à quelque époque qu'ils appartiennent.

Enfin, toute pièce portant, soit un numéro d'enregistrement, soit un cachet ou timbre quelconque du département de la marine, ou indiquant par son contenu qu'elle est adressée au Ministre de la marine et des colonies.

Paris, le 4 novembre 1865.

Approuvé :

Le Ministre secrétaire d'État de la marine et des colonies,

Signé P. DE CHASSELOUP-LAUBAT.

[2] Voy. aussi circ. du 9 juin 1876 (Bull. off. 1876, p. 101), qui rappelle les présentes instructions.

criminelle, réformé par la loi du 14 juillet 1865, pouvait être invoqué en leur faveur. Pour prévenir les conflits qui pourraient s'élever entre les magistrats et les agents des administrations spéciales, j'ai dû me concerter avec M. le Ministre des finances, et je m'empresse de vous faire connaître les règles auxquelles il conviendra désormais de se conformer [1].

Les contributions indirectes et les douanes sont régies par la législation spéciale du 28 avril 1816, qui organise un système de pénalité très différent dans les deux cas.

Les contrebandiers sont passibles d'un emprisonnement qui varie de trois jours à une année (art. 41 et suivants), tandis qu'une simple amende doit atteindre ceux qui commettent des fraudes au préjudice de l'administration des contributions indirectes (art. 222)[2].

Cependant les articles 222, 223 et 224 autorisent dans ce dernier cas la détention préventive, par une dérogation notable aux règles ordinaires de la procédure criminelle (art. 131 du Code d'instruction criminelle)[3].

Contributions indirectes. — Ainsi, en matière de contributions indirectes, on est complètement en dehors du droit commun. L'arrestation et la détention présentent les caractères de l'exercice anticipé de la contrainte par corps[4], et, dès lors, la loi du 14 juillet 1865 n'a pu déroger à ces prescriptions spéciales.

Il est certain, en effet, que la nouvelle loi incorporée au Code d'instruction criminelle ne peut recevoir d'application qu'au cas où l'arrestation rentre dans les prévisions de la procédure ordinaire, et a pour but la répression d'un délit passible d'une peine corporelle.

---

[1] Voy. la circ. du 14 octobre 1865.

[2] La loi de finances du 21 juin 1873 prononce actuellement l'emprisonnement pour certaines de ces fraudes.

[3] Ces articles de la loi de 1816 ont été, par la loi du 28 janvier 1875, art. 3, rendus applicables aux contraventions concernant le monopole des allumettes chimiques. Les agents chargés de constater les contraventions de cette nature, spécialement les agents de la compagnie concessionnaire, commissionnés par l'administration et assermentés, peuvent constituer prisonniers et amener devant un officier de la police judiciaire les individus qui sont trouvés vendant en fraude des allumettes à leur domicile, ainsi que les colporteurs.

[4] L'article 225 de la loi du 28 avril 1816 doit être combiné avec l'article 9 de la loi du 22 juillet 1867.

En matière de contributions indirectes, les magistrats devront donc continuer à s'en référer exclusivement à la législation spéciale du 28 avril 1816, dont les règles peuvent se résumer ainsi :

Initiative et direction de la poursuite abandonnées à l'administration compétente;

Devoir pour les agents de l'administration qui ont procédé à une arrestation de conduire immédiatement le contrevenant devant un juge compétent;

Faculté pour le juge de maintenir ou de faire cesser la détention sur un examen sommaire de l'existence de charges suffisantes [5];

Droit pour le détenu de réclamer, s'il y a lieu, devant le tribunal civil, en cas d'irrégularité de son arrestation;

Mode de saisir le tribunal de répression déterminé par la loi spéciale du 15 juin 1835 [6], à l'exclusion même de la loi du 20 mai 1863, sur les flagrants délits, dont l'article 7 déclare expressément qu'elle ne s'applique pas aux matières dont la procédure est réglée par des lois spéciales.

Toutefois, M. le Ministre des finances, pour entrer autant que possible dans les vues libérales du législateur et restreindre la détention dans les limites les plus étroites, se propose de rappeler les agents de son administration à l'observation la plus stricte des instructions qu'il leur a adressées précédemment, afin que, nonobstant le délai d'un mois accordé par la loi de 1835, ils donnent toujours les assignations immédiatement après l'enregistrement des procès-verbaux. La durée de la contrainte par corps est d'ailleurs calculée, d'après ses ordres, à partir de la date de l'arrestation antérieure au jugement de condamnation [7].

---

[5] La même faculté appartient à l'officier de police judiciaire devant lequel est amené un individu prévenu de fraudes au monopole des allumettes. (Art. 224, loi du 28 avril 1816; art. 3, loi du 28 janvier 1875.)

[6] L'action doit être portée devant le tribunal correctionnel par une assignation donnée dans le délai d'un mois, à partir de l'arrestation; ce délai ne peut en aucun cas être dépassé, sous peine de déchéance. (Loi du 15 juin 1835.)

[7] Pour la durée de la contrainte, voy. l'article 225 de la loi de 1816, modifié à cet égard par la loi du 22 juillet 1867.

Vos substituts n'auront donc, en cette matière, qu'à prêter leur concours aux représentants de l'administration des contributions indirectes pour la plus prompte expédition des affaires dans les conditions qui viennent d'être indiquées.

Douanes. — En ce qui concerne les douanes, au contraire, il n'est pas douteux que la législation spéciale du 28 avril 1816 ne rentre, au point de vue de la procédure, dans les prévisions du Code d'instruction criminelle, et doit se plier, par conséquent, aux modifications récentes introduites dans le système général.

En effet, la contrebande est frappée d'une pénalité qui varie de trois jours à une année; l'arrestation a pour but l'application d'une peine corporelle; la détention préventive présente les mêmes caractères que quand il s'agit de délits communs.

Il faut donc admettre le principe de la liberté de droit au bout de cinq jours, quand le contrebandier n'est pas récidiviste, qu'il est domicilié et que des circonstances exceptionnelles n'élèvent pas le maximum de la pénalité encourue à deux ans ou plus.

Toutefois, Son Exc. M. le Ministre des finances a fait ressortir avec raison les inconvénients et même les dangers que peut, dans certains cas, présenter la libération avant jugement.

Les délinquants sont, le plus souvent, de simples agents d'entrepreneurs de contrebande, et ne présentent par eux-mêmes aucune garantie. Malgré un domicile plutôt apparent que réel, élargis dans les cinq jours de leur premier interrogatoire, ils pourraient souvent échapper à toute répression et se soustraire aux poursuites ultérieures de la douane et du ministère public, en allant exercer leur criminelle industrie sur un autre point des frontières. Pour empêcher que l'impunité acquise d'avance à cette catégorie de délinquants en grossisse le nombre, je vous invite à prescrire à vos substituts d'appliquer résolument en cette matière la loi du 20 mai 1863 sur les flagrants délits [8].

Les fraudeurs arrêtés à la frontière, en exécution de l'ar-

---

[8] Sur l'application de cette loi, voy. la circ. du 14 octobre 1865.

ticle 41 de la loi du 28 avril 1816, sont évidemment surpris en état de flagrant délit.

Il est vrai qu'avant leur arrivée devant le tribunal compétent il s'écoulera un délai que M. le Ministre des finances évalue en moyenne à soixante-douze heures. D'une part, les formalités d'affirmation et d'enregistrement, dont les procès-verbaux doivent être revêtus pour faire foi jusqu'à inscription de faux, entraînent nécessairement des retards; de l'autre, les brigades de douanes ne sont ni assez fortes en nombre ni assez multipliées pour conduire elles-mêmes, au chef-lieu judiciaire, les contrebandiers arrêtés; il faut les remettre à la brigade de gendarmerie la plus voisine, dont l'intervention entraîne forcément des lenteurs dans la translation.

Mais ces délais ne peuvent pas mettre obstacle à ce que l'affaire soit jugée comme en flagrant délit, alors surtout que la foi due aux procès-verbaux dispense le ministère public de toute autre preuve.

Je crois, d'ailleurs, qu'il n'est pas impossible d'abréger ces délais en faisant enregistrer les procès-verbaux au chef-lieu de l'arrondissement dans le cas où l'accomplissement de cette formalité sur les lieux mêmes aurait pour résultat de retarder la translation. Vos substituts devront, à cet égard, prêter leur concours aux agents de l'administration, auxquels il appartiendra de résoudre ces questions de détail et de localités.

Dans tous les cas, le tribunal sera saisi immédiatement après que le parquet sera nanti des pièces probantes, sauf à renvoyer à une audience ultérieure, si un délai est nécessaire à la manifestation de la vérité.

Mais si du procès-verbal ou des aveux du prévenu à l'audience il résultait que des complices de la fraude dussent être mis en cause, le devoir du tribunal n'en serait pas moins de procéder d'urgence au jugement des fraudeurs arrêtés en flagrant délit, sauf à diriger contre les complices une information distincte.

Grâce à ces mesures légales, les contrebandiers détenus ne seront pas l'objet d'une instruction rentrant dans les conditions prévues par l'article 113 du Code d'instruction criminelle, et la difficulté soulevée par M. le Ministre des finances pourra être évitée.

Mais s'il venait à être nécessaire d'appliquer aux inculpés la procédure du Code d'instruction criminelle, l'article 113 serait avec raison invoqué par ceux qui rempliraient les conditions nécessaires pour avoir droit à leur libération cinq jours au plus tard après leur premier interrogatoire.

J. BAROCHE.

TÉLÉGRAPHE. — Correspondance. — Circulaires.

Du 6 avril 1866.

A MM. LES PROCUREURS GÉNÉRAUX.

La circulaire ministérielle du 10 février 1860 a formellement interdit l'emploi pour la correspondance télégraphique de la *forme circulaire* qui entravait sans nécessité et sans mesure le service des télégraphes [1].

Cette prohibition a été renouvelée par une seconde circulaire du 7 novembre de la même année.

Cette interdiction n'ayant pas fait disparaître les abus signalés, mon prédécesseur s'est vu dans la nécessité, pour couper court au mal, de supprimer complètement, par une circulaire du 9 janvier 1863, le droit de correspondance télégraphique jusque-là accordé aux procureurs impériaux.

Le service judiciaire souffrait d'une mesure aussi radicale, et, par ma circulaire du 10 août 1865, j'ai rétabli le droit dont il s'agit; mais j'ai en même temps expressément maintenu, de la manière la plus formelle, toutes les instructions sur la matière antérieures à la circulaire du 9 janvier 1863. J'avais la confiance d'ailleurs que les magistrats ne voudraient pas compromettre, par un défaut de mesure et de discernement, le droit qui leur était rendu dans l'intérêt de la société.

Cependant et malgré tant de recommandations, j'ai eu,

---

[1] Antérieurement à l'instruction non insérée du 10 février 1860, une circulaire, non insérée également, en date du 16 mars 1859, avait déjà recommandé aux procureurs impériaux de n'adresser à leurs collègues des dépêches circulaires que dans des cas absolument exceptionnels et à la charge d'en rendre compte. — Consultez note insérée au Bulletin officiel (1879, p. 81). Cette note rappelle les diverses circulaires.

dans ces derniers temps, le regret de constater que plusieurs procureurs impériaux ont encore perdu de vue les prescriptions contenues dans les circulaires précitées et ont provoqué, par l'envoi de *dépêches circulaires*, les justes réclamations de l'autorité administrative.

Il importe d'empêcher le retour d'infractions qui ne tarderaient pas, si elles se renouvelaient, à faire remettre en question pour les procureurs impériaux un mode de correspondance qui est si utile à l'administration de la justice.

J'appelle donc de nouveau sur cet objet votre plus sérieuse attention et votre plus active surveillance; je compte sur vous pour faire comprendre à vos substituts que la prohibition de la forme *circulaire* dans les dépêches télégraphiques constitue une règle absolue dont ils ne doivent s'écarter dans aucun cas et sous quelque prétexte que ce soit. Veuillez leur faire savoir que, cette règle ne comportant pas d'exception, je n'admettrai aucune excuse et que je suis décidé, dans le cas où les abus se reproduiraient encore, à les réprimer sévèrement, notamment en laissant à la charge des magistrats expéditeurs, ainsi que je l'ai annoncé par une circulaire du 10 août 1865[2], le coût des dépêches qui auraient été expédiées en violation des instructions.

J. Baroche.

Timbre. — Récépissés. — Avoués.

Du 5 mai 1866.

A MM. les Procureurs généraux.

M. le Ministre des finances a appelé mon attention sur un usage suivi dans la plupart des tribunaux et qui est aussi contraire à la loi que préjudiciable aux intérêts du Trésor.

Les avoués ont depuis longtemps pris l'habitude de rédiger sur papier non timbré les récépissés qu'ils se délivrent les uns aux autres, en exécution des articles 106 et 189 du Code de procédure civile, pour constater les communications de pièces. Il est certain que ces récépissés doivent être

---

[2] Voy. cette circulaire à sa date.

écrits sur papier timbré; ils émanent d'officiers ministériels, et il est nécessaire de les produire en justice pour justifier de l'accomplissement d'une formalité légale (loi du 13 brumaire an VII, art. 12). A ce double titre, les magistrats ne pourraient évidemment faire difficulté d'admettre en taxe le prix du papier timbré qui a été employé à la rédaction de ces actes.

Je vous prie, en conséquence, d'adresser des instructions à vos substituts pour qu'ils mettent les avoués en demeure de renoncer à cet usage illégal et pour qu'ils veillent, à l'avenir, à l'exécution des dispositions de la loi du 13 brumaire an VII[1].

J. BAROCHE.

GREFFES. — *Objets déposés.* — *Titres et valeurs.* — *Remise au domaine.*

Du 19 mai 1866.

A MM. LES PROCUREURS GÉNÉRAUX PRÈS LES COURS IMPÉRIALES.

D'après les dispositions de la loi du 11 germinal an IV et des ordonnances des 23 janvier 1821, 22 février 1829 et 9 juin 1831, les greffiers, geôliers et tous autres dépositaires d'effets mobiliers déposés à l'occasion de procès civils ou criminels, terminés par jugement ou à l'égard desquels l'action est prescrite, doivent les remettre au domaine chargé d'encaisser les sommes d'argent et d'opérer la vente des objets autres que le numéraire.

La loi de l'an IV, article 3, a toutefois excepté de cette remise les papiers appartenant à des condamnés ou à des tiers, et l'ordonnance de 1831, article 4, porte que ces papiers seront conservés dans les greffes pour être remis à qui de droit s'il y a lieu[1].

---

[1] Voy. circ. des 16 nivôse an XII, 6 mars 1815, 25 mai 1834 et 16 septembre 1871, signalant diverses infractions aux lois d'enregistrement.

[1] Voy. ordonnance du 9 juin 1831, et circ. du 26 juillet 1831, sur la vente des objets mobiliers déposés dans les greffes; circ. du 6 mai 1852 sur la vente des armes confisquées.

Une vérification à laquelle il a été récemment procédé a constaté que l'on était dans l'usage, au greffe de première instance de la Seine, de considérer les titres et valeurs nominatifs ou au porteur comme des papiers personnels qui devaient être compris dans cette exception. M. le directeur général des domaines a pensé, au contraire, que les seuls papiers dont la conservation au greffe puisse avoir lieu, en vertu de la loi et de l'ordonnance précitées, sont ceux qui intéressent uniquement les familles et sont sans valeur commerciale, et qu'il n'y avait aucune raison pour excepter de la remise au domaine les actions ou les obligations. Consulté à ce sujet par M. le Ministre des finances, j'ai partagé entièrement l'opinion de M. le directeur général des domaines et j'ai, en conséquence, chargé M. le procureur général près la cour impériale de Paris de veiller avec soin à ce que désormais toutes les actions ou obligations, tant celles au porteur que celles nominatives, dont le dépôt sera fait au greffe du tribunal de première instance de la Seine, soient toujours remises aux préposés des domaines afin qu'ils puissent, conformément à la disposition de l'article 2 de l'ordonnance du 22 février 1829, les verser à la Caisse des dépôts et consignations, où les ayants droit auront la faculté de les réclamer dans les délais fixés par l'article 2262 du Code Napoléon.

M. le Ministre des finances m'exprime maintenant le désir que la mesure prise pour le tribunal de la Seine soit étendue à tous les tribunaux de l'Empire. J'estime, comme lui, qu'il est utile de généraliser cette mesure. Je vous prie donc d'adresser, sans retard, à chacun de vos substituts des instructions semblables à celles ci-dessus, en leur recommandant de tenir sévèrement la main à ce que les greffiers s'y conforment exactement.

J. Baroche.

Actes judiciaires. — Italie. — Transmission directe.

Du 19 juin 1866.

A MM. les Procureurs généraux près les Cours impériales.

L'article 69, § 9, du Code de procédure, a prescrit le mode à suivre pour la transmission des exploits dressés en

France, mais destinés à des personnes résidant en pays étrangers. L'exploit doit être notifié au parquet du procureur impérial, qui, de son côté, l'envoie au Ministre des affaires étrangères, par les soins duquel il est adressé au Gouvernement étranger; il n'est pas possible de déroger à ces prescriptions de la loi, et vous devrez, comme vos substituts, continuer à vous y conformer.

Mais le Code de procédure n'a rien prescrit quant aux exploits venus des pays étrangers et destinés à des personnes domiciliées en France. Jusqu'à présent ces exploits sont envoyés au Ministre des affaires étrangères, qui me les transmet, afin que je les fasse parvenir au parquet du tribunal dans l'arrondissement duquel réside l'individu auquel il doit être remis. Ces transmissions successives et répétées entraînent des longueurs et ont parfois des inconvénients qu'il serait possible d'éviter.

Le Gouvernement italien a fait savoir au Ministre des affaires étrangères de l'Empereur qu'il serait disposé à permettre, si la réciprocité était assurée, que les procureurs du Roi reçussent directement de l'agent consulaire de France placé le plus près de leur résidence les exploits venant de France, après avoir été déposés au parquet, en conformité de l'article 69, § 9, de notre Code de procédure.

J'ai pensé qu'il était opportun d'entrer dans les vues du Gouvernement italien, et d'admettre le même mode de procéder pour les exploits déposés aux parquets d'Italie et envoyés à des personnes résidant en France. Ces actes sont le plus souvent de telle nature qu'un examen préalable dans mes bureaux n'est d'aucune utilité. Dans tous les cas, le contrôle des procureurs impériaux suffirait, s'il était nécessaire, à l'appréciation de ces documents.

J'ai décidé, en conséquence, que les procureurs impériaux pourraient à l'avenir recevoir, à l'effet de les transmettre aux personnes auxquelles ils sont destinés, tous les exploits déposés aux parquets des tribunaux italiens, en exécution de l'article 142 du Code de procédure de ce pays, qui leur seraient remis directement par l'agent consulaire italien le plus rapproché de leur parquet; c'est aussi à cet agent consulaire qu'ils enverront sans intermédiaire les récépissés délivrés par les personnes qui auront reçu les exploits.

Je n'entends point étendre cette formalité aux commissions rogatoires adressées par les tribunaux italiens aux tribunaux français : il importe que les règles adoptées pour l'exécution de ces commissions rogatoires soient suivies, et que le double contrôle du Ministre des affaires étrangères et du Ministre de la justice s'exerce au préalable sur le contenu de ces actes, dont l'importance peut être considérable au point de vue de notre organisation judiciaire et aussi des rapports internationaux.

L'exécution des jugements rendus en pays étrangers continuera également à n'être pratiquée en France que conformément aux articles 2123 et 2128 du Code Napoléon, et 546 du Code de procédure, ou aux stipulations des traités internationaux. Vous voudrez bien le rappeler d'une façon toute particulière à vos substituts.

J. Baroche.

Emprisonnement. — Interdiction de communiquer. — Permis de visiter.

Du 21 août 1866.

A MM. les Procureurs généraux.

M. le Ministre de l'intérieur vient d'adresser à MM. les préfets une circulaire concertée avec mon département et relative au service des prisons en ce qui concerne les communications des détenus avant jugement.

Dans la première partie de cette circulaire, M. le Ministre de l'intérieur s'occupe des ordonnances portant interdiction de communiquer qu'il prescrit de transcrire dorénavant sur les registres d'écrou, à la colonne intitulée : Mouvement, changement de position et sortie. Il recommande de faire mention de l'heure à laquelle aura commencé, dans la prison, l'exécution de l'ordonnance. Cette mesure sera l'application exacte de la loi d'après laquelle les interdictions de communiquer ont leurs effets légaux pendant dix jours pleins si elles ne sont pas renouvelées.

Dans la seconde partie, M. le Ministre de l'intérieur admet un principe qui aura pour effet de réduire le nombre des ordonnances officielles portant interdiction de communiquer, et par suite, d'adoucir réellement le régime de la détention préventive. Il a reconnu, sur ma proposition, l'utilité de faire participer l'autorité judiciaire à la délivrance des permis de visiter les prévenus et les accusés [1].

En conséquence, Son Excellence décide que dorénavant tout permis administratif, pour être valable et exécutoire, devra être visé soit par le juge d'instruction, soit par le président des assises ou le magistrat qui le remplace pour les interrogatoires légaux.

Je n'ai pas besoin, Monsieur le Procureur général, de vous faire remarquer toute l'importance de cette innovation, qui remédie à des inconvénients souvent signalés par les parquets.

Je vous prie d'en bien faire comprendre la portée aux magistrats qui seront chargés de son exécution, et de leur donner des instructions précises à cet égard. Vous veillerez à ce que ce droit de visa soit maintenu avec fermeté, mais uniquement

---

[1] Sur ce point, la circulaire du Ministre de l'intérieur en date du 24 juillet 1866 contient ce qui suit :

«M. le Garde des sceaux demande que les magistrats soient appelés à apposer leur visa sur les permis délivrés par l'autorité administrative pour autoriser les communications avec des détenus non encore jugés. Il fait remarquer à ce sujet que le juge instructeur, qui seul connaît la situation particulière de chaque affaire, est seul à même d'apprécier l'opportunité ou le danger de ces communications, et qu'en lui refusant la faculté d'empêcher celles qui pourraient entraver l'action de la justice, on l'oblige souvent à les interdire toutes par l'application d'une mesure quelquefois trop rigoureuse, même à ses propres yeux.

«L'Administration ne me paraîtrait pas fondée à opposer à ces considérations une fin de non-recevoir. J'admets donc qu'à l'avenir toutes les permissions de visiter dans les prisons des prévenus ou des accusés devront, pour être valables, porter le visa du juge d'instruction ou du président des assises; mais il est bien entendu que le droit de délivrer ces permissions continue d'appartenir exclusivement à l'autorité administrative.

«Je vous recommande, Monsieur le Préfet, de vous concerter avec les chefs des parquets de votre département afin de régler l'application de cette mesure, de manière qu'elle ne puisse donner lieu à aucune difficulté, ni devenir un obstacle pour les visiteurs qui n'auraient d'autre but que d'apporter des consolations aux détenus.

«En demandant que les magistrats ne restent pas étrangers à la délivrance des permissions de visite, M. le Garde des sceaux ne se propose pas seulement de faciliter la découverte de la vérité dans les instructions criminelles : il cherche, en même temps, comme moi, à amener un adoucissement dans le régime de la détention. C'est à vous d'empêcher que la mesure n'aboutisse à un résultat contraire aux intentions qui nous dirigent l'un et l'autre, et qui sont aussi celles du législateur.»

dans l'intérêt du service judiciaire et sans dégénérer en une entrave pour l'administration qui aura délivré le permis de visite. C'est au directeur ou gardien de la prison qu'il appartient de ne pas autoriser la visite sans visa. Une ordonnance formelle d'interdiction devra être rendue toutes les fois qu'on pourrait craindre un conflit d'attributions, et aucune observation officielle ne devra être formulée contre l'usage que les agents administratifs auraient fait de leur droit, puisque le remède à tout abus se trouve dans l'obligation imposée aux gardiens chefs.

Dans les rapports mensuels que vous m'adressez sur la marche des procédures criminelles et correctionnelles de votre ressort, je désire que vous me rendiez compte de l'observation de la présente circulaire.

J. BAROCHE.

TRAITÉS. — Légalisation. — Italie.

Du 14 septembre 1866.

A MM. LES PROCUREURS GÉNÉRAUX D'AIX, ALGER, BASTIA, BORDEAUX, CHAMBÉRY, CAEN, DOUAI, GRENOBLE, MONTPELLIER, PARIS, PAU, AGEN, ROUEN, RENNES.

Son Exc. M. le Ministre des affaires étrangères a appelé mon attention sur une demande du ministre d'Italie à Paris, tendant à obtenir la simplification des formalités auxquelles est soumise actuellement en France la légalisation des actes émanant des consuls d'Italie.

Cette simplification m'a semblé, en effet, désirable. Pour la réaliser, j'ai pensé qu'au lieu d'assujettir, comme aujourd'hui, à la double légalisation du consul général d'Italie à Paris et du Ministère des affaires étrangères les signatures de ces agents, il était possible de procéder à l'accomplissement de cette formalité dans le lieu même de leurs résidences respectives par l'entremise des présidents des tribunaux de première instance auxquels appartient déjà, d'après les lois existantes, la légalisation des signatures données par les officiers publics français. Mais, pour couvrir la responsabilité de ces magistrats, il était nécessaire que le type des signatures des agents consulaires

[library stamp: ...OTHÈQUE ...]

d'Italie en France, rendu authentique par la légation de S. M. le roi Victor-Emmanuel à Paris et par le département des affaires étrangères, fût déposé au greffe de l'arrondissement dans lequel ils résident.

Le Gouvernement italien a donné son adhésion à cet ensemble de dispositions et a pris des mesures pour que le nouveau mode de légalisation fût appliqué en Italie, où nos agents consulaires jouiront par réciprocité et dans des conditions identiques des facilités établies pour les agents italiens en France. Afin que l'arrangement intervenu entre les deux Gouvernements puisse recevoir son exécution, je vous transmets les types des signatures des consuls d'Italie en France.

Je vous prie, Monsieur le Procureur général, de vouloir bien prescrire l'envoi de ces pièces aux différents greffes dans lesquels elles doivent être déposées[1].

J. BAROCHE.

FRAIS DE JUSTICE. — Médecins et experts. — Opérations d'expertise.

Du 6 février 1867.

A MM. LES PROCUREURS GÉNÉRAUX.

Depuis longtemps la Chancellerie constate que les expertises ordonnées, tant en matière criminelle qu'en matière correctionnelle, donnent lieu à de nombreux et graves abus.

---

[1] Le 24 décembre 1867, une déclaration a été signée entre la France et le grand-duché de Luxembourg afin de simplifier la légalisation des pièces à produire par les sujets de l'un des deux pays pour contracter mariage dans l'autre. Aux termes de cette déclaration, rendue exécutoire en France par un décret du 28 décembre de la même année publié au *Bulletin des lois* (1867, 2e semestre, Bull. n° 1554), les actes dont il s'agit seront admis par les officiers de l'état civil des deux pays respectivement, lorsqu'ils auront été légalisés, soit par le président d'un tribunal, soit par le juge de paix ou son suppléant. Aucune autre légalisation ne sera exigée par l'officier de l'état civil, hormis le cas où il y aurait lieu de mettre en doute l'authenticité des pièces produites.

Une déclaration semblable a été signée le 14 juin 1872 entre la France et l'Allemagne relativement à la légalisation des actes de l'état civil délivrés en France et en Alsace-Lorraine et destinés à être produits dans l'un ou l'autre des deux pays. Cette convention a été rendue exécutoire par un décret du 5 juillet 1872, inséré au *Bulletin des lois* (1872, 2e semestre, Bull. n° 99).

Enfin un arrangement identique est intervenu entre la France et la Belgique le 18 octobre 1879. (Voy. note, Bull. off. 1879, p. 269.)

La lenteur mise par les experts à rendre compte des missions qui leur sont confiées augmente considérablement la longueur des détentions préventives, et, d'autre part, les sommes réclamées pour frais d'expertise s'élèvent à des chiffres souvent exorbitants qu'une bonne administration du budget des frais de justice ne permet pas de passer en taxe [1].

J'ai dû rechercher les causes de ce regrettable état de choses et les moyens d'y porter remède. En formulant dans cette circulaire quelques-unes des règles qu'il me paraît convenable de suivre désormais, j'appelle toute votre sollicitude sur cette importante partie du service judiciaire.

Choix des experts. — D'abord, en ce qui concerne le choix des experts, je ne puis mieux faire que de reproduire les sages dispositions de l'article 17 de l'Instruction générale du 30 septembre 1826 :

«Les expertises exerçant toujours une grande influence sur «la solution que les tribunaux donnent aux questions qui «leur sont soumises, il est important de ne les confier qu'à «des hommes capables et expérimentés; car, si on a recours «à des experts peu instruits, on s'expose à des erreurs, à des «méprises trop souvent irréparables, puisqu'on peut se trou«ver dans l'impossibilité de refaire ce qui a été mal fait dans «le principe; et quand bien même l'erreur est réparable, on «a encore le grave inconvénient d'augmenter dans de no«tables proportions les frais de justice. Je ne saurais donc «trop insister pour qu'on apporte le plus grand soin dans le «choix des experts [2].»

Il faut n'en nommer qu'un seul et au plus deux. — Sous prétexte d'arriver à une plus grande certitude, de porter une conviction plus entière dans les esprits, les magistrats se montrent beaucoup trop faciles à requérir, de prime abord et sans distinction, deux et même trois experts. C'est là une tendance regrettable contre laquelle il faut réagir. En définitive, l'expertise ne lie ni les magistrats ni la défense, et le

---

[1] Voy., sur les frais d'expertise, circ. des 5 juin 1860 et 7 décembre 1861.

[2] Voy. cet article et les suivants. Voy. aussi circ. du 16 août 1842, §§ III, IV et V.

nombre, qui retarde toujours la solution des questions posées, n'est pas une garantie de la valeur du travail.

Il me paraît évident, en effet, que les expertises tirent leur force probante, beaucoup moins du nombre des hommes spéciaux consultés, que du mérite, de la science et de l'intégrité bien connue de l'expert. Il arrive même souvent qu'un rapport offre d'autant plus de garanties qu'il est signé par un seul expert, parce que la responsabilité en retombe sur lui seul; qu'il a dû vérifier tout par lui-même, et qu'aucune opinion n'est énoncée en vertu d'une sorte de compromis ou de transaction.

C'est donc, je le répète, en sachant bien choisir l'expert auquel on confie une mission et non en multipliant le nombre, qu'on assure à ce complément de l'information, nécessaire dans bien des cas, toute l'importance qu'il doit avoir.

Médecine légale. — Le Code d'instruction criminelle a d'ailleurs lui-même tracé cette règle dans les articles 43 et 44 qui ne s'appliquent pas seulement au cas de flagrant délit, mais dont les indications ont un caractère général. Lors donc qu'au cours d'une information il importe de recourir à la médecine légale, il suffit de désigner un expert dans les cas ordinaires, comme ceux de simples coups et blessures, et deux pour les autopsies et autres opérations qui ne peuvent être renouvelées.

On ne conçoit l'utilité d'un troisième expert qu'en cas de partage.

Je dois aussi signaler à votre attention un scandale qui s'est produit devant certaines cours d'assises. Lorsqu'à la suite d'une expertise, la justice est arrivée à constater l'existence d'un crime, elle éprouve le regret de voir la défense faire venir à l'audience des hommes sans capacité connue, à la recherche d'une clientèle ou mécontents d'avoir été écartés de la mission d'experts judiciaires. Largement salariés et s'appuyant sur un exposé souvent tronqué des faits, ils viennent émettre des doctrines hasardées, et combattent, par leurs affirmations, souvent dénuées de fondement, l'opinion d'hommes justement considérés qui ont rempli leur mission avec honneur et conscience. Si cette pratique se continuait, les médecins dont la réputation est faite redouteraient cette arène où la malignité publique trouve toujours son compte, et ne voudraient plus prêter à la justice le secours à peu près gratuit de leur savoir, en sorte que l'action publique se verrait privée de puissants auxiliaires destinés à l'éclairer.

Pour remédier à ce système déloyal, il existe des moyens légaux qui, tout en respectant le droit de défense, peuvent prévenir des abus trop réels. Amener, sous le faux titre de témoins à décharge, des individus qui ne connaissent rien personnellement des faits de l'accusation, c'est constituer une expertise déguisée qu'aucune loi n'a autorisée, et que condamnent les arrêts de cassation du 26 juin 1823 (*Traité du pouvoir judiciaire*, Lacuisine, p. 346) et du 20 mars 1847 (*Appendice de la table analytique des arrêts de la Cour de cassation*, verbo *Cour d'assises*, n° 441; Dalloz, p. 47, 3, 434; *Journal du palais*, 49, 1-512)[3].

Il faut que la défense propose ouvertement ses conclusions contre l'expertise si elle ne se fie pas à ses propres forces pour la combattre. La cour fera droit à ces réclamations tendant à un complément de vérification ou à une contre-expertise qu'il est du reste de son devoir d'ordonner d'office en cas de doutes sérieux. Mais, dans tous les cas, le choix éclairé des nouveaux experts fera disparaître les inconvénients que j'ai signalés et empêchera que le prétoire ne soit transformé en une arène où les théories et les personnalités viennent se heurter avec fracas, au préjudice de la vérité.

Analyses chimiques. Faux. — J'ai à peine besoin d'ajouter que toutes les règles que je viens de tracer s'appliquent aux analyses chimiques qui ont, avec la médecine légale, une si grande analogie, et qu'elles doivent, sans difficulté, être étendues aux expertises en matière de faux; on ne peut invoquer aucune bonne raison pour nommer, en ces matières, plus de deux experts en dehors de cas exceptionnels.

Pour les premières, où la justice doit s'en rapporter aveuglément aux lumières des savants, il est souvent difficile d'avoir à sa disposition plusieurs hommes spéciaux, surtout

[3] On pourrait citer des affaires dans lesquelles le condamné s'est plaint avec amertume d'avoir payé 4,000 francs un expert nomade, appelé sous le titre de témoin à décharge, venant revendiquer les droits de la science et réclamant sa taxe. (Note de la circ.)

dans les cas d'empoisonnement par des toxiques végétaux. Dans les autres, il suffit que l'expert fasse ressortir des similitudes ou des différences que le magistrat ou le juré voudra toujours vérifier par lui-même avant de condamner.

Tromperie sur la qualité de la marchandise vendue. — C'est surtout en matière correctionnelle que les magistrats doivent s'imposer l'obligation de ne requérir, en règle générale, qu'un expert, comme en matière de falsification de denrées alimentaires, de tromperie sur la qualité de la marchandise vendue. Ici, en effet, l'intérêt de la société est beaucoup moindre. Il est donc doublement important de réduire les frais autant que possible. D'ailleurs les contre-expertises sont plus faciles en cas de besoin.

Je ne terminerai pas sur ce sujet sans insister pour que les magistrats s'abstiennent de confier de nouvelles missions à des experts qui, après avoir posé des conclusions formelles dans un rapport, ne savent pas les défendre à l'audience, et trahissent une hésitation et une versatilité qui doivent à l'avenir ôter toute confiance à la justice. Il importe également de ne plus avoir recours à ceux dont les recherches aboutissent toujours au doute et qui ne savent arriver à une conclusion précise en faveur de l'inculpé ou contre lui.

Réclamation de fournitures par les experts. — Enfin les magistrats doivent vérifier, avec le plus grand soin, les réclamations de fournitures de toute sorte présentées par les experts; ce chapitre augmente dans de notables proportions, depuis quelques années surtout, les frais de justice à la charge de mon département. En demandant le remboursement de fournitures dont l'utilité et la réalité sont très contestables, certains experts cherchent à élever le chiffre de leurs honoraires, et quelque évidente que soit l'exagération des notes qu'ils présentent, beaucoup de magistrats ont le tort de les admettre, sans jamais les discuter ni les examiner.

Je citerai encore à ce sujet les dispositions de l'Instruction générale du 30 septembre 1826, qui porte, article 19 : « Que « le prix des fournitures ne sera remboursé qu'autant que les « experts auront joint à leurs mémoires des états détaillés des « fournitures qu'ils auront faites, afin que la quotité et le prix «puissent en être débattus et que la dépense en soit réduite, «s'il y a lieu.»

Il est de principe que les experts doivent supporter, sans recours, la perte des instruments qu'ils brisent dans le cours de leurs opérations, quand cet accident doit être attribué à la mauvaise qualité des objets cassés ou à la maladresse de l'opérateur. Cependant, lorsque les instruments, comme dans les analyses chimiques, doivent être brisés ou rendus impropres au service par suite de l'opération elle-même, il y a lieu exceptionnellement de tenir compte à l'expert de la perte qu'il a éprouvée, après avoir constaté la sincérité de la réclamation, tant sous le rapport de l'existence du fait que sous celui du dédommagement.

Vérifications d'écritures et de comptabilité. — Les abus trop souvent constatés dans les différentes sortes d'expertises que je viens d'énumérer sont assurément regrettables, et cependant ils ne sont rien en présence de ceux auxquels donnent naissance les vérifications d'écritures et de comptabilité.

En cette matière, les experts tendent trop souvent à donner à leurs opérations des développements excessifs, et les magistrats, par leurs réquisitions, favorisent cette tendance. Lorsqu'il s'agit de banque, de comptoir d'escompte, de sociétés industrielles ou commerciales tombées en faillite, lorsqu'on y soupçonne des fraudes ou des malversations, on charge, en général, les experts de recomposer toute la comptabilité, depuis l'origine de la société jusqu'au jour de la cessation des payements, pour constater tous les faits délictueux et établir le chiffre exact des détournements. De là des opérations qui durent des années et qui nécessitent des rapports d'une étendue démesurée quoique tout à fait inutiles.

Ainsi j'ai vu, dans ces derniers temps, le jugement d'une affaire retardé pendant deux années parce que les magistrats ont voulu reconstituer toute une comptabilité. Le travail que leurs réquisitions ont exigé a été considérable; les émoluments réclamés par l'expert ont, par suite, atteint un chiffre énorme, et tout cela pour constater un certain nombre de crimes qu'il a été impossible de poursuivre parce qu'ils étaient couverts par la prescription. Il y a évidemment là un abus des plus sérieux.

J'attache une grande importance à ce que des faits pareils ne se reproduisent plus; il faut simplifier les expertises et les restreindre dans les bornes fixées par la loi elle-même.

Dorénavant les magistrats devront déterminer d'une manière précise dans quelles limites toute vérification d'écritures ou de comptabilité devra se renfermer. Ils fixeront l'année au delà de laquelle l'expert ne devra pas remonter, et la nature des délits qu'il devra rechercher. L'exercice de l'action publique étant le seul mobile qui doive les diriger, il est aussi ridicule de remonter à une date où la prescription serait acquise, qu'il est frustratoire de reconstituer, au profit de la masse des créanciers, la comptabilité d'une société depuis trois ans ou dix ans.

Les magistrats instructeurs manquent à leur mission quand ils se préoccupent de l'intérêt que peuvent avoir les syndics à établir d'une manière précise leur situation vis-à-vis de l'individu ou de l'être moral en faillite. Ils doivent laisser à l'intérêt privé le soin de prendre toutes les mesures, de faire toutes les dépenses qui n'ont pour but que le règlement de la faillite. D'ailleurs, parmi les faits qui leur sont dénoncés le plus souvent sans indice sérieux, ils doivent choisir les plus graves, ceux qui paraîtront de nature à être établis d'une manière utile pour la répression. L'expertise ne doit porter que sur des points qui méritent d'être soumis au jury. On l'indispose souvent en lui donnant à résoudre une série interminable de questions qui relèvent minutieusement des faits identiques. En matière de banqueroute frauduleuse, le détournement, base principale de la conviction du jury, sera bien rarement démontré par une balance entre l'actif et le passif, qui coûte à l'expert des mois de travail, et qui laisse toujours dans le doute la question essentielle, celle de l'emploi des sommes disparues.

Pour remédier à des abus invétérés, je réclame toute l'énergie et toute la surveillance de vos auxiliaires. Vos substituts ne devront pas hésiter à poser des réquisitions écrites pour restreindre les expertises et à vous signaler les affaires dans lesquelles des investigations inutiles seraient prescrites. Il faudrait frapper d'un recours légal toute ordonnance, toute décision contraire. Je désire que, de votre côté, vous vous fassiez transmettre en communication les réquisitions adressées aux experts en matière commerciale, afin de vous assurer, par vous-même, qu'elles ne contiennent rien d'inutile.

Un autre point important sur lequel j'appelle toute votre attention, c'est l'abus qui résulte de la concentration de plusieurs expertises à la fois dans la même main. Il est évident que si l'on charge un expert simultanément de plusieurs missions, il ne peut les remplir que l'une après l'autre, et que, dès lors, il y a forcément des retards. C'est ce qui arrive aujourd'hui, notamment pour les experts de Paris; sous prétexte que les tribunaux n'ont de confiance que dans tel ou tel expert en renom, de tous les points de l'Empire, on accumule dans son cabinet les affaires les plus variées. Il ne peut consacrer à toutes son travail personnel; il a nécessairement recours à des commis qui n'offrent évidemment aucune garantie. Il grossit ses mémoires du salaire de ses aides, dont le travail est signé par lui, sans qu'il soit même en état de le défendre à l'audience. Il est aisé de comprendre qu'en cette matière, où il est facile, après tout, de rencontrer des experts loyaux et intelligents, il faut tenir la main à ce que chacun opère par lui-même. Comme il ne doit rester aucune obscurité et qu'il s'agit de faire ressortir des chiffres, un seul expert sera toujours préférable à plusieurs qui auraient la tentation de s'en rapporter à un seul. Le sentiment de la responsabilité et l'émulation doubleront ses forces.

Vous devrez donc veiller à ce que les magistrats instructeurs s'adressent aux comptables spéciaux, sinon de leur localité, au moins de votre ressort ou du ressort le plus rapproché. Autant que possible, chaque expert n'aura jamais qu'un très petit nombre d'affaires à la fois, afin qu'il les termine dans le plus bref délai.

C'est ainsi que la justice pourra recourir à des moyens d'instruction utiles sans prolonger outre mesure les détentions préventives, sans ajourner, pendant des années entières, la satisfaction réclamée par la société et sans grever le Trésor de frais absolument frustratoires[4].

Je compte sur votre zèle, Monsieur le Procureur général,

---

[4] Il est arrivé depuis 1862, au Ministère de la justice, des mémoires de frais d'experts en matière commerciale, s'élevant aux chiffres de 8,600 francs, 10,300 francs, 12,900 francs, 22,500 francs et 25,000 francs. (Note de la circ.)

pour arriver sans retard à mettre un terme à des abus dont le Corps législatif lui-même s'est ému, et je tiendrai bonne note de la surveillance que vos substituts exerceront sur cette importante partie du service.

Je vous prie de consigner dans les rapports que vous m'adressez chaque mois sur la marche des procédures criminelles et correctionnelles, les observations que vous aurez à me faire parvenir au sujet des expertises.

J. Baroche.

Huissiers. — Protêts. — Transcription. — Timbre.

Du 19 février 1867.

A MM. les Procureurs généraux près les Cours impériales.

J'ai été informé par Son Exc. M. le Ministre des finances qu'on avait constaté dans diverses localités que les registres des huissiers pour la transcription des protêts étaient tenus d'une manière très irrégulière. La plupart contiennent un nombre excessif de lignes par page, les écritures sont presque illisibles, et même beaucoup d'actes sont transcrits très incomplètement, ce qui a permis à un huissier d'introduire jusqu'à quarante copies de protêts dans une seule feuille de papier timbré à 1 franc.

J'ai dû chercher, de concert avec mon collègue, les moyens de réprimer ces abus, et nous avons reconnu que les lois existantes y avaient pourvu.

L'article 20 de la loi de finances du 2 juillet 1862 est ainsi conçu :

«Les copies des exploits, celles des significations d'avoué «à avoué et des significations de tous jugements, actes ou «pièces, doivent être correctes, lisibles et sans abréviations.

«Un règlement d'administration publique déterminera le «nombre de lignes et de syllabes que devront contenir les «copies.

«Toute contravention aux dispositions du présent article «et à celle du règlement d'administration publique est punie «d'une amende de 25 francs.»

Il résulte de ce texte que toute contravention résultant soit de l'incorrection ou de l'illisibilité des écritures, soit de l'excès dans le nombre des lignes et des syllabes, est punie de la peine de 25 francs d'amende.

Aucune difficulté ne peut s'élever quand il s'agit de l'incorrection ou de l'illisibilité des copies de protêts transcrits sur le registre prescrit par l'article 176.

Quant au nombre de lignes et de syllabes que doit contenir chaque feuille du registre timbré, les textes ne sont pas moins clairs.

En effet, le règlement d'administration publique, fait en exécution de la loi du 2 juillet 1862 et qui porte la date du 30 juillet suivant, a déterminé le nombre de lignes et de syllabes que doivent contenir les copies d'exploits. Or, il ne peut être douteux que les protêts ne soient des exploits et que la transcription qui doit en être faite sur le registre prescrit par l'article 176 du Code de commerce ne constitue une copie d'exploit; dès lors cette copie ne peut contenir un nombre de lignes excédant celui que le règlement a déterminé, et l'huissier doit se conformer, pour les copies, au règlement qui fixe le nombre des lignes à la page et des syllabes à la ligne que doit contenir chaque feuille de papier timbré employée.

L'article 5 du décret du 8 décembre 1862 confirmerait, s'il en était besoin, cette interprétation; il accorde aux huissiers, à titre de remboursement du papier timbré du registre tenu en exécution de l'article 176 du Code de commerce, 35 centimes pour chaque protêt et 50 centimes pour protêt avec intervention; l'allocation à forfait ainsi faite est évidemment établie en considération des règles posées et des types adoptés pour les écritures, aussi bien pour les huissiers que pour les greffiers [1]. Le fait qui m'a été signalé et que j'ai rapporté plus haut, suffit pour démontrer combien il importe d'établir une juste corrélation entre le nombre des lignes et des syllabes et le montant de la somme accordée, à titre de remboursement du papier timbré : le législateur ne l'avait pas oublié et s'en était préoccupé à juste titre.

J. BAROCHE.

---

[1] Voy. circ. du 13 décembre 1862 relative aux augmentations d'allocations accordées aux huissiers pour le timbre des registres où sont transcrits les protêts.

Cautionnements. — Courtiers de marchandises. — Remboursement.

Du 8 mars 1867.

A MM. les Procureurs généraux.

Il s'est élevé des difficultés au sujet des formalités que doivent remplir les courtiers de marchandises pour obtenir le remboursement de leur cautionnement, en exécution de la loi du 18 juillet 1866. Je me suis concerté avec MM. les Ministres des finances et de l'agriculture, du commerce et des travaux publics, et voici les résolutions qui ont été arrêtées :

Le remboursement du cautionnement des courtiers de marchandises doit, même depuis la loi du 18 juillet 1866, être opéré suivant les formes et sur les justifications prescrites par la loi du 25 nivôse an XIII (art. 5 et 6). En conséquence, les réclamants doivent adresser à M. le Ministre des finances une demande sur papier timbré et produire à l'appui un certificat du greffier du tribunal de commerce dans le ressort duquel ils exerçaient. Ce certificat sera visé par le président et constatera que la déclaration de cessation de fonctions a été affichée pendant trois mois dans le lieu des séances du tribunal, et que, durant ce temps, il n'a été prononcé contre le titulaire aucune condamnation pour fait relatif à ses fonctions et qu'il n'existe au greffe aucune opposition à la restitution du cautionnement, ou que celles qui sont survenues ont été levées.

Quant au certificat qui devrait, aux termes de l'article 6 de la loi précitée, être délivré par le syndic et visé par le président du tribunal de commerce, à l'effet de constater l'affiche de la cessation de fonctions à la bourse, il a été convenu qu'il pourrait y être suppléé au moyen d'une mention insérée dans le visa du président mis au bas du certificat du greffier; cette mention portera qu'en l'absence d'une bourse dans la localité, ou par suite de la cessation des fonctions du syndic des courtiers de marchandises, le certificat n'a pu être produit.

Pour faciliter davantage le remboursement des cautionnements, il a été également admis par M. le Ministre des finances que, dans les villes où plusieurs courtiers pourraient se trouver dans le cas de demander le remboursement de leur cautionnement, il leur serait permis de se réunir pour former une déclaration collective qui sera affichée pendant le délai légal, à l'expiration duquel ils obtiendront le remboursement en rapportant des extraits individuels de la déclaration affichée et le certificat de non-opposition délivré par le greffier dans la forme et avec les mentions et visa indiqués plus haut.

M. le Ministre de l'agriculture, du commerce et des travaux publics va adresser des instructions dans ce sens à MM. les préfets. Je vous prie de vouloir bien faire parvenir à MM. les présidents des tribunaux de commerce de Grasse, Nice, Narbonne, Aix, Marseille, Bergerac, Bordeaux, Libourne, Nîmes, Béziers, Montpellier, Pezénas, Saint-Étienne, Lyon, Paris, Reims, Lille, Valenciennes, Bayonne, Strasbourg, Mulhouse, le Havre, Rouen, Amiens et Montauban, dans lesquels ces mesures peuvent être appliquées, des instructions en les invitant à assurer, en ce qui les concerne, l'exécution de la présente circulaire.

J. Baroche.

Emprisonnement. — Prisons d'arrondissement.

Du 17 avril 1867.

A MM. les Procureurs généraux.

A diverses reprises, l'administration centrale a constaté qu'un nombre trop considérable de condamnés à plus d'une année d'emprisonnement étaient autorisés à subir leur peine dans des prisons d'arrondissement mal disposées pour une surveillance efficace ou pour le travail des détenus [1].

M. le Ministre de l'intérieur, dont j'ai récemment appelé l'attention sur ce point, me fait connaître que les parquets, toujours consultés par l'autorité administrative, émettent trop facilement des avis ou bien favorables sans aucun motif, ou contenant seulement la formule banale : « Il n'y a pas d'inconvénients. »

L'autorisation pour un condamné de subir sa peine dans

---

[1] Voy. les circ. des 17 mai 1806, 10 septembre 1822 et 10 juin 1862.

une prison affectée à des condamnés d'une catégorie différente, porte une trop grave atteinte au principe de l'égalité devant la loi, pour qu'on puisse l'accorder uniquement parce qu'elle ne présente pas d'inconvénients. Elle doit être motivée par un avantage ou une nécessité; en un mot, par des considérations sérieuses [2].

Je vous prie, en conséquence, de donner des instructions à tous vos substituts pour que, dorénavant, ils n'acquiescent au maintien des condamnés à plus d'une année d'emprisonnement dans les prisons d'arrondissement que lorsqu'ils pourront justifier leur avis favorable d'une manière explicite. Dans le cas contraire, ils laisseront à l'autorité administrative la responsabilité de ses décisions.

J. Baroche.

Frais de justice. — Translation des prévenus et accusés. — Gendarmes.

Du 18 avril 1867.

A MM. les Procureurs généraux.

Je vous ai rappelé, par ma circulaire du 1er juin 1865[1], les dispositions des articles 314 à 317 du décret du 18 février

---

[2] Pour obvier aux inconvénients résultant des demandes trop nombreuses adressées par les condamnés à une peine d'emprisonnement pour plus d'une année qui sollicitent leur maintien dans les prisons départementales, le Ministre de l'intérieur a décidé que ces demandes seraient accompagnées d'un avis motivé du directeur des prisons, qu'elles devront être communiquées au procureur du tribunal de première instance et au préfet du département, et que ces deux magistrats donneraient également un avis explicite et motivé. Les faveurs de ce genre ne sont généralement accordées : 1° qu'aux condamnés ayant à terminer une liquidation d'affaires intéressant les tiers; 2° à des femmes enceintes ou nourrices qui ne peuvent être séparées de leurs enfants sans danger pour l'existence de ceux-ci; 3° à des détenus sans antécédents judiciaires dont la peine n'excède pas deux ans et qui consentent à la subir en cellule.

Le trop grand nombre de demandes formées par les condamnés pour leur maintien dans les prisons départementales pouvait avoir pour cause la différence de régime existant entre les différentes maisons de correction; un arrêté du 14 janvier 1873 prescrit l'uniformité de régime dans les divers établissements pénitentiaires (Circ. du Ministre de l'intérieur des 10 juillet 1858, 2 mai et 1er octobre 1867, 8 novembre 1873). Voy. sur l'exécution de la peine dans une autre prison que la maison d'arrêt du lieu de la condamnation, déc. min. du 11 septembre 1876 (Bull. off. 1876, p. 201).

[1] Voy. cette circulaire à sa date.

1863, en invitant les magistrats à ne plus adresser aux compagnies de chemins de fer des réquisitions impliquant le retour gratuit, aux frais du Ministère de la justice, des gendarmes qui auraient escorté des prévenus et accusés hors de leur département. J'avais ajouté qu'on ne devait pas même requérir ce retour gratuit, lorsque les gendarmes ne sortaient pas de leur département, parce que, dans ce cas, mon ministère n'avait à payer ni indemnités ni frais de retour.

Des observations qui m'ont été adressées ultérieurement par M. le Ministre de la guerre m'ont déterminé à modifier cette dernière partie de mes instructions, et j'ai arrêté, de concert avec Son Excellence, les dispositions suivantes :

A l'avenir, lorsque les translations de prévenus seront effectuées par les voies de fer, dans la circonscription du département, les indemnités d'escorte des gendarmes leur seront payées directement tant pour l'aller que pour le retour, sur les fonds du Ministère de la justice [2]. Elles seront réglées conformément aux articles 132, 322 et 324 du décret de 1863, à raison de 1 fr. 25 cent. pour les maréchaux des logis et de 1 franc pour les brigadiers et gendarmes. Ces indemnités leur seront allouées pour le retour comme pour l'aller, lors même qu'une seule journée aurait suffi pour l'escorte des prévenus et la rentrée des gendarmes à leur résidence [3].

M. le Ministre de la guerre, qui adresse les mêmes instructions aux intendants militaires et aux chefs de corps de la gendarmerie, leur indique la forme du mémoire qui devra être produit pour le payement de ces indemnités et des frais

---

[2] L'article 323 du décret de 1863 met à la charge du Ministère de la justice les indemnités de service extraordinaire, et l'article 324 en ordonne le payement direct sur les fonds de ce ministère. La nouvelle solution est l'application de ces dispositions.

[3] Lorsque des gendarmes sont chargés d'escorter des prévenus entre deux villes de leur département reliées entre elles par une ligne de chemin de fer qui traverse un département voisin, il est d'usage de leur accorder l'indemnité journalière de 4 francs déterminée par l'article 314 du décret du 18 février 1863 pour les services extraordinaires accomplis en dehors du département. Mais cette indemnité, qui n'est accordée d'ailleurs que pour l'aller (le retour de l'escorte s'effectuant aux frais du Ministère de la guerre), ne doit pas évidemment se cumuler avec celle déterminée pour les transfèrements qui n'ont pas nécessité la sortie du département. (Décision du Ministre de la guerre du 12 août 1867; dépêche du Garde des sceaux du 5 août 1875.)

extraordinaires que les gendarmes auraient pu faire pour les prévenus [4].

Ces nouvelles dispositions ne modifient en rien celles de ma circulaire du 20 avril 1863 [5], relative aux frais d'escorte des gendarmes qui sortent de leur département. Les indemnités journalières qui leur sont allouées dans ce cas ne devront leur être payées, comme par le passé, sur les fonds du Ministère de la justice, que pour l'aller seulement. Leurs frais de retour continueront à être avancés sur le budget de la guerre. MM. les magistrats veilleront donc avec soin à ce qu'aucune confusion n'ait lieu à cet égard, et ils ne perdront pas de vue que des indemnités de retour ne devront figurer dans les mémoires de gendarmes qui seront présentés à leur taxe que pour les translations effectuées dans la circonscription du département.

J. Baroche.

Magistrats. — Décorations étrangères.

Du 6 juin 1867.

A MM. les Procureurs généraux.

Son Exc. M. le Grand Chancelier de la Légion d'honneur m'informe qu'il est à sa connaissance qu'un grand nombre de fonctionnaires, tant civils que militaires, portent les insignes de décorations conférées par des souverains étrangers, sans avoir sollicité et obtenu l'autorisation prescrite par le décret du 10 juin 1853 et, par conséquent, sans avoir acquitté les droits proportionnels déterminés par ledit décret [1].

---

[4] Afin de rendre uniforme l'établissement du mémoire à produire par le chef d'escorte, M. le Ministre de la guerre a décidé qu'une formule spéciale serait ajoutée (sous le n° 58 *bis*) à la nomenclature des modèles prescrits par le décret du 18 février 1863, et que, pour éviter toute confusion, cette formule serait imprimée sur papier bleu. (Note de la circulaire.)

[5] Voy. cette circulaire à sa date.

[1] Une circulaire du 20 août 1853 avait déjà recommandé aux magistrats de se conformer aux prescriptions du décret du 10 juin 1853, à la décision du même jour qui fait suite au décret et aux dispositions de la note insérée à l'*Officiel* le 24 du même mois. — La circulaire du 2 octobre 1876 (Bull. off. 1876, p. 208) renouvelle ces recommandations.

Ces droits constituant le seul fonds qui permette de distribuer quelques modiques secours aux légionnaires malheureux ou à leurs orphelins sans moyens d'existence, dont le nombre s'accroît sans cesse, la Grande Chancellerie se trouve ainsi privée d'une notable partie des ressources que, dans sa vive sollicitude pour de profondes et nobles infortunes, Sa Majesté a voulu lui créer.

Le Grand Chancelier, agissant en vertu d'une délibération du Conseil de l'ordre, a pris les ordres de l'Empereur. Sa Majesté a exprimé de la manière la plus explicite ses intentions sur ce point. Elle veut que le décret précité soit rigoureusement exécuté et Elle a enjoint d'en assurer le bienfaisant effet.

J'aime à penser qu'en ce qui touche mon département, les abus signalés n'existent pas et que les magistrats qui reçoivent des souverains étrangers des distinctions honorifiques sont les premiers à donner l'exemple du respect de la loi. Je dois, cependant, prendre les mesures nécessaires pour garantir l'accomplissement de la haute décision impériale. Si donc, parmi les magistrats qui appartiennent à votre ressort, il en était qui eussent négligé de régulariser leur situation, vous auriez soin de les avertir, et, en cas de difficulté, vous ne manqueriez pas de m'en référer.

J. Baroche.

Naturalisation. — Instructions générales. — Étrangers.

Du 20 juillet 1867.

A MM. les Préfets.

La loi du 29 juin 1867, qui vient d'être promulguée, a modifié quelques dispositions de la loi du 3 décembre 1849, relative à la naturalisation des étrangers.

Les modifications sont simples et peuvent se résumer ainsi :

1° La résidence de *dix* années, exigée de l'étranger préalablement autorisé à établir son domicile en France, en conformité de l'article 13 du Code Napoléon, est réduite à *trois* années;

2° Le point de départ des trois années de résidence n'est

plus la date du décret qui autorise l'étranger à établir son domicile en France, mais celle du jour où la demande d'autorisation aura été enregistrée au Ministère de la justice;

3° Le séjour en pays étranger, pour l'exercice d'une fonction conférée par le Gouvernement français, est assimilé à la résidence en France.

La naturalisation doit donc, sous l'empire de la loi du 29 juin 1867, comme sous celui de la loi de 1849, être précédée d'une autorisation accordée à l'étranger, par un décret, d'établir son domicile en France; en maintenant cette condition, le législateur a voulu donner à la résidence de l'étranger sur notre sol un caractère de fixité, attestant la ferme volonté de l'impétrant, et en même temps permettre au Gouvernement de vérifier ses antécédents et sa moralité.

Toutefois, le législateur n'a pas voulu que l'étranger eût à souffrir des retards auxquels pourrait donner lieu l'instruction administrative qui précède le décret d'admission à domicile; en conséquence, le paragraphe 2 de l'article 1er dispose que les trois années de résidence courent du jour où la demande d'autorisation aura été enregistrée au Ministère de la justice.

Je n'ai point remarqué jusqu'à présent qu'en général ces instructions aient subi les regrettables lenteurs dont on paraît s'être préoccupé. Je crois cependant, et bien qu'aujourd'hui les retards ne puissent plus avoir d'influence sur l'époque où interviendra l'acte qui conférera définitivement à l'étranger les droits de citoyen français, devoir vous recommander de donner à vos investigations toute la célérité compatible avec l'importance et l'exactitude des renseignements à recueillir.

A plus forte raison en devra-t-il être ainsi pour l'examen de la demande de naturalisation. Elle ne pourra être formée qu'à l'expiration des trois années de résidence; il ne faut donc rien négliger pour que l'étranger soit, aussitôt qu'il aura satisfait aux prescriptions de la loi, mis en possession des droits dont il sera jugé digne. C'est là le vœu bien manifeste de la loi nouvelle, et il vous appartient d'en assurer la réalisation.

Lorsqu'une demande de naturalisation me parviendra par votre intermédiaire, vous voudrez bien me faire connaître votre avis sur cette demande, et y joindre immédiatement tous les renseignements propres à m'éclairer sur la situation et la moralité de l'étranger; nous éviterons ainsi des correspondances inutiles et des retards.

En réduisant à trois années la durée de la résidence, la nouvelle loi n'a point entendu enlever au Gouvernement le droit que lui donnait la loi de 1849, de conférer, après le délai d'une année seulement, la naturalisation sollicitée par des étrangers dignes de cette faveur exceptionnelle. Elle a, au contraire, ajouté à l'énumération des causes d'exception comprises en l'article 2, *la création de grandes exploitations agricoles*, voulant encourager par là et récompenser en même temps tous les exemples et tous les efforts qui favorisent sur une grande échelle les progrès et les développements de l'agriculture. Lorsque des demandes formées sur ce motif vous seront communiquées, vous devrez me fournir des renseignements précis sur l'importance de l'établissement et les perfectionnements apportés par l'étranger aux procédés de culture du pays au milieu duquel il aura fixé sa résidence.

La loi n'a modifié en quoi que ce soit les règles concernant les droits d'enregistrement et du sceau; ils restent fixés aux chiffres établis par les lois précédentes (173 fr. 20 cent. pour la naturalisation comme pour l'admission à domicile) [1]. Je désire trouver dans le dossier tous les renseignements propres à m'éclairer sur la position pécuniaire des parties. Il me paraît même nécessaire que, soit dans sa demande, soit par un acte séparé, le pétitionnaire prenne l'engagement d'acquitter les droits du sceau. S'il est hors d'état de payer tout ou partie de ces droits, la loi autorise le Gouvernement à lui en faire remise, mais il doit alors établir, par des documents administratifs ou autres, les motifs qui justifieraient la demande d'une remise totale ou partielle des droits dont il s'agit.

Je vous prie, Monsieur le Préfet, d'appeler l'attention des maires de votre département sur les dispositions de la nouvelle loi, et d'insérer, dans votre recueil des actes administratifs, des instructions propres à leur en bien faire comprendre les termes et l'esprit. Je désire tout particulièrement que vous

---

[1] Les lettres de naturalisation sont sujettes à un droit de sceau qui est réglé par l'ordonnance du 8 octobre 1814. Les référendaires au sceau de France sont chargés de percevoir ces droits. Il en est de même des demandes pour service à l'étranger. (Circ. non insérée du 12 mai 1820.)

leur signaliez de nouveau l'inutilité absolue de la déclaration faite à la mairie en exécution de la loi du 22 frimaire an VIII; maintes fois déjà, j'ai eu l'occasion de vous signaler l'erreur d'un grand nombre de maires sur ce point, et j'ai trop souvent constaté les inconvénients auxquels cette erreur avait exposé les étrangers, en leur laissant croire que la déclaration à la mairie était le point de départ de la résidence en France exigée pour la naturalisation, pour ne pas insister de nouveau sur la nécessité de la combattre.

Dans un autre ordre d'idées, je crois devoir vous faire remarquer que l'article 1er de la loi du 29 juin 1867, substitué à l'article 1er de la loi du 3 décembre 1849, n'a point reproduit la disposition de cette dernière loi, qui ne permettait à l'étranger naturalisé de jouir du droit d'éligibilité au Corps législatif qu'en vertu d'une loi. Cette disposition, reconnue dès longtemps inconciliable avec les termes comme avec l'esprit de la Constitution de 1852 et de nos lois organiques, ne pouvait plus recevoir son application. Les modifications apportées à la loi du 3 décembre 1849 la font définitivement disparaître : désormais, tout étranger naturalisé est électeur; il est par là même éligible et a, comme tout Français électeur, le droit de siéger dans nos grandes assemblées politiques.

Il est à peine nécessaire que je vous fasse observer que les autres dispositions de la loi du 3 décembre 1849 doivent continuer à recevoir leur exacte exécution.

J. BAROCHE.

TARIF. — Greffiers. — Émoluments.

Du 8 août 1867.

A MM. LES PROCUREURS GÉNÉRAUX.

Je vous ai informé, par ma circulaire du 2 juillet 1864 [1], relative aux émoluments des greffiers, que la Cour de cassa-

[1] Outre cette circulaire, voy. circ. du 27 mai 1854 sur l'exécution du décret du 24 mai précédent, relatif aux émoluments des greffiers, et celle du 13 décembre 1862 sur l'exécution du décret du 8 décembre de la même année.

tion était saisie de la question de savoir : si, pour les réquisitions d'ouvertures d'ordres et de contributions, les contredits dans les ordres et contributions et les dires sur les cahiers des charges, le droit de 1 fr. 50 cent. déterminé par le paragraphe 7 de l'article 1er du décret du 24 mai 1864 devait être alloué aux greffiers. Je vous ai invité en même temps à suspendre l'envoi d'instructions sur ce point jusqu'à ce que la Cour de cassation ait résolu définitivement la question.

Un arrêt rendu, toutes les chambres réunies, le 8 janvier 1867, décide que les greffiers n'ont droit à aucun émolument dans les cas ci-dessus indiqués. Cet arrêt, publié au Bulletin des arrêts de la Cour de cassation en matière civile (année 1867, page 11) et dans les divers recueils de jurisprudence, n'aura pas sans doute échappé à votre attention, et déjà vous aurez complété les instructions données en exécution de ma circulaire du 2 juillet 1864; s'il en était autrement, je vous prie de porter sans retard la décision de la Cour de cassation à la connaissance des greffiers en les invitant à s'y conformer à l'avenir [2].

J. Baroche.

Emprisonnement. — Quartiers d'amendement.

Du 2 novembre 1867.

A MM. les Procureurs généraux.

M. le Ministre de l'intérieur, désireux de favoriser la régénération morale des condamnés enfermés dans les maisons centrales, a organisé, notamment à Clairvaux, Clermont, Melun, Doullens, Loos, Eysses et Auberive, des quartiers de préservation et d'amendement, où les détenus dont on peut espérer le retour au bien, seront soustraits au contact pernicieux de la corruption, sans cesser d'être soumis au régime et aux règlements communs. Les admissions dans ces quar-

---

[2] Les greffiers recevant un traitement comme fonctionnaires publics n'ont droit à aucun émolument particulier pour l'assistance qu'ils sont tenus, à ce titre, de prêter aux magistrats, ni pour les simples formalités qui n'exigent aucune écriture ou dont il est fait seulement mention sommaire soit sur les pièces produites, soit sur les registres du greffe. (Cass. ch. réun. 8 janvier 1867.)

tiers spéciaux sont prononcées après une délibération à laquelle prennent part le directeur, l'inspecteur, l'aumônier et le greffier.

Son Excellence a invité les directeurs à s'entourer de tous les renseignements de nature à éclairer les décisions de la commission, et elle s'est adressée à moi dans le but d'obtenir le concours des autorités judiciaires pour cet essai de moralisation.

Au premier rang des renseignements nécessaires à une classification logique, se placent des investigations, au point de vue moral, sur les circonstances dans lesquelles ont été accomplis les délits qui ont motivé la procédure, sur les autres faits, prévus ou non par la loi pénale, qui ont été révélés par l'information, et sur l'attitude des condamnés au cours des débats. Les parquets peuvent d'ailleurs posséder des indications précieuses sur le degré de corruption des détenus ou les chances de régénération qu'offrirait leur situation de famille [1].

J'ai jugé, comme mon collègue, que des communications sur ces divers points entre l'administration des prisons et le ministère public auraient de grands avantages [2].

En vue d'éviter des retards qui seraient préjudiciables au classement des détenus, les directeurs des prisons pourront, dans chaque cas spécial, s'adresser sans intermédiaire aux procureurs impériaux.

Je vous prie de vouloir bien informer vos substituts de la création de ces quartiers d'amendement, en leur recommandant de fournir, sur la demande des directeurs de prison, tous les renseignements qu'ils pourront posséder et qui seraient de nature à faciliter de bons choix.

J. BAROCHE.

---

[1] Voy. circ. des 14 mai et 25 juin 1873, 6 janvier et 3 décembre 1874, relatives aux notices individuelles destinées à accompagner, dans les lieux de détention, les condamnés à des peines de quatre mois d'emprisonnement au moins.

[2] La présente circulaire a été communiquée par le Ministre de l'intérieur aux directeurs des prisons dans une lettre d'envoi en date du 16 novembre 1867.

Liberté provisoire. — Cautionnement. — Versement. — Timbre.

Du 15 janvier 1868.

A MM. les Procureurs généraux.

La mise à exécution de l'article 121, § 1er, de la loi du 14 juillet 1865, a soulevé quelques difficultés entre l'administration des domaines et l'autorité judiciaire [1].

L'administration avait d'abord pensé qu'en cas de mise en liberté sous caution, le receveur ne pouvait encaisser le cautionnement que sur la production d'une expédition complète et régulière de l'ordonnance de mise en liberté.

L'autorité judiciaire pensait, au contraire, que, pour entrer dans l'esprit de la loi, il fallait considérer comme suffisante toute justification officielle de l'existence et des conditions de la mise en liberté, en tenant compte des circonstances de temps et de lieu dans lesquelles a pu intervenir l'ordonnance.

M. le Ministre des finances a appelé mon attention sur cette difficulté, et elle a été tranchée, d'un commun accord, de la manière suivante :

Le cautionnement, dont le versement effectif doit précéder la libération, sera désormais encaissé sur la production soit d'une expédition complète de l'ordonnance, si cette expédition a été requise par la partie, soit d'un simple extrait de l'ordonnance délivré par le greffier dépositaire du dossier, soit d'un certificat signé par le juge d'instruction ou le procureur impérial, en cas d'urgence, et constatant l'existence de l'ordonnance de mise en liberté, le chiffre du cautionnement et la somme affectée par le juge instructeur ou par le tribunal compétent à chacune des parties du cautionnement.

Toutefois, cet acte, quel qu'il soit, ne doit pas échapper à la formalité du timbre, toujours obligatoire. Le plus souvent il sera dressé sur papier timbré, puisque l'extrait du greffier sera le mode le plus ordinaire et le plus naturel de constatation.

---

[1] Voy. la circulaire du 14 octobre 1865, 2e partie, sur l'application de l'art. 121 modifié du Code d'inst. crim.

Dans le cas où l'urgence aura obligé le magistrat lui-même à dresser le certificat, qui pourra alors être délivré sur papier libre, le receveur de l'enregistrement percevra, au moment du versement du cautionnement, le droit de timbre au comptant.

J. BAROCHE.

EXÉCUTIONS CAPITALES. — Lieu d'exécution.

20 février 1868.

A MM. LES PROCUREURS GÉNÉRAUX.

Aux termes de l'article 26 du Code pénal, l'exécution de la condamnation à la peine de mort doit se faire sur l'une des places publiques du lieu qui sera indiqué par l'arrêt de la cour d'assises [1].

La législation antérieure avait prescrit, au contraire, d'ordonner l'exécution au chef-lieu du département, c'est-à-dire dans la ville où le tribunal criminel tenait ses séances (Code du 3 brumaire an IV, art. 445). En donnant aux magistrats une plus grande latitude en cette matière, le législateur de 1810 pensait néanmoins que l'exécution au chef-lieu de la cour d'assises serait la règle générale. Cependant je remarque, depuis quelques années, que les cours prescrivent le plus souvent l'exécution dans le canton où a été commis le crime, sans se préoccuper peut-être suffisamment des difficultés de transport et des délais qui peuvent singulièrement aggraver les souffrances du malheureux condamné. Je crois devoir appeler votre attention sur ce point important. Les réquisitions du ministère public, qui sont destinées à éclairer la conscience des juges, doivent conduire à réserver ces exécutions exceptionnelles pour des cas où les motifs les plus graves exige-

---

[1] Voy. circ. du 31 juillet 1832 et la note sur les exécutions capitales, et circ. du 6 mai 1847, d'après laquelle la loi n'autorise pas à retarder les exécutions capitales pour les faire coïncider avec un jour de marché.

La circulaire non insérée du 27 juin 1874 a renouvelé les prescriptions de la présente circulaire, qui paraissaient être tombées en oubli; elle insiste sur ce point que la publicité assurée par la voie de la presse aux exécutions capitales rend le plus souvent inutile pour la cour d'assises la faculté d'ordonner l'exécution en dehors de la ville où elle siège.

raient qu'un pareil exemple fût donné à des populations corrompues, chez lesquelles le respect de la loi paraîtrait devoir être inculqué par le spectacle même de l'expiation. L'idée de rassurer ainsi des populations, troublées par de nombreux crimes restés impunis, ne peut plus être invoquée à une époque où des feuilles publiques du prix le plus modique recueillent avidement tout ce qui touche aux grands drames judiciaires et suffisent pour frapper, partout où elles pénètrent, l'imagination des populations. Le ministère public peut, au contraire, invoquer des raisons déterminantes pour que l'exécution soit ordonnée sur l'une des places publiques du lieu où se tient la cour d'assises.

Indépendamment des frais excessifs et irrécouvrables occasionnés par le transport des bois de justice, des exécuteurs et du condamné, on constate dans ces exécutions des inconvénients de plus d'une sorte. Il faut pourvoir péniblement aux moyens matériels d'obéir à la loi par la désignation de places publiques qui n'ont jamais servi à cet usage. Le logement des exécuteurs, l'assistance d'ouvriers capables, le dépôt momentané du détenu, la présence d'un aumônier, celle d'un greffier et d'agents de la justice, la garde des abords de la place et le maintien de la paix publique deviennent des préoccupations pour tous les fonctionnaires responsables. Le déplacement de troupes ou de brigades de gendarmerie est une gêne pour le service et leur logement devient une lourde charge pour la population d'un canton, dont le plus souvent une seule commune connaissait l'assassin et sa victime. Il y a pour le condamné une tentation de combiner des moyens d'évasion, et, en tous cas, une notable aggravation de la peine. On pourrait citer des cas où il a été soumis à un voyage long et parfois nocturne, avec la connaissance du but qu'il ne devait atteindre qu'au bout de vingt-quatre heures, au milieu de montagnes presque inaccessibles et dans une saison rigoureuse. La publicité de l'exécution, seule exigence de la loi actuelle, ne comporte pas la nécessité de pareilles tortures morales, et l'humanité saura gré aux magistrats qui siègent aux assises, de les éviter aux criminels que n'aura pu épargner la clémence du Souverain.

Je dois profiter de cette occasion pour vous rappeler que, d'après l'arrêt de la Cour de cassation du 17 décembre 1857, il n'appartient pas aux magistrats, mais à l'autorité municipale, en cas de résistance, au préfet, de choisir la place publique où l'exécution devra avoir lieu, et que dans le cas rare où la cour d'assises compétente a condamné à mort un soldat qui doit être remis à l'autorité militaire, celle-ci doit seule être responsable du mode, du lieu particulier et des conditions de l'exécution de l'arrêt, d'après l'article 196 du Code de justice militaire. Il suffit donc à la cour d'ordonner que l'exécution aura lieu conformément à la loi.

J. BAROCHE.

ÉLECTIONS. — Juges de paix. — Compétence. — Listes électorales.

Du 14 mars 1868.

A MM. LES PROCUREURS GÉNÉRAUX PRÈS LES COURS IMPÉRIALES.

L'article 18 du décret organique du 2 février 1852 porte que les listes électorales sont permanentes, et qu'elles sont l'objet d'une revision annuelle; les articles 19 et suivants déterminent les règles à suivre pour la revision annuelle ainsi que les juridictions devant lesquelles, à des degrés divers, les contestations auxquelles la revision donne lieu doivent être portées.

Rien de plus simple que les prescriptions de la loi sur ce point.

Les réclamations sont jugées en premier ressort par une commission municipale composée, à Paris, du maire et de deux adjoints; partout ailleurs, du maire et de deux conseillers municipaux désignés par le conseil (art. 20).

L'appel est porté devant le juge de paix du canton (art. 22).

Et enfin, la décision du juge de paix peut être déférée à la Cour de cassation (art. 23).

Ainsi, une première règle en cette matière doit être observée ; c'est qu'aucune réclamation relative aux listes électorales, à leur rédaction et à leur revision, ne peut être portée directement devant le juge de paix; il est juge d'appel des décisions des commissions municipales, et doit, sous quelque forme et à quelque époque qu'elles lui soient présentées, refuser de statuer sur les demandes d'inscription ou de radiation qui n'auraient pas préalablement été soumises à la commission municipale et jugées par elle. (Arrêts de la Cour de cassation des 26 juin 1861 et 10 août 1864.)

Un second point non moins important a donné lieu à des incidents dont il importe d'éviter le retour.

L'article 25 du décret organique dispose que «l'élection est «faite sur la liste revisée pendant toute l'année qui suit la clô«ture de la liste,» et, pour qu'aucun doute ne puisse subsister sur le sens de cette disposition, l'article 8 du décret réglementaire du 2 février 1852 ajoute que la liste électorale «close «le 31 mars (art. 17) reste jusqu'au 31 mars de l'année sui«vante telle qu'elle a été arrêtée.» Toutefois, cet article se termine ainsi : «sauf néanmoins les changements qui y au«raient été ordonnés par décision du juge de paix, et sauf «aussi la radiation des noms des électeurs décédés ou privés «des droits civils ou politiques par jugement ayant force de «chose jugée.»

Le sens de la dernière partie de cet article ne paraît pas avoir été compris par tous les juges de paix et l'on a vu, particulièrement aux approches des élections, quelques magistrats de cette juridiction statuer sur des réclamations postérieures à la clôture et ordonner, soit sur des demandes directes, soit sur des appels de décisions administratives, l'inscription d'un certain nombre d'électeurs.

Rien n'est plus contraire au texte et à l'esprit de la loi.

Le principe de l'immutabilité des listes électorales est absolu; après le 31 mars, aucune inscription n'y peut être faite, à moins qu'elle ne soit ordonnée par une décision rendue postérieurement à la clôture, mais sur une réclamation utilement formée avant cette époque, dans le cas, par exemple, où un jugement rendu par le juge de paix, sur une contestation régulièrement élevée avant la clôture des listes, a été déféré à la Cour de cassation, et où, par suite de la cassation de ce jugement, la décision définitive n'a pu intervenir qu'après la clôture. Mais, on ne saurait trop le répéter, en dehors de ces décisions judiciaires, intervenues dans le cas que je viens d'indiquer, aucune inscription sur la liste ne peut être faite postérieurement au 31 mars. (Mêmes arrêts de la Cour de cassation du 26 juin 1861.)

Quant aux radiations, il en est autrement; l'article 8 du règlement du 2 février décide qu'elles devront être opérées même après le 31 mars : 1° lorsque les électeurs sont décédés; 2° lorsque des électeurs ont été privés des droits civils et politiques par jugement ayant acquis l'autorité de la chose jugée.

Ces radiations doivent être opérées d'office par les maires, même après le 31 mars, sur la représentation des actes de décès et des jugements et arrêts qui prononcent ou emportent par eux-mêmes la perte des droits politiques; si les maires ne s'acquittent point de ce devoir, les électeurs inscrits, les préfets et les sous-préfets ont le droit de réclamer la radiation (art. 19 du décret organique); en cas de contestation, on suit les règles de procédure et de compétence indiquées plus haut. C'est d'abord la commission municipale qui doit être saisie, puis sur l'appel le juge de paix, et en dernier ressort la Cour de cassation [1].

Je vous prie, Monsieur le Procureur général, de vouloir bien donner aux juges de paix de votre ressort des instructions dans le sens de la présente dépêche. Vous voudrez bien insister près de ces magistrats sur la nécessité d'apporter en cette matière la régularité la plus absolue dans l'exercice des pouvoirs qui leur sont confiés par la loi. Ils devront eux-mêmes éclairer et guider les maires sur l'étendue de leur compétence et sur l'application, en ce qui les concerne, des dispositions du décret du 2 février 1852 [2].

J. Baroche.

Presse. — Instructions générales.

Du 4 juin 1868.

A MM. les Procureurs généraux près les Cours impériales.

La suppression du régime administratif, sous lequel la presse périodique a joui d'une tolérance constatée par tous

[1] Relativement à l'envoi au greffe de la Cour de cassation des pièces produites à l'appui des réclamations portées devant les juges de paix sur appel et qui sont l'objet d'un pourvoi, consultez circ. du 19 mars 1863 et les notes qui l'accompagnent.

[2] Les juges de paix doivent faire connaître au maire et au préfet les jugements par lesquels ils ont réformé les décisions des commissions municipales. (Circ. du 8 août 1850.)

les hommes de bonne foi, est le caractère principal et essentiel de la loi du 11 mai 1868 [1].

. . . .

Constitution et publication du journal. — Il ne m'appartient pas d'insister sur la mise en pratique des six premiers articles de la loi.

La création du journal est libre désormais; vous n'avez pas à intervenir pour recevoir les déclarations prescrites aux fondateurs, et s'il est commis des infractions aux règles du cautionnement et du timbre, vous n'avez pas l'initiative des constatations et la responsabilité des poursuites.

Il suffit donc de faire remarquer ici que, sous la sanction de l'article 5 du décret-loi du 17 février 1852, la déclaration sera désormais la même pour les écrits périodiques, cautionnés ou non, mais que les articles 6, 7 et 10 de la loi du 18 juillet 1828 seront encore utilement consultés pour les difficultés de détail.

Le principe du cautionnement reste placé dans l'article 3 du décret de 1852, confirmé par l'article 6 de la loi nouvelle, en ce qui concerne la distinction des journaux exempts de cette obligation [2]. Dès lors, vous continuerez à observer les principes établis par la jurisprudence, pour déterminer ce qu'il faut entendre par *matière politique et d'économie sociale.* La loi du 25 juin 1856, relative au transport des journaux par la poste, repose sur la même distinction, et l'application qui en a été faite vous servira à résoudre les difficultés qui s'élèveraient sur l'exécution de l'article 4 de la loi de 1852. Ainsi, il peut arriver que le journal s'imprime dans une ville hors de laquelle le gérant aura prétendu fixer son domicile pour réaliser une économie sur le taux du cautionnement; au nombre des faits de nature à éclairer la justice sur le véritable siège du journal, figurera la nécessité du

---

[1] La circulaire contient ensuite des considérations politiques sur la loi de 1868, qui ne présentent plus aujourd'hui qu'un intérêt historique.

[2] Le cautionnement des journaux est aujourd'hui réglementé par la loi du 6 juillet 1871.

Voy. circ. du 27 mars 1852, chap. 1er, § 2, sur le cautionnement des journaux semi-quotidiens. Voy. également circ. du 30 juillet 1873 sur les mesures prises pour faire connaître les versements et les remboursements.

transport par la poste, qui constitue déjà une publication du journal[3].

Le timbre n'est pas seulement réduit. Il devient fixe au lieu de dépendre des dimensions de la feuille politique, et l'article 3 de la loi nouvelle consacre formellement l'abrogation du paragraphe 3 de l'article 6, loi de 1852[4].

En affranchissant formellement du timbre les affiches électorales des candidats, l'article 3, § 3, confirme l'article 10 de la loi du 16 juillet 1850, qui, pendant la période électorale, favorisait déjà la libre circulation des écrits nécessaires à la propagation des candidatures, à la condition expresse d'être émanés du candidat, et non d'un comité ou d'un tiers, électeur ou étranger.

L'exemption de l'impôt du timbre, dont jouissaient autrefois les suppléments du *Journal officiel*, est étendue à tous les autres journaux, sous les conditions de l'article 5; mais, d'un autre côté, l'article 4 consacre la jurisprudence civile qui faisait rentrer avec raison dans la catégorie des journaux et écrits soumis à l'impôt ceux qui, sous le nom ou l'apparence de couvertures, de suppléments ou d'annexes quelconques, éditent des annonces ordinairement lucratives. L'article 6 modère, cependant, en cas de contravention, les pénalités des articles 10 et 11 de la loi de 1852. Le mot *annonce* n'a pas été défini par l'article 4, mais il résulte des discussions et de la suppression même du mot *réclame* qui y était d'abord joint, que la loi a entendu comprendre sous ce titre tout appel à la publicité dans un intérêt commercial ou professionnel, coté dans les tarifs des journaux ou de nature à l'être, et distinct des articles de fond où une industrie peut être discutée et recommandée.

Dépôts au parquet. — La surveillance de vos substituts sur tous les journaux et écrits périodiques, cautionnés ou non, et sans aucune distinction de leur nature, sera désormais facilitée par l'obligation imposée à tout éditeur de remettre au parquet deux exemplaires dispensés du timbre et signés de

---

[3] Le décret du 16 octobre 1870 règle le transport des journaux. Les journaux peuvent être expédiés librement par ballots de 1 kilogramme au minimum.

[4] L'impôt du timbre a été aboli pour les journaux par le décret du 5 septembre 1870.

l'un des gérants. S'il n'existe pas de tribunal dans la ville où se publie le journal, le dépôt sera fait à la mairie, mais pour le compte du parquet, à qui il devra être immédiatement transmis par le maire.

Vous prendrez des mesures afin que les journaux déposés soient classés et conservés pendant le temps nécessaire pour que la surveillance puisse être sérieuse et efficace.

Les brochures ou écrits traitant de matières politiques ou d'économie sociale et ayant moins de *dix* feuilles d'impression continueront, en vertu de l'article 7 de la loi du 27 juillet 1849, à être déposés au parquet du tribunal, quoiqu'ils jouissent de l'exemption du timbre au-dessus de *six* feuilles, par une innovation de l'article 3, § 4 nouveau[5].

Confirmation de la législation pénale en vigueur. — Les magistrats ont souvent regretté le défaut de codification des lois de la presse. Il s'explique par l'impossibilité d'assurer un caractère fixe et permanent à des lois qui répondent surtout à des nécessités urgentes et variables.

En effet, à côté des principes essentiels à la protection de toute société, se rencontrent des règles de procédure ou des prescriptions rendues nécessaires par une situation temporaire des institutions ou de l'opinion publique.

Si cette distinction avait été mieux comprise, nous n'aurions pas entendu des orateurs ou vu des publicistes sérieux méconnaître l'expérience de tous les temps et de tous les pays, en niant la nécessité de punir ou la possibilité de reconnaître, par exemple, l'excitation à la haine ou au mépris du Gouvernement. Ce délit, loin d'être une création factice des auteurs du Code de 1810 ou des lois de 1819 ou de 1848, est puni, en Angleterre, sous le même nom et avec les

---

[5] L'article 3 de la loi du 30 novembre 1875 dispense, pendant la période électorale, de la formalité du dépôt préalable les circulaires, professions de foi, placards, manifestes et bulletins concernant les élections des députés. L'affichage et la distribution peuvent avoir lieu librement. La loi du 20 décembre 1878 a étendu cette disposition à toutes les élections. Des instructions en ce sens avaient déjà été adressées par la circ. du 29 décembre 1877 (Bull. off. 1877, p. 147).

Le dépôt administratif prescrit par l'article 14 de la loi du 21 octobre 1814, a été également supprimé par la loi du 20 décembre 1878. — On décidait avant cette loi que la loi de 1875 n'avait pas dérogé à celle de 1814. (Circ. du 14 février 1876. — Bull. off. 1876, p. 25.)

mêmes caractères, de peines qui étonneraient par leur rigueur les justiciables français, et, dans les États-Unis, il a pu former l'un des principaux chefs d'accusation contre un président inculpé d'avoir, par ses discours, méconnu le respect nécessairement dû partout à la législation et aux corps représentant la puissance publique.

L'épreuve de vingt-huit jours de discussion sur toutes les questions qui se rattachent au régime de la presse a eu ses avantages. Le rejet d'amendements nombreux a donné une sanction nouvelle à bien des textes dont les avertissements administratifs avaient rendu l'application assez rare pour qu'on émît des doutes sur leur valeur actuelle.

C'est ainsi que les lois du 17 mai 1819, du 25 mars 1822, du 11 août 1848, du 27 juillet 1849 et du 17 février 1852 sont restées, au point de vue des prévisions pénales, les bases de notre législation.

Je trouve d'ailleurs utile de placer sous vos yeux le tableau des dispositions spéciales formellement consacrées par un nouvel examen contradictoire. Ce sont :

L'article 8 de la loi du 17 mai 1819, qui punit l'outrage à la morale publique et religieuse;

Le décret tout entier du 11 août 1848, mais surtout les articles relatifs à l'excitation à la haine ou au mépris, soit du Gouvernement, soit des citoyens les uns contre les autres;

L'article 6 de la loi du 27 juillet 1849, qui subordonne à la police administrative la vente des journaux sur la voie publique [6].

Dans le décret organique du 17 février 1852 :

L'article 2, sur l'introduction des journaux étrangers;

L'article 5, sur la suppression du journal condamné à défaut de cautionnement;

Les articles 14, 16 et 18, qui réglementent la publication, autorisée par l'article 42 de la Constitution, des séances du

---

[6] La loi du 17 juin 1880 sur le colportage abroge l'article 6 de la loi du 27 juillet 1849 ainsi que les lois des 29 décembre 1875 et 9 mars 1878 qui avaient retiré aux préfets le droit d'interdiction sur la voie publique et supprimé la nécessité d'une autorisation pour les vendeurs de journaux. Voy. circ. du Ministre de l'intérieur en date du 12 avril 1880 (Bull. off. 1880, p. 247).

Sénat et du Corps législatif, en laissant aux tribunaux l'appréciation des caractères du compte rendu illicite;

L'article 15, relatif aux fausses nouvelles;

L'article 17, qui interdit la publication des procès de presse [7];

L'article 19, qui punit d'une suspension le refus d'insérer des documents officiels et qui est complété par l'article 17 de la loi nouvelle, conférant au tribunal l'attribution d'abord confiée à l'Administration;

L'article 20, qui punit la réapparition sous un autre nom du journal suspendu ou supprimé;

L'article 21, sur la publication d'articles politiques par un condamné à des peines infamantes;

L'article 23, qui maintient la compétence administrative pour la désignation des journaux où seront insérées les annonces judiciaires [8].

Quant aux sénatus-consultes du 17 février 1858, sur le serment des candidats aux élections législatives, et du 18 juillet 1866, sur la discussion de la Constitution, les amendements qui tendaient à les supprimer ou à les modifier ont été justement écartés par la question préalable.

DISPOSITIONS PÉNALES NOUVELLES.

PROTECTION DE LA VIE PRIVÉE.

Par un emprunt à l'article 9 de la loi du 27 juillet 1849, que le décret du 9 mars 1793 avait précédé dans cette voie, l'article 8 nouveau refuse la qualité et les fonctions de gérant

---

[7] Le paragraphe 1er de l'article 17 (décret du 17 février 1852) qui interdisait la publication des débats sur les délits de presse a été abrogé par la loi du 12 février 1872.

L'article 11 de la loi du 27 juillet 1849, distinct de l'article 17 du décret de 1852, interdit le compte rendu des procès pour outrages, injures ou diffamation. Cette disposition, non abrogée par le décret de 1852, est encore en vigueur aujourd'hui.

[8] Le décret du 28 décembre 1870 abroge cette disposition. Les annonces peuvent être insérées au choix des parties dans un des journaux du département. Toutefois ce décret, rendu à Tours, n'ayant pas été promulgué dans le département de la Seine, l'article 23 du décret de 1852 y est demeuré en vigueur.

responsable au sénateur ou au député dont l'inviolabilité est de principe et s'opposerait à toute action efficace du ministère public ou des tiers.

La nécessité de protéger le Gouvernement et la Constitution contre des attaques faciles à prévoir, ou bien l'irresponsabilité résultant du séjour forcé à l'étranger, ont conduit à prohiber, par l'article 9 nouveau, la publication, dans tout journal, d'articles quelconques signés par des personnes à qui sont interdits, soit l'usage des droits civils et politiques, soit le territoire français.

Le législateur n'a rien changé aux principes consacrés par la pratique et la jurisprudence en matière de diffamation et d'injures. Les éléments constitutifs de ces délits restent les mêmes. Mais une protection nouvelle était réclamée par la *vie privée* qu'une presse avide de scandales s'efforçait de dépouiller de son inviolabilité consacrée par les revendications éloquentes des philosophes et des législateurs. En prohibant l'envahissement du domaine de la vie privée, sans qu'il soit nécessaire d'établir l'intention criminelle, la loi a tenu à interdire toute discussion de la part de la défense sur la vérité des faits. Le remède eût été pire que le mal, si un débat avait pu s'engager sur ce terrain. Chaque disposition de l'article 11 est calculée pour prévenir cette aggravation de la *contravention* dont la constatation matérielle suffit pour entraîner la répression sur la plainte de la partie intéressée. Mais il importe de ne pas exagérer par une application inintelligente un principe excellent en soi, quand on le limite aux nécessités dont la prévision a touché le législateur. Nos mœurs n'admettent pas la prétention d'enlever aux investigations de la publicité les actes qui relèvent de la *vie publique;* et ce dernier mot ne doit pas être restreint à la vie officielle ou à celle du fonctionnaire. Tout homme qui appelle sur lui l'attention ou les regards du public, soit par une mission qu'il a reçue ou qu'il se donne, soit par le rôle qu'il s'attribue dans l'industrie, les arts, le théâtre, etc. etc., ne peut plus invoquer, contre la critique ou l'exposé de sa conduite, d'autre protection que les lois qui répriment la diffamation et l'injure. Celui-là seul a droit au silence absolu qui n'a pas, expressément ou indirectement, provoqué ou autorisé l'attention, l'approbation et le blâme.

Celui qui saisit les tribunaux de ses discussions de fortune ou de famille ne peut pas non plus interdire une publicité qu'il a sciemment envisagée, et le compte rendu d'un procès judiciaire contemporain ne sera pas un empiétement illicite sur la vie privée, s'il est loyal et sincère, à moins que les tribunaux n'aient usé du droit absolu, que leur confère l'article 17 de la loi de 1852, d'interdire la publication des débats civils et criminels.

En général, de fâcheuses habitudes tendent à s'introduire dans les comptes rendus des affaires criminelles ou correctionnelles, qu'offrent à la curiosité publique la plupart des journaux. Je pourrais citer de nombreux exemples de comptes rendus écourtés ou défigurés par une partialité ou une légèreté coupable, où des dépositions d'experts, de médecins, de fonctionnaires, les réquisitions du parquet, les paroles du président sont altérées, travesties et rendues tellement méconnaissables qu'on prête parfois à l'accusation les raisonnements de la défense. Des protestations indignées me sont plus d'une fois parvenues. Il importe à la dignité de la justice et à la vérité que vous exerciez une surveillance attentive sur les comptes rendus des débats qui se seront déroulés dans votre ressort. L'article 7 de la loi du 25 mars 1822 vous offre un moyen efficace de protéger les magistrats, les jurés et les témoins par une poursuite d'office.

APPLICATION DES PEINES. — ARTICLE 463. — SUSPENSION.

La loi nouvelle ne change rien à la nature des peines édictées par les législations antérieures. C'est toujours l'emprisonnement et l'amende gradués de façon à atteindre à la fois la personne et la fortune; seulement l'extension de l'article 463 à tous les délits et contraventions permet de proportionner ces peines de manière à répondre à toutes les exigences légitimes de la conscience et de la logique. L'innovation n'est pas aussi radicale que le fait supposer tout d'abord la règle «que «les contraventions ne sont pas susceptibles de circonstances «atténuantes». Déjà la loi de 1849 avait admis l'application de l'article 463 aux contraventions qu'elle réprimait. Aujourd'hui disparaît l'anomalie résultant de l'existence de deux catégories de contraventions, dont les unes repoussaient, les autres admettaient les circonstances atténuantes. L'article 15 de la loi de 1868 étend à tous les cas le bénéfice de l'article 463, tempéré par la fixation d'un minimum de 50 francs d'amende, au-dessous duquel la répression aurait un caractère presque dérisoire. C'est là une des dispositions les plus libérales de la nouvelle loi.

Sans doute, en cette matière, ce ne sera pas, comme pour les délits, le degré de criminalité qui déterminera les circonstances atténuantes puisque la contravention n'exige pas l'intention coupable; mais les circonstances intrinsèques, qui excusent, atténuent ou expliquent le fait défendu par la loi, seront prises en considération.

La faculté attribuée au juge de choisir entre les amendes, dont le minimum est si modéré, et les emprisonnements, même de simple police, remplace la règle qui, dans le projet primitif, tendait à substituer l'amende à l'emprisonnement en matière de presse périodique. Cette proposition a été repoussée, mais il en reste une idée juste où les magistrats puiseront des renseignements utiles : si un article n'a été écrit que sous la dictée du gérant du journal, s'il a été modifié par lui, comme cela peut arriver dans la pratique, si l'écrivain, complice légal, est réellement excusable, l'emprisonnement facultatif devra lui être infligé avec une extrême modération, tandis que s'élèvera progressivement l'amende, seule peine efficace de l'être collectif, auteur principal de la publicité et par suite du délit, et personnifié dans le gérant.

On a d'ailleurs souvent regretté, dans le même ordre d'idées, la parcimonie avec laquelle les tribunaux accordent les dommages-intérêts, réparation si légitime du préjudice causé. C'est décourager la partie civile qui, à tous les degrés de juridiction, a exposé des dépenses toujours trop considérables pour la victime d'une agression; c'est favoriser la profession d'insulteur public. Si les magistrats entraient résolument dans cette voie où les tribunaux anglais les ont précédés avec un succès évident, cette simple réforme de nos mœurs judiciaires aurait des conséquences morales incalculables.

L'article 32 de la loi du 17 février 1852 a fait place à l'article 12, par lequel les tribunaux, substitués à l'Administration, disposent suivant des distinctions prudentes de la peine accessoire, mais si efficace, de la suspension.

Il est inutile d'insister sur un texte dont la clarté ne laisse rien à désirer. Cet emprisonnement du journal lui-même ne sera pas obligatoire et ne servira jamais de sanction pénale à des fautes commises contre de simples particuliers. La lésion grave ou réitérée de l'ordre public, la récidive persévérante feront un devoir aux magistrats de délibérer sur l'usage de ce moyen énergique de répression, mais ils ne devront compte qu'à leur conscience du parti auquel il se seront arrêtés.

PROCÉDURE. — DÉLAIS. — EXÉCUTION PROVISOIRE.

La loi de 1852, en rendant au droit commun son empire, avait dégagé depuis longtemps la procédure en matière de délit et de contravention de la presse d'un formalisme exagéré, sans priver les inculpés d'aucune des garanties nécessaires. Il n'en faudrait d'autre preuve que la durée vraiment excessive de certains procès récents dans lesquels des journalistes, combinant avec habileté les défauts, les délais, les appels et les pourvois, ont parfois retardé de plus de six mois la solution définitive de l'action publique. Cette stratégie, qui défiait la répression et la rendait trop souvent impuissante, a servi au législateur d'enseignement, et quelques dispositions nouvelles viennent avertir les magistrats et les justiciables, qu'en cette matière, autant et plus peut-être qu'en matière de délits communs, la promptitude de la décision est indispensable.

La citation, soit en première instance, soit en appel, sera donnée dans les délais de l'article 184 du Code d'instruction criminelle, et l'article 10 nouveau ne contient, à cet égard, aucune dérogation soit à l'article 27 de la loi de 1852, soit à l'article 7 de la loi sur les flagrants délits.

Mais, après la comparution, même pour soutenir une exception, le prévenu ne pourra plus faire défaut, et le jugement réputé contradictoire ne donnera plus lieu à des oppositions purement dilatoires (art. 10 nouveau).

A cette innovation nécessaire, et dont de bons esprits réclament même l'extension à toutes les procédures, l'article 13 ajoute la faculté pour les magistrats d'ordonner l'exécution provisoire non seulement en ce qui concerne la suspension, mais encore relativement à l'amende.

Il importe de se rendre un compte exact de l'utilité et des conséquences de cette mesure, afin que les juges apprécient bien la réponse qu'ils seront appelés à faire à la question spéciale que le président devra toujours leur poser à cet égard dans les délibérations.

Il ne s'agit pas ici d'une décision irrévocable dont la rigueur serait excessive, mais plutôt d'un moyen d'accélérer la procédure analogue à ceux créés par la loi des flagrants délits. L'exécution provisoire sera, en effet, toujours suspendue par la seule volonté du condamné s'il formule son opposition ou son appel dans les vingt-quatre heures. Seulement le jugement ou l'arrêt provoqués par sa résistance seront alors rendus dans un délai de trois jours. Mais s'il préfère se soumettre à l'exécution provisoire, le condamné continue à jouir de tous les délais et de toutes les voies de droit pour attaquer les décisions qui l'ont frappé.

Il résulte de ce système que l'exécution provisoire, qui ne porte jamais sur les peines corporelles, n'est qu'un effort pour accélérer la solution définitive, et que, si elle a quelque efficacité pour un journal sérieux frappé de suspension, elle n'agira d'une manière décisive, en ce qui concerne les amendes, qu'à l'égard du prévenu hors d'état de les consigner. Les tribunaux ne devront donc pas reculer devant ce moyen de coercition lorsque le défaut du prévenu cité leur paraîtra une simple manœuvre, et, en général, quand on pourra s'attendre à des ajournements indéfinis de la décision finale.

Votre expérience, Monsieur le Procureur général, vous a déjà suggéré la réponse à une objection de détail soulevée dans les discussions de la loi. Il arrive sans cesse que le dernier jour d'un délai d'opposition, d'appel ou de pourvoi est *férié* et que les greffes sont *fermés* comme ils le sont d'ailleurs *tous les jours* à heure fixe. Les avocats et les justiciables n'ignorent pas que la déclaration au greffe n'est pas l'unique moyen d'attaquer une décision judiciaire et que les huissiers instrumentent tous les jours en matière criminelle. Il suffira donc, d'après la jurisprudence, qu'un huissier constate qu'il a trouvé le greffe fermé et n'a pu, dès lors, formuler un pourvoi qui résulte de cette déclaration même.

. . . . [9]

J. BAROCHE.

GREFFES DES TRIBUNAUX DE COMMERCE. — Cessions. — Émoluments.

Du 21 novembre 1868.

A MM. LES PROCUREURS GÉNÉRAUX.

Les états de produits annexés aux dossiers de cession des greffes des tribunaux de commerce laissent souvent beaucoup à désirer.

Parfois formulés d'une manière confuse, ils varient généralement, d'abord dans la forme, ensuite, et cela est plus grave, pour le coût des actes.

Il y figure indûment des allocations autorisées à titre de remboursement de frais avancés par le greffier, telles que celles qui font l'objet du décret du 8 décembre 1862, relatif au papier timbré, et qui ne peuvent être admises comme émolument.

Enfin, on y trouve des perceptions abusives auxquelles il importe de mettre fin partout où elles existent. Parmi ces dernières se font surtout remarquer, comme très répandues encore, malgré de nombreuses observations émanées de la Chancellerie, celles que des greffiers de ces tribunaux spéciaux ont cru pouvoir se permettre, par une fausse application du tarif du 24 mai 1854, qui ne les concerne pas[1].

Afin d'apporter plus d'uniformité et de régularité dans cette partie du service, j'ai fait dresser un modèle d'état dont vous

---

[9] La circulaire contient, en terminant, des considérations politiques sur l'application de la loi de 1868.

[1] Voy. la circ. du 9 octobre 1826, qui traite diverses questions concernant les émoluments des greffiers des tribunaux de commerce.

Voy. surtout circ. du 29 juillet 1880 (Bull. off. 1880, p. 26) explicative du décret du 18 juin 1880, lequel fixe à nouveau les émoluments dus aux greffiers de tribunaux de commerce.

trouverez ci-joint autant d'exemplaires qu'il y a de parquets dans votre ressort.

Je vous invite à prendre les mesures nécessaires pour que, désormais, les états de cette nature qui vous seront envoyés, pour m'être transmis, soient toujours conformes à ce modèle[2].

P. LENORMANT.

CASIERS JUDICIAIRES. — Instructions diverses.

Du 8 décembre 1868.

A MM. LES PROCUREURS GÉNÉRAUX.

. . . .[1]

XI. La circulaire du 6 novembre 1850 (chap. III, § 3) a prescrit de dresser des bulletins n° 1 pour les mesures disciplinaires. Le sens de ce dernier mot a été diversement interprété. Des explications ont été données dans la circulaire du 23 mai 1853 pour les décisions des chambres d'officiers ministériels; je les compléterai, à l'égard des militaires et des marins, en disant qu'il faut considérer comme mesures disciplinaires les décisions ayant un caractère judiciaire ou entraînant des incapacités, et non de simples mesures administratives, comme cela a eu lieu dans quelques arrondissements.

XII. Il s'est élevé des difficultés, depuis la promulgation du décret du 29 avril 1862, sur le point de savoir si les condamnations à l'amende pour les délits de pêche devaient être constatées dans les casiers judiciaires par des bulletins n° 1. Je rappellerai, à cet égard, qu'aux termes de la circulaire du 9 septembre 1863, les poursuites en matière de pêche fluviale sont exercées par les soins et à la diligence du ministère public et que, partant, le paragraphe 4 de la circulaire du

---

[2] Les états fournis doivent actuellement être conformes aux prescriptions du décret du 18 juin 1880.

[1] Les dix premiers paragraphes de la circulaire contiennent des recommandations relatives à la rédaction des cadres statistiques.

30 décembre 1850, qui dispense de dresser des bulletins n° 1 pour les condamnations à l'amende prononcées à la requête des administrations publiques, ne leur est plus applicable.

XIII. D'après la circulaire du 6 novembre 1850, il doit être rédigé un bulletin n° 1 pour tout arrêt ou jugement correctionnel devenu définitif; de là la nécessité, pour les décisions rendues par défaut, d'attendre que les délais d'opposition et d'appel soient écoulés. Ce principe n'a reçu aucune atteinte par la loi du 27 juin 1866, qui, tout en maintenant au fond les dispositions de l'article 187 du Code d'instruction criminelle, a créé dans certains cas un droit spécial d'opposition jusqu'à l'expiration des délais de la prescription de la peine. Toutefois, il est très important, lorsque l'opposition est admise et jugée dans les cinq années qui suivent la première décision, de prévenir le parquet du lieu de naissance du prévenu ou la Chancellerie, s'il y a acquittement, que le bulletin classé au casier doit être détruit, et, s'il y a condamnation, que le nouveau bulletin doit prendre au casier la place de celui qui avait été précédemment dressé[2].

XIV. J'ai vu avec satisfaction que, dans quelques ressorts, les bulletins n° 1 constatant des condamnations prononcées par les chambres des appels de police correctionnelle indiquaient le nom du tribunal qui avait statué en premier ressort et la date du jugement. Je désire que cette excellente mesure soit adoptée partout. La même mention, reproduite sur le bulletin n° 2, facilitera l'exécution de la prescription importante n° 2 imprimée sur la première page de l'état des récidives.

XV. Il est une formalité recommandée par plusieurs des circulaires relatives aux casiers judiciaires et sur laquelle il me paraît indispensable de revenir encore aujourd'hui. Lorsqu'un greffier reçoit un bulletin n° 1, il doit, avant de le classer dans le casier, vérifier sur les registres de l'état civil

---

[2] Voy. circ. du 30 décembre 1850, § IX, et note 10, du 1er juillet 1856, B, § XII, du 29 novembre 1869, § IX, du 30 décembre 1873, §§ X et XVI, du 8 décembre 1875, § XV.

si le condamné est réellement originaire de l'arrondissement[3]. Dans le cas où les recherches sont infructueuses, il mentionne sur le bulletin qu'il n'a pas été trouvé d'acte de naissance applicable au condamné, et le transmet au procureur général, qui le vise et me l'adresse ensuite pour être classé dans le casier central. J'ai eu souvent l'occasion de remarquer que des greffiers n'avaient pas procédé à cette opération préalable. Il est résulté de cette négligence qu'il a été délivré des extraits du casier central négatifs à l'égard d'individus précédemment condamnés, et la revision de ce casier a fait revenir à la Chancellerie un grand nombre de bulletins n° 1 qui avaient été conservés à tort dans les casiers d'arrondissement.

XVI.....................................[4]

XVII. Aux termes de la circulaire du 30 décembre 1850, on doit classer dans les casiers judiciaires les décisions concernant les jeunes délinquants envoyés dans des maisons de correction pour y être élevés et détenus en vertu de l'article 66 du Code pénal. Cette prescription, d'un intérêt judiciaire et social facile à comprendre, donne au ministère public, en cas de nouvelles poursuites, le moyen de porter à la connaissance des juges cet antécédent, et d'en faire mention sur l'état des récidives. L'Administration, de son côté, peut suivre les jeunes détenus à leur sortie des maisons d'éducation correctionnelle et étudier, comme pour les adultes, la récidive dans ses rapports avec les établissements pénitentiaires. Tel était le but de cette prescription; il a été quelquefois méconnu. Des greffiers ont délivré des bulletins n° 2 et des extraits de jugements portant le mot *condamné* au lieu des termes mêmes de l'article 66 du Code pénal : *acquitté comme ayant agi sans discernement.* Dans ma circulaire d'envoi des cadres annuels en date du 3 décembre 1863, je vous ai signalé les regrettables conséquences de semblables irrégularités. Elles se sont

---

[3] Voy. circ. du 6 novembre 1850, § III, note 8, du 23 mai 1853, § X, du 1er juillet 1856, § XVIII, du 30 décembre 1873, § IX.

[4] Ce paragraphe concerne les bulletins n° 1 portant la mention : récidiviste; il rappelle les prescriptions de la circ. du 30 août 1855.

reproduites plusieurs fois depuis, malgré mes recommandations; il importe donc d'y mettre un terme par une mesure radicale; voici ce que j'ai décidé à cet égard : toutes les applications de l'article 66 du Code pénal seront constatées dans les casiers judiciaires, que l'enfant ait été remis à ses parents ou qu'il ait été envoyé dans une maison de correction; leur situation morale est en effet la même. Mais ces décisions ne devront être relevées sur le bulletin n° 2 qu'autant que l'extrait sera réclamé par le ministère public; il ne faudra, au contraire, dans aucun cas, les porter sur les bulletins demandés par les administrations publiques ou les particuliers. On devra même, afin d'éviter toute confusion, donner aux bulletins n° 1 de cette catégorie une couleur différente de celle des autres bulletins; de cette manière, le greffier verra au premier coup d'œil que les indications de ce bulletin ne doivent figurer que sur les extraits à délivrer au ministère public. Vous voudrez bien donner vos soins à ce que, dans votre ressort, les mesures soient prises immédiatement pour répondre aux exigences de cette nouvelle et importante réforme. Il y aura lieu d'adopter, pour ces bulletins, la couleur rouge déjà employée spontanément par le parquet du tribunal de la Seine. La dimension du papier restera celle de la feuille de timbre de 50 centimes.

XVIII. La circulaire du 1er juillet 1856 (chap. A, § 5) recommande de joindre un bulletin n° 2 à toutes les procédures criminelles et correctionnelles, sauf en matière forestière. Cette prescription est généralement observée dans les affaires soumises à l'instruction. Il n'en est pas toujours ainsi en ce qui concerne les affaires portées devant les tribunaux correctionnels par citation directe du ministère public, ou introduites en vertu de la loi du 20 mai 1863 sur les flagrants délits. Pour les premières, on doit, autant que possible, demander le bulletin n° 2 avant le jour de l'audience; pour les secondes, la difficulté est évidente. Cependant la voie télégraphique pourra être employée si le prévenu ne doit pas être jugé le jour même. Puis, si l'extrait du casier judiciaire n'a pu être obtenu avant l'audience, le ministère public ne devra pas hésiter, à moins qu'il n'ait la conviction de l'absence de tout antécédent, à réclamer l'extrait, même après la condamnation, afin de s'éclairer sur l'opportunité d'exercer son droit d'appel et pour préparer les éléments nécessaires à la rédaction de l'état annuel des récidives. En un mot, les renseignements relatifs aux antécédents des inculpés doivent être réunis au début de la poursuite. A cet effet, les greffiers doivent s'attacher à délivrer les extraits au plus tard dans les quarante-huit heures de la demande, ainsi qu'il a été dit au § XXIII de la circulaire du 1er juillet 1856 [5].

XIX. Je rappellerai encore que les bulletins nos 1 et 2 doivent être rédigés sur du papier solide ayant le format de la feuille de papier timbré de 50 centimes [6], et que l'empreinte du timbre de la cour ou du tribunal doit être apposée et non imprimée [7]. Il ne faut pas également perdre de vue que le coût des bulletins n° 2 délivrés par le casier central est recouvrable de la même manière que celui des extraits émanant des greffiers.

XX. Il me reste à vous entretenir, Monsieur le Procureur général, des suites que j'ai données à ma circulaire du 13 août dernier [8], par laquelle je vous consultais sur les moyens pratiques à employer pour éliminer des casiers judiciaires les bulletins devenus inutiles. Cette question, pour être résolue d'une manière satisfaisante, demande à être envisagée sous un double point de vue : pour le passé et pour l'avenir [9].

En ce qui concerne le passé, il est une mesure sur les avantages de laquelle tous les procureurs généraux ont été d'accord et qui peut être immédiatement appliquée ; je veux parler de l'extraction des bulletins concernant les condamnés âgés de plus de quatre-vingts ans. Dans l'espèce, en effet, non seulement il y a présomption de décès, mais le très petit nombre

---

[5] La même recommandation a été renouvelée dans les circ. des 29 nov. 1869, § X, et 30 décembre 1873, § XV.

[6] Voy. circ. du 6 novembre 1850, § III, 4°, et la note, du 20 mai 1862, du 30 décembre 1873, § XII.

[7] Voy. circ. du 1er décembre 1862.

[8] Circ. non insérée.

[9] Voy. circ. du 30 décembre 1850, note 12, du 23 mai 1853, § XVI, du 1er juillet 1856, §§ XXX et XXXI, du 29 novembre 1869, § VI, du 30 décembre 1873, *in fine*.

d'octogénaires poursuivis chaque année, ainsi que la nature des infractions qui leur sont imputées, établissent surabondamment que cette élimination peut se faire sans aucun danger pour l'intérêt social. Il sera donc nécessaire de procéder dans tous les tribunaux à une revision des casiers et de retirer les bulletins relatifs aux individus nés avant 1790. Ce travail sera très facile et très prompt, car il suffit de jeter les yeux sur la date de la naissance du condamné. Comme il y a des casiers qui contiennent 20, 30 et 40,000 bulletins, je ne veux pas fixer pour la durée de cette opération une limite trop restreinte; cependant je crois qu'elle sera aisément terminée partout avant le 1er janvier 1870; les comptes criminels de 1869 en constateront le résultat [10]. Cette revision, prévue déjà par la circulaire du 30 décembre 1850, chapitre XI, et qui n'a été faite encore que dans très peu de tribunaux, aura aussi pour conséquence de faire vérifier l'exactitude du classement et rectifier sans doute bien des irrégularités. Elle devra être renouvelée tous les dix ans, et, pour la rendre plus simple, il serait utile d'indiquer dès aujourd'hui, en tête des nouveaux bulletins n° 1 et d'une façon apparente, l'année de la naissance des condamnés [11].

Quant aux mesures à adopter pour l'avenir à l'égard des condamnés décédés, celles qui ont été proposées par les divers parquets des cours impériales sont si nombreuses ou si compliquées que le temps nécessaire pour en peser les avantages et la correspondance qui en résultera avec les autres départements ministériels ne me permettent pas de les discuter ici. Mais dès qu'une solution définitive sera intervenue, je la porterai à votre connaissance par une circulaire spéciale.

J. BAROCHE.

---

[10] Voy. circ. du 29 novembre 1869, § VI.

[11] L'inscription de l'année de la naissance en tête des bulletins n° 1 a été plusieurs fois recommandée avec insistance; voy. circ. du 8 décembre 1875, § 9, et circ. du 6 décembre 1876, § XVII (Bull. off. 1876, p. 245).

Pensions. — Traitement de la Légion d'honneur. — Héritiers. — Pièces justificatives.

Du 12 mai 1869.

A MM. les Procureurs généraux.

Jusqu'à ce jour, les héritiers d'un ancien militaire jouissant d'une pension de retraite et d'un traitement de la Légion d'honneur avaient à produire, pour toucher les diverses allocations acquises au jour de son décès, une double expédition des mêmes pièces justificatives, ce qui absorbait souvent sans une utilité réelle la majeure partie des sommes qui leur revenaient [1].

Désireux de faire cesser tout sujet de plainte, M. le Ministre des finances et M. le Grand Chancelier de la Légion d'honneur se sont concertés à l'effet de rechercher les moyens d'éviter les frais inutiles. Ils ont reconnu que ce but pouvait être atteint à la condition que la Légion d'honneur renonçât à l'examen des pièces d'hérédité pour en laisser la responsabilité aux trésoriers généraux déjà chargés de payer pour elle dans les départements, en même temps que pour le compte du Trésor.

En effet, les pièces étant examinées par le même comptable, il suffira que les parties justifient de leurs droits dans un des deux services, et il sera suppléé à cette justification dans l'autre par la production d'un certificat du trésorier général, qui en tiendra lieu.

Des instructions ont déjà été adressées dans ce sens à tous les trésoriers-payeurs.

Pour répondre au désir qui vient de m'être exprimé par M. le Grand Chancelier de la Légion d'honneur, je vous prie, Monsieur le Procureur général, de vouloir bien adresser des instructions semblables aux juges de paix et aux notaires, appelés par la loi à établir les pièces d'hérédité. Vous voudrez bien leur notifier qu'à l'avenir les héritiers d'un légionnaire

---

[1] Lorsque l'ancien militaire décédé ne recevait que des secours viagers, il n'y a pas de droits acquis et on ne doit pas délivrer de certificat de propriété. Voy. circ. du 11 avril 1859.

ou d'un médaillé décédé auront à s'adresser directement aux trésoriers-payeurs généraux dans les départements, et au directeur de la Caisse des dépôts et consignations à Paris; et qu'en outre, dans le cas où ils auraient à réclamer à la fois les arrérages d'une pension sur le Trésor et d'un traitement de la Légion d'honneur ou de la médaille militaire, il leur suffira de produire une seule expédition des pièces justificatives de leurs droits.

J. BAROCHE.

TRAITÉS. — Successions. — Étrangers.

Du 14 juin 1869.

A MM. LES PROCUREURS GÉNÉRAUX.

M. le Ministre des affaires étrangères me fait connaître qu'il a reçu des plaintes au sujet de l'inexécution des conventions conclues entre la France et les puissances étrangères pour attribuer aux consuls respectifs le droit d'administrer et de liquider les successions de leurs nationaux [1].

Le plus souvent, les consuls ne seraient pas prévenus du décès et ne pourraient, par suite, user du droit que leur confèrent les traités de croiser de leurs scellés ceux qui sont apposés par les juges de paix; dans plusieurs circonstances même, il serait arrivé que les successions d'étrangers décédés en France ont été considérées comme vacantes et que les héritiers ont été obligés, pour rentrer en possession des biens de leur auteur, de supporter des frais et des lenteurs qui auraient pu être évités.

Nos conventions doivent être fidèlement observées. Il importe d'ailleurs que nos consuls puissent exercer sans conteste, au profit des héritiers des Français décédés à l'étranger, les mêmes droits que ceux qui seront reconnus en France aux représentants des nations étrangères.

Je vous prie, en conséquence, de vouloir bien recom-

---

[1] Voy. circ. du 31 décembre 1862 concernant la succession des Italiens en France et celle du 8 novembre 1875, qui insiste sur l'exécution des présentes instructions.

mander aux juges de paix de votre ressort d'informer, aussitôt qu'ils en auront connaissance, les consuls les plus rapprochés de leur résidence du décès de leurs nationaux, afin que, si cela est possible, les agents étrangers puissent prendre part à l'apposition des scellés ou que, tout au moins, ils soient avertis de l'ouverture de la succession avant l'expiration des délais pour faire inventaire et délibérer, au terme desquels, d'après l'article 811 du Code Napoléon, s'il ne se présente aucun héritier, la succession est réputée vacante. Pour être mieux à même de remplir les obligations dont ils sont chargés en pareille circonstance, les juges de paix devront recommander aux maires des communes dans lesquelles des étrangers viendraient à décéder, de leur en donner avis dans le plus bref délai possible.

Vous trouverez ci-jointe la liste des traités conclus jusqu'à ce jour entre la France et les puissances étrangères, et qui renferment des stipulations sur les droits et les devoirs des consuls et des autorités locales en cette matière[2].

J. BAROCHE.

---

[2] *LISTE des traités existant au 1er janvier 1868 entre la France et les puissances étrangères, et en vertu desquels les consuls respectifs sont autorisés à administrer et à liquider les successions de leurs nationaux.*

AUTRICHE. — Convention du 11 décembre 1866; art. 3 et 6.
BRÉSIL. — Convention consulaire du 10 décembre 1860; art. 7.
COSTA-RICA. — Traité de commerce du 12 mars 1848; art. 1er.
RÉPUBLIQUE DOMINICAINE. — Traité du 8 mai 1852; art. 24.
EQUATEUR. — Traité de commerce du 6 juin 1843; art. 22.
ESPAGNE. — Convention consulaire du 7 janvier 1862; art. 20, 21, 22.
GUATEMALA. — Traité de commerce du 8 mai 1848; art. 22.
HONDURAS. — Traité de commerce du 22 février 1856; art. 22.
ITALIE. — Convention consulaire du 26 juillet 1862; art. 9, 10, 11.
MASCATE. — Traité de commerce du 17 novembre 1844; art. 7.
NICARAGUA. — Traité de commerce du 11 avril 1859; art. 22.
PERSE. — Traité du 12 juillet 1855; art. 6.
PORTUGAL. — Convention consulaire du 11 juillet 1866; art. 8.
PÉROU. — Traité de commerce du 9 mars 1861; art. 37.
RUSSIE. — Traité de commerce et de navigation du 14 juin 1857; art. 20.
SALVADOR. — Traité de commerce du 2 janvier 1858; art. 26.
ILES SANDWICH. — Traité de commerce du 29 octobre 1857; art. 20.
SIAM. — Traité de commerce du 24 août 1857; art. 14.
TURQUIE. — Capitulations de 1535 et 1740.
VENEZUELA. — Convention consulaire du 24 octobre 1856; art. 8.

Il faut ajouter à cette liste le Gouvernement chilien, avec lequel il existe un

Aliénés. — Projet de loi. — Enquête.

Du 8 juillet 1869.

A MM. les Premiers Présidents et Procureurs généraux près les Cours impériales.

L'attention publique s'est portée, depuis 1863, sur la législation relative aux aliénés et sur le régime intérieur des asiles. En 1867 et en 1868, sur le rapport de M. Suin (*Moniteur* des 3 juillet 1867 et 22 janvier 1868), le Sénat, à l'occasion de plusieurs pétitions, tout en reconnaissant l'injustice ou l'exagération de la plupart des critiques dirigées contre la loi du 30 juin 1838, a indiqué plusieurs mesures ayant pour but d'en assurer l'application et d'en développer les principes.

Le Gouvernement a estimé que, dans une matière aussi délicate, qui touche à la liberté individuelle et à la sécurité des familles, il devait s'efforcer de rechercher toutes les améliorations et de perfectionner, si cela est possible, une loi qui, tout le monde le reconnaît, est une œuvre considérable, et qui n'a été votée qu'après avoir subi l'épreuve d'une triple discussion.

Dans cette pensée, mon collègue de l'intérieur et moi nous avons fait appel aux lumières et au concours d'une commission. A côté des avis de l'Administration et des hommes spéciaux, ceux des magistrats sont des éléments essentiels de discussion. La loi de 1838 leur a, en effet, réservé un rôle important [1], et il est utile de savoir ce que la magistrature,

---

traité en date du 8 août 1853, qui avait été omis par erreur dans le tableau ci-dessus; cette omission a été signalée par la circulaire non insérée du 17 août 1872.

Depuis l'année 1868, de nouvelles conventions ont été conclues avec les États dont les noms suivent :

Russie. — Convention consulaire du 1er avril 1874, pour le règlement des successions. (Voy. circ. du 8 novembre 1875.)

Grèce. — Convention consulaire du 7 janvier 1876, art. 12 et suiv. (Voy. Bull. off. 1878, p. 136.)

[1] Voy. circ. des 28 mai 1844 et 17 janvier 1866 concernant les visites périodiques des magistrats et les rapports que les procureurs généraux doivent adresser au Garde des sceaux sur le résultat des visites faites par les procureurs de la République.

gardienne de la liberté individuelle, pense de l'efficacité de la législation sur les aliénés.

Parmi les questions principales qui surgissent, tout d'abord se présentent celles-ci :

1° Ne devrait-on pas exiger, sauf dans les cas d'urgence et d'impossibilité absolue, deux certificats médicaux au lieu d'un certificat unique ?

2° N'y aurait-il pas lieu d'imposer au médecin l'obligation du serment ?

3° Ne pourrait-on pas, pour les interdits et les mineurs, faire intervenir le conseil de famille, et dans les cas ordinaires, subordonner la séquestration aux résultats d'une enquête locale dont serait chargé le juge de paix du canton ?

4° N'y aurait-il pas lieu de demander à la magistrature une plus large intervention et des visites plus fréquentes ?

5° La loi ne devrait-elle pas autoriser les procureurs impériaux à exercer un contrôle plus étendu et plus actif ?

6° Faut-il admettre, comme on l'a proposé, que lorsqu'un placement, volontaire d'abord, sera transformé en séquestration d'office, l'arrêté du préfet ne puisse devenir exécutoire qu'après décision du tribunal ?

Ce ne sont là que des indications, et je lirai avec intérêt les réflexions qui vous seraient, sur tous autres points, suggérées par votre expérience.

Pour se faire une idée exacte de la manière dont la loi de 1838 est appliquée, particulièrement en ce qui touche les placements, il est utile de rechercher si l'on a souvent usé du recours ouvert par l'article 29. Je vous prie de faire relever, pendant une période de cinq années, le nombre des demandes dont les tribunaux ont été saisis, à la requête de qui elles étaient formées (l'individu placé dans un établissement ou l'une des autres personnes énumérées à l'article 29) et quel a été leur résultat.

Enfin les parquets ont-ils reçu des plaintes au sujet de la suppression ou de la retenue par les chefs d'établissement des requêtes ou réclamations adressées soit à l'autorité judiciaire, soit à l'autorité administrative (dernier paragraphe de l'article 29) ?

J. Baroche.

Conseils généraux. — Vœux.

Du 27 septembre 1869.

A MM. les Préfets.

Monsieur le Préfet, les conseils généraux, dans leur session annuelle, émettent, quand il y a lieu, des vœux sur divers objets d'administration et d'utilité publique.

Je vous prie de me faire connaître si, parmi les vœux que le conseil général de votre département aurait formulés dans sa dernière session, il en est se rapportant aux attributions du ministère de la justice ou ayant trait à quelque modification dans la législation existante.

Vous voudrez bien, dans ce cas, m'en faire parvenir sans retard une expédition.

Duvergier.

Casiers judiciaires. — Récidivistes. — Contumaces. — Flagrants délits.

Du 29 novembre 1869.

A MM. les Procureurs généraux.

. . . . [1]

CASIERS JUDICIAIRES.

VI. Par ma circulaire du 8 décembre 1868, je vous invitais à prescrire dans votre ressort une revision générale des casiers judiciaires, en vue d'extraire les bulletins n° 1 s'appliquant à des condamnés âgés de plus de quatre-vingts ans. Je présume que ce travail est terminé dans tous les greffes; le résultat en sera mentionné à la dernière page du compte n° 1 de la statistique criminelle, sous la rubrique : Nombre des bulletins extraits du casier pendant l'année[2].

---

[1] Les cinq premiers paragraphes concernent les travaux statistiques.
[2] Voy. circ. du 8 décembre 1868, § xx.

Le service du casier central m'a suggéré plusieurs remarques que je dois vous communiquer.

VII. Il est regrettable notamment que le mot récidiviste ait été imprimé, dans quelques arrondissements, sur le bulletin n° 1; en effet, lorsque le rédacteur oublie de l'effacer, le greffier ou l'employé chargé du classement dans le casier, ne trouvant pas d'autres bulletins applicables au condamné, est obligé de demander des explications au parquet du tribunal de la condamnation, et celui-ci reconnaît souvent que le mot récidiviste devait disparaître. C'est donc une correspondance qu'on épargnerait et du temps que l'on gagnerait si l'on prenait la peine d'écrire, quand il y a lieu, la mention dont il s'agit; car l'inconvénient résultant de son absence serait moins grave que celui qu'entraîne son maintien [3].

. . . . [4]

IX. J'ai eu très fréquemment l'occasion de remarquer que l'on négligeait de transmettre au casier central ou aux casiers d'arrondissement l'avis de l'ordonnance ou du jugement d'acquittement intervenu après une précédente condamnation par contumace ou par défaut. Cette omission, qui peut avoir pour l'individu qui en est l'objet les plus graves conséquences, devra être évitée avec soin à l'avenir. En cas de seconde condamnation même, il ne faut pas oublier de dire sur le nouveau bulletin n° 1 que la condamnation qu'il constate remplace celle qui avait été antérieurement prononcée par contumace ou par défaut [5].

X. Dans ma circulaire du 8 décembre 1868, § XVIII, je reconnaissais qu'en cas de flagrant délit, lorsque le ministère public n'avait pu obtenir le bulletin n° 2 avant l'audience, il pouvait se dispenser de le réclamer après le jugement, quand il était convaincu de l'absence de tout antécédent [6].

---

[3] Voy. circ. du 30 août 1855, 4°, et note 12.

[4] Ce paragraphe rappelle les prescriptions de la circ. du 23 mai 1853, § IX, relatives aux bulletins concernant les condamnés originaires des colonies.

[5] Voy. circ. du 30 décembre 1850, § IX, et la note, celles du 8 décembre 1868, § XIII, du 30 décembre 1873, §§ X et XVI, et du 8 décembre 1875, § XV.

[6] Voy. aussi circ. du 30 décembre 1873, § XV.

Mais il est deux classes de prévenus à l'égard desquels il importe de demander toujours le bulletin n° 2 : ce sont les étrangers et les individus dont l'origine n'a pas été légalement constatée sur les registres de l'état civil : les premiers, parce qu'ils peuvent avoir été condamnés dans leur pays, et que c'est au casier central seulement que sont constatées les condamnations prononcées à l'étranger contre les individus qui ne sont pas d'origine française ; les seconds, parce qu'il y a de graves présomptions qu'ils ne cachent leur identité que pour dissimuler des condamnations antérieures. Or le classement des derniers bulletins n° 1 dans les dossiers des récidivistes au casier central a démontré qu'il eût été bien des fois nécessaire de se faire délivrer un bulletin n° 2.

XI. Enfin je désire que la lettre de demande du bulletin n° 2 énonce toujours la nature de l'infraction imputée à l'individu poursuivi. Cette mention, reproduite sur les bordereaux des greffiers, facilite la vérification des frais de justice criminelle et donne les moyens de constater si la dépense est imputable sur le budget de mon département.

DUVERGIER.

TRAITÉS. — Compétence. — Exécution de jugements. — Actes judiciaires. — Suisse.

Du 17 décembre 1869.

A MM. LES PROCUREURS GÉNÉRAUX.

Une nouvelle convention portant revision du traité du 18 juillet 1828[1], a été signée entre la France et la Suisse le 15 juin 1869 ; les ratifications en ont été échangées le 13 octobre dernier, et elle doit recevoir son exécution à partir du 1er janvier prochain.

Elle a pour objet de régler les rapports de droit civil entre

---

[1] Le traité de 1828 avait été lui-même précédé d'un traité analogue, du 14 vendémiaire an XII, signalé aux parquets par la circulaire non insérée du 19 brumaire an XIII. Deux circulaires, également non insérées, étaient relatives à l'exécution du traité du 18 juillet 1828 ; elles sont en date des 26 juillet 1830 et 25 mai 1855. Voy. *infra*, circ. des 7 février 1870 et 12 avril 1873, concernant l'interprétation de l'article 11 du traité du 15 juin 1869.

les sujets des deux pays, et elle s'occupe, dans trois titres successifs : de la compétence en matière civile et commerciale; de l'exécution des jugements [2]; de la transmission des exploits, actes judiciaires et commissions rogatoires.

Afin de déterminer à l'avance le sens et la portée de certains articles du nouveau traité, les puissances contractantes y ont ajouté un protocole qui a été revêtu de la signature des plénipotentiaires et qui doit avoir la même force exécutoire que le traité. Le traité et le protocole ont été publiés dans le *Journal officiel* des 2 et 3 novembre 1869 et ils sont insérés au *Bulletin des lois*, n° 1758.

Les dispositions claires et précises de ce traité, les explications contenues dans le protocole qui y est annexé, me dispensent d'entrer dans aucun détail.

Il est cependant un point sur lequel je dois insister.

Les dix premiers articles tracent les règles de la compétence. Mais il peut arriver que le demandeur, par ignorance ou mauvaise foi, introduise son action devant une juridiction qui ne doit pas en connaître; qu'en matière personnelle, par exemple, il assigne son adversaire devant le tribunal de son propre domicile, au lieu de saisir, ainsi qu'il est tenu de le faire en vertu de l'article 1er, le tribunal du domicile du défendeur, et qu'il oblige ainsi ce dernier à venir élever l'exception d'incompétence.

Sous l'empire du traité de 1828, les Français ou les Suisses, ainsi irrégulièrement assignés, se dispensaient fréquemment de comparaître et des jugements par défaut étaient rendus contre eux par des magistrats auxquels rien d'ailleurs ne pouvait le plus souvent révéler leur incompétence.

Pour obvier à cet inconvénient et appeler l'attention du tribunal sur la violation de la convention internationale, le protocole admet que le défendeur pourra adresser au ministère public ou au président du tribunal, suivant les cas, ses observations écrites auxquelles il pourra joindre l'assignation qu'il a reçue; et l'article 11 autorise le tribunal, ainsi mis en

---

[2] Un traité sur l'exécution des jugements a été conclu entre la France et la Sardaigne le 24 mars 1760. Ce traité est toujours en vigueur, et ses dispositions ont été étendues à l'Italie tout entière, depuis la constitution de ce royaume. Il a été complété par une déclaration échangée le 1er septembre 1860 entre les deux Gouvernements.

demeure de statuer en connaissance de cause, à déclarer d'office son incompétence.

Ces dispositions, fidèlement observées, auront l'avantage d'éviter aux habitants des deux pays les frais d'un déplacement et toutes les phases d'un double procès.

DUVERGIER.

MAGISTRATS. — Sollicitations.

Du 4 février 1870.

A MM. LES PROCUREURS GÉNÉRAUX PRÈS LES COURS.

Je suis frappé des inconvénients de toute nature qui résultent de la présence à Paris des magistrats venus à l'occasion des mouvements qui peuvent se produire dans quelques ressorts.

J'ai l'honneur de vous informer que tout magistrat qui se présentera à l'avenir sans être pourvu d'un congé régulier ou d'une autorisation spéciale ne sera pas reçu à la Chancellerie [1].

E. OLLIVIER.

TRAITÉS. — Compétence. — Suisse.

Du 7 février 1870.

A MM. LES PROCUREURS GÉNÉRAUX.

Des difficultés d'interprétation se sont récemment élevées sur le sens précis qu'il faut attacher à l'article 11 de la convention passée le 15 juin 1869 entre la France et la Confédération suisse, sur la compétence judiciaire et l'exécution des jugements en matière civile.

Cet article est ainsi conçu : « Le tribunal suisse ou fran- « çais devant lequel sera portée la demande qui, d'après les « articles précédents, ne serait pas de sa compétence, *devra* d'of- « fice, et même en l'absence du défendeur, renvoyer les par- « ties devant les juges qui devront en connaître. »

---

[1] Déjà les circulaires du 8 mars 1852 et du 1er août 1859 avaient recommandé aux magistrats de s'abstenir de démarches personnelles.

Le protocole explicatif de la convention du 15 juin 1869 ajoute sur l'article 11 : « Le Gouvernement suisse attache, comme « le Gouvernement français, un grand intérêt à ce que le tri- « bunal saisi incompétemment d'une affaire qui appartient « aux juges naturels du défendeur veille, même en l'absence « de celui-ci, à la stricte observation du traité et renvoie le « procès au tribunal qui en doit connaître. En imposant aux « juges *l'obligation* de se déclarer incompétents *même d'office*, « l'article 11 disait suffisamment que, même en l'absence du « défendeur et de toute exception d'incompétence produite « par lui, le tribunal devrait se déclarer incompétent; on a « cependant, etc. »

Cette explication très catégorique et très nette de la portée du mot *devra* employé dans l'article 11 ayant été convenue, ainsi que tout le reste du protocole, entre les plénipotentiaires des deux pays, elle demeure la loi des parties.

Je viens donc, afin d'éviter toute interprétation erronée à l'avenir, vous rappeler que ce n'est point une *faculté* mais bien une *obligation* que l'article 11 de la convention consacre pour le tribunal incompétemment saisi. Il n'est pas seulement *autorisé* à renvoyer le procès devant le tribunal qui en doit connaître : il doit y renvoyer *d'office* et même *en l'absence du défendeur*.

Tels sont, Monsieur le Procureur général, les principes qui ont présidé sur ce point à l'accord intervenu entre la Confédération suisse et la France. J'espère qu'il aura suffi de vous les signaler pour dissiper tous les scrupules qui avaient pu se produire à cet égard [1].

E. OLLIVIER.

JUGES DE PAIX. — Rapports avec l'autorité administrative.

Du 23 février 1870.

A MM. LES PROCUREURS GÉNÉRAUX PRÈS LES COURS IMPÉRIALES.

Vous connaissez les diverses mesures que j'ai prises pour

---

[1] Voy. circ. des 17 décembre 1869 et 12 avril 1873, concernant le traité conclu avec la Suisse. La dernière de ces circulaires complète les instructions ci-dessus relativement à l'interprétation de l'article 11.

conserver à l'institution des juges de paix son caractère purement judiciaire.

J'ai cessé de soumettre au contrôle des préfets les présentations des chefs de cour.

J'ai déclaré que je considérerai comme démissionnaires les juges de paix qui poseront leur candidature aux conseils électifs dans le canton où ils exercent leurs fonctions [1].

Pour que mon but soit complètement atteint, il me reste à faire disparaître une double confusion d'attributions.

Rien de plus naturel et de plus irréprochable que d'appeler les juges de paix à fournir à leurs chefs hiérarchiques, les procureurs impériaux, les éléments d'informations demandés par les procureurs généraux pour les rapports trimestriels qu'ils présentent à la Chancellerie sur l'état général de leur ressort; mais je n'admets pas que ces rapports deviennent un moyen de police politique.

Je ne considère pas non plus comme régulier que les juges de paix soient détournés de leurs fonctions par des réquisitions et délégations directes des autorités administratives ou militaires. Ils n'ont à recevoir d'ordres que de leurs supérieurs judiciaires [2].

E. OLLIVIER.

LÉGION D'HONNEUR. — Décès. — États.

Du 15 mars 1870.

A MM. LES PRÉFETS.

Une circulaire ministérielle, en date du 24 octobre 1853 [1], a prescrit aux préfets d'envoyer, dans le courant du mois qui suit l'expiration de chaque trimestre, des états en double expédition, comprenant les noms des membres de la Légion

---

[1] Cette prescription est formulée dans la circulaire du 26 janvier 1870. Les dispositions de cette circulaire non insérée sont devenues inutiles depuis les lois des 30 mars et 14 avril 1871. (Voy. circ. du 31 août 1871, note.)

[2] Voy. circ. des 15 juin 1854, 3 mars 1858 et spécialement du 15 juin 1871, sur les rapports qui doivent exister entre l'autorité administrative et les juges de paix.

[1] Cette circulaire n'émane pas du Département de la justice.

d'honneur et des décorés de la Médaille militaire décédés dans chaque département.

La Grande Chancellerie de la Légion d'honneur ayant été placée dans mes attributions par le décret impérial du 31 janvier dernier, j'ai l'honneur de vous informer que ces états devront, à l'avenir, être adressés à mon Ministère, ainsi que tout ce qui concerne les anciens militaires de la République et de l'Empire.

Je vous prie, en conséquence, de prendre les mesures nécessaires pour assurer la régularité de ces envois [2].

E. OLLIVIER.

MARINS. — Mandats d'amener et de dépôt. — Compétence. — Exécution des jugements.

Du 21 avril 1870.

A MM. LES PROCUREURS GÉNÉRAUX PRÈS LES COURS IMPÉRIALES.

M. le Ministre de la marine et des colonies appelle mon attention sur l'insuffisance des indications contenues dans la plupart des mandats d'amener et de dépôt décernés contre des marins ou des militaires en activité de service, et sur l'impossibilité où, par suite, l'autorité maritime se trouve souvent d'apprécier en quelle qualité et à quels titres ces individus sont poursuivis devant les tribunaux ordinaires.

Ces observations m'ont paru fondées. Sans doute, aux termes de l'article 120 du Code de justice militaire pour l'armée de mer, l'autorité maritime est tenue de déférer aux réquisitions des magistrats qui réclament l'arrestation d'un marin ou d'un militaire de la marine présent à bord de son bâtiment ou à son corps; mais, d'un autre côté, les tribunaux ordinaires ne sont, à l'égard des inculpés de cette catégorie, que des tribunaux d'exception, et la nécessité de maintenir le respect des juridictions autorise l'Administration de la ma-

---

[2] Outre les envois des préfets, les procureurs de la République doivent, dans le travail de vérification des actes de l'état civil, relever les décès des légionnaires civils. (Voy. circ. du 19 décembre 1874.)

rine à veiller à ce que ses justiciables ne soient pas enlevés irrégulièrement à leurs juges naturels.

Sous ce dernier rapport, il est d'autant plus important que l'Administration de la marine connaisse les motifs de la poursuite, qu'en supposant bien fondée la revendication de la justice ordinaire il arrive souvent que le marin ou le militaire recherché se trouve en même temps sous le coup d'une poursuite de la compétence des conseils de guerre. Il y a lieu alors de déterminer, d'après la gravité des faits, quelle juridiction devra être saisie la première, suivant le vœu de l'article 109 du Code de justice.

Sans doute, le Code d'instruction criminelle n'astreint pas les mandats d'amener et de dépôt aux mêmes formalités que les mandats d'arrêt, mais aucune loi n'interdit de mentionner les faits avec toute la précision possible, soit dans le mandat lui-même, soit dans une pièce annexée.

Je crois donc qu'il y a lieu de satisfaire au vœu exprimé par l'autorité maritime et de prendre des mesures pour qu'en lui adressant un mandat d'amener ou de dépôt l'autorité judiciaire ordinaire lui fasse connaître les faits et circonstances qui motivent les poursuites.

Ce mode de procéder aura un autre avantage dans la pratique, ce sera de prévenir des retards, des frais de transport parfois inutiles, et la prolongation regrettable de la détention préventive qui se trouve aujourd'hui augmentée de tout le délai nécessaire à l'échange d'explications entre l'autorité maritime et les magistrats.

Il y a deux moyens d'améliorer en ce sens les pratiques actuelles. Le juge peut consigner, sur les mandats eux-mêmes, tous les renseignements de nature à préciser les faits et circonstances en vue desquels ils sont délivrés, ou bien le parquet joindra au mandat une note explicative qui répondra d'avance à toutes les questions sans engager la solution ultérieure du procès.

Je saisis, Monsieur le Procureur général, cette occasion de vous rappeler quelques-unes des règles qui doivent être appliquées aux marins ou militaires de l'armée de mer poursuivis ou condamnés par la justice ordinaire, et qui, trop souvent, sont perdues de vue par les parquets ou les tribunaux.

Un marin, par cela seul qu'il a quitté son bâtiment ou son corps, n'est pas considéré comme déserteur, puisqu'un certain délai lui est accordé, aux termes de l'article 309 du Code de justice, avant que son absence constitue légalement l'état de désertion. Tant qu'il est réputé présent au corps, les délits qu'il commet sont de la compétence des conseils de guerre ou de justice. Les tribunaux ordinaires ne deviennent compétents que pour les délits commis en état de désertion avérée.

Ainsi encore, aux termes de l'article 109 du même code, lorsqu'un marin ou militaire de l'armée de mer est en même temps poursuivi pour deux faits relevant, l'un des tribunaux ordinaires, l'autre des tribunaux maritimes, il doit être traduit d'abord devant le tribunal auquel appartient la connaissance du fait emportant la peine la plus grave.

Aux termes des articles 253 et 103 du Code de justice, lorsque les tribunaux ordinaires ont à juger des justiciables des tribunaux de la marine, ils doivent leur appliquer, non le Code pénal ordinaire, mais les peines édictées par les lois maritimes. Mais il faut remarquer que les articles 262 à 363 (titre II, livre IV) ne peuvent être appliqués par les tribunaux ordinaires à des marins ou militaires, même en congé ou en permission (article 79 du Code de justice pour l'armée de mer; article 57 du Code de justice pour l'armée de terre). Les marins ou militaires qui tombent sous l'application de ces articles doivent être jugés par les conseils de guerre ou de justice. Ce cas se présente fréquemment quand les militaires ou marins sont poursuivis seuls pour rébellion.

Enfin, lorsqu'un marin a été condamné par les tribunaux ordinaires, il ne doit pas être écroué dans les prisons civiles : il faut le mettre à la disposition des autorités maritimes aussitôt après le jugement [1].

E. Ollivier.

---

[1] Voir, sur l'exécution des peines prononcées contre des marins, les circulaires des 29 janvier 1859 et 27 mars 1860.

Presse. — Juridiction. — Jury.

Du 23 avril 1871.

A MM. les Procureurs généraux.

Vous recevrez, en même temps que cette circulaire, la loi qui vient de rendre au jury la connaissance des délits commis par la voie de la presse ou par les autres moyens de publication qu'énumère la loi du 17 mai 1819[1]. L'Assemblée nationale est ainsi revenue aux traditions libérales qui ont fait, pendant plus de trente ans, l'honneur de la tribune française. La conscience publique, représentée par le jury, appréciera, dans leur infinie variété, les manifestations d'opinion que la liberté de chacun pourra produire; elle saura discerner le degré de perversité que ces manifestations peuvent supposer et les dangers qu'elles peuvent faire courir.

A côté du principe général que la loi consacre, elle a admis des exceptions dont les motifs sont trop évidents pour qu'il soit nécessaire de les développer. Les tribunaux correctionnels n'auront plus à connaître que des infractions matérielles aux règlements qui forment la discipline de la presse, ou des contestations que des sentiments violemment ou imprudemment exprimés peuvent faire naître entre particuliers. La magistrature permanente se trouvera ainsi placée en dehors des luttes politiques et rendue à l'observation impartiale des intérêts de toute nature qui s'agitent autour d'elle, à la recherche indépendante et consciencieuse du droit de chacun, garantie à la fois de tout entraînement de parti et de tout soupçon de partialité.

Au surplus, la loi actuelle fait revivre en grande partie celle du 27 juillet 1849 qui n'est pas restée une lettre morte, qui a été exécutée pendant deux ans et demi jusqu'à l'attentat du 2 décembre 1851, qui a été interprétée par la Cour de cassation dans celles de ses dispositions qui auraient pu présenter quelque obscurité.

Si les délits de la presse sont soumis à d'autres juges que

---

[1] La loi du 15 avril 1871 a été modifiée par la loi du 29 décembre 1875; voy. circ. du 7 janvier 1876 (Bull. off. 1876, p. 2).

les crimes et délits ordinaires, vous seul, Monsieur le Procureur général, êtes chargé, par vous et par vos substituts, de poursuivre la répression des uns et des autres. Mais, il faut en convenir, l'accomplissement de ce devoir est d'une extrême délicatesse; la limite n'est pas toujours facile à déterminer entre la simple erreur et la pensée coupable, entre l'écrivain qui n'a pas la conscience du mal qu'il fait et celui qui recherche avidement le scandale qu'il va produire. Vous aurez même souvent à vous demander s'il n'est pas plus sage de dédaigner que de poursuivre. Vous connaissez les lois en vigueur sur la presse; vous vous pénétrerez des sentiments libéraux qui, à trente ans de distance, ont été communs aux législateurs de 1819 et de 1849; en laissant la presse libre, vous défendrez contre ses attaques tout ce qu'ils ont voulu faire respecter.

. . . .[2]

J. Dufaure.

Bulletin des lois.

Du 19 mai 1871.

A MM. les Procureurs généraux près les Cours d'appel.

Les événements qui se sont accomplis depuis le mois d'août 1870 ont apporté dans le service du *Bulletin des lois* un trouble auquel il est nécessaire de remédier. Bien que la promulgation des lois se fasse aujourd'hui par leur insertion au *Journal officiel*, le *Bulletin des lois* reste l'instrument de la promulgation pour tous les actes ayant force de loi qui ne sont pas insérés au *Journal officiel*, et demeure le seul recueil officiel complet des lois et arrêtés. Il est donc nécessaire que les magistrats de toutes les juridictions puissent le consulter et en aient la collection complète à leur disposition.

L'Imprimerie nationale, chargée de ce service, expédie le *Bulletin* au procureur général pour la Cour de cassation, aux

[2] La dernière partie de la circulaire est relative aux événements politiques contemporains.

procureurs généraux pour les cours d'appel, aux procureurs de la République pour les tribunaux de première instance, aux greffiers des tribunaux de commerce pour ces tribunaux, aux juges de paix par l'intermédiaire des procureurs de la République [1].

Après la cessation de l'investissement de Paris, l'Imprimerie nationale a expédié à tous ces fonctionnaires les numéros du *Bulletin* dont le siège avait empêché l'expédition. Mais il est probable qu'un grand nombre de ces envois ne sont pas parvenus à destination, soit parce que les autorités allemandes les auraient arrêtés, soit parce que le service de la poste ne se serait pas fait exactement.

Pour combler les lacunes qui peuvent exister dans les collections, je vous prie, Monsieur le Procureur général, de recueillir les renseignements nécessaires et de me faire parvenir, aussitôt que possible, la liste des numéros du *Bulletin des lois* qui ne seraient pas arrivés à chacun des fonctionnaires de l'ordre judiciaire de votre ressort qui devaient les recevoir.

Ce travail devra porter : 1° sur le *Bulletin des lois* du Gouvernement de la République française publié à Paris, jusqu'au 18 mars, et depuis à Versailles, et dont 50 numéros ont paru, depuis le 10 septembre 1870 jusqu'au 17 mai 1871 ; 2° sur le *Bulletin de délégation* du Gouvernement hors de Paris, dont la série, aujourd'hui complète, comprend 27 numéros parus depuis le 5 octobre 1870 jusqu'au 14 avril 1871.

Lorsque la liste des numéros manquant dans la collection de chacun des fonctionnaires que vous aurez interrogés me sera parvenue, je prendrai les mesures nécessaires pour que ces numéros lui soient adressés.

J. Dufaure.

Réunions publiques. — Autorisation préalable.

Du 13 juin 1871.

A MM. les Procureurs généraux.

J'apprends, par les réclamations du Ministère de l'intérieur,

---

[1] Voy. circ. du 18 avril 1836 et la note.

que, dans certains départements, la loi du 6 juin 1868 semble être tombée en oubli[1].

Des réunions publiques ayant un caractère politique y sont organisées sans autorisation préalable.

Des réunions publiques non politiques ont lieu sans que les déclarations préalables soient faites à l'autorité administrative locale.

Il importe de mettre un terme à ces actes illégaux.

La loi existe et doit être rigoureusement observée; je vous prie d'y tenir la main.

Quand une réunion publique vous sera signalée, vous voudrez bien vous assurer auprès de l'autorité administrative si les formalités voulues ont été remplies. Dans le cas d'irrégularité, vous n'hésiterez pas à intenter des poursuites. Le respect de la légalité est la condition essentielle de la vie sociale. Son mépris est la plaie de notre civilisation.

Une question souvent délicate est celle de savoir à quels caractères on peut reconnaître si une réunion tenue sans aucune formalité est publique ou privée. La loi n'ayant pas indiqué les moyens de définir ces deux espèces de réunions, je ne puis que vous inviter à consulter la jurisprudence et à vous décider dans chaque espèce, en appliquant la loi avec bonne foi, sans rigueur systématique, mais aussi sans faiblesse.

Veuillez communiquer mes instructions aux préfets de votre ressort, dont quelques-uns m'ont personnellement consulté. Ils verront dans quelle mesure ils doivent compter sur votre concours en cette matière.

J. Dufaure.

Juges de paix. — Rapports avec l'autorité administrative.

Du 15 juin 1871.

A MM. les Procureurs généraux près les Cours d'appel.

Les questions qui me sont adressées de tous côtés sur les rapports de MM. les juges de paix avec l'Administration me

---

[1] Voy. circ. du 18 février 1848, qui contient des instructions générales sur les réunions publiques tenues sous l'empire de la législation antérieure.

prouvent que la circulaire du 23 février 1870, de l'un de mes prédécesseurs, n'a pas suffi pour mettre un terme à des habitudes trop longtemps autorisées et même encouragées [1].

Je vous prie donc de rappeler de nouveau à MM. les juges de paix que leurs fonctions sont exclusivement judiciaires;

Que de l'autorité judiciaire seule ils doivent recevoir des instructions;

Qu'avec elle seule ils doivent correspondre;

Qu'ils n'ont pas à fournir à l'autorité administrative des appréciations sur les opinions politiques des candidats qui se présentent aux élections du conseil municipal, du conseil général et de l'Assemblée nationale;

Qu'ils ne doivent pas accepter de délégation de l'Administration, même des conseils de préfecture, pour procéder à des enquêtes administratives, hormis dans les cas expressément prévus par la loi.

---

[1] Les rapports officiels entre les magistrats de l'ordre judiciaire et particulièrement les juges de paix et ceux de l'ordre administratif, ont fait l'objet de prescriptions nombreuses formulées par les différents Ministres de la justice.

Les instructions adressées aux préfets le 26 mai 1854 et analysées en notes sous la circulaire du 17 juin de cette même année recommandent aux autorités administratives de ne réclamer l'intervention des juges de paix que dans des cas d'extrême nécessité.

La circulaire du 30 juillet 1854 a trait spécialement aux commissaires de police considérés comme officiers de police judiciaire.

Celle du 3 mars 1858 rappelle la règle qui établit une ligne de démarcation infranchissable entre les attributions de l'autorité judiciaire et celles de l'autorité administrative, mais elle ajoute que cette règle doit être interprétée avec mesure.

La circulaire du 23 février 1870 annonce des mesures nouvelles pour conserver à l'institution des juges de paix son caractère purement judiciaire, et interdit comme irrégulières les délégations directes des autorités administratives aux juges de paix. La présente circulaire rappelle ces instructions et insiste sur leur observation.

La circulaire du 3 mai 1874 est revenue sur les précédentes prescriptions : elle reprend les termes mêmes de la circulaire du 3 mars 1858. Par une nouvelle circulaire du 27 avril 1875, la circulaire du 3 mai 1874 a été rapportée et les prescriptions simples et absolues contenues dans la circulaire du 15 juin 1871 ont été remises en vigueur.

Certaines circulaires ont cependant autorisé les juges de paix à accepter de faire partie de commissions administratives. Celle du 22 septembre 1871 les autorise à faire partie des commissions chargés de répartir les indemnités de guerre. Le 11 septembre 1875 les procureurs généraux ont été avisés qu'ils pouvaient permettre exceptionnellement aux juges de paix d'accepter de faire partie des commissions de statistique agricole. La circulaire du 18 juin 1877 reconnaît que les juges de paix pourront être choisis comme délégués cantonaux de l'instruction publique (Bull. off. 1877, p. 71).

Je résume ma pensée tout entière d'un mot : le juge de paix est un magistrat, et, comme tout magistrat, il doit se renfermer avec grand soin dans ses attributions judiciaires et légales ; il les compromettrait par toute immixtion dans l'administration ou la politique.

J. DUFAURE.

MAGISTRATS. — Discipline. — Candidatures politiques.

Du 19 juin 1871.

A MM. LES PROCUREURS GÉNÉRAUX.

Je trouve sur les listes des candidats à l'Assemblée nationale que publient les journaux les noms d'un certain nombre de magistrats du parquet, et il m'est impossible de ne pas m'en préoccuper au point de vue politique.

De notre temps, les luttes politiques sont généralement ardentes, et le magistrat qui s'y jette, qu'il en sorte victorieux ou vaincu, n'aura plus, le lendemain du scrutin, la même situation qu'il avait la veille.

Son nom sera directement associé à des espérances ou à des ressentiments qui feront suspecter son impartialité.

S'il n'est pas élu, l'échec, bien que tout politique, amoindrira néanmoins son autorité comme magistrat, et si, au contraire, il est appelé à l'Assemblée, il ne sera plus à son poste pour y remplir les devoirs de sa fonction.

Je me verrai donc obligé, quel que soit le résultat du vote, de demander, aux membres du parquet qui auront accepté une candidature à l'Assemblée nationale, leur démission, et je crois qu'ils trouveront de hautes raisons de convenance à me l'envoyer avant de s'engager dans la lutte électorale [1].

J. DUFAURE.

---

[1] La loi du 10 août 1871 défend aux juges de paix de se porter candidats aux élections des conseils généraux dans leur canton. Voy. en outre la circulaire du 31 août 1871, sur les candidatures des parents des juges de paix.

La circulaire du 11 décembre 1875 interdit également aux membres des parquets d'accepter les fonctions de délégués municipaux pour l'élection de sénateurs.

MAGISTRATS. — Notices individuelles.

Du 21 juin 1871.

A MM. LES PREMIERS PRÉSIDENTS ET PROCUREURS GÉNÉRAUX.

Une circulaire du 15 mai 1850 [1], relative à la réorganisation des archives du personnel de la magistrature, prescrivait aux premiers présidents et aux procureurs généraux d'envoyer chaque année à la Chancellerie, sous forme de notices individuelles, des renseignements sur chacun des membres de la cour, des tribunaux et des justices de paix de leur ressort.

Ces prescriptions n'ont pas été exécutées. Dans la plupart des cours, on s'est borné à un premier envoi, et la Chancellerie a été privée de ces communications périodiques, qui pouvaient cependant avoir de très bons effets. Quant aux présentations faites à l'occasion des vacances, elles les remplacent trop imparfaitement : elles comprennent un nombre trop restreint de magistrats pour qu'il ne soit pas nécessaire de mettre d'autres éléments d'information à la disposition de la Chancellerie.

Je désire donc revenir à l'exécution de la circulaire de 1850. Je vous transmets, en conséquence, un certain nombre de notices que je vous prie de me renvoyer avec les indications et informations qu'elles comportent, et en vous conformant à cet égard aux instructions contenues dans la circulaire précitée.

Ces instructions sont si nettes, si précises, qu'il me paraît inutile d'y rien ajouter, et je désire que vous les exécutiez scrupuleusement, sauf les points de détail qui aujourd'hui n'ont plus d'objet.

Je n'ai pas non plus à revenir sur les considérations qui accompagnent ces instructions. Le temps n'en a pas diminué l'importance, et il me semble, au contraire, que les circon-

---

[1] La circulaire du 15 mai 1850 contient les prescriptions générales sur les rapports de présentations et les notices individuelles.

La circulaire du 11 décembre 1878 (Bull. off. 1878, p. 129) rappelle aux premiers présidents l'envoi des notices individuelles.

stances actuelles leur donnent un caractère particulier d'opportunité.

N'importe-t-il pas, en effet, aujourd'hui plus peut-être qu'en aucun autre temps, «que les titres divers des magis-«trats puissent être pesés avec une sécurité complète et que «tout arbitraire soit banni de l'administration de la justice.»

Ce résultat si désirable, le travail que je vous demande peut, dans une large mesure, m'aider à l'atteindre. Aussi je ne doute pas du soin scrupuleux que vous apporterez à sa préparation.

Vous voudrez bien me renvoyer ces notices individuelles le plus promptement possible et au fur et à mesure qu'elles seront préparées.

J. DUFAURE.

JUGES DE PAIX. — Discipline. — Élections. — Parents des magistrats.

Du 31 août 1871.

A MM. LES PROCUREURS GÉNÉRAUX.

La loi du 10 août 1871, en déclarant que les juges de paix ne peuvent être élus membres des conseils généraux dans leur canton, a voulu mettre la dignité du juge à l'abri des atteintes qu'elle pourrait recevoir dans les luttes électorales[1]. Elle a exigé qu'il n'y prît aucun intérêt personnel, afin qu'avant ou après l'élection son impartialité n'eût pas lieu d'être suspectée. Je suis informé que, dans un certain nombre de cantons où le juge de paix était membre du conseil général, on annonce la candidature soit du fils, soit du frère, soit d'un très proche parent du magistrat auquel la

---

[1] Par la circulaire non insérée du 26 janvier 1870, le Garde des sceaux avait déjà fait connaître qu'il considérerait comme démissionnaire tout juge de paix qui se porterait candidat dans son canton aux élections des conseils généraux, d'arrondissement ou municipaux.

Cette interdiction ne s'étendait pas aux suppléants des juges de paix, ainsi que cela résulte de la circulaire non insérée du 5 février 1871 ; la loi qui est intervenue postérieurement le 30 août de la même année n'a pas déclaré les suppléants inéligibles.

Voy. circ. du 11 décembre 1875 : Les membres des parquets et les juges de paix ne peuvent accepter les fonctions de délégués aux élections sénatoriales.

loi défend d'être candidat. Ces candidatures sont assurément légales, mais je vous prie de surveiller avec soin la conduite des juges de paix dont les proches parents seront candidats, de les informer que mon attention est éveillée par la situation particulière que leur font ces candidatures, et de m'avertir s'ils s'écartaient de l'impartialité et de la réserve que la loi et leurs devoirs de magistrats leur prescrivent.

J. Dufaure.

Enregistrement. — Actes non enregistrés. — Production en justice.

Du 16 septembre 1871.

A MM. les Procureurs généraux.

L'article 16 de la loi du 25 août dernier, sur l'enregistrement et le timbre, dispose que les tribunaux devant lesquels sont produits des actes non enregistrés doivent, soit sur les réquisitions du ministère public, soit d'office, ordonner le dépôt au greffe de ces actes, pour qu'ils soient immédiatement soumis à la formalité de l'enregistrement.

Vous ne pouvez ignorer les motifs qui ont fait introduire cette disposition dans la loi. Contrairement à l'obligation prescrite par les lois des 13 brumaire et 22 frimaire an VII, des actes qui ne sont ni timbrés ni enregistrés sont trop souvent produits devant les tribunaux, sans opposition de la part des juges et sans que le ministère public fasse à ce sujet aucune réquisition.

Plusieurs fois déjà, et notamment par les circulaires de mes prédécesseurs des 6 mars 1815, 25 mai 1834 et 10 novembre 1848[1], l'attention des magistrats a été appelée sur ces infractions aux lois et sur la nécessité d'y mettre un terme. La nouvelle loi leur rappelle que tous les actes produits en justice doivent être enregistrés. Elle leur recommande de ne plus tolérer de semblables abus qui compro-

---

[1] Voy. circ. des 6 mars 1815 et 25 mai 1834; celle du 10 novembre 1848 n'est pas insérée; elle contenait les mêmes prescriptions.

Voy. aussi circ. du 15 nivôse an XII et 5 mai 1806 qui concernent l'enregistrement de certains actes particuliers.

mettent l'égale répartition de l'impôt et portent un préjudice réel au Trésor.

J'ajouterai que les juges en matière commerciale ne doivent plus être arrêtés aujourd'hui par la crainte d'imposer aux parties des droits en disproportion avec les intérêts qui sont en cause. Les articles 22, 23 et 24 de la loi du 11 juin 1859 ont, en effet, apporté à la législation de l'enregistrement les changements réclamés dans l'intérêt du commerce et de l'industrie, en rendant plus équitable la perception des droits qui frappent certaines transactions commerciales passées sous signatures privées [2].

J'ai cru devoir, Monsieur le Procureur général, sur les observations pressantes de M. le Ministre des finances, vous rappeler les dispositions de la loi du 25 août, et vous prier de veiller à ce qu'elles reçoivent, dans l'étendue de votre ressort, leur exécution la plus stricte. Je ne puis que m'associer aux considérations que fait valoir mon collègue, comme vous vous y associerez vous-même. Vous reconnaîtrez, je n'en doute pas, que, dans les circonstances douloureuses que nous traversons, il importe plus que jamais de rappeler à la sollicitude des magistrats du parquet, et de placer sous leur sauvegarde, la perception de taxes qui font partie de la fortune publique et assurent le crédit de la France.

J. DUFAURE.

JUGES DE PAIX. — Rapports avec l'autorité administrative. — Commissions. — Renseignements statistiques.

Du 22 septembre 1871.

A MM. LES PROCUREURS GÉNÉRAUX PRÈS LES COURS D'APPEL.

Je vous rappelle la circulaire que je vous ai adressée le 15 juin dernier au sujet des rapports de MM. les juges de

[2] Les livres de commerce ont été dispensés du droit de timbre par la loi du 20 juillet 1837 (art. 4). Les circulaires du 4 fructidor an XII, 14 décembre 1815 et 18 octobre 1817 avaient pour objet de rappeler les commerçants à l'exécution de l'article 12 de la loi du 13 brumaire an VII, de recommander de ne pas parafer les registres non timbrés et de ne pas homologuer un concordat avant que les amendes dues pour défaut de timbre des livres du failli soient payées; ces instructions non insérées sont maintenant sans objet.

paix avec les autorités administratives. Mes instructions ont été généralement suivies; je ne puis que les confirmer.

Toutefois, dans leur application, il s'est élevé quelques doutes que je voudrais faire disparaître.

Plusieurs juges de paix ont été invités à faire partie des commissions qui vont être chargées d'estimer et de répartir les indemnités dues par suite de la guerre dans les départements envahis. Cette mission n'a rien qui ne les honore; ce rôle d'arbitre entre les populations qui ont souffert et l'État qui cherche à soulager leurs malheurs n'a rien qui soit incompatible avec leur caractère de magistrat. Je ne vois aucune raison pour le refuser [1].

D'autres juges de paix ont été invités par l'autorité administrative à lui fournir des renseignements statistiques sur l'état des récoltes, sur les progrès de la peste bovine, etc. Ici, la question n'est plus aussi simple; ces demandes, en s'étendant un peu, pourraient devenir abusives. D'ailleurs, le bon emploi des agents que l'Administration a sous ses ordres peut rendre inutile le concours des fonctionnaires de l'ordre judiciaire; néanmoins, lorsque ces recherches qui, pour être bien faites, demandent du temps, ne nuiront pas à l'accomplissement de leurs devoirs de magistrats, lorsqu'ils se reconnaîtront une aptitude suffisante pour les bien faire, je ne verrai pas d'inconvénients à ce que les juges de paix consentent à fournir sur ces matières les renseignements que leur demandent MM. les préfets. Si, du reste, ils éprouvaient quelque hésitation sur ce que le devoir leur prescrit, ils devraient recourir à vos conseils. La justice et l'Administration travaillent ensemble et d'accord à la bonne direction morale et matérielle du pays, mais leur action est d'autant plus efficace que chacune d'elles se renferme plus sévèrement dans le domaine qui lui est assigné par les lois.

J. Dufaure.

---

[1] Voy. sur les rapports des juges de paix et de l'autorité administrative, circ. du 15 juin 1871 et celle du 27 avril 1875.

Une circulaire du 11 septembre 1875 a permis aux juges de paix de faire partie des commissions de statistique agricole avec l'agrément des procureurs généraux; celle du 18 juin 1877 les autorise à remplir les fonctions de délégués cantonaux (Bull. off. 1877, p. 71).

Lois. — Promulgation. — Journal officiel.

Du 26 septembre 1871.

A MM. les Ministres.

Des divergences d'interprétation qu'il importe de faire disparaître se sont produites dans plusieurs départements sur le mode de promulgation des lois.

Les dispositions du décret du Gouvernement de la Défense nationale du 5 novembre 1870 n'ont pas été abrogées. Elles doivent donc continuer à recevoir leur application.

En conséquence, la promulgation des lois résulte aujourd'hui de leur seule insertion au *Journal officiel*.

Elles sont exécutoires, à Paris, un jour franc après la promulgation, et, partout ailleurs, dans l'étendue de chaque arrondissement, un jour franc après que le *Journal officiel* qui les contient est parvenu au chef-lieu de cet arrondissement[1].

Je dois ajouter que la date officielle des lois est celle de leur adoption par l'Assemblée nationale, et qu'elles ne doivent pas être désignées, ainsi que cela a eu lieu quelquefois, par la date de leur promulgation[2].

J. Dufaure.

---

[1] La prescription de l'ordonnance du 27 novembre 1816 concernant la tenue d'un registre constatant l'époque de la réception du *Bulletin des lois* dans les préfectures demeure en vigueur et doit être appliquée au *Journal officiel;* mais la même disposition n'a pas été prise dans le décret du 5 novembre 1870 à l'égard des sous-préfectures.

[2] Le décret postérieur du 6 avril 1876 a modifié ce mode de désignation. Désormais le décret de promulgation ne fait plus mention de la date du vote de la loi, et sa propre date sert à désigner chaque loi promulguée.

On a prétendu que ce décret n'était pas en harmonie avec les principes généraux de nos lois constitutionnelles, qui ne reconnaissent pas au pouvoir exécutif, relativement à la promulgation, les mêmes pouvoirs que ceux accordés sous les précédents régimes au Chef de l'État appelé à sanctionner (Ducrocq, *Revue générale du droit,* 1877). Le nouveau système a l'avantage d'éviter la confusion et l'incertitude qui pourraient résulter de dates multiples.

ÉTAT CIVIL. — Registres détruits. — Actes irréguliers. — Invasion. — Rétablissement.

Du 19 octobre 1871.

A MM. LES PROCUREURS GÉNÉRAUX.

Dès les premiers jours du mois d'avril, avant que des incendies allumés par des mains criminelles eussent détruit dans Paris les plus grands dépôts d'actes civils qu'il y eût dans le monde, j'étais inquiet du trouble que les événements de 1870 avaient pu jeter dans cette partie ordinairement régulière de notre administration. Je vous ai demandé, ainsi qu'à vos collègues, de faire constater par vos substituts, dans tous les arrondissements de votre ressort, les irrégularités ou les lacunes que pouvaient présenter ces registres, précieux monuments de l'état civil de toutes les familles françaises. J'ai reçu successivement sur quelques points, avec une lenteur que je comprends et que j'excuse, les rapports que j'attendais. Je puis me faire maintenant une idée de l'état où ils se trouvent après la crise sans précédents que nous venons de traverser.

Nous devons nous féliciter que, dans la moitié de nos ressorts judiciaires, le nombre des irrégularités constatées n'ait guère dépassé la moyenne habituelle; malheureusement, ainsi qu'il y avait lieu de le prévoir, le mal a été beaucoup plus grand ailleurs, et il importe à l'ordre public et à la sécurité des familles d'y apporter un prompt remède.

Je vais parcourir avec vous la nomenclature des principales atteintes portées à l'état civil en France pendant les derniers mois de 1870 et les premiers de 1871. J'y trouverai l'occasion de vous indiquer la marche qui me paraît la meilleure à suivre pour en obtenir la réparation. J'appellerai en même temps vos observations sur le projet de loi que j'aurai à présenter à l'Assemblée nationale pour valider des actes que l'intervention seule des tribunaux serait, d'un avis unanime, impuissante à régulariser.

Les actes de l'état civil tenus pendant la période que je viens d'indiquer ne sont pas les seuls qui aient souffert. Un assez grand nombre de communes, victimes de l'invasion, ont vu leurs archives incendiées, pillées, lacérées en totalité ou en partie. Heureusement, pour aucune des communes qui ont perdu des registres antérieurs à 1870, il n'est arrivé que le double déposé au greffe du tribunal ait en même temps disparu. Il sera donc aisé de remplacer le registre manquant par une copie faite et collationnée sur le double existant. Cette copie sera faite au greffe, par les soins du greffier, sur un registre parafé préalablement par le président du tribunal civil de l'arrondissement : le procureur de la République en vérifiera la fidélité, puis il provoquera du tribunal un jugement qui ordonnera que la copie ainsi faite servira pour remplacer le double manquant. Ces prescriptions, empruntées à une circulaire du 4 novembre 1814, que j'aurai plus d'une fois à citer, et à une décision du 29 décembre 1848, ne peuvent donner lieu à aucune difficulté, et leur accomplissement rétablira dans son intégralité, et sans chance d'erreur, l'état civil antérieur à 1870[1].

La même précaution sera prise dans les communes qui auront perdu un des registres tenus depuis le 4 septembre 1870. On le remplacera par une copie du registre conservé.

La difficulté s'accroît singulièrement pour les communes dont les deux registres, depuis le 4 septembre 1870, ont disparu en tout ou en partie. Là il faut reconstituer et se hâter d'agir pendant que le souvenir des causes de ce désordre est encore récent. La circulaire du 4 novembre 1814 trace pour ce cas une procédure très sage, excellente à suivre, sauf de très légères modifications : le procureur de la République invitera sans retard les maires à dresser par ordre de date, autant que possible, un état des personnes qui, d'après la notoriété publique, les registres des ministres du culte et tous autres renseignements dont ils pourront s'entourer, seront nées, mariées ou décédées dans la période dont les registres sont perdus. Le maire transmettra cet état au procureur de la République, qui, après l'avoir examiné, requerra le tribunal d'ordonner une enquête sommaire. Cette enquête sera faite

---

[1] Voy. circ. du 4 novembre 1814 à sa date, et les notes qui l'accompagnent.

par un juge là où le tribunal pourra en déléguer un, et, dans les autres communes, par le juge de paix du canton délégué à cet effet par le tribunal.

L'état dressé par le maire et l'enquête resteront déposés au greffe du tribunal pendant un mois. Toute personne «aura la «liberté d'en prendre connaissance et la faculté d'indiquer les «erreurs qu'elle croirait s'y être glissées; l'enquête sera ensuite «communiquée» — au procureur de la République, — «qui, «après l'avoir examinée, fera les réquisitions que les circon-«stances exigeront. Le tribunal, s'il le juge nécessaire, nom-«mera un de ses membres pour faire le rapport, avec le «pouvoir de prendre de nouveaux éclaircissements et d'en-«tendre de nouveaux témoins. Quand l'instruction sera ter-«minée, le tribunal, sur les conclusions» — du procureur de la République, — «ordonnera le rétablissement des actes «de naissance, de mariage et de décès qui seront constatés «par l'enquête, ou les titres et documents qui auront été «recueillis.» (Circulaire du 4 novembre 1814.)

Un seul jugement comprendra autant que possible les actes d'une année entière pour chaque commune; toutefois, si quelques actes soulevaient des difficultés sérieuses et nécessitaient des suppléments d'enquête, le tribunal les réserverait pour une décision ultérieure et statuerait sur tous les actes non contestés. Les expéditions du ou des jugements rendus serviront de registres.

Telle est, sauf des modifications de détail peu importantes, la procédure tracée par la circulaire du 4 novembre 1814. Je l'ai préférée à celle prescrite par l'ordonnance du 14 janvier 1815 pour la reconstitution des registres de l'arrondissement de Soissons, et la principale raison qui m'y a décidé est que la circulaire de 1814 fait une part plus large à l'action judiciaire. Or il est évidemment dans l'esprit de nos lois que tout ce qui concerne l'état civil soit placé le plus possible sous la surveillance et la sauvegarde de l'autorité judiciaire. Je sais que celle-ci ne faillira pas à sa mission, et j'ai l'espoir, favorisé par cette double circonstance, d'une part, que les communes heureusement peu nombreuses dont les deux registres sont perdus n'ont qu'une faible population, et, d'autre part, que les mariages, naissances, décès, qu'il s'agit de constater, ne remontent pas plus haut que 1870, j'ai l'espoir que vous parviendrez, Monsieur le Procureur général, à reconstituer à ces communes un état civil d'une parfaite exactitude.

Dans d'autres communes, aucun des deux registres de 1870 ne manque; mais il est arrivé, surtout pendant l'invasion, que des actes de l'état civil n'ont pas été inscrits sur ces registres : tantôt on les a consignés sur des registres improvisés qui n'étaient ni timbrés, ni cotés, ni parafés; tantôt on les a inscrits sur des feuilles volantes; tantôt on n'a même pas dressé d'acte, mais de simples notes ont été prises en vue d'une rédaction ultérieure de l'acte, rédaction qui parfois a été faite, qui d'autres fois a été complètement négligée.

Pour remédier à ces irrégularités, vous êtes armé de pouvoirs suffisants. Si les actes ont été intégralement dressés et inscrits par ordre de date sur des registres qui n'ont d'autre défaut que de n'être ni timbrés, ni cotés, ni parafés, vous aurez à apprécier, suivant leur nombre, s'il convient de requérir un jugement qui ordonne qu'ils seront reportés et transcrits à nouveau sur les registres officiels, ou s'il n'est pas préférable, pour éviter des frais inutiles, de faire ordonner simplement par le tribunal que les registres dont l'unique défaut est de n'être ni timbrés, ni cotés, ni parafés, seront cotés et parafés par le président du tribunal et seront visés pour timbre, puis qu'après ces formalités remplies ils deviendront le complément nécessaire des registres officiels.

Lorsque les actes ont été inscrits sur des feuilles volantes et n'ont pas été reportés depuis sur les registres ou lorsqu'il n'a été pris que de simples notes qui n'ont pas été depuis converties en actes transcrits sur les registres, il y aura lieu de procéder de la même manière qu'il est prescrit ci-dessus de le faire pour le cas où les registres n'ont pas été tenus ou ont été détruits, c'est-à-dire qu'on se conformera à la circulaire du 4 novembre 1814. Ces actes, inscrits sur feuilles volantes, ou ces simples notes serviront aux maires à dresser l'état qu'ils devront soumettre au procureur de la République, et celui-ci requerra le tribunal d'ordonner une enquête après laquelle il sera statué par un seul jugement, s'il se peut, sur tous les actes d'une même commune qui présenteront les mêmes irrégularités.

Lorsqu'au contraire les actes inscrits sur feuilles volantes ont été depuis transcrits sur les registres, ou lorsque les simples notes prises au début ont été ultérieurement converties en actes dont l'inscription a été faite, ces actes sont devenus réguliers en la forme. Leur rédaction tardive ne les entache pas de nullité. Elle pourra rendre plus suspectes les énonciations qui y sont contenues au cas où elles viendraient à être l'objet de contestations; mais tant qu'un jugement n'aura pas prononcé la nullité de ces actes, ils produiront tous leurs effets.

On peut dès lors se demander s'il y a intérêt à ce que le ministère public provoque d'office une revision judiciaire qui n'est pas nécessaire pour valider les actes dont il s'agit et qui, n'étant pas contradictoire, n'empêchera pas les parties qui y auraient intérêt de les contester ultérieurement. Dans les cas ordinaires, il y aurait lieu, en effet, pour le ministère public de s'abstenir; mais, s'il résultait du rapprochement des dates que les actes n'ont été tardivement dressés que par suite de force majeure, comme par exemple l'envahissement et l'occupation des communes par l'ennemi, j'estimerais qu'il serait sage de soumettre d'office les actes tardivement dressés à la revision actuelle de la justice, afin qu'elle constatât les véritables causes du retard et rendît ainsi plus difficiles pour l'avenir de mauvaises contestations.

La plus grave irrégularité, celle qui s'est le plus souvent présentée, résulte du défaut de qualité des officiers publics qui ont reçu les actes de l'état civil en 1870.

En effet, après la révolution du 4 septembre, les maires et adjoints d'un grand nombre de communes cessèrent volontairement ou furent forcés de cesser leurs fonctions; ils furent remplacés en certains lieux par des membres des anciens conseils municipaux, dans d'autres par des présidents de comités qui s'étaient donné à eux-mêmes la mission de succéder aux conseils municipaux; ailleurs, les préfets et sous-préfets nommèrent de nouveaux maires avant d'en avoir reçu l'autorisation par le décret du 24 novembre 1870; dans quelques malheureuses communes enfin, l'ennemi qui les occupait imposa les fonctions de maire à des habitants désignés par lui.

Tous les actes reçus par des officiers publics ainsi institués ne sont pas seulement irréguliers: ils sont radicalement nuls.

Vainement on s'adresserait aux tribunaux pour les régulariser. Ceux-ci seraient obligés par la loi, dont ils ne sont que les interprètes, d'en déclarer la nullité. Le remède n'est donc pas là, et cependant il en faut un ! La nullité de ces actes ne saurait être maintenue sans jeter dans la France entière la plus cruelle perturbation. On peut bien annuler un acte de naissance ou de décès, c'est la preuve qu'on annule, le fait n'en subsiste pas moins et pourra être prouvé autrement; mais annuler dans un nombre considérable de communes tous les mariages qu'on y a contractés de bonne foi devant le seul officier municipal qui fût alors en exercice, et priver par là les enfants issus de ces mariages du bienfait de la légitimité serait évidemment impossible ! Le législateur doit donc intervenir pour remédier à cette situation, et, aussitôt la réunion de l'Assemblée nationale, je déposerai un projet de loi à cet effet. Les dispositions en devront être très larges, afin de protéger tout citoyen de bonne foi, et je serais disposé à n'exiger qu'une seule condition pour la validation : c'est que l'officier incompétent qui a reçu les actes eût, au moment où il les a reçus, l'exercice public des fonctions municipales, à quelque titre d'ailleurs et sous quelque nom que ce fût. Cela suffit pour que les comparants aient pu être de bonne foi. J'appelle toutefois vos observations, Monsieur le Procureur général, sur la rédaction de ce projet de loi : je serai heureux de les recevoir[2].

Une dernière question a dû me préoccuper, c'est celle des frais qui résulteront pour les communes des diverses procédures que je viens d'indiquer. L'intérêt public est tellement dominant dans toutes les questions qui touchent à la constitution de l'état civil, que je ferai tous mes efforts pour obtenir que les communes soient affranchies de toutes les perceptions qui n'ont qu'un intérêt fiscal et qui ne seraient que la répétition de charges déjà acquittées une première fois par elles. L'article 75 de la loi du 25 mars 1817 nous sera d'un puissant secours. Il porte que « sont visés pour timbre et enre-« gistrés gratis les actes de procédure et les jugements à la « requête du ministère public, ayant pour objet de remplacer

---

[2] La loi ainsi annoncée a été votée le 6 janvier 1872.

« les registres de l'état civil perdus ou incendiés par les évé-« nements de la guerre, et de suppléer aux registres qui n'au-« raient pas été perdus. » Je ne doute pas que mon honorable collègue M. le Ministre des finances n'interprète largement cet article, et qu'il n'en fasse sortir, pour toutes les procédures que j'ai successivement examinées, une exemption complète des droits d'enregistrement et de timbre au profit des communes; au besoin, d'ailleurs, je le prierais d'en demander l'autorisation à l'Assemblée nationale par un projet de loi spécial.

Mais il ne m'appartient pas d'affranchir les communes des frais qui sont la rémunération d'un travail accompli : tels sont les honoraires attribués aux greffiers pour l'expédition des jugements; tel est le droit de 20 centimes qu'une décision ministérielle du 29 décembre 1848 alloue aux greffiers par acte copié pour une commune sur le double déposé au greffe. Cette question de frais ne saurait, en aucun cas, motiver des retards dans l'exécution de mes instructions.

Je compte sur votre diligence, Monsieur le Procureur général, et sur le zèle de vos substituts, pour imprimer à ce travail de reconstitution de l'état civil dans votre ressort la plus ferme impulsion. Il y a urgence à le compléter.

D'autres mesures sont nécessaires pour réparer le désastre sans égal que les insurgés du 18 mars ont infligé à Paris et au département de la Seine. L'Assemblée nationale votera, je l'espère, dans les premiers jours qui suivront sa prorogation, la loi que je lui ai présentée à ce sujet[3]. J'obtiendrai, je le pense, peu de jours après, la loi qui pourvoira aux nécessités que vous m'avez signalées et qui font l'objet de cette circulaire.

J. Dufaure.

---

[3] Voy. la loi du 12 février 1872, relative à la reconstitution des actes de l'état civil de la ville de Paris et la circulaire explicative de cette loi, en date du 29 avril de la même année; voy. également, relativement aux indemnités à allouer aux officiers publics, circ. du 11 septembre 1872.

CASIERS JUDICIAIRES. — *Amnistie.* — *Réhabilitation.* — *Prix des bulletins.*

Du 25 novembre 1871.

A MM. LES PROCUREURS GÉNÉRAUX.

.... [1].

XII. Vous avez vu, Monsieur le Procureur général, par les tableaux annexés au rapport qui précède le compte général de 1869, que 77,821 individus condamnés, soit à l'emprisonnement, soit à l'amende, ont bénéficié de l'amnistie du 14 août 1869. Ces condamnations sont restées constatées dans les casiers judiciaires, et j'ai appris qu'elles avaient été plusieurs fois relevées sur des bulletins n° 2 délivrés à des particuliers : c'est à tort. L'amnistie ne peut pas faire, il est vrai, que le fait matériel n'ait pas existé. Il peut être même très important, à un moment donné, de pouvoir retrouver qu'un individu a été condamné pour un fait amnistié. Mais amnistie veut dire *oubli du passé*, c'est-à-dire que le fait amnistié ne doit plus être relevé contre celui qui s'en est rendu coupable : il ne peut être pour lui d'aucune conséquence dans l'avenir. Il y a donc lieu de veiller avec soin à ce que les condamnations non exécutées par suite d'amnistie ne soient pas portées sur les extraits des casiers judiciaires [2].

XIII. J'ai reçu aussi plusieurs réclamations au sujet de l'inscription sur des bulletins n° 2 délivrés à des particuliers ou à des administrations publiques, de condamnations effacées par la réhabilitation. Ces condamnations ne doivent être relevées que sur les extraits demandés par le ministère public. La circulaire du 6 novembre 1850, en prescrivant de mentionner les réhabilitations dans les casiers judiciaires, a eu pour but de faciliter l'application de l'article 634 du Code d'instruction criminelle, d'après lequel la réhabilitation fait cesser toutes les incapacités résultant de la condamnation.

---

[1] Partie relative aux comptes statistiques.

[2] Voy. circ. du 20 juillet 1878 (Bull. off. 1878, p. 68); et circ. du 4 décembre 1879, § XIII (Bull. off. 1879, p. 249).

Mais si le ministère public doit, au cas de poursuite nouvelle, recevoir un bulletin n° 2 complet, puisque le même article 634, *in fine*, attache des conséquences au crime commis après réhabilitation, le public, de son côté, n'a pas le droit de considérer comme criminel un coupable réhabilité, et il est juste de délivrer un bulletin négatif[3].

XIV. Les deux observations qui précèdent démontrent la nécessité pour vos substituts, lorsqu'ils demandent à leurs collègues ou à la Chancellerie un bulletin n° 2 dans un intérêt particulier, de le dire expressément sur la lettre de demande, afin que le rédacteur de l'extrait sache immédiatement les indications qu'il doit y porter.

XV. Des difficultés ont surgi, à plusieurs reprises, à l'égard du prix des bulletins n° 2 délivrés aux particuliers. Depuis la circulaire du 23 mai 1853, qui l'avait fixé à 2 fr. 20 cent., ce prix a subi, en vertu de diverses lois de finances, des modifications qui l'élèvent aujourd'hui à 2 fr. 80 cent., savoir[4] :

Droit de recherche et de rédaction[5]............	0f 75c
Droit d'inscription au répertoire[6]..............	0 25
Timbre (décime compris)[7]......................	0 60
Enregistrement (double décime compris)[8]......	1 20
TOTAL.............	2 80

Il ne doit être ajouté à ces 2 fr. 80 cent. que les frais de timbre-poste.

XVI. La circulaire du 30 août 1855 a prescrit la transmis-

---

[3] Voy. circ. du 6 novembre 1850, § III, note, et 6 décembre 1876, § XXVI (Bull. off. 1876, p. 247).

[4] Ce prix est maintenant de 3 fr. 50 cent. (Voy. circ. du 28 novembre 1874, § XIV.)

[5] Le droit n'a pas varié. (Voy. circ. du 6 novembre 1850, § V, note 16; 4 juin 1851; 23 mai 1853.)

[6] Ce droit n'existait pas antérieurement.

[7] Voy. circ. des 1er juillet 1851 et 20 mai 1862 sur le prix antérieur.

[8] Voy. circ. des 6 novembre 1850, § V, note 16; 23 mai 1853, § I; 30 novembre 1872, § IX, et 28 novembre 1874, § XIV. D'après cette dernière circulaire le droit d'enregistrement s'élève maintenant à 1 fr. 90 cent.

sion à la Chancellerie des procès-verbaux de vérification mensuelle des casiers judiciaires. L'examen qui en a été fait chaque année dans mes bureaux m'a mis à même de constater que les casiers judiciaires étaient généralement bien tenus. Je ne crois donc pas nécessaire de continuer cet envoi. Mais comme il est intéressant de suivre le fonctionnement des casiers, voici comment il devra être procédé à partir du mois de janvier prochain. Lorsque les procès-verbaux auront été vérifiés à votre parquet, ils seront renvoyés à vos substituts, qui les classeront de manière à pouvoir en récapituler les énonciations dans un tableau qui sera ajouté, dès 1872, au compte criminel n° 1[9].

J. DUFAURE.

POLICE SANITAIRE. — Épizooties. — Contraventions.

Du 7 décembre 1871.

A MM. LES PROCUREURS GÉNÉRAUX PRÈS LES COURS D'APPEL.

Les rapports qui me sont communiqués par mon collègue, M. le Ministre de l'agriculture et du commerce, sur les progrès de la peste bovine dans plusieurs départements, sur la lenteur inusitée de sa décroissance dans d'autres, m'obligent à appeler votre plus sérieuse attention sur la nécessité d'assurer la rigoureuse observation des lois et règlements concernant la police sanitaire.

Il résulte, en effet, de ces rapports que la durée et la propagation de l'épizootie doivent être attribuées surtout à l'inobservation des mesures sanitaires prescrites par l'Administration, auxquelles beaucoup se soustraient par inertie, quelques-uns par cupidité. Les uns et les autres sont grandement coupables; car, il ne faut pas se le dissimuler, les pertes déjà subies se chiffrent par millions, et si le fléau devait s'étendre, il causerait à la fortune publique des dommages incalculables, en tarissant une des sources les plus fécondes de la production agricole, en même temps qu'il inflige-

---

[9] Voir circ. du 6 novembre 1850, § X, et la note, et celle du 1er juillet 1856, § XXVII, qui avaient prescrit cet envoi à la Chancellerie.

rait au consommateur un nouveau et regrettable renchérissement.

La législation sanitaire puise ses règles dans notre droit ancien et dans notre droit moderne. Nous trouvons dans le premier une série d'ordonnances du Roi et d'arrêts du Conseil dont les principaux sont : ceux des 19 juillet 1746, 18 décembre 1774, 30 janvier 1775, 1er novembre 1775[1]; dans le second, l'arrêt du Directoire exécutif du 27 messidor an v, une ordonnance du Roi du 27 janvier 1815, enfin les articles 459, 460 et 461 du Code pénal[2].

Il se dégage de tous ces actes une pensée invariable : celle de restreindre, de concentrer les foyers d'infection pour les éteindre définitivement par l'abatage des bêtes malades, puis d'empêcher la diffusion de la maladie au moyen de précautions minutieuses, mais rendues nécessaires par la subtilité du principe contagieux.

Quiconque favorise cette diffusion, soit en ne déclarant pas sur-le-champ, au maire de la commune, qu'il possède ou détient dans son étable des animaux soupçonnés d'être infectés de maladie contagieuse, soit en ne les tenant pas renfermés ou en les laissant communiquer avec d'autres animaux, soit en contrevenant aux arrêtés préfectoraux qui prononcent la séquestration du bétail dans les communes infectées, soit enfin en vendant ou achetant des animaux déjà contaminés ou appartenant à la zone séquestrée pour les transporter dans des localités encore saines au risque de les infecter; quiconque se sera rendu coupable de l'un de ces actes ou de toutes autres contraventions aux lois ou règlements de la police sanitaire devra être rigoureusement poursuivi. Il y a des délits qui empruntent aux circonstances dans lesquelles ils se produisent une gravité particulière : ceux-là sont du nombre; ils con-

---

[1] Voy. également arrêt du Parlement de Paris du 24 mars 1745, et arrêt du Conseil du Roi, du 16 juillet 1784.

[2] Voy. également l'article 19 (titre Ier) et l'article 23 (titre II) du Code rural des 28 septembre-6 octobre 1791; une ordonnance du préfet de police pour le département de la Seine, du 27 septembre 1865; une circulaire du Ministre de l'agriculture et du commerce, du 20 mars 1871, sur les caractères de la maladie et les devoirs des autorités locales; les articles 324, 325, 326 du décret du 1er mars 1854, relatifs aux devoirs de la gendarmerie en cas de maladies contagieuses; et pour la fixation des indemnités, la loi du 30 juin 1866, et le décret du 30 septembre 1871.

sistent souvent dans une simple négligence; mais cette négligence mérite une sévère répression par les affreuses conséquences qu'elle peut avoir. Aussi je vous invite, Monsieur le Procureur général, à vous faire rendre compte, par vos substituts, de toutes les affaires de cette nature dont les tribunaux de votre ressort ont été ou seront saisis, afin que vous puissiez apprécier pour chacune d'elles si la répression a été suffisante, et, au cas où vous ne le penseriez pas, faire appel *à minimâ.* Nous ne devons rien omettre pour protéger la société entière contre l'indolence ou la cupidité de quelques-uns de ses membres.

J. DUFAURE.

ACTES JUDICIAIRES. — Transmissions à l'étranger.

Du 14 décembre 1871.

À MM. LES PROCUREURS GÉNÉRAUX PRÈS LES COURS D'APPEL.

M. le Ministre des affaires étrangères vient de me faire connaître que, depuis la conclusion de la paix, les parquets ne se conforment pas généralement aux prescriptions des circulaires du 6 décembre 1850 et du 8 mai 1863, relatives à l'envoi à son département des actes judiciaires français destinés à des personnes domiciliées en pays étranger. Ainsi, les noms des parties portés sur ces actes sont souvent défigurés, les domiciles parfois ne sont pas indiqués; les noms des localités sont mal orthographiés et sans indication des pays auxquels elles appartiennent, ou avec une indication générale, comme celle d'Allemagne, par exemple[1]. Certains parquets

---

[1] Les circulaires du 6 décembre 1850 (non insérée) et du 8 mai 1863 concernent l'incorrection des copies. Aux termes de la circulaire du 6 décembre 1850, on doit, en outre, indiquer, par une note marginale à la première page, les noms et autant que possible la qualité ou profession de la personne à laquelle est destinée la copie, ainsi que le nom et la situation du lieu où elle demeure. La circulaire du 28 avril 1865, non insérée, a modifié cette prescription et recommandé de mettre sur chacun des actes, en tête et à l'encre rouge, le nom et la demeure du destinataire. Une règle analogue a été posée par la circulaire également non insérée du 9 janvier 1826 relativement aux copies qui sont adressées à M. le Ministre de la marine pour être transmises dans les colonies françaises. Ces copies doivent contenir «en marge de la première page les noms de la personne et de la colonie pour lesquelles ces copies sont destinées.»

transmettent au département des affaires étrangères des actes destinés aux colonies françaises et à l'Algérie, alors que les premiers devraient été adressés au Ministère de la marine, les seconds au Ministère de la justice [2], quelques-uns renvoient les récépissés constatant la remise des actes aux destinataires, au lieu de les conserver pour les tenir à la disposition des intéressés. Souvent, enfin, les lettres d'envoi ne portent aucune indication des pièces transmises; en sorte que, lorsque les actes ont été expédiés, il n'est plus possible de fournir aux réclamations qui se produisent la preuve que ces expéditions ont été faites.

Ces négligences peuvent, dans certains cas, mettre les personnes domiciliées hors de la France continentale dans l'impossibilité de faire valoir leurs droits devant les tribunaux français.

Il importe donc, Monsieur le Procureur général, d'apporter un prompt remède à ce fâcheux état de choses et d'observer exactement les règles tracées par les précédentes circulaires de la Chancellerie, auxquelles vous voudrez bien vous reporter. Je crois devoir, en outre, afin de rendre les vérifications plus faciles, vous adresser un modèle de lettre d'envoi qui devra être joint désormais à tous les actes judiciaires destinés à l'étranger, aux colonies (et à l'Algérie) [3].

Je profite de cette occasion, Monsieur le Procureur général, pour signaler particulièrement à votre attention une réclamation de M. le chargé d'affaires de Bavière à Paris relative à la transmission, *par la voie du cabinet de Berlin*, des commissions rogatoires françaises adressées à des tribunaux bavarois et des actes judiciaires français destinés à des personnes domiciliées en Bavière. Cette erreur provient des indications

---

[2] Les actes judiciaires destinés à des personnes résidant en Algérie ne doivent plus être transmis au Ministère de la justice. (Voy. circ. du 24 novembre 1876. — Bull. off. p. 284.)

[3] La circulaire non insérée du 28 avril 1865 recommandait déjà d'indiquer dans les lettres d'envoi le nom du destinataire, le lieu de sa résidence et le nom de la personne à la requête de laquelle la signification était faite. Elle invite en outre les procureurs impériaux à placer les actes selon leur rang d'inscription et à les attacher par un cordon à la lettre d'envoi.

Voy. enfin circ. du 28 février 1876 sur les mentions que doivent porter les actes transmis (Bull. off. 1876, p. 43); et circ. du 15 février 1877, instructions sur le mode de transmission des récépissés (Bull. off. 1877, p. 11).

inexactes ou insuffisantes portées sur les actes; les pays y sont désignés sous le nom générique d'*Allemagne*. Comme nous avons une légation à Munich, je vous serai obligé, Monsieur le Procureur général, de vouloir bien donner à vos substituts les instructions nécessaires pour que, toutes les fois qu'un acte sera destiné à la Bavière, le nom de ce pays y soit expressément inscrit, et que les noms, soit des localités, soit des personnes, y soient exactement reproduits.

J. DUFAURE.

MARIAGE. — Domicile. — Alsaciens-Lorrains.

Du 21 décembre 1871.

A MM. LES PROCUREURS GÉNÉRAUX PRÈS LES COURS D'APPEL.

Plusieurs membres de l'Assemblée nationale, croyant voir dans l'article 74 du Code civil un obstacle à ce que ceux de nos compatriotes de l'Alsace et de la Lorraine qui veulent demeurer fidèles à la fortune de la France puissent se marier avant six mois dans le nouveau domicile qu'ils s'y seront choisi, avaient déposé un projet de loi dont l'article unique portait que, «pour les Alsaciens et Lorrains qui ont choisi «la nationalité française ou qui sont encore dans le délai «d'option, le domicile, quant au mariage, s'établira par un «mois de résidence continue dans la même commune fran«çaise [1].»

La commission de l'Assemblée à laquelle ce projet de loi a été renvoyé a reconnu, après un examen sérieux de la question, que l'article 74 ne créait nullement l'obstacle au mariage dont les auteurs du projet s'étaient préoccupés; qu'il résultait de la combinaison des articles 74, 102, 165 et 167 du Code civil, que l'article 74 n'avait d'autre portée que de permettre de procéder au mariage dans le lieu où l'un des futurs époux avait une simple habitation ou résidence, pourvu que cette habitation ou résidence se fût prolongée pendant six mois; que le droit des futurs époux de se marier là où l'un d'eux

---

[1] Voy. sur les options des Alsaciens-Lorrains, circ. du 30 mars 1872.

avait son domicile proprement dit, quelque court que fût le temps écoulé depuis qu'il avait acquis ce domicile, demeurait intact; qu'il fallait seulement, lorsque l'acquisition du domicile ne remontait pas à six mois, que les publications fussent faites à la fois au domicile actuel et au domicile antérieur.

Cette interprétation, conforme à la doctrine et à la jurisprudence, a été consignée dans un rapport écrit, présenté par M. Courbet-Poulard au nom de la commission, dont la conclusion était : « 1° qu'il n'y avait pas lieu de donner suite au « projet de loi, puisque, de par les lois en vigueur et moyen« nant la jurisprudence acquise, les auteurs du projet ont « ce qu'ils demandent et, même le cas échéant, plus qu'ils ne « demandent ; 2° qu'il serait superflu en conséquence d'édicter « une loi nouvelle dont rien ne justifierait la nécessité. »

En présence de ce rapport, M. Courbet-Poulard a pu annoncer, dans la séance du 11 décembre 1871, que les auteurs du projet de loi l'avaient retiré d'un commun accord avec la commission et le Gouvernement.

Je considère cette interprétation, à laquelle l'Assemblée entière a adhéré, comme de tous points juridique, et je vous prie, Monsieur le Procureur général, de donner des instructions à MM. les officiers de l'état civil pour que toute personne (notamment les Alsaciens et les Lorrains) qui aura acquis en France un domicile proprement dit par l'un des moyens énoncés aux articles 103, 104, 105 et 107 du Code civil, puisse y contracter mariage, sans avoir besoin d'attendre un délai de six mois depuis l'acquisition de ce domicile. Seulement, jusqu'à l'expiration de cette période, elle sera tenue de justifier des publications faites à son domicile actuel et aussi à son domicile antérieur.

J. Dufaure.

Tribunaux de commerce. — Élections.

Du 5 janvier 1872.

A MM. les Procureurs généraux près les Cours d'appel.

L'Assemblée nationale, dans sa séance du 21 décembre 1871,

a adopté une loi destinée à régler, d'après des bases nouvelles, le mode d'élection et la composition des tribunaux de commerce. Cette loi a été promulguée dans le *Journal officiel* du 29 décembre 1871 [1].

L'article 630 du Code de commerce, qui place la juridiction consulaire sous l'autorité et la surveillance du Ministre de la justice, me fait un devoir d'en diriger l'exécution, et je fais appel à votre concours, Monsieur le Procureur général, pour que cette mise à exécution soit aussi prompte que possible. Il ne faut pas oublier, en effet, que les membres qui siègent actuellement dans les tribunaux de commerce ont vu, par suite des circonstances douloureuses que nous avons traversées et des modifications qui étaient à introduire dans la législation, leurs pouvoirs prolongés au delà des limites qui leur étaient assignées; que, s'ils s'y sont résignés avec un grand dévouement aux intérêts de la justice, dévouement dont je me plais à les remercier, beaucoup d'entre eux ne l'ont fait qu'au prix de sacrifices notables pour leurs affaires personnelles. Il n'a pas dépendu de nous de les leur demander moins longtemps : les difficultés de la question et la prorogation de l'Assemblée n'ont pas permis de statuer plus tôt sur le projet de loi que j'avais déposé le 10 mai; mais c'est une raison de plus pour hâter l'application de la loi qui vient d'être votée.

Après avoir, par son article 1er, abrogé le décret du 2 mars 1852, la loi du 21 décembre 1871 abroge et remplace, par son article 2, les articles 618, 619, 620 et 621 du Code de commerce conservant le numérotage des articles ainsi qu'on l'a fait pour plusieurs parties importantes du même code.

La disposition essentielle qui y est contenue porte sur le mode de composition du corps électoral chargé d'élire les membres des tribunaux de commerce.

Le Code de commerce, dans les articles 618 à 621 qui viennent d'être abrogés, remettait cette nomination aux commerçants *notables* dont la liste était dressée par le préfet. Ce

---

[1] Voy., sur un certain nombre de difficultés auxquelles a donné lieu l'application de la loi du 21 décembre 1871, le *Bulletin officiel du Ministère de la justice* (année 1876, p. 57 à 60, p. 253 à 256; année 1877, p. 29 à 31, p. 83, p. 126; année 1878, p. 20 et 21, p. 60 et 61, p. 140, 141 et 142; année 1879, p. 3, 5, 11, 98 et 270; année 1880, p. 76).

système ne rencontrait plus guère de défenseurs. Il était de tous points arbitraire : le nombre des notables, comme leur choix, était abandonné à la discrétion d'un fonctionnaire administratif et politique qui, par ses occupations et ses aptitudes, n'était nullement préparé à la mission qui lui était confiée. Un ministre du commerce s'était vu obligé de signaler dans une circulaire les plaintes qui lui étaient parvenues «sur des choix et des exclusions inspirés par des considéra-«tions totalement étrangères à la notabilité commerciale.» (Dalloz, v° *Organisation judiciaire*, n° 480.)

Il ne serait pas juste cependant de méconnaître que les tribunaux de commerce élus par les *notables* ont généralement beaucoup mieux valu que l'institution dont ils étaient le produit.

Comment devait-on remplacer la liste des notables? Là commençaient les sérieuses difficultés. Pouvait-on y substituer le suffrage universel de tous les patentés, comme l'avait fait un décret du 20 août 1848, qui est resté en vigueur jusqu'au décret du 2 mars 1852, et un décret du Gouvernement de la Défense nationale du 17 octobre 1870? L'Assemblée nationale ne l'a pas pensé; il lui a paru que le suffrage universel, mode absolu et définitif pour l'élection des représentants des opinions et des intérêts publics à tous les degrés, convenait infiniment moins pour l'élection des juges. Elle a conservé une liste d'*électeurs* et a confié le soin de la former à une commission composée du président et d'un juge du tribunal de commerce, du président et d'un membre de la chambre de commerce, de trois conseillers généraux, du président du conseil des prud'hommes et du maire de la ville où siège le tribunal de commerce.

Vous remarquerez, Monsieur le Procureur général, les garanties d'indépendance que présentent les membres de cette commission; personne ne peut être plus apte à discerner quels sont les commerçants qui, «par leur probité, leur esprit d'ordre et d'économie,» ajoutons et leur capacité reconnue, méritent entre tous d'être investis de la mission d'élire les juges en matière de commerce.

Cette liste d'électeurs que la commission est chargée de dresser ne devra être ni trop restreinte ni trop étendue; le législateur la chiffre lui-même au dixième des commerçants inscrits à la patente, sans que ce nombre puisse dépasser 1,000 ni être inférieur à 50, sauf dans le département de la Seine, où il sera de 3,000. Il y ajoute en sus les anciens membres de la chambre et du tribunal de commerce et les anciens présidents des conseils de prud'hommes.

Tel est, en peu de mots, le système adopté par la loi nouvelle : je n'ai pas besoin de m'y arrêter davantage, et je passe aux actes qui doivent être accomplis pour la mettre à exécution.

Votre premier soin doit être de faire constituer la commission qui dressera la liste des électeurs.

Je vous ai tout à l'heure énuméré les membres qui la composent, et l'article 619 nouveau est très précis sur ce point. Seulement une opération préalable sera nécessaire pour obtenir la désignation individuelle de quelques-uns d'entre eux. Ainsi le juge du tribunal de commerce, qui fait partie de la commission, doit être élu par le tribunal de commerce. Il vous faudra donc inviter le président de ce tribunal à réunir ses collègues pour faire cette désignation.

Vous adresserez la même demande au président de la chambre de commerce pour obtenir la désignation d'un de ses membres.

De même, enfin, les trois conseillers généraux qui entrent dans la commission devront être désignés habituellement par le conseil général dans sa session d'août. Mais pour cette fois l'article 3 de la loi du 21 décembre 1871 investit la commission départementale du droit de les choisir [2]. Vous demanderez à M. le préfet de porter la question à l'ordre du jour de la première réunion de la commission départementale, et, si cette réunion devait se faire attendre, de la convoquer d'urgence. Il sera bon de faire connaître à la commission départementale que les trois conseillers généraux doivent, aux termes de la loi, être choisis, autant que possible, parmi les membres élus dans les cantons du ressort du tribunal.

Dès que vous aurez reçu l'avis qu'un juge au tribunal de

---

[2] Cette disposition toute provisoire ne peut avoir pour effet d'attribuer pour l'avenir à la commission de permanence un droit de désignation qui appartient exclusivement au conseil général. (Lettres au Ministre de l'intérieur, 2 novembre et 4 décembre 1873. — Décis. minist., 11 octobre 1877. [Bull. off. 1877, p. 130].)

commerce, un membre de la chambre de commerce et trois conseillers généraux ont été élus par les corps auxquels ils appartiennent, vous demanderez la réunion de la commission en vous conformant rigoureusement aux prescriptions de l'article 619 nouveau; vous transmettrez à cet effet la liste de ses membres au président du tribunal de commerce qui est investi par la loi du droit de la présider [3], et vous l'inviterez à la convoquer dans le plus bref délai.

Cette commission dressera la liste des électeurs [4]. Ils seront pris, aux termes de l'article 618 nouveau, «parmi les commerçants recommandables par leur probité, leur esprit d'ordre et d'économie». Aucune condition de domicile ni de durée d'exercice commercial n'est exigée. Ils pourront aussi être choisis parmi «les directeurs des compagnies anonymes de «commerce, de finances et d'industrie, les agents de change, «les capitaines au long cours et les maîtres au cabotage ayant «commandé des bâtiments pendant cinq ans et domiciliés de«puis deux ans dans le ressort du tribunal». Cette condition n'est exigée que des capitaines au long cours et des maîtres au cabotage.

«Le nombre des électeurs sera égal au dixième des com«merçants inscrits à la patente [5]; il ne pourra dépasser 1,000 «ni être inférieur à 50. Dans le département de la Seine, il «sera de 3,000.» Il est nécessaire de demander d'urgence à M. le préfet la liste des patentés commerçants qui existent dans le ressort du tribunal, afin de permettre à la commission de savoir à quel chiffre s'élève le dixième et de désigner parmi eux les électeurs.

La commission ajoutera en sus du nombre qui précède

---

[3] Si le président du tribunal de commerce, président de droit de la commission, fait défaut, la commission doit élire elle-même son président. (Lettre au procureur général de Poitiers, 22 janvier 1872.)

[4] Les courtiers de marchandises et les courtiers maritimes ne peuvent être portés sur les listes électorales, bien que la loi du 18 juillet 1866 leur ait enlevé la qualité d'officiers ministériels. (Voy. Bull. off. 1876, p. 58, n° 3; 1879, p. 3.)

[5] On doit comprendre dans le nombre total des commerçants, d'après lequel doit être déterminé le nombre des électeurs consulaires, les patentés auxquels la loi ne reconnaît pas le droit de voter, tels que les femmes et les faillis non réhabilités. (Voy. Bull. off. 1870, p. 68, n° 1.) La commission de revision n'est pas tenue de choisir dans chaque canton un nombre d'électeurs proportionné à celui des patentés qui y résident. (Décis. minist. des 28 et 29 janvier 1880. — Bull. off. 1880, p. 76.)

« les anciens membres de la chambre et du tribunal de com-« merce et les anciens présidents des conseils de prud'hommes » (art. 619 nouveau). La qualité d'électeurs leur est conférée par la loi; la commission n'a point à en délibérer : elle doit se borner à inscrire leurs noms [6].

Tout commerçant patenté n'est pas apte à figurer sur la liste électorale. La loi admet des causes d'incapacité que vous trouverez énumérées dans l'article 619.

« Ne pourront être portés sur la liste ni participer à l'élec-« tion s'ils y avaient été portés : 1° les individus condamnés « soit à des peines afflictives ou infamantes, soit à des peines « correctionnelles pour des faits qualifiés crimes par la loi, « ou pour délit de vol, escroquerie, abus de confiance, usure, « attentat aux mœurs, soit pour contrebande (quand la con-« damnation pour ce dernier délit aura été d'un mois au moins « d'emprisonnement); 2° les individus condamnés pour contra-« vention aux lois sur les maisons de jeu, sur les loteries et les « maisons de prêts sur gages; 3° les individus condamnés pour « les délits prévus aux articles 413, 414, 419, 420, 421, 423, « 430, § 2, du Code pénal, et aux articles 596 et 597 du Code « de commerce; 4° les officiers ministériels destitués; 5° les « faillis non réhabilités, et généralement tous ceux que la loi « électorale prive du droit de voter aux élections législa-« tives. »

Quand la commission aura accompli son œuvre [7], elle enverra la liste des électeurs arrêtée par elle au préfet, qui la fera publier et afficher.

Un exemplaire signé par le président du tribunal de commerce sera en outre déposé au greffe du tribunal de commerce, où tout patenté du ressort aura droit d'en prendre connaissance et de le copier sans déplacement.

Cette double publicité permettra à tout patenté de demander, à toute époque, la radiation des électeurs qui se trouveraient dans un des cas d'incapacité ci-dessus. L'action sera

---

[6] Les électeurs de droit restent électeurs alors même qu'ils ont cessé de faire le commerce. Ils doivent être maintenus sur la liste, bien qu'ils ne résident plus dans le ressort du tribunal de commerce. (Voy. Bull. off. 1878, p. 141.)

[7] Les décisions ne comportent aucun recours, sauf en ce qui concerne les incapacités légales énumérées dans l'article 619. (Lettre au procureur général de Besançon, 18 mai 1872. — Arrêt du Conseil d'État, 13 juillet 1877.)

portée sans frais devant le tribunal civil, qui prononcera en la chambre du conseil. En appel, la cour statuera dans la même forme. L'exercice de cette action ne suspendra pas la convocation des électeurs.

Le même droit appartient évidemment au ministère public, qui a, plus que tout autre, le devoir de faire respecter la loi. Il sera nécessaire à cet effet qu'un exemplaire de la liste des électeurs soit déposé au parquet du tribunal civil; vos substituts, sous votre surveillance, examineront avec soin si aucun nom n'a été inscrit sur la liste en contravention aux incapacités légales, et si, réciproquement, on n'a pas omis d'ajouter à la liste les électeurs qui en font partie en vertu de la loi, «à savoir les anciens membres de la chambre et du tri-«bunal de commerce et les anciens présidents des conseils «de prud'hommes»[8].

La commission qui va être appelée à dresser pour la première fois la liste des électeurs devra se pénétrer de cette pensée que son rôle et sa responsabilité sont plus importants encore que ne le seront ceux de toutes les commissions qui lui succéderont. En effet, la liste électorale est permanente[9], et les commerçants qui y seront portés continueront d'être électeurs tant qu'ils resteront commerçants, à moins qu'ils ne tombent sous le coup de l'une des incapacités prévues par la loi. Hors les cas de cessation de commerce ou d'incapacités, les commissions subséquentes n'auront aucun droit de les rayer de la liste des électeurs, et cette considération ne devra à aucune époque être perdue de vue par les commissions qui auront à inscrire un nom nouveau pour l'électorat.

Les conditions d'*éligibilité* des membres des tribunaux de commerce sont réglées par l'article 620 nouveau.

. . . .

[8] Sur la procédure à suivre pour les actions en radiation, voy. note, Bull. off. 1879, p. 5.

[9] Toutefois, lorsque le nombre des électeurs n'est pas égal au dixième des patentés, soit à raison de l'accroissement récent du nombre des patentés, soit parce que les prescriptions légales ont été jusque-là méconnues, il appartient à la commission de revision de compléter la liste conformément aux dispositions de l'article 618 du Code de commerce. (Cass. ch. civ., 22 août 1877. — Bull. off. 1877, p. 126.)

Est éligible aux fonctions de juge ou suppléant s'il est âgé de trente ans, s'il est inscrit à la patente depuis cinq ans et s'il est domicilié au moment de l'élection dans le ressort du tribunal :

1° Tout commerçant;

2° Tout directeur de compagnie anonyme de commerce, de finances et d'industrie;

3° Tout agent de change.

Sont également éligibles :

1° Tout capitaine au long cours et maître au cabotage porté sur la liste des électeurs ou étant dans les conditions voulues pour y être inscrit, c'est-à-dire ayant commandé des bâtiments pendant cinq ans et domicilié depuis deux ans dans le ressort du tribunal;

2° Les anciens commerçants et agents de change ayant exercé leur commerce pendant cinq ans.

A ces conditions générales, il faut ajouter celles-ci :

1° Nul ne pourra être nommé juge s'il n'a été suppléant;

2° Le président ne pourra être choisi que parmi les anciens juges [10].

La loi nouvelle n'a pas modifié l'article 623, qui a trait à l'éligibilité. Il demeure donc dans le Code de commerce tel qu'il est rédigé; toutefois son application sera transitoirement suspendue. En effet, l'article 3 de la loi du 21 décembre 1871 porte que, «pour les premières élections auxquelles il sera procédé immédiatement après la promulgation de cette loi, les juges et juges suppléants en exercice seront éligibles.» On ne fera cette fois, mais cette fois seule-

---

[10] L'article 620 nouveau du Code de commerce a été modifié par l'article 1er de la loi du 5 décembre 1876, ainsi conçu : «Tout commerçant et agent de «change, âgé de trente ans, inscrit à la patente depuis cinq ans et domicilié, «au moment de l'élection, dans le ressort du tribunal, toute personne ayant rem«pli pendant cinq ans les fonctions de directeur de société anonyme, tout capitaine «au long cours et maître au cabotage ayant commandé pendant cinq ans et justi«fiant des mêmes conditions d'âge et de domicile, porté sur la liste des électeurs «ou étant dans les conditions voulues pour y être inscrit, pourra être nommé juge «ou juge suppléant.»

ment, aucune distinction entre ceux qui sortent d'exercice après deux années et ceux qui ont déjà siégé pendant quatre années sans intervalle.

Pour toute élection postérieure, l'article 623 devra être observé.

Il n'est rien innové en ce qui concerne l'article 622 du Code de commerce. Par conséquent, « à la première élection le « président et la moitié des juges et des suppléants dont le « tribunal sera composé seront nommés pour deux ans ; la « seconde moitié des juges et des suppléants sera nommée « pour un an. Aux élections postérieures, toutes les nomina- « tions seront faites pour deux ans. »

La loi nouvelle, pas plus que le Code de commerce, n'a fixé le délai qui doit s'écouler entre la publication et l'affichage de la liste des électeurs, et la réunion de ces électeurs pour nommer les membres du tribunal. Il est seulement prescrit dans l'article 621 nouveau, que « la convocation des « électeurs sera faite ordinairement dans la première quin- « zaine de décembre par le préfet du département, et, dans « l'article 3, que les premières élections auront lieu immédia- « tement après la promulgation de la loi. »

Dans le silence du législateur, vous aurez habituellement, Monsieur le Procureur général, à vous entendre avec M. le préfet pour ces délais, et le plus simple sera de s'en référer aux usages existants[11]. Mais il y a en ce moment une si grande urgence à renouveler les tribunaux de commerce pour décharger les membres actuels de leur service prolongé, que je vous autorise à demander à M. le préfet de convoquer les électeurs pour le dixième jour qui suivra celui où la double formalité de la publication et de l'affichage de la liste des électeurs, d'une part, et de l'arrêté de convocation, d'autre part, aura été accomplie[12]. Il faut que les électeurs aient au moins dix jours pour se concerter, s'ils le veulent, sur les choix qu'ils devront faire.

---

[11] Les opérations électorales doivent avoir lieu pendant la première quinzaine de décembre : il ne suffirait pas que l'arrêté de convocation eût été pris par le préfet, à cette date, pour une époque ultérieure.

[12] La convocation peut être faite par invitations individuelles. (Dépêche au préfet d'Eure-et-Loir, 20 mars 1872.)

Aux termes de l'article 621 nouveau :

« Les élections se feront dans le local du tribunal de com-« merce, sous la présidence du maire du chef-lieu où siège le « tribunal, assisté de quatre assesseurs qui seront les deux « plus jeunes et les deux plus âgés des électeurs présents.

« L'élection sera faite au scrutin de liste pour les juges et « les suppléants, et au scrutin individuel pour le président. « Lorsqu'il s'agira d'élire le président, l'objet spécial de cette « élection sera annoncé avant d'aller au scrutin.

« Au premier tour de scrutin, nul ne sera élu s'il n'a réuni « la moitié plus un des suffrages exprimés et un nombre égal « au quart du nombre des électeurs inscrits. Au deuxième « tour, qui aura lieu huit jours après, la majorité relative sera « suffisante [13].

« La durée de chaque scrutin sera de deux heures au « moins.

« Le procès-verbal sera dressé en triple original, et le prési-« dent en transmettra un exemplaire au préfet et un autre au « procureur général; le troisième sera déposé au greffe du « tribunal.

« Tout électeur pourra, dans les cinq jours après l'élection, « attaquer les opérations devant la cour d'appel, qui statuera « sommairement et sans frais.

« Le procureur général aura un délai de dix jours pour « demander la nullité. »

Vous aurez à veiller avec un grand soin, Monsieur le Procureur général, à ce que toutes les conditions prescrites par la loi pour la régularité des opérations, ainsi que pour l'électorat et l'éligibilité, soient rigoureusement observées. Pour cela, un délai de dix jours vous est imparti.

Lorsque ce délai sera expiré sans que vous, Monsieur le Procureur général, ou l'un des électeurs, ayez demandé la nullité des opérations électorales, les résultats de l'élection seront définitivement acquis, et vous ferez installer les membres élus.

L'*institution* que les élus devaient, aux termes de l'article 7 du décret du 6 octobre 1809, obtenir du Chef de l'État sur la

---

[13] Même à l'égard du candidat qui se présenterait pour la première fois. (Lettre au procureur général de Grenoble, 16 janvier 1874.)

proposition du Ministre de la justice, préalablement à leur prestation de serment, se trouve supprimée par l'abrogation du décret du 2 mars 1852, lequel avait remis en vigueur le décret du 6 octobre 1809 [14].

Les élus prêteront serment [15] avant d'entrer en fonctions, conformément à l'article 629 du Code de commerce [16].

J. DUFAURE.

ACTES JUDICIAIRES. — Transmission à l'étranger. — Délai.

Du 8 février 1872.

A MM. LES PROCUREURS GÉNÉRAUX.

L'article 69 du Code de procédure dispose que les assignations destinées aux personnes domiciliées hors de la France continentale ou à l'étranger sont signifiées au parquet du procureur de la République, qui vise l'original et adresse ensuite la copie, suivant les cas, au Ministère des affaires étrangères ou au Ministère des colonies. La loi, s'en rapportant à la vigilance du ministère public, n'a pas fixé le délai dans lequel cette transmission doit être effectuée; cette formalité en elle-même ne peut comporter d'ailleurs aucun retard, car elle n'exige aucune vérification. Cependant il résulte des renseignements qui m'ont été fournis par M. le Ministre des af-

---

[14] De là les conséquences suivantes : 1° il n'appartient plus au Garde des sceaux d'accepter ou de refuser la démission des magistrats consulaires (Bull. off. 1876, p. 60, n° 14); 2° le droit d'accorder des dispenses aux magistrats des tribunaux de commerce, parents ou alliés au degré prohibé par l'article 63 de la loi du 20 avril 1810 a cessé d'appartenir au Gouvernement (Bull. off. 1878, p. 61, n° 5); 3° le Gouvernement ne peut conférer l'honorariat à un ancien membre d'un tribunal de commerce (Bull. off. 1877, p. 30, n° 8).

[15] Le serment doit être prêté devant la cour d'appel ou, sur délégation expresse de la cour, devant le tribunal de première instance (Dépêche au procureur général de Lyon, 30 avril 1872). Le serment doit être prêté même en cas de réélection (Décis. minist. du 22 février 1879. — Bull. off. 1879, p. 13).

[16] L'article 2 de la loi du 5 décembre 1876 a donné aux tribunaux de commerce le moyen de se compléter en cas de récusation ou d'empêchement des membres du tribunal. Les juges complémentaires doivent prêter serment (Décis. minist. du 17 janvier 1877. — Bull. off. 1877, p. 30). Ils sont désignés par le tribunal sans convocation préalable de l'autorité administrative (Décis. minist. du 23 février 1878. — Bull. off. 1878, p. 31).

faires étrangères que la transmission des actes judiciaires n'est pas toujours régulièrement opérée et qu'il s'est écoulé souvent plusieurs jours avant que ces actes aient été expédiés. Dans des circonstances récentes et par suite des lenteurs que l'acte avait subies, soit au parquet, soit dans les chancelleries, les parties n'ont reçu qu'après la date fixée pour la comparution la citation qui leur était destinée.

Cet abus ne saurait être toléré, car il constituerait pour nos nationaux établis à l'étranger et pour les étrangers cités devant nos tribunaux un véritable déni de justice. La transmission doit être d'autant plus rapide aujourd'hui que la loi du 3 mai 1861 a abrégé le délai des distances, et que, pour les pays limitrophes de la France, ces délais ont été réduits à un mois. Les actes judiciaires devront donc être envoyés le jour même du dépôt au parquet, ou au plus tard le lendemain[1].

J. Dufaure.

Casiers judiciaires. — Alsaciens-Lorrains.

Du 26 février 1872.

A MM. les Procureurs généraux.

L'article 6 de la Convention additionnelle avec l'empire d'Allemagne, ratifiée par l'Assemblée nationale le 9 janvier dernier, pose en principe l'échange, entre les deux Gouvernements, des bulletins n°s 1 et 2 des casiers judiciaires concernant les Alsaciens et les Lorrains[1].

Il autorise les magistrats, les administrations et les particuliers à se faire délivrer des extraits des casiers judiciaires conservés dans les territoires cédés. En ce qui concerne les autorités judiciaires et administratives, la procédure à suivre est simple et se bornera à une correspondance entre les magis-

---

[1] Les actes judiciaires destinés à l'étranger doivent être transmis sans retard par les parquets (Bull. off. 1877, p. 56).
Voy. également circ. du 19 février 1876 sur la transmission des actes judiciaires destinés à des déportés (Bull. off. 1876, p. 26).

[1] Les correspondances relatives à cet échange circulent en franchise. (Voy. circ. du 2 septembre 1872.)

trats des deux pays. Mais, pour les particuliers, il importe d'établir dès aujourd'hui une règle conforme aux prescriptions des circulaires relatives aux casiers judiciaires. Les bulletins n° 2 ou extraits qui leur sont délivrés devant être soumis aux droits de timbre et d'enregistrement, les autorités allemandes transmettront ces extraits aux procureurs de la République des arrondissements du domicile des impétrants, et ces magistrats les feront revêtir des formalités légales avant de les remettre aux destinataires. J'ai écrit dans ce but au Gouvernement allemand, par l'entremise de M. le Ministre des affaires étrangères [2].

D'après le quatrième aliéna du même article 6, la France doit remettre à l'avenir à l'Allemagne les bulletins des condamnations prononcées par nos tribunaux contre des individus originaires des territoires cédés qui seront devenus sujets allemands. Ces bulletins devront m'être transmis tous les mois pour être adressés, par voie diplomatique, au Gouvernement allemand. Quant aux bulletins concernant les Alsaciens et Lorrains restés volontairement Français, ils continueront à m'être envoyés pour être classés dans le casier central comme s'appliquant à des individus nés hors du territoire [3].

J. DUFAURE.

ALSACIENS-LORRAINS. — Options.

Du 30 mars 1872.

A MM. LES PRÉFETS.

La guerre fatale déclarée par la France à l'Allemagne, dans le mois de juillet 1870, et qui nous a enlevé nos provinces

---

[2] L'exécution de la Convention ayant rencontré des difficultés et donné lieu à des retards dans les instructions, un grand nombre de bulletins concernant les Alsaciens-Lorrains ont été rassemblés au casier central. On doit recourir d'abord à ce casier avant de s'adresser au gouvernement étranger conformément à la Convention de Francfort. (Voy. circ. du 30 décembre 1873, § III.)

Les demandes de bulletins adressées aux autorités allemandes doivent être motivées. (Circ. du 21 décembre 1878. — Bull. off. 1878, p. 132.)

[3] La nécessité de transmettre à la Chancellerie les bulletins des condamnations prononcées contre les Alsaciens-Lorrains a été rappelée dans la circulaire du 30 novembre 1872, § XII.

d'Alsace et de Lorraine, s'est terminée par deux conventions diplomatiques : le Traité de paix du 10 mai 1871 et la Convention additionnelle de Francfort du 11 décembre suivant.

Des graves intérêts que ces actes devaient régler, aucun ne pouvait préoccuper nos négociateurs au même point que la réserve et les moyens pour nos anciens compatriotes de conserver la nationalité française. Des stipulations formelles ont été arrêtées à cet égard; un peu vagues à l'origine, elles ont été précisées avec plus de soin dans les conférences qui ont précédé la Convention de Francfort. Les conditions du droit d'*option* sont maintenant déterminées. Mais, comme le délai pendant lequel ce droit peut être exercé expire dans six mois, il me paraît utile de rappeler ces conditions et d'éclairer les intéressés sur les formalités qu'ils ont à remplir; c'est dans ce but que je crois devoir vous adresser les présentes instructions qui porteront sur les deux points suivants :

1° Quelles personnes doivent faire une déclaration d'option?

2° Quelle doit être la forme de cette déclaration?

§ 1er.

Personnes qui doivent faire une déclaration. — L'article 2 du Traité de paix du 10 mai 1871 est ainsi conçu :

« Les sujets français, originaires des territoires cédés, domiciliés actuellement sur ce territoire, qui entendront conserver la nationalité française, jouiront jusqu'au 1er octobre 1872, et moyennant une déclaration préalable faite à l'autorité compétente, de la faculté de transporter leur domicile en France et de s'y fixer, sans que ce droit puisse être altéré par les lois sur le service militaire, auquel cas la qualité de citoyen français leur sera maintenue. »

On avait d'abord donné en France une interprétation restrictive à cette disposition et on avait conclu des termes mêmes du traité que la nécessité d'une déclaration n'était imposée qu'aux habitants des territoires cédés qui non seulement étaient originaires de ces territoires, mais encore y étaient domiciliés au moment de l'annexion.

Le doute aujourd'hui n'est plus permis. L'article 1er de la

Convention additionnelle de Francfort a eu précisément pour objet de régler la condition des Alsaciens-Lorrains qui, originaires des provinces cédées, *n'y sont pas domiciliés.*

Il dispose en ces termes : « Pour les individus originaires « des territoires cédés *qui résident hors d'Europe* [1] le terme fixé « par l'article 2 du Traité de paix pour l'option entre la natio- « nalité française et la nationalité allemande est étendu jus- « qu'au 1er octobre 1873.

« L'option en faveur de la nationalité française résultera, « pour ceux de ces individus *qui résident hors d'Allemagne*, « d'une déclaration faite soit au maire de leur domicile en « France, soit devant une chancellerie diplomatique ou con- « sulaire française [2], ou de leur immatriculation dans une de « ces chancelleries. »

Donc tous ceux qui sont originaires des territoires cédés, quel que soit leur domicile, sont obligés de faire une déclaration s'ils veulent rester Français [3].

Originaires. — Quant à la signification du mot *originaires*, employé dans les deux traités, elle est aujourd'hui nettement déterminée.

Dans l'une des dernières conférences de Francfort, les plénipotentiaires allemands ont déclaré « qu'en ce qui concerne « la définition du mot *originaires* la chancellerie fédérale per- « sistait à croire que cette question n'était pas du nombre de « celles qui devaient être traitées dans les conférences de « Francfort, et avait fait savoir au Gouvernement français, par « l'intermédiaire de M. le comte d'Arnim, qu'elle interprétait

---

[1] L'extension de délai prévue par ledit article a été appliquée aux Alsaciens-Lorrains qui habitaient l'Algérie comme à tous ceux résidant dans les autres pays situés hors d'Europe. Les maires ont été autorisés à accepter jusqu'au 1er octobre 1873 toutes les déclarations des Alsaciens-Lorrains qui résidaient en Algérie, quelles que fussent la date et la durée de cette résidence.

[2] Les déclarations ont pu être reçues par un agent consulaire, bien que celui-ci n'eût pas été investi du droit de dresser les actes de l'état civil ou notariés. Les déclarations ne pouvaient pas être faites devant notaire alors même que dans le pays la France n'avait pas de consul.

[3] Le Traité du 10 mai 1871 et la Convention du 11 octobre ne sont pas applicables à ceux qui étaient seulement domiciliés dans les territoires cédés. Toutefois le Gouvernement allemand a maintes fois déclaré que les personnes dont il s'agit devaient, si elles ne voulaient pas être considérées comme Allemandes par le Gouvernement impérial, venir s'établir en France avant le 1er octobre 1872.

«l'expression *originaires* comme s'appliquant à toute personne «née dans les territoires cédés.»

La dépêche de M. le comte d'Arnim, envoyé extraordinaire d'Allemagne à Paris, porte la date du 18 décembre 1871; elle ainsi conçue :

«En réponse à la question que vous m'avez fait l'honneur de «m'adresser au sujet des personnes que le traité de paix dé«signe comme *originaires* des territoires cédés, je m'empresse «de vous informer que le Gouvernement impérial considérera «comme *originaires* de l'Alsace-Lorraine *tous ceux qui sont nés «dans ces territoires.*»

M. le Ministre des affaires étrangères a répondu dans les termes suivants, le 29 du même mois, à la communication de M. le comte d'Arnim :

«Répondant aux questions que j'avais eu l'honneur de vous «adresser au sujet de la définition du terme *originaires* des «territoires cédés, employé dans les conventions entre la «France et l'Allemagne, vous voulez bien me faire savoir que «votre Gouvernement considérera comme originaires de l'Al«sace-Lorraine *tous ceux qui sont nés dans ces territoires.* Je «m'empresse de vous remercier de cette communication qui «est destinée à résoudre de nombreuses difficultés pratiques, «et d'où il résulte que les individus qui ne sont pas natifs des «territoires cédés ne seront pas astreints à faire une déclara«tion d'option pour conserver leur nationalité française, *quoi«qu'ils puissent être issus de parents nés en Alsace-Lorraine ou «qu'ils résident eux-mêmes dans ce pays.*» Je n'ai rien à ajouter à ces explications.

Mineurs. — Après avoir obtenu l'interprétation du mot *originaires*, nos plénipotentiaires, malgré les plus vives instances, n'ont pu réussir à faire insérer dans la Convention une clause réservant aux mineurs le droit d'opter, à leur majorité, pour la nationalité de leur choix. Le Gouvernement allemand a toujours répondu qu'il n'y avait aucune distinction à établir entre les majeurs et les mineurs; que les conditions et les délais établis par les traités étaient applicables à ces derniers; mais il a ajouté que leurs déclarations seraient valablement faites avec l'*assistance*[4] de leurs représentants légaux[5].

Il sera peut-être utile de mettre notre loi en harmonie avec cette déclaration du Gouvernement allemand, et de conférer aux mineurs, par un texte spécial, le droit de faire acte de nationalité avec l'autorisation de leurs tuteurs; *mais, dès à présent, leurs déclarations doivent être reçues dans cette forme par les autorités françaises*[6].

Femmes mariées. — Ces observations s'appliquent également aux femmes mariées. En principe, et d'après les articles 12 et 19 du Code civil, la femme suit la condition de son mari. C'est une question controversée que celle de savoir si le changement de nationalité du mari peut modifier la nationalité que le mariage a conférée à la femme. Aussi, pour éviter les difficultés qui pourraient se produire ultérieurement, en matière de succession notamment, la femme mariée née en Alsace-Lorraine qui voudra mettre sa nationalité à l'abri de toute contestation devra faire, avec l'assistance de son mari, une déclaration d'option[7].

Il résulte de ce qui précède que *tous ceux qui sont nés*

---

[4] Il n'est pas nécessaire que les mineurs se soient présentés devant le maire *accompagnés* de leurs représentants légaux. Les mots *assistance* et *autorisation* étant synonymes dans la langue juridique, la Chancellerie a admis qu'il suffisait que le mineur fût autorisé pour que sa déclaration fût valable. Les formes de cette autorisation n'ayant pas d'ailleurs été déterminées, on a admis qu'elle pouvait être donnée sur papier libre, mais qu'il était désirable que la signature fût autant que possible légalisée.

[5] La déclaration d'option du mineur faite avec l'autorisation de son représentant légal et suivie de la translation de domicile en France lui a conféré aux yeux de la France la nationalité française, alors même que ce représentant originaire de l'Alsace-Lorraine n'aurait pas lui-même opté pour la nationalité française. Mais il n'en a pas été ainsi aux yeux de l'Allemagne qui a toujours entendu subordonner la nationalité des mineurs à celle de leur père ou tuteur.

[6] L'autorisation du père ou tuteur a dû être mentionnée dans l'acte. Si cette autorisation a été donnée par écrit, elle a dû être annexée à la déclaration. (Circ. non insérée du 12 juillet 1872.)

[7] Toutefois, par application des termes de l'article 2, il a été admis d'une manière générale que les femmes nées en France sont demeurées *Françaises* alors même qu'elles avaient épousé des Alsaciens-Lorrains. Par contre et à défaut d'option valable, celles nées dans les territoires annexés sont considérées comme Allemandes bien que mariées à des Français. Le consentement au changement de nationalité de la femme a pu être donné par simple lettre du mari.

Malgré l'absence ou l'empêchement du mari, les maires ont été invités à recevoir la déclaration de la femme, en ayant soin de constater l'absence ou l'empêchement du mari; la même solution a été admise pour l'option des mineurs.

dans les territoires cédés, quels que soient leur âge, leur sexe et leur domicile, sont tenus de faire une déclaration s'ils entendent conserver la qualité de Français; qu'à défaut de cette déclaration dans les délais prescrits ils seront considérés comme Allemands[8]*; et qu'au contraire tous ceux qui ne sont pas nés dans ces territoires n'ont aucune déclaration à faire et sont Français de plein droit.*

Militaires. — Il me reste, Monsieur le Préfet, pour compléter cette première partie de mes instructions, à vous entretenir d'une disposition qui est spéciale aux militaires.

L'article 1er du protocole de clôture de la Convention additionnelle de Francfort porte ce qui suit :

« Tous les *militaires et marins* français originaires des territoires cédés, actuellement sous les drapeaux et à quelque titre qu'ils y servent, même celui d'engagé volontaire ou de remplaçant, seront libérés en présentant à l'autorité militaire compétente leur déclaration d'option pour la nationalité allemande. Cette déclaration sera reçue en France devant le maire de la ville dans laquelle ils se trouvent en garnison ou de passage, et des extraits en seront notifiés au Gouvernement allemand, dans la forme prévue par le dernier aliéna de l'article 1er de la Convention additionnelle de ce jour. »

Il semblerait résulter de cette disposition que les Alsaciens-Lorrains appartenant à l'armée devraient, en l'absence d'une déclaration d'option pour la nationalité allemande, être considérés comme Français de plein droit.

Il n'en est pas ainsi. L'article 1er du protocole de clôture n'a pas eu d'autre but que de libérer immédiatement les militaires ou marins qui acceptent dès à présent la nationalité allemande. Il ne les affranchit en aucune façon de l'obligation de faire, comme les autres Alsaciens-Lorrains, une déclaration d'option en faveur de la nationalité française.

C'est ce qui a été formellement expliqué dans les conférences de Francfort.

---

[8] La circulaire, non insérée, du 1er mai 1872 insiste sur ce point que ceux-là mêmes qui au moment de l'annexion n'étaient pas domiciliés en Alsace-Lorraine, bien qu'ils fussent originaires de cette contrée, doivent faire une déclaration d'option pour conserver la nationalité française.

§ 2.

FORME DE LA DÉCLARATION.

Je ne puis m'occuper ici des Alsaciens-Lorrains qui sont domiciliés dans les provinces cédées. Leurs déclarations d'option pour la nationalité française doivent être reçues par les autorités du lieu de leur domicile, c'est-à-dire par les autorités allemandes, qui sont seules compétentes, par suite, pour en déterminer les conditions [9].

Je ne parlerai pas non plus de ceux de nos compatriotes originaires d'Alsace-Lorraine qui sont établis à l'étranger. M. le Ministre des affaires étrangères adressera, en ce qui les concerne, des instructions aux différents agents de son département.

Quant aux Alsaciens-Lorrains qui résident en France, le maire de leur résidence est, aux termes de la Convention, le seul fonctionnaire qui ait qualité pour recevoir leur déclaration, qui sera inscrite sur papier libre et ne devra donner lieu à aucuns frais.

Afin d'en simplifier autant que possible les formes et d'en rendre l'expédition plus rapide, j'ai pensé qu'il suffirait de consigner cette déclaration sur des feuilles imprimées à l'avance, contenant une double formule dont vous trouverez ci-joint le modèle; l'un de ces doubles sera remis au déclarant, l'autre devra m'être transmis par votre intermédiaire [10].

Il a été convenu, en effet, avec mes collègues des Affaires étrangères et de l'Intérieur, que c'était au Ministère de la justice que les déclarations devraient être centralisées pour assurer l'exécution de la disposition finale de l'article 1er de

---

[9] La translation de domicile n'a pas été exigée par le Gouvernement français pour que l'option produisît tous ses effets à son égard, mais le Gouvernement allemand n'a cessé de déclarer que, sans cette translation, il considérerait l'option comme non avenue.

[10] Les modèles de déclaration d'option jointes à cette circulaire n'avaient rien d'obligatoire. Si, pour éviter des erreurs ou faciliter le travail des maires, la Chancellerie a cru devoir recommander l'adoption d'une même formule pour toute la France, les déclarations faites devant les autorités compétentes dans les conditions et les délais prescrits par les traités n'en étaient pas moins valables.

la Convention du 11 décembre, aux termes de laquelle le Gouvernement français doit notifier au Gouvernement allemand les listes nominatives des déclarants.

Afin d'éviter une trop grande accumulation dans les bureaux de la Chancellerie, je vous prie de prescrire aux maires de votre département de vous adresser les déclarations aussitôt qu'ils les auront reçues; vous devrez leur en accuser réception immédiatement. Vous voudrez bien me les adresser à la fin de chaque semaine, en y joignant un état nominatif rédigé en double exemplaire. L'un des doubles vous sera renvoyé, après vérification, pour vous tenir lieu d'accusé de réception. De cette manière, il sera facile de constater si toutes les déclarations sont parvenues à destination.

Enfin, j'ai décidé qu'elles seraient insérées par extrait au *Bulletin des lois*, pour les mettre à l'abri de toute éventualité de destruction et permettre aux intéressés de retrouver toujours facilement le titre de leur nationalité.

Telles sont, Monsieur le Préfet, les mesures qu'il m'a paru utile d'adopter; je compte sur votre patriotique concours et sur celui de MM. les maires pour assurer leur complète et prompte exécution[11].

J. DUFAURE.

ÉTAT CIVIL. — Reconstitution. — Ville de Paris.

Du 29 avril 1872.

A MM. LES MAIRES.

La loi du 12 février 1872[1], sur la reconstitution des actes de l'état civil de Paris détruits par l'insurrection au mois de mai 1871, impose aux maires des obligations dont il est né-

---

[11] La circulaire, non insérée, du 18 juin 1872 contient les instructions adressées aux préfets pour la rédaction uniforme des états nominatifs d'option qui ont dû être insérés au *Bulletin des lois*. Celle également non insérée du 12 juillet 1872 recommande aux préfets d'adresser aux maires les instructions nécessaires, afin que les déclarations d'option contiennent des indications complètes et précises.

[1] Cette loi a été complétée par celle du 3 août 1875.

cessaire de bien déterminer la nature et d'assurer l'accomplissement [2].

Aux termes de l'article 6 de cette loi, toute personne qui détient, à quelque titre que ce soit, un extrait authentique d'un acte de l'état civil de Paris, antérieur à 1860, ou dressé à la mairie du XIIe arrondissement depuis le 1er janvier 1870 jusqu'au 25 mai 1871, doit en effectuer la remise ou l'envoi au dépôt central.

Ce dépôt central a été établi à Paris, au palais de la Bourse.

Vous aurez donc à faire rechercher dans les archives de votre mairie les actes de cette nature qui peuvent être annexés à d'autres actes ou qui, pour toute autre cause, pourraient s'y trouver. Vous aurez à examiner notamment les annexes aux actes de mariage qui n'auraient pas encore été transmises au greffe du tribunal de votre arrondissement, conformément à l'article 44 du Code civil. Vous pouvez trouver, parmi ces annexes, des actes de naissance, de reconnaissance d'enfant naturel ou de décès dressés à Paris.

L'envoi des actes que vous aurez ainsi recueillis doit être fait au dépôt central, dans l'année, à partir du jour de la promulgation de la loi, c'est-à-dire avant le 25 février 1873, la loi du 12 février 1872 ayant été promulguée par son insertion au *Journal officiel* du 25 février dernier.

La loi exige l'envoi de ces extraits authentiques et non de copies; vous n'aurez donc point à les faire copier; c'est l'extrait authentique même qui doit être adressé au dépôt central [3]. Cet envoi doit être fait en franchise, conformément à l'article 15 de la loi du 12 février 1872, qui dispense ces sortes d'envois de tous frais de poste. Il sera bon de remplacer dans les dossiers chaque extrait authentique que vous en aurez tiré, par une fiche qui en relatera les énonciations principales et indiquera la date de l'envoi au dépôt central.

L'article 9 de la loi du 12 février 1872 prescrit à tout fonctionnaire de l'ordre administratif ou judiciaire d'effectuer

---

[2] La présente circulaire a été communiquée aux procureurs généraux à la date du 13 mai 1872, avec une lettre d'envoi non insérée.

[3] L'article 3 de la loi du 3 août 1875 autorise la commission de reconstitution à dispenser les administrations de l'envoi d'extraits authentiques.

la remise ou l'envoi au dépôt central de tout extrait des actes de l'état civil de Paris qui lui sera remis pour en faire usage, lorsque cet extrait ne sera pas revêtu de l'estampille indiquant qu'il a déjà été soumis à la commission chargée de la reconstitution des actes. Les maires, officiers de l'état civil, sont évidemment au nombre des fonctionnaires auxquels cette obligation est imposée. Aux termes du même article, l'envoi de ces extraits doit être fait dans le délai de trente jours. Ce délai doit courir naturellement à partir du jour où il a été fait usage de l'extrait déposé.

Ainsi, Monsieur le Maire, lorsque, en vue d'un mariage à contracter, un extrait des actes de l'état civil de Paris aura été déposé entre vos mains, vous devrez, après avoir procédé au mariage, s'il y a lieu, envoyer l'extrait au dépôt central. Dans ce cas encore, vous n'avez pas à faire faire de copie, et c'est l'extrait lui-même que vous devez envoyer dans le délai de trente jours. Comme dans le cas précédent, il sera bon de remplacer momentanément l'extrait par une fiche reproduisant les énonciations principales et indiquant la date de l'envoi. Le dépôt central vous enverra, dans le mois, un récépissé que vous devrez annexer à l'acte de mariage, pour être déposé, conformément à l'article 44 du Code civil, au greffe du tribunal de votre arrondissement, avec le double des registres dont le dépôt doit avoir lieu audit greffe.

Aux termes de l'article 6 (9e alinéa) de la loi du 12 février 1872, dans les départements autres que celui de la Seine, tout détenteur des extraits d'actes de l'état civil ci-dessus mentionnés pourra en faire la remise à la mairie de la commune où il se trouve. Il lui en sera donné une copie dûment certifiée, qui servira de récépissé, et qui, plus tard, sera échangée gratuitement contre une expédition sur papier libre, certifiée par la commission, et qui fera la même foi que la pièce déposée. Lorsque des extraits authentiques seront déposés à votre mairie en exécution de cette disposition, vous devrez donc en faire faire la copie, la certifier, la remettre au déposant à titre de récépissé, retenir l'extrait authentique et l'envoyer à Paris au dépôt central. La commission, après avoir examiné l'extrait et en avoir constaté l'authencité, vous adressera, dans le mois, une expédition sur papier libre, faisant la même foi que la pièce déposée. Cette expédition sera remise par vous au déposant en échange de la copie que vous lui aurez délivrée à titre provisoire.

Il ne me reste plus qu'à vous parler des dispositions de l'article 13 (alinéas 3, 4 et 5) et de l'article 14 de la loi du 12 février 1872. Dans les départements, toute personne majeure, née ou ayant contracté mariage à Paris ou dans les communes annexées, doit, dans le délai de trois mois, à partir de la promulgation de la loi, se présenter devant l'officier de l'état civil du lieu de son domicile ou de sa résidence, pour y faire une déclaration sur son état civil. Les père et mère d'enfant naturel devront faire semblable déclaration. La déclaration, pour les mineurs, les femmes mariées et les autres incapables sera faite par les tuteurs, maris ou représentants légaux.

Les trois mois impartis pour faire ces déclarations expirant le 25 mai prochain, je vous invite, Monsieur le Maire, à faire publier dans votre commune, en la forme accoutumée et au moins à deux reprises différentes, les dispositions que je viens de vous rappeler.

L'article 14 de la loi du 12 février 1872 s'occupe de la rédaction des déclarations que vous êtes appelé à recueillir. Elles contiendront les mentions essentielles aux divers actes de l'état civil qu'elles auront pour objet de reproduire. Il y sera dit si la trace peut en être retrouvée dans les registres tenus par les ministres des différents cultes. Il vous appartient, Monsieur le Maire, d'interpeller les déclarants et de les interroger avec soin pour obtenir d'eux ces précieux renseignements. La personne comparante devra signer, ainsi que vous, la déclaration.

Les déclarations seront adressées par vous au dépôt central, avec copie ou extrait des pièces présentées à l'appui. Cet envoi sera fait en franchise.

Vous donnerez au déclarant un certificat constatant la déclaration faite par lui.

La commission a rédigé, pour la réception des déclarations, des formules que vous trouverez à la suite de cette circulaire[1]. Je vous invite à vous y conformer. Ce sera un excellent moyen de donner l'uniformité nécessaire à la grande

---

[1] Ces formules ne sont pas reproduites.

et difficile opération de la reconstitution des actes, dont vous appréciez certainement l'importance, et à laquelle vous apporterez, je n'en doute pas, un concours actif et éclairé [5].

J. DUFAURE.

MERCURIALES. — Transmission.

Du 30 avril 1872.

A MM. LES PROCUREURS GÉNÉRAUX.

Aux termes de l'article 8 de la loi du 20 avril 1810 [1], toutes les chambres des cours d'appel doivent se réunir en la chambre du conseil le premier mercredi d'après la rentrée, pour y entendre le discours de mercuriale prononcé par le procureur général, ou en son nom par un avocat général, et délibérer sur les réquisitions de ces magistrats.

Mes prédécesseurs ont toléré l'usage, qui peu à peu s'est introduit dans les différents ressorts, de faire porter la mercuriale, non plus, comme le voulait la loi de 1810, sur l'année judiciaire, mais sur l'année civile. Mon intention n'est pas de refuser aux magistrats le bénéfice d'une mesure passée au-

---

[5] La reconstitution des actes de l'état civil de la ville de Paris a donné lieu à de nombreuses instructions. Les circulaires des 11 septembre 1872 et 15 janvier 1873 règlent les indemnités dues aux officiers publics pour les copies qu'ils délivrent; celles du 22 juin 1874 et du 26 janvier 1876 (Bull. off. 1876, p. 22) recommandent aux greffiers de rechercher les actes de l'état civil annexés aux registres de l'état civil; celles des 29 octobre 1875 et 9 avril 1877 (Bull. off. 1877, p. 45) sont spéciales à l'exécution de l'article 4 de la loi du 3 août 1875 qui a imposé aux notaires des recherches spéciales parmi les documents déposés dans leurs études.

Un rapport général sur la reconstitution des registres de la ville de Paris a été inséré au *Bulletin officiel* (1878, p. 72). Le rétablissement des registres détruits ou des actes irréguliers dressés dans les départements a été l'objet de l'instruction du 19 octobre 1871.

[1] Les prescriptions de la loi de 1810 ont déjà été rappelées dans la circulaire non insérée du 6 novembre 1824, laquelle recommandait l'envoi dans la seconde quinzaine de novembre de la copie de la mercuriale.

Les décisions prises dans les assemblées tenues à huis clos par les chambres réunies pour les mercuriales ne constituent pas des arrêts susceptibles d'être déférés à la Cour de cassation. Ce sont des actes d'ordre intérieur qui appartiennent à la juridiction disciplinaire des cours et ne sont soumis qu'à l'approbation du Garde des sceaux (Cass. req. 25 juin 1838).

jourd'hui dans les habitudes judiciaires et dont j'apprécie les sérieux avantages. Je comprends en effet l'économie de temps et de travail qui en résulte pour eux. Si les dispositions de la loi précitée étaient appliquées rigoureusement, les magistrats se verraient obligés de recueillir et de coordonner des renseignements à peu près identiques, d'abord au mois de novembre pour la mercuriale, et en second lieu en janvier pour la statistique.

Mais trop souvent mes prédécesseurs ont eu l'occasion de rappeler aux chefs de cour que, s'ils toléraient l'usage de faire porter les mercuriales sur l'année ordinaire, c'était sous l'expresse condition que l'accomplissement du devoir imposé au ministère public ne fût pas indéfiniment ajourné. Le plus souvent, en effet, ces discours n'étaient adressés à la Chancellerie que dans les mois de mai, juin, juillet et même parfois en août. Les observations adressées par le Garde des sceaux au sujet des abus qui lui étaient signalés perdaient par là même la majeure partie de leur valeur et de leur intérêt.

Ce n'est guère, je le sais, qu'au mois de mars que le magistrat peut réunir, complètement vérifiés, les renseignements qui doivent servir au double travail de la statistique et de la mercuriale. Par suite, ce dernier travail ne peut que rarement être présenté à la cour avant cette époque. Mais il importe que ce délai ne soit jamais dépassé, et que ces discours soient adressés, en conséquence, à la Chancellerie dans la première quinzaine d'avril.

Les observations des Gardes des sceaux qui m'ont précédé, tendant à triompher de ces lenteurs, sont demeurées malheureusement trop souvent impuissantes. Certaines cours ont persisté, malgré des avis répétés, dans ces regrettables errements. Je l'ai déjà constaté moi-même; l'année dernière, je n'ai reçu que très tardivement le plus grand nombre des discours de mercuriale. Il est même un certain nombre de ces documents qui ne me sont pas parvenus.

J'avais pensé alors que ces retards et ces omissions n'avaient pour cause que le trouble apporté dans les services judiciaires par les tristes événements qui s'étaient succédé, et j'espérais qu'il en serait autrement en 1872. Mais je constate qu'à la fin du mois d'avril je n'ai encore entre les mains aucun des travaux relatifs à l'exercice 1871. Aujourd'hui que la marche de la justice a repris son cours régulier, il est de mon devoir de porter remède à ces tendances regrettables. Je vous prie, en conséquence, Monsieur le Procureur général, de veiller à ce qu'il soit désormais apporté la plus grande diligence à l'accomplissement des prescriptions de la loi de 1810, et à ce que les mercuriales me soient transmises dans les délais que je viens de vous indiquer, et, cette année, dans le cours du mois de mai.

J. Dufaure.

Presse. — Ouvrages condamnés. — Insertions. — Extraits.

Du 11 mai 1872.

A MM. les Procureurs généraux.

Pour faciliter la surveillance du ministère public sur les écrits immoraux, un catalogue des ouvrages condamnés depuis 1814 jusqu'au 1er janvier 1850 fut inséré au *Moniteur universel* du 25 octobre 1850 et envoyé à tous les parquets. Ce travail avait été fait au moyen des insertions au *Journal officiel*, prescrites par l'article 26 de la loi du 26 mai 1819, pour toutes les condamnations en matière de publication, et qui sont la condition de l'aggravation de peine édictée par l'article 27 de cette loi.

Les mêmes tendances à abuser des facilités plus grandes qu'offrent les lois sur la presse se rencontrent aujourd'hui, et les mêmes besoins de surveillance se font sentir. J'ai ordonné, en conséquence, la confection d'un nouveau catalogue pour la période du 1er janvier 1850 au 1er janvier 1872. Mais l'insertion au *Moniteur* a été négligée depuis 1850 jusqu'au mois d'avril 1858, où elle a repris en vertu d'une circulaire du 18 février précédent; elle s'est continuée pendant plus de dix ans, jusqu'à l'amnistie du 14 août 1869. Quelques insertions ont encore été faites de juillet 1870 au 7 août de la même année. Le travail est préparé pour les périodes d'insertion, mais, pour celles de 1850 à 1858, d'août 1869 à juillet 1870 et d'août 1870 au 1er janvier 1872, il ne pourra être complété qu'à l'aide des renseignements que me transmettra chaque parquet. La publication au *Journal officiel* du catalogue complet servira pour l'avertissement prescrit par l'article 27 de la loi de 1819[1], en ce qui concerne les décisions judiciaires qui n'ont pas encore été rendues publiques en cette forme.

Il s'agit, par cette publication, de permettre de veiller plus efficacement à l'observation des lois conservatrices de la morale publique. Vous élaguerez donc du travail rétrospectif que vous m'adresserez, en forme de tableau, toutes les condamnations pour des écrits purement politiques et de circonstance.

Je désire, d'ailleurs, que vous vous conformiez à l'avenir aux circulaires des 6 décembre 1840 (§ 17) et 18 février 1858[2], pour l'envoi des extraits de condamnation en matière de publication, lesquels seront insérés au *Journal officiel.*

J. Dufaure.

Greffiers. — Pièces à conviction. — Récépissés et décharges. — Timbre. — Quittances. — Contraventions. — Procès-verbaux.

Du 30 mai 1872.

A MM. les Procureurs généraux.

Des difficultés se sont élevées sur l'application de l'article 18 de la loi du 23 août 1871, qui assujettit au timbre de 10 centimes les quittances ou acquits donnés au pied des factures et mémoires, les quittances pures et simples, reçus ou décharges de sommes, titres, valeurs ou objets et généralement tous les titres de quelque nature qu'ils soient, signés ou non signés, qui emporteraient libération, reçu ou décharge. Il s'est agi de savoir si ce timbre est exigé pour les récépissés délivrés par les greffiers aux agents de la force publique qui font le dépôt de pièces à conviction, et pour les décharges

---

[1] Les articles 26 et 27 de la loi de 1819 n'ont pas été abrogés par la disposition générale contenue dans l'article 27 du décret du 17 février 1852. (Voy. circ. du 27 mars 1852, chap. III, § 3.)

[2] La circ. non insérée du 18 février 1858 demandait un envoi mensuel des extraits. Des instructions adressées en 1877 recommandent de les transmettre dès que les condamnations sont devenues définitives. (Bull. off. 1878, p. 20.)

données sur le registre desdites pièces lors de leur restitution aux ayants droit.

Malgré la généralité des termes de l'article 18 précité, il m'a paru qu'une immunité était consacrée par l'article 16 de la loi du 13 brumaire an VII, tant au profit des agents qui, en déposant au greffe des objets saisis, à la suite d'une information pour crime ou délit, n'accomplissent qu'un acte de police judiciaire et de vindicte publique, qu'au profit des greffiers qui sont certainement fondés à comprendre les registres des pièces de conviction parmi les registres des tribunaux.

L'article 20 (§ 3) de la loi du 23 août excepte d'ailleurs du timbre de 10 centimes les quittances énumérées dans l'article 16 de la loi de brumaire an VII, sauf celles relatives aux traitements et émoluments des fonctionnaires, officiers des armées de terre et de mer, et employés salariés par l'État, les départements, les communes et tous les établissements publics.

M. le Ministre des finances a bien voulu accueillir les observations que je lui ai adressées sur ces deux points, et je m'empresse de vous informer de sa décision.

Mon collègue a, de son côté, invoqué le concours de mon département pour assurer à la loi et au décret portant règlement d'administration publique, en date du 27 novembre 1871, toute leur efficacité. L'article 23 de la loi dispose qu'une amende de 50 francs en principal est due par chaque acte, écrit, quittance, reçu ou décharge pour lequel le droit de timbre n'a pas été acquitté : le même article donne pouvoir aux employés de l'enregistrement, aux officiers de police judiciaire, aux agents de la force publique, aux préposés des douanes, des contributions indirectes, des octrois, de constater les contraventions par procès-verbaux auxquels doivent être annexées les pièces non timbrées.

Le décret portant règlement d'administration publique a trait principalement à la création d'un timbre mobile, qui doit être collé sur les quittances et immédiatement oblitéré par l'apposition à l'encre noire, en travers du timbre, de la signature du créancier ou de celui qui donne reçu ou décharge, ainsi que la date de l'oblitération, conditions sans lesquelles le timbre est considéré comme n'existant pas.

M. le Ministre des finances demande que l'attention des officiers de police judiciaire soit appelée principalement sur les points suivants :

1° La loi ne demande pas compte aux rédacteurs des procès-verbaux des moyens par lesquels la contravention est parvenue à leur connaissance (rapport de la Commission du budget), et il suffit que les pièces en contravention soient représentées;

2° Les procès-verbaux rédigés par eux doivent être remis avec les pièces saisies aux receveurs de l'enregistrement, qui auront à faire les diligences et poursuites nécessaires pour le recouvrement des droits, amendes et frais;

3° La loi attribue aux agents verbalisateurs un quart des amendes recouvrées.

Je vous prie de vouloir bien signaler les graves intérêts qui s'attachent à l'exacte exécution de la loi du 23 août 1871, aux parquets et aux juges de paix de votre ressort. Ces derniers magistrats, placés plus près des gardes champêtres, forestiers, agents de la force publique, pourront les guider utilement pour la constatation des contraventions.

J. Dufaure.

Mines. — Jugements. — Copie. — Procès-verbaux.

Du 20 juin 1872.

A MM. les Procureurs généraux.

Pour faciliter la surveillance qu'exerce le conseil général des mines, établi à Paris près de son ministère, et sur la demande de ce conseil, M. le Ministre des travaux publics exprime le désir que les ingénieurs soient autorisés à faire prendre dans les greffes des tribunaux et cours d'appel des copies de jugements ou arrêts intervenus à la suite de procès-verbaux constatant des accidents dans les mines.

L'un de mes prédécesseurs, par une circulaire du 10 février 1862 [1], a déjà autorisé une mesure semblable, en ce qui

[1] Voy. cette circulaire à sa date.

concerne les jugements et arrêts rendus à la suite d'accidents sur les chemins de fer. Je vous prie de donner aux ingénieurs des mines toute facilité à cet égard.

Je vous rappelle, à cette occasion, que tout ce qui concerne l'exploitation minière intéresse au plus haut degré l'ordre public, l'inobservation des règlements pouvant avoir les conséquences les plus graves pour la vie des ouvriers. Vous veillerez donc à ce que les procès-verbaux que la loi recommande toujours de transmettre aux parquets soient exactement et rapidement fournis par les ingénieurs, conducteurs ou gardes-mines [2]. Vous vous assurerez aussi que les premiers avis de sinistres sont immédiatement donnés à l'autorité administrative et que les inspections de travaux prescrites pour les prévenir sont régulièrement faites.

J. Dufaure.

Actes judiciaires. — Corse. — Algérie.

Du 5 juillet 1872.

A MM. les Procureurs généraux.

M. le Ministre de la marine me fait savoir que MM. les procureurs de la République lui adressent fréquemment, en le priant de les faire parvenir aux intéressés, des significations déposées à leurs parquets et destinées à des personnes domiciliées en Corse, aux îles de Ré, d'Oléron, d'Hyères, etc., et en Algérie [1].

Vous n'ignorez pas qu'un de mes prédécesseurs a, par une circulaire en date du 23 juillet 1834, invité les magistrats

---

[2] Loi du 21 avril 1810, articles 95 et 96. Ces dispositions sont également applicables aux exploitations de minières (Cass. crim. 26 mai 1831).

[1] L'intention du législateur dans la rédaction de l'article 9, § 9, du Code de procédure civile a été de réserver l'intervention du Ministre de la marine pour l'envoi des significations destinées aux possessions françaises hors du continent qui sont directement placées sous sa surveillance, c'est-à-dire aux colonies; de même que le Ministre des affaires étrangères est désigné dans le même article en ce qui concerne les pays étrangers où il entretient des agents; mais le législateur n'a pas entendu assimiler la Corse aux colonies. (Circ. du 23 juillet 1834 non insérée.)

des parquets de France à correspondre directement, pour le cas dont il s'agit, avec M. le procureur général de la Corse et les parquets dont dépendent les îles d'Oléron, de Ré, etc.

Le service de la justice de l'Algérie étant depuis 1848 placé dans les attributions exclusives de mon Département, une circulaire du 26 octobre de ladite année a prescrit l'envoi à la Chancellerie de tous les actes judiciaires destinés à cette colonie. Cette règle a depuis lors été généralement observée[2].

Je vous prie de vouloir bien donner de nouvelles instructions sur ces deux points à vos substituts et m'accuser réception de la présente circulaire.

J. Dufaure.

Frais de justice. — Contrainte par corps.

Du 9 juillet 1872.

A MM. les Procureurs généraux.

M. le Ministre des finances et plusieurs procureurs généraux m'ont consulté sur le point de savoir si la loi du 19 décembre 1871, qui a rétabli la contrainte par corps pour le recouvrement des frais dus à l'État en vertu des condamnations prononcées en matière criminelle, correctionnelle ou de police, doit s'appliquer aux jugements passés en force de chose jugée, antérieurement à sa date. Il m'a été demandé encore si la contrainte par corps ne doit pas, au moins, s'exercer pour les condamnations aux frais résultant de jugements rendus avant la loi du 22 juillet 1867[1].

---

[2] Les actes judiciaires destinés à l'Algérie étaient dans l'origine transmis par l'intermédiaire du Ministre de la guerre (circ. non insérée du 5 mars 1833). Un arrêté du 20 août 1848 ayant placé l'Algérie dans les attributions du Ministre de la justice, les actes judiciaires destinés à l'Algérie durent être envoyés à la Chancellerie (circ. non insérée du 26 octobre 1848). En 1858, la création du Ministère de l'Algérie entraîna un changement dans le mode de procéder. A partir de 1861, l'Administration de la justice en Algérie rentra dans les attributions du Garde des sceaux, et les actes judiciaires furent adressés à la Chancellerie. Aujourd'hui les actes judiciaires destinés aux personnes habitant l'Algérie doivent être directement transmis à M. le procureur général à Alger. (Circ. du 24 novembre 1876. — Bull. off. 1876, p. 234.)

[1] Voy., sur l'exercice de la contrainte par corps, circ. du 21 juillet 1853, et

Sur ces deux questions, j'ai été d'avis de la négative.

Dans le système de notre législation criminelle, la condamnation aux frais est un accessoire de la peine; c'est le caractère que lui attribuent l'exposé des motifs de la loi de 1867 et le rapport sur la loi du 19 décembre 1871.

Or, il est de principe que les lois pénales n'ont pas d'effet rétroactif.

D'un autre côté, la contrainte par corps a été abolie par l'article 19 de la loi du 22 juillet 1867 pour les jugements antérieurs à cette date, et le législateur de 1871 se serait expliqué s'il avait voulu retirer le bénéfice de cet article.

M. le Ministre des finances, à qui j'ai communiqué cette double décision, y a adhéré, et a invité, en conséquence, M. le directeur général des domaines à donner des instructions dans ce sens aux agents de son administration.

Vous voudrez bien écrire à vos substituts, afin que, dans le cas dont il s'agit, ils se refusent à requérir la force publique pour l'exécution des condamnations aux frais par la voie de la contrainte par corps.

J. Dufaure.

Extradition. — Italie. — Frais de voyage. — Mandats d'arrêt.

Du 30 juillet 1872.

A MM. les Procureurs généraux.

Une entente s'est établie entre le Gouvernement français et le Gouvernement italien à l'effet d'autoriser les consuls respectifs à faire aux témoins appelés d'un pays dans l'autre l'avance des frais de voyage, sous la réserve de la taxe des magistrats. M. le Ministre des affaires étrangères me prie de vous en informer, afin que vos substituts puissent, le cas échéant, provoquer de la part des consuls italiens le versement des avances nécessaires au voyage des témoins domiciliés dans leurs arron-

---

inst. du Ministre des finances du 20 septembre 1875, §§ 55 et suivants (Bull. off. 1876, p. 179). La solution contenue dans la circulaire ci-dessus perd son intérêt à mesure que le temps s'écoule; elle peut néanmoins être utile à consulter tant que les condamnations aux frais antérieurs à 1871 ne sont pas prescrites.

dissements et cités en Italie. Mon collègue a donné des instructions à nos consuls en Italie pour les avances à faire aux témoins cités en France[1].

Je dois, à cette occasion, vous recommander de veiller à ce que les mandats d'arrêt qui sont transmis à nos ambassadeurs ou représentants à l'étranger pour obtenir l'arrestation provisoire des malfaiteurs soient signés lisiblement par les juges d'instruction, ou portent, dans l'en-tête, le nom du juge d'instruction. Ces mandats ne peuvent être produits à l'étranger que régulièrement légalisés, et parfois l'impossibilité de déchiffrer les signatures qui y sont apposées ne permet point de remplir cette formalité.

Des conventions assez récentes ont introduit des facilités nouvelles pour l'arrestation provisoire des malfaiteurs à l'étranger. (Voyez les conventions du 29 avril 1869, avec la Belgique[2]; du 9 juillet 1869, avec la Suisse; du 29 novembre 1869, avec la Bavière, et du 12 mai 1870, avec l'Italie.) Il suffit de l'avis donné par le télégraphe et par la voie diplomatique à l'autorité étrangère de l'existence d'un mandat d'arrêt; mais il ne faut pas oublier que le mandat d'arrêt lui-même doit être produit, sous peine d'élargissement, dans les dix jours de l'arrestation, en Belgique[3]; dans les quinze jours, en Bavière et en Suisse; et dans les vingt jours, en Italie. Si le malfaiteur est réfugié en Belgique, il faut veiller à ce que la procédure soit assez avancée, au moment de l'arrestation, pour que l'arrêt de la chambre des mises en accusation, nécessaire pour obtenir l'extradition, puisse être produit dans les deux mois, sans quoi l'élargissement aurait lieu[4].

Les conventions précitées autorisent aussi l'extradition pour certains délits, pourvu qu'ils aient entraîné une condamnation contradictoire ou par défaut à deux mois d'emprison-

---

[1] L'arrangement auquel il est fait allusion a été confirmé par une déclaration du 16 juillet 1873, qui complète le § 1er *in fine* de l'article 14 de la Convention du 12 mai 1870, en ce sens qu'elle stipule formellement l'avance des frais de voyage et de séjour, et fixe le taux des indemnités.

[2] Convention nouvelle du 15 août 1874, article 6. (Voy. également circ. du 22 février 1875.)

[3] Actuellement, dans les quinze jours. (Convention du 15 août 1874.)

[4] Actuellement, la production du mandat d'arrêt suffit (art. 5, al. 2, Convention de 1874) pour obtenir l'extradition, mais le délai prescrit par l'article 7 doit toujours être observé.

nement, ou qu'ils soient de nature, s'il y a seulement prévention, à motiver une condamnation à plus de deux ans. Avec la Belgique, il suffit d'une condamnation à un mois d'emprisonnement, et, s'il s'agit d'une prévention, l'individu déjà condamné à une peine criminelle ou à plus d'un an d'emprisonnement peut être extradé pour un délit déterminé, n'entraînant pas le mininum de plus de deux ans. Dans ces cas, l'extrait du jugement ou de l'ordonnance de mise en prévention est seul exigé. Ce n'est, du reste, qu'en Belgique et dans le grand-duché de Luxembourg que l'extradition ne peut être obtenue sur la seule production du mandat d'arrêt[5].

Pour l'Angleterre et l'Amérique, le mandat d'arrêt est la pièce principale; mais il doit être accompagné de rapports ou procès-verbaux de dépositions des témoins, portant une date antérieure à celle du mandat et l'ayant motivé. Ces pièces doivent être certifiées exactes par les magistrats signataires.

Lorsque, dans des cas d'urgence, des avis sont directement donnés à nos représentants à l'étranger, ou des mandats d'arrêt transmis à ces mêmes représentants ou à des magistrats étrangers, il est essentiel que je sois immédiatement averti pour provoquer l'intervention du Département des affaires étrangères. Sans cette sage précaution, le temps qu'on a cru gagner est souvent perdu, les hésitations que les mesures réclamées peuvent soulever à l'étranger ne cessant d'ordinaire que par suite des bons offices de nos représentants qui sont obligés d'en référer.

Pour terminer ces observations sur la pratique des traités d'extradition, je dois vous faire remarquer que la plupart des traités sont énonciatifs et non limitatifs; qu'ils tracent des règles entre les hautes parties contractantes qui peuvent s'en écarter d'un commun accord.

Ainsi, excepté pour l'Angleterre, les États-Unis et la Belgique, le silence du traité relativement à certains crimes ou délits n'empêche pas de réclamer l'extradition, qui peut être accordée à titre de réciprocité[6]. L'extradition peut avoir lieu

---

[5] L'exception se réduit actuellement au grand-duché de Luxembourg; elle est reproduite par l'article 5 de la nouvelle convention du 12 septembre 1875.

[6] Il ne peut être accordé d'extradition à charge de réciprocité par les pays dans lesquels les extraditions sont réglées par une loi. Les actes de cette na-

de même en l'absence de tout traité, comme avec la Russie ou le Brésil. C'est pour ce motif que les règles, en cette matière, sont du domaine du droit international et échappent entièrement au contrôle de l'autorité judiciaire, qui puise dans la seule remise de l'inculpé, renvoyé régulièrement devant elle, les pouvoirs nécessaires pour le juger, sauf les réserves consenties par le Gouvernement français envers le Gouvernement étranger. (Voir arrêts de la Cour de cass. crim. des 6 juin, 4-26 juillet 1867; celui du 4 juillet dans l'intérêt de la loi [7].)

J. Dufaure.

Emprisonnement. — Délai d'exécution.

Du 30 juillet 1872.

A MM. les Procureurs généraux.

Je constate tous les jours que les parquets n'apportent plus dans l'exécution des peines d'emprisonnement l'exactitude qui leur est expressément recommandée par la circulaire du 20 août 1859 [1]. Il s'écoule souvent plus d'un mois, quelquefois même plus d'une année, entre le jugement définitif et l'incarcération du condamné.

Il y a là un abus grave, que les derniers événements pouvaient expliquer, et qu'il importe de faire cesser immédiatement pour ne pas laisser s'affaiblir l'autorité des décisions judiciaires.

---

ture, actuellement en vigueur sont: pour la Belgique, la loi du 15 mars 1874; pour les Pays-Bas, la loi du 6 avril 1875; pour la Grande-Bretagne, les actes du 9 août 1870 et du 5 août 1873; enfin, pour les États-Unis, les actes des 12 août 1848, 22 juin 1860, et 3 mars 1869.

[7] Voy. également arrêt de Cass. crim. du 4 mai 1865, arrêt de la cour d'assises de la Vienne du 3 décembre 1866 (aff. Lamirande), et circ. du 5 avril 1841.

[1] Cette circulaire non insérée porte que toutes les condamnations à une peine d'emprisonnement devront désormais être exécutées dans un délai de quinzaine à partir du jour où elles sont devenues définitives. Il n'y a lieu d'apporter d'exception à cette règle qu'en cas d'instructions émanant directement de la Chancellerie ou dans des circonstances tout à fait particulières, dont il doit être rendu compte immédiatement aux procureurs généraux.

Je vous prie donc de vouloir bien rappeler vos substituts à la rigoureuse observation des instructions ministérielles.

J. Dufaure.

Casiers judiciaires. — Alsace-Lorraine. — Franchise postale.

Du 2 septembre 1872.

A MM. les Procureurs généraux.

M. le Ministre des affaires étrangères me fait savoir que, pour l'exécution de l'article 6 de la Convention de Francfort concernant l'échange des extraits de casiers judiciaires et la demande de bulletins, les correspondances peuvent, dès maintenant, avoir lieu directement entre les magistrats français et ceux d'Alsace-Lorraine[1].

Suivant un arrêté de M. le Ministre des finances seront affranchies au moyen du timbre P D, soit au départ, soit à l'entrée en France :

1° Toutes les lettres sous bandes ou sous plis fermés concernant les demandes de bulletins n° 2 et adressées aux autorités d'Alsace-Lorraine sous le contreseing des procureurs généraux, des procureurs de la République et des juges d'instruction;

2° Les lettres de même nature adressées aux fonctionnaires ci-dessus désignés et portant un contreseing, un timbre ou un cachet indiquant qu'elles émanent d'un magistrat d'Alsace-Lorraine (ce signe a dû être fixé par la Convention).

En portant cet arrêté à ma connaissance, M. le Ministre des finances m'a fait observer que, si des lettres de provenance allemande ne portant aucun signe extérieur de leur origine ou de leur contenu venaient à être taxées, les règlements actuels permettraient d'en opérer la détaxe, sur la demande des destinataires, après ouverture et vérification.

J. Dufaure.

---

[1] Voy. circ. du 26 février 1872; 30 décembre 1873, § 3; 21 décembre 1878 (Bull. off. 1878, p. 132).

ÉTAT CIVIL. — Reconstitution. — Ville de Paris. — Officiers publics. — Indemnités.

Du 11 septembre 1872.

A MM. LES PROCUREURS GÉNÉRAUX PRÈS LES COURS D'APPEL.

Mon arrêté en date du 6 mai dernier, inséré au *Journal officiel* du 8 du même mois, a fixé les indemnités à allouer aux officiers publics en raison des obligations qui leur sont imposées par la loi du 12 février précédent sur la reconstitution des actes de l'état civil de Paris.

Les officiers publics qui se trouvaient intéressés au règlement de cette question étaient les greffiers des tribunaux civils et des justices de paix, et les notaires.

Pour faciliter le règlement définitif des indemnités auxquelles chacun d'eux aura le droit de prétendre, il a paru utile que le résultat de leurs recherches et le nombre et la nature des copies d'acte qu'ils auront délivrées fussent consignés et énumérés d'une manière uniforme dans des tableaux divisés par colonnes, dont je vous transmets ci-joints les modèles.

Les modèles n°s 1 et 5 concernent les greffiers des tribunaux civils; le modèle n° 3, les greffiers de justice de paix; et le modèle n° 4, les notaires[1].

MODÈLES N°s 1 ET 2. — Les obligations imposées aux greffiers des tribunaux civils sont de deux sortes :

Ils doivent d'abord, par application de l'article 6 de la loi du 12 février, rechercher et envoyer au dépôt central les extraits authentiques d'actes de l'état civil de Paris dont ils sont détenteurs. Ces recherches doivent être faites dans les liasses qui contiennent les pièces annexées aux actes de mariage en exécution de l'article 44 du Code civil. C'est là, en effet, que peuvent être retrouvés en assez grand nombre les actes de

---

[1] La circulaire du 15 janvier 1873 contient des indications complémentaires sur le règlement des indemnités allouées aux greffiers des tribunaux civils et des justices de paix et aux notaires. Les modèles indiqués n'ont pas été reproduits. — Voy. sur l'exécution de la loi du 12 février 1872, circ. du 29 avril 1872 adressée aux maires.

naissance, de reconnaissance d'enfant naturel ou de décès. Pour assurer l'exactitude de ces recherches, mon arrêté du 6 mai dispose qu'elles doivent être faites en présence du procureur de la République, et que le résultat en sera consigné dans un procès-verbal signé par ce magistrat et par le greffier [2].

Le modèle n° 1 n'est autre chose que ce procès-verbal, qui constatera pour chaque commune de l'arrondissement, en regard du nom de chacune d'elles, l'existence dans les archives du tribunal de première instance et le nombre des liasses annexées aux actes de mariage, avec l'indication du point de départ de l'existence de ces liasses et la mention des lacunes, s'il en existe.

Les greffiers seront indemnisés des frais de ces recherches.

Sur la proposition de la commission, j'ai décidé qu'il leur serait alloué *un demi-centime* pour chaque liasse qu'ils auront examinée, et *un centime* pour chaque acte qu'ils auront découvert et envoyé au dépôt central. Vous voudrez bien rappeler à ces officiers publics, par l'entremise de vos substituts, qu'ils ne doivent pas attendre, pour faire leur envoi au dépôt central, que toutes les liasses de leur greffes aient été examinées, mais qu'ils faciliteront le travail de la commission en envoyant à Paris les actes de l'état civil de cette ville dès qu'ils auront pu en réunir un certain nombre.

Là ne se bornent pas les obligations des greffiers des tribunaux de première instance. Concurremment avec les greffiers des justices de paix, ils sont encore appelés à recevoir, conformément à l'article 6, § 9, de la loi, la remise des extraits dont les détenteurs se trouvent dans les départements autres que celui de la Seine. Ils doivent en délivrer sur papier libre des copies dûment certifiées, qui serviront de récépissé et seront échangées gratuitement contre les expéditions délivrées par la commission. L'arrêté du 6 mai leur alloue pour ces copies *quinze centimes* par acte de naissance, de reconnaissance d'enfant naturel, ou de décès, et *trente centimes* par acte de mariage.

---

[2] Voy. circ. des 22 juin 1874 et 26 janvier 1876 (Bull. off. 1876, p. 22) qui recommandent les recherches que la loi prescrit : ces recherches doivent être faites même dans les liasses postérieures à 1860.

Dans un même tableau, le modèle n° 2 fournit le moyen de constater leurs droits à ces différentes indemnités. Il indique, par commune, le nombre de liasses examinées, le nombre d'actes découverts dans ces liasses; enfin le nombre de copies délivrées par le greffier et donnant ouverture, suivant la nature de l'acte, à une indemnité de 15 ou de 30 centimes.

Modèles nos 3 et 4. — Les modèles nos 3 et 4 ne réclament que peu d'explications.

Le modèle n° 3 est destiné aux greffiers des justices de paix. Ces officiers ministériels n'ont pas de recherches à faire; mais, ainsi que leurs collègues des tribunaux de première instance, ils sont astreints, en vertu du même article 6, à délivrer des copies servant de récépissés aux détenteurs d'actes qui en font la remise au greffe de la justice de paix. L'indemnité est la même que pour les copies délivrées par les greffiers de première instance.

Enfin le modèle n° 4 concerne les notaires. L'article 12 décide que ces officiers publics doivent tenir leurs minutes à la disposition des vérificateurs ou employés de l'enregistrement qui auront le droit d'y rechercher les extraits d'actes de l'état civil déposés pour minutes ou annexés à d'autres actes antérieurement à la loi du 12 février. Un copie des extraits signalés par ces employés ou réclamés par la commission doit être délivrée sur papier libre par le notaire, et envoyée au dépôt central où elle restera[3].

L'indemnité sera encore de *quinze centimes* pour les actes de naissance, de reconnaissance d'enfant naturel ou de décès; et de *trente centimes* pour les actes de mariage.

Je ne crois pas avoir besoin, Monsieur le Procureur général, d'insister davantage sur l'utilité de ces tableaux, qui permettront d'apprécier par un examen rapide, et pour ainsi dire d'un coup d'œil, le résultat des recherches accomplies et le nombre de copies délivrées par les greffiers ou les notaires. Ces différents états, après avoir été contrôlés par les soins de vos substituts, seront envoyés à la Chancellerie.

---

[3] La loi du 3 août 1875 a imposé aux notaires de nouvelles obligations. (Voy. circ. du 29 octobre 1875 et du 9 avril 1877. — Bull. off. 1877, p. 45.)

Sur l'initiative de M. le préfet de la Seine, M. le Ministre des finances a bien voulu autoriser MM. les trésoriers généraux et MM. les receveurs des finances à prêter leur concours pour le payement de ces indemnités, qui devront être acquittées sur les crédits alloués dans les budgets municipaux. C'est ce qui résulte d'une circulaire adressée par M. le directeur du mouvement général des fonds à MM. les trésoriers-payeurs généraux, à la date du 27 août dernier, dont je vous envoie copie.

Je dois vous faire remarquer, enfin, que jusqu'à présent un très petit nombre de greffiers ont envoyé à la commission des extraits authentiques des actes de l'état civil de Paris.

Je vous invite à activer autant que possible les recherches auxquelles les greffiers doivent se livrer, et à tenir la main à l'accomplissement des obligations que leur impose la loi du 12 février 1872. Vous voudrez bien recommander à vos substituts d'exercer à ce sujet la plus active surveillance et me rendre compte du résultat des instructions que vous aurez données à cet effet.

J. Dufaure.

État civil. — Registres. — Reliure. — Communes.

Du 12 septembre 1872.

A MM. les Procureurs généraux près les Cours d'appel.

M. le Ministre de l'intérieur vient de m'adresser un exemplaire d'une circulaire par laquelle il invite MM. les préfets à veiller à ce qu'à l'avenir toutes les communes fassent au moins cartonner les registres de l'état civil. La dépense, d'ailleurs peu considérable de ce travail, incombe aux communes en vertu de l'article 30, § 5, de la loi du 18 juillet 1837.

Je vous prie, Monsieur le Procureur général, de vouloir bien prendre, de votre côté, les mesures propres à assurer l'exécution de cette circulaire et inviter vos substituts à exiger, avant de recevoir le dépôt prescrit par la loi, que les registres de l'état civil destinés aux greffes soient présentés dans des conditions qui en assurent la conservation.

J. DUFAURE.

ABSENCE. — Militaires. — Actes de décès.

Du 8 octobre 1872.

A MM. LES PROCUREURS GÉNÉRAUX PRÈS LES COURS D'APPEL.

L'article 80 du Code civil dispose « qu'en cas de décès dans « les hôpitaux militaires, civils, ou autres maisons publiques, « l'officier de l'état civil enverra l'acte de décès à celui du « dernier domicile de la personne décédée, qui l'inscrira sur « les registres. »

Aux termes d'une instruction du 24 brumaire an XII, les maires doivent, dans ce cas, envoyer deux doubles de l'acte de décès au Ministère de la guerre, et y joindre, autant que possible, le numéro du registre matricule et tous les renseignements de nature à établir l'identité du militaire[1].

Les événements de la dernière guerre n'ont pas permis que ces prescriptions fussent immédiatement observées; et elles n'ont pas partout encore reçu leur exécution. Je vous prie de vouloir bien recommander à MM. les maires de votre ressort de s'y conformer dans le plus bref délai possible, et d'adresser aux officiers de l'état civil du domicile et à MM. les Ministres de la guerre et de la marine les actes de décès inscrits sur leurs registres pendant les années 1870 et 1871, concernant des hommes ayant, à un titre quelconque, appartenu à l'armée.

Ces actes devront être transmis à vos substituts, qui auront soin, en consultant les registres déposés au greffe, de réparer les omissions qui auraient pu se produire.

Je dois, en outre, appeler votre attention sur une question

---

[1] Cette instruction très complète, en date du 24 brumaire an XII, émane du Ministère de la guerre; elle a été complétée par celles du même Département des 15 novembre 1809 et 8 mars 1823.

qui intéresse également les familles de militaires ou marins disparus pendant la dernière guerre.

La procédure spéciale organisée par la loi du 13 janvier 1817, dont les dispositions ont été remises en vigueur par la loi du 9 août 1871, peut aboutir à un double résultat : la déclaration de l'absence ou la constatation du décès.

« La preuve testimoniale (porte l'article 5 de la loi de 1817) « pourra être ordonnée conformément à l'article 46 du Code « civil, s'il est prouvé, soit par l'attestation du Ministère de la « guerre ou de la marine, soit par toute autre voie légale, « qu'il n'y a pas eu de registres ou qu'ils ont été perdus, en « tout ou en partie, ou que leur tenue a éprouvé des inter- « ruptions. »

La loi de 1817 suppose que la demande est introduite à la requête des parties intéressées.

Mais le ministère public a également, aux termes de l'article 3 de la loi du 6 janvier 1872, le droit d'agir, d'office, pour la reconstitution des actes de l'état civil qui n'ont pas été dressés pendant la période qui s'est écoulée depuis le 4 septembre 1870 jusqu'au jour de la promulgation de la loi.

Cette dernière disposition ne fait d'ailleurs que consacrer le principe général posé par l'avis du Conseil d'État du 12 brumaire an XI et le décret du 18 juin 1811, qui reconnaissent au ministère public le droit d'agir d'office, en matière de rectification d'actes de l'état civil, dans toutes les circonstances qui intéressent l'ordre public, principe dont la Cour de cassation a eu plusieurs fois l'occasion de faire application.

L'article 3 de la loi précitée ne fait aucune distinction ; il s'applique évidemment, et à plus juste titre encore, à la reconstitution des actes de décès des militaires qui ont succombé pour la défense du pays.

Lors donc que les familles de ces militaires auront fourni le certificat exigé par l'article 5 de la loi de 1817, que la preuve du décès pourra, dès à présent, être établie par les attestations du Ministère de la guerre ou de la marine, il me paraît convenable de ne pas imposer aux parties les frais d'une instance judiciaire. Je vous prie, en conséquence, d'inviter vos substituts à procéder d'office et à saisir directement le tribunal.

Les formes prescrites par la loi du 12 janvier 1817 devront, dans tous les cas, continuer à être observées quand il s'agira de la déclaration de l'absence[2].

J. Dufaure.

Jury. — Répartition du nombre des jurés.

Du 22 novembre 1872.

A MM. les Préfets.

L'Assemblée nationale, dans sa séance du 21 novembre 1872, a voté une loi qui abroge la loi du 4 juin 1853 et le décret du 14 octobre 1870, lequel avait remis en vigueur le décret des 7-12 août 1848 sur le jury. Elle a édicté des dispositions nouvelles pour la formation et la composition des listes des jurés[1].

Aux termes de l'article 6 de la loi du 21 novembre 1872, la liste annuelle comprend « un juré par cinq cents habitants, « sans toutefois que le nombre des jurés puisse être inférieur « à quatre cents et supérieur à six cents.

« Le nombre des jurés pour la liste annuelle est réparti « par arrondissement et par canton, proportionnellement au « tableau officiel de la population.

« Cette répartition est faite par arrêté du préfet », et, d'après l'article 7, cet arrêté devra habituellement « être pris sur « l'avis conforme de la commission départementale. »

La prise de l'arrêté de répartition et l'envoi de cet arrêté à chacun des juges de paix de votre département sont les seuls actes qui, d'après la loi nouvelle, incombent directement au préfet dans la préparation de la liste du jury.

Cependant il se peut que votre intervention soit nécessaire dans d'autres cas : il résulte en effet de l'article 8 « que, dans

---

[2] Voy. circ. des 19 mai 1823, 3 mai 1825, relatives à l'application de la loi de 1817, et celle du 2 mars 1874, contenant des instructions détaillées sur les procédures d'absence concernant des militaires et intentées en vertu de la loi de 1871.

[1] Voy. circ. des 25 novembre et 6 décembre 1872.

« les cantons formés d'une seule commune, la commission « est composée, indépendamment du juge de paix et de ses « suppléants, du maire de la commune et de deux conseillers « désignés par le conseil municipal.

« Dans les communes divisées en plusieurs cantons, il y a « autant de commissions que de cantons. Chacune de ces « commissions est composée, indépendamment du juge de « paix et de ses suppléants, du maire de la ville ou d'un ad- « joint délégué par lui, de deux conseillers municipaux dési- « gnés par le conseil et des maires des communes rurales « comprises dans le canton. »

S'il se trouve dans votre département des cantons composés d'une seule commune ou une commune divisée en plusieurs cantons, vous voudrez bien provoquer une convocation du conseil municipal de cette commune, afin que ce conseil désigne, conformément à l'article 8, les deux conseillers municipaux qui devront faire partie de la commission cantonale, ou deux conseillers municipaux par commission cantonale, s'il y a plusieurs commissions dans la même commune. Vous ferez connaître les désignations du conseil municipal aux juges de paix.

Vous voudrez bien ne pas oublier que votre arrêté de répartition devra être pris sur l'avis conforme de la commission départementale et au plus tard dans le mois de juillet, afin de permettre aux commissions cantonales de se réunir dans la première quinzaine d'août conformément à l'article 10.

J. Dufaure.

Jury. — Préparation de la liste.

Du 25 novembre 1872.

A MM. les juges de paix.

L'Assemblée nationale, dans sa séance du 21 novembre 1872, a voté une loi qui abroge le décret du 14 septembre 1870, lequel avait remis en vigueur le décret des 7-12 août

1848 sur le jury. Vous trouverez cette loi promulguée au *Journal officiel* du 24 novembre[1].

C'est d'après la loi nouvelle que doit être dressée sans retard la liste du jury pour 1873, et M. le préfet a dû vous informer que les convocations des commissions cantonales qui avaient pu être faites par lui pour l'un des derniers jours de ce mois, en vertu du décret de 1848, étaient non avenues.

Avant d'entrer dans les détails de l'application de la loi du 21 novembre, je tiens à vous signaler les modifications essentielles qu'elle apporte à la législation de 1848 :

1° Elle supprime la liste générale du jury dressée à la commune;

2° Elle substitue, pour la formation de la liste annuelle à la commission cantonale *unique* du décret de 1848, une *double* commission, dont l'une se réunit au chef-lieu de canton sous votre présidence et dresse une *liste préparatoire* contenant un nombre de noms double du nombre fixé pour le contingent du canton; dont l'autre se réunit au chef-lieu d'arrondissement sous la présidence du président du tribunal, revise l'ensemble des listes préparatoires dressées dans chaque canton et arrête la *liste définitive* des jurés qui forment le contingent de l'arrondissement;

3° Elle réduit notablement le nombre des jurés qui doivent être portés sur la liste annuelle[2].

L'article 6 de la loi du 21 novembre fixe la liste annuelle du jury à un juré par cinq cents habitants, sans toutefois que le nombre des jurés puisse être inférieur à quatre cents et supérieur à six cents.

L'article 7 ordonne de répartir le nombre des jurés par arrondissement et par canton, proportionnellement au tableau officiel de la population[3]. Cette répartition est faite par arrêté préfectoral et, d'après l'article 22, cet arrêté devra être pris dans les huit jours qui suivront la promulgation de la

---

[1] Une circulaire portant la même date a été adressée aux juges de paix des arrondissements de Paris. (Voy. en note de la présente circulaire les dispositions spéciales de la circulaire susdite.)

[2] Sauf pour le département de la Seine : l'article 6 de la loi de 1872 maintient la liste annuelle, pour ce département, au chiffre de trois mille jurés.

[3] A Paris, la répartition est faite par arrondissement et par quartier. M. le préfet de la Seine prend un arrêté à cet effet. (Art. 7.)

loi. J'ai demandé à M. le préfet de ne pas user, s'il lui était possible, de la totalité de ce délai, et de vous notifier aussi promptement qu'il le pourra le contingent de jurés que votre canton devra fournir d'après son arrêté de répartition.

Aussitôt que cette notification de M. le préfet vous sera parvenue, vous aurez à convoquer au chef-lieu de canton la commission cantonale chargée de dresser *la liste préparatoire*[4]. Je vous prie d'y apporter la plus grande diligence. D'après l'article 22, cette commission doit se réunir, cette année, du 1er au 10 décembre, et ces délais sont de rigueur. Vous adresserez à cet effet une convocation spéciale, délivrée dans la forme administrative, à chacun des membres de la commission.

L'article 8 compose la commission cantonale du juge de paix, de ses deux suppléants et des maires de toutes les communes du canton. Si votre canton était formé d'une seule commune, la commission se composerait, indépendamment de vous, Monsieur le Juge de paix, et de vos suppléants, du maire de la commune et de deux conseillers désignés par le conseil municipal (art. 8)[5].

Si au contraire votre canton comprenait une portion d'une commune divisée en plusieurs cantons, ainsi qu'il arrive dans la plupart des villes importantes, il serait formé autant de commissions que de cantons, et la commission de votre canton se composerait, indépendamment de vous, Monsieur le Juge de paix, et de vos deux suppléants, du maire de la ville ou d'un adjoint délégué par lui, de deux conseillers municipaux désignés par le conseil, et des maires des communes rurales comprises dans le canton.

J'ai déjà chargé M. le préfet de provoquer immédiatement

---

[4] Cette commission doit se réunir dans la première quinzaine du mois d'août. (Art. 10.)

[5] L'article 9 de la loi de 1872 détermine la composition des commissions pour Paris. Il résulte de l'économie de cet article, qu'avant de réunir la commission du quartier pour dresser la liste préparatoire, les juges de paix de Paris ont, pour chaque quartier de leur arrondissement, à convoquer une première fois le maire de l'arrondissement et le conseiller municipal nommé dans le quartier, afin de pourvoir ensemble à la désignation des quatre membres qui doivent compléter la commission du quartier. A cet effet, une convocation spéciale, délivrée dans la forme administrative, est adressée à chacun des membres de la commission.

la réunion du conseil municipal pour désigner les deux conseillers qui, dans les hypothèses susindiquées, doivent faire partie de la commission. Néanmoins, si votre canton se trouvait dans ce cas, je vous engagerais à vous entendre sans retard à ce sujet avec M. le maire, afin de vous assurer que la commission que vous devez présider sera en mesure de se constituer au complet dans les délais prescrits et ne se trouvera pas privée de deux de ses membres, faute de désignation de deux conseillers par le conseil municipal.

Au jour indiqué par votre convocation, la commission cantonale se réunira sous votre présidence, Monsieur le Juge de paix. Si la maladie ou quelque autre cause également impérieuse vous empêchait de la présider, ce que je regretterais, vous seriez remplacé dans cette fonction par l'un de vos suppléants [6].

Les maires des communes de votre canton qui seraient empêchés pourront également se faire remplacer par un adjoint expressément désigné (art. 12). Il sera bon que vous les informiez de cette faculté par votre lettre de convocation.

La commission dressera une liste préparatoire de la liste annuelle des jurés. Cette liste contiendra un nombre de noms double du nombre fixé par l'arrêté de répartition de M. le préfet pour le contingent du canton [7].

Aux termes de l'article 1er de la loi du 21 novembre 1872 : « Nul ne peut remplir les fonctions de juré, à peine de nullité des déclarations de culpabilité auxquelles il aurait concouru, s'il n'est âgé de trente ans accomplis, s'il ne jouit des droits politiques, civils et de famille, ou s'il est dans un des cas d'incapacité ou d'incompatibilité établis par les articles suivants.

« Art. 2. Sont incapables d'être jurés :

« 1° Les individus qui ont été condamnés, soit à des peines afflictives et infamantes, soit à des peines infamantes seulement;

« 2° Ceux qui ont été condamnés à des peines correctionnelles pour faits qualifiés crimes par la loi;

---

[6] Pour Paris, dispositions analogues dans l'article 9 de la loi.

[7] Pour le contingent du quartier, à Paris.

« 3° Les militaires condamnés au boulet ou aux travaux « publics;

« 4° Les condamnés à un emprisonnement de trois mois « au moins; toutefois, les condamnations pour délits poli- « tiques ou de presse n'entraîneront que l'incapacité tempo- « raire dont il est parlé au paragraphe 11 du présent article;

« 5° Les condamnés à l'amende ou à l'emprisonnement, « quelle qu'en soit la durée, pour vol, escroquerie, abus de « confiance, soustraction commise par des dépositaires pu- « blics, attentats aux mœurs prévus par les articles 330 et « 334 du Code pénal, délit d'usure; les condamnés à l'empri- « sonnement pour outrage à la morale publique et religieuse, « attaque contre le principe de la propriété et les droits de la « famille, délits commis contre les mœurs par l'un des « moyens énoncés dans l'article 1er de la loi du 17 mai « 1819; pour vagabondage ou mendicité, pour infraction aux « dispositions des articles 60, 63 et 65 *de la loi sur le recrute- « ment de l'armée* et aux dispositions de l'article 423 *du Code « pénal, de l'article 1er de la loi du 27 mars 1851 et de l'ar- « ticle 1er de la loi des 5-9 mai 1855*; pour les délits prévus « par les articles 134, 142, 143, 174, 251, 305, 345, 362, « 363, 364 § 3, 365, 366, 387, 389, 399 § 2, 400 § 2, 418 « *du Code pénal;*

« 6° Ceux qui sont en état d'accusation ou de contumace;

« 7° Les notaires, greffiers et officiers ministériels des- « titués;

« 8° Les faillis non réhabilités *dont la faillite a été déclarée « soit par les tribunaux français, soit par jugement rendu à « l'étranger, mais exécutoire en France;*

« 9° Ceux auxquels les fonctions de juré ont été interdites « en vertu de l'article 396 du Code d'instruction criminelle « ou de l'article 42 du Code pénal;

« 10° Ceux qui sont sous mandat d'arrêt ou de dépôt;

« 11° Sont incapables, pour cinq ans seulement à dater « de l'expiration de leur peine, les condamnés à *un emprison- « nement de moins de trois mois* pour quelque délit que ce « soit, même pour les délits politiques ou de presse;

« 12° Sont également incapables les interdits, les indi- « vidus pourvus de conseils judiciaires, ceux qui sont placés

« dans un établissement public d'aliénés, en vertu de la loi « du 30 juin 1838.

« Art. 3. Les fonctions de juré sont incompatibles avec « celles de député, de ministre, de membre du Conseil « d'État, membre de la Cour des comptes, sous-secrétaire « d'État ou secrétaire général d'un ministère, préfet et sous- « préfet, secrétaire général de préfecture, conseiller de pré- « fecture, membre de la Cour de cassation ou des cours « d'appel, juge titulaire ou suppléant des tribunaux civils et « des tribunaux de commerce, officier du ministère public « près les tribunaux de première instance, juge de paix [8], « commissaire de police [9], ministre d'un culte reconnu par « l'État, militaire de l'armée de terre ou de mer en activité « de service et pourvu d'emploi [10], fonctionnaire ou préposé « du service actif des douanes, des contributions indirectes, « des forêts de l'État et de l'Administration des télégraphes, « instituteur primaire communal.

« Art. 4. Ne peuvent être jurés les domestiques et servi- « teurs à gages, ceux qui ne savent pas lire et écrire en « français.

« Art. 5. Sont dispensés des fonctions de juré :

« 1° Les septuagénaires; 2° ceux qui ont besoin pour vivre « de leur travail manuel et journalier; 3° ceux qui ont rempli « lesdites fonctions pendant l'année courante ou l'année pré- « cédente. »

M. le préfet vous fera connaître, en vous notifiant son arrêté de répartition, les noms des jurés du canton qui rentrent dans le cas prévu par le 3° de l'article 5, afin que la commission ne les maintienne pas sur la liste; mais, après avoir omis leurs noms pendant deux ans, la commission pourra les rétablir sur la liste.

La liste préparatoire, arrêtée par la commission cantonale, sera dressée en deux originaux dont l'un restera déposé au

---

[8] L'incompatibilité n'existe pas pour les suppléants du juge de paix. (Décision du 19 octobre 1874.)

[9] L'incompatibilité n'atteint pas les commissaires de surveillance administrative près les chemins de fer. (Cass. crim. des 2 septembre et 24 décembre 1875.)

[10] Une circulaire non insérée du 15 janvier 1820 assimile les gardes du génie aux militaires en activité.

greffe de la justice de paix et dont l'autre sera immédiatement transmis par vous au greffe du tribunal civil de l'arrondissement en même temps que vous en donnerez avis au président de ce tribunal[11].

Le public sera admis à prendre connaissance de la liste préparatoire pendant les cinq jours qui suivront le dépôt de la liste au greffe de la justice de paix (art. 22).

Une convocation de M. le président du tribunal civil vous appellera ultérieurement, Monsieur le Juge de paix, à faire partie de la commission d'arrondissement, qui se réunira sous sa présidence[12], du 15 au 25 décembre pour cette année, et qui arrêtera la liste définitive des jurés de l'arrondissement. J'espère que rien ne s'opposera à ce que vous vous rendiez à cette convocation; s'il en était autrement, vous auriez à vous faire remplacer par l'un de vos suppléants.

Les instructions qui précèdent devront vous guider, Monsieur le Juge de paix, non seulement pour la formation du jury de 1873, mais pour la formation des listes des jurés des années suivantes. Il vous suffira pour cela de retenir les trois modifications de détail qui suivent :

1° Les commissions cantonales devront, à l'avenir, se réunir dans la première quinzaine du mois d'août (art. 10);

2° L'original de la liste préparatoire, déposé au greffe de la justice de paix, devra y être mis à la disposition du public qui voudra en venir prendre connaissance pendant les quinze jours qui suivront le dépôt de cette liste au greffe (art. 10);

3° La commission d'arrondissement se réunira au plus tard dans le courant de septembre.

Je ne saurais trop vous recommander, Monsieur le Juge de paix, d'apporter vos soins les plus diligents à la prompte et fidèle exécution de la loi du 21 novembre 1872, d'après laquelle doit être dressée la liste du jury qui sera seule valable à partir du 1er janvier 1873. Le moindre retard aurait le désastreux effet de suspendre le cours de la justice.

Je compte sur vous, Monsieur le Juge de paix, pour faire

---

[11] A Paris, l'un des originaux de la liste préparatoire arrêtée par la commission de quartier est transmis au greffe du tribunal civil de la Seine; l'avis est donné au président du tribunal civil de la Seine. (Art. 10 de la loi de 1872.)

[12] Au plus tard dans le courant de septembre. (Art. 13 de la loi de 1872.)

comprendre à la commission qui se réunira sous votre présidence combien il importe de n'inscrire, même sur la liste préparatoire, que des citoyens qui, par une moralité éprouvée, un caractère indépendant et ferme et une intelligence suffisamment développée, sont capables de bien remplir la haute mission de justice que la société leur confie.

J. DUFAURE.

CASIERS JUDICIAIRES. — Prix des bulletins. — Médailles militaires. — Alsaciens-Lorrains.

Du 30 novembre 1872.

A MM. LES PROCUREURS GÉNÉRAUX.

. . . . [1].

IX. Pour répondre aux questions qui m'avaient été soumises relativement au prix des bulletins n° 2 délivrés aux particuliers, j'avais énuméré, dans ma circulaire du 25 novembre 1871, les divers droits qui élevaient ce prix à 2 fr. 80 cent.; mais l'article 4 de la loi du 28 février 1872 ayant augmenté de moitié les droits fixes d'enregistrement pour certains actes judiciaires, au nombre desquels figurent les extraits des casiers, ce prix se trouve aujourd'hui porté à 3 fr. 40 cent., non compris, bien entendu, les droits de poste [2].

X. J'ai eu plusieurs fois l'occasion de constater qu'il n'avait pas été fait mention sur les bulletins n° 2 de décisions privant définitivement ou temporairement des militaires du droit de porter les médailles de Crimée, d'Italie, etc. Or, aux termes des décrets du 24 novembre 1852, du 26 février 1858 et du 24 octobre 1859, les individus qui, après avoir encouru la

---

[1] Les premiers paragraphes de cette circulaire concernent les comptes statistiques.

[2] Voy. circ. des 6 novembre 1850, § I, et note 16; 23 mai 1853, § I; 25 novembre 1871, § XV; et 28 novembre 1874, § XIV.

suspension ou la privation des droits attachés à la qualité de décoré des médailles militaires, en portent les insignes, sont passibles des peines édictées par l'article 259 du Code pénal. Il importe donc, pour l'application facile et sûre de ces décrets, que les omissions que je vous signale ne se renouvellent plus.

XI. ....[3].

XII. J'ai appris que des bulletins n° 1, en assez grand nombre, concernant des condamnés originaires de l'Alsace-Lorraine, ont été transmis à des procureurs de la République des arrondissements frontières pour être adressés directement par eux aux magistrats allemands. C'est à mon Administration que ces bulletins étaient destinés. La circulaire du 26 février 1872 [4] est formelle à cet égard (voir § 3). Tous les bulletins de condamnations prononcées en France contre des individus nés dans les parties de territoire cédées à l'Allemagne, *que les condamnés aient opté ou non pour la nationalité française*, doivent me parvenir, et c'est par mon entremise seule qu'il sont dirigés sur les casiers judiciaires des arrondissements d'origine.

J. DUFAURE.

JURY. — Formation de la liste.

Du 6 décembre 1872.

A MM. LES PRÉSIDENTS DES TRIBUNAUX D'ARRONDISSEMENT.

L'Assemblée nationale, dans sa séance du 21 novembre 1872, a voté une loi qui abroge le décret du 14 septembre 1870, lequel avait remis en vigueur le décret des 7-12 août

---

[3] Ce paragraphe contient un rappel des instructions précédentes qui recommandent de mentionner exactement sur les bulletins et extraits que les jugements rendus l'ont été par contumace ou par défaut; c'est un moyen efficace d'assurer l'exécution de ces décisions. (Circ. des 30 décembre 1850, § IX; 1er juillet 1856, § XII; 8 décembre 1868, § XIII; 29 novembre 1869, § IX; 30 décembre 1873, §§ X et XVI; 8 décembre 1875, § XV.)

[4] Voy. cette circulaire.

1848 sur le jury. Vous trouverez cette loi promulguée au *Journal officiel* du 24 novembre [1].

La loi nouvelle confie à une double commission le soin de former la liste annuelle du jury [2].

Une première commission se réunit au chef-lieu de canton et dresse une *liste préparatoire* contenant un nombre de noms double du nombre des jurés fixés pour le contingent du canton.

Une seconde commission se réunit ultérieurement au chef-lieu de l'arrondissement, revise les listes préparatoires dressées dans chacun des cantons et arrête la *liste définitive* qui forme le contingent des jurés de l'arrondissement.

Le juge de paix, ses deux suppléants et les maires de toutes les communes du canton composent la commission cantonale [3].

Le président du tribunal civil, les juges de paix et les conseillers généraux de chacun des cantons de l'arrondissement composent la commission d'arrondissement [4].

Vous remarquerez, Monsieur le Président, qu'au canton, comme à l'arrondissement, tous les membres qui entrent dans la composition de la commission appartiennent à l'ordre judiciaire ou proviennent de l'élection.

L'élément électif a sa place justement marquée dans des commissions chargées de désigner dans l'ensemble des citoyens ceux qui sont les plus aptes à remplir les fonctions de juges et à exprimer fidèlement, sur les accusations qui leur seront soumises, les opinions ou les sentiments du pays qu'ils représentent.

La présence de l'élément judiciaire n'est pas moins justifiée. Ses représentants éclaireront utilement les commissions sur l'exacte régularité de leurs opérations, sur les conditions

---

[1] Voy. circ. des 27 novembre et 11 décembre 1827, 24 août 1837, 26 août 1853, 10 décembre 1872 et 2 août 1875.

Le 8 décembre 1872 a été adressée au président du tribunal civil de la Seine une instruction dont les prescriptions spéciales sont consignées en note de la présente circulaire.

[2] Elle organise la commission d'une façon spéciale pour la ville de Paris. (Art. 9 et 11.)

[3] A Paris, la commission de quartier est composée conformément à l'article 9.

[4] A Paris, la commission d'arrondissement est composée conformément à l'article 11 (al. 2).

de moralité, de fermeté, d'indépendance et d'intelligence qu'il faut demander aux jurés, magistrats temporaires.

C'est pour bien montrer le caractère judiciaire de l'œuvre qui doit être accomplie par les commissions cantonales et d'arrondissement que le législateur confie la présidence de la première au juge de paix, et la présidence de la seconde au président du tribunal civil.

Les commissions cantonales[5] se réuniront habituellement dans la première quinzaine d'août. La liste préparatoire qu'elles auront dressée restera pendant quinze jours à la disposition du public qui voudra en venir prendre connaissance au greffe de la justice de paix (art. 10); puis, au plus tard, dans le courant de septembre, la commission d'arrondissement se réunira au chef-lieu d'arrondissement, sur votre convocation, Monsieur le Président, et sous votre présidence, pour reviser les listes préparatoires cantonales et arrêter la liste définitive de l'arrondissement (art. 13).

Le mois de septembre a été choisi pour cette opération, dans la pensée que c'était à la suite de la session d'août du conseil général, session dont l'ouverture est fixée par la loi du 10 août 1871 au premier lundi qui suit le 15 août, que les conseillers généraux pourraient être le plus aisément réunis au chef-lieu d'arrondissement. Vous vous conformerez donc au vœu de la loi, Monsieur le Président, en fixant votre convocation à une date rapprochée de la clôture de la session d'août du conseil général[6].

. . . . [7]

Les membres qui composent la commission d'arrondissement (art. 11) seront convoqués par vous, Monsieur le Président, dans la forme administrative[8] (art. 13). Les juges de

---

[5] La commission de quartier, à Paris. (Art. 9 et 10.)

[6] Les présidents des tribunaux de première instance dans les arrondissements autres que ceux des chefs-lieux de département doivent autant qu'il est possible, en maintenant d'ailleurs scrupuleusement l'observation du délai légal, ne convoquer la commission dont ils ont la présidence qu'après la clôture de la session du conseil général. (Voy. note insérée au Bull. off. 1876, p. 68.)

[7] Instructions relatives à la première application de la loi.

[8] A Paris, les commissions d'arrondissement peuvent être convoquées et présidées par des juges du tribunal civil de la Seine délégués par le président de ce tribunal. (Art. 11, al. 2.)

paix empêchés seront remplacés par un de leurs suppléants; les conseillers généraux qui se trouveraient dans le même cas se feront remplacer par le conseiller d'arrondissement de leur canton, et, s'il y a deux conseillers d'arrondissement dans leur canton, par le plus âgé des deux (art. 11).

Au jour par vous fixé, la commission se réunira sous votre présidence, au palais de justice [9], pour dresser la liste définitive du jury de l'arrondissement.

Elle opérera son travail sur les listes préparatoires cantonales [10], lesquelles contiennent un nombre de jurés double du contingent exigé pour chaque canton. La commission aura donc à procéder par revision et élimination, et à s'assurer que les noms qu'elle maintient sur la liste définitive remplissent l'ensemble des conditions exigées par les articles 1 à 5 de la loi du 21 novembre 1872.

Si vous aviez des doutes au sujet de quelques noms, le casier judiciaire vous offrira le moyen de les lever, et, comme l'un des originaux de la liste préparatoire est transmis par le juge de paix au greffe du tribunal civil aussitôt sa confection, il vous sera toujours facile de faire en temps utile les vérifications nécessaires.

La commission n'est pas tenue de procéder exclusivement par voie de revision et d'élimination; l'article 13 lui accorde la faculté de porter sur la liste d'arrondissement des noms de personnes qui n'ont point été inscrits sur les listes préparatoires des commissions cantonales, sans toutefois que le nombre de ces noms puisse excéder le quart de ceux qui sont portés pour le canton.

Le même article autorise la commission à « élever ou à abaisser pour chaque canton [11] le contingent proportionnel fixé « par le préfet, sans toutefois que la réduction ou l'augmentation puisse excéder le quart du contingent du canton ni modifier le contingent de l'arrondissement. » Ce qui revient à dire que, si la commission emprunte à un canton un nombre de jurés supérieur au contingent fixé dans l'arrêté préfectoral, elle devra diminuer d'un nombre égal le contingent des autres

---

[9] Dans le local de la justice de paix, à Paris.
[10] Sur les listes préparatoires de quartier, à Paris.
[11] A Paris, pour chaque quartier.

cantons, afin que le contingent de l'arrondissement ne soit pas modifié.

Les décisions sont prises à la majorité; en cas de partage, la voix du président est prépondérante (art. 13).

La liste de l'arrondissement définitivement arrêtée sera signée, séance tenante, par les membres de la commission : l'article 14 prescrit de la transmettre avant le 1er décembre au greffe de la cour, pour les départements où siège une cour d'appel, ou pour les autres au greffe du tribunal chef-lieu d'assises.

La loi du 10 août 1871 (article 60, § 4) comprend, parmi les dépenses obligatoires du budget départemental, l'impression des cadres nécessaires à la formation des listes du jury. J'ai donc invité M. le préfet à vous adresser, ainsi qu'à MM. les juges de paix, les cadres imprimés nécessaires. J'ai prescrit de les préparer d'après le modèle habituel. Ils doivent mentionner, outre un numéro d'ordre, les noms et prénoms des jurés, leur profession, l'indication de leur domicile par commune et par arrondissement, le lieu et la date de leur naissance.

La commission de l'arrondissement où siège la cour d'assises n'a pas terminé son travail quand elle a arrêté la liste des jurés de l'arrondissement; elle est en outre chargée, aux termes de l'article 15, de dresser « une liste spéciale des jurés « suppléants pris parmi les jurés de la ville où se tiennent les « assises. » Cette liste doit comprendre cinquante jurés[12], et la commission procédera à sa formation aussitôt qu'elle aura achevé la liste des jurés titulaires[13].

Un dernier devoir incombe au président du tribunal chef-lieu d'assises, lorsque le siège de ce tribunal n'est pas en même temps le siège de la cour d'appel : après avoir reçu des autres présidents leurs listes d'arrondissement, il dresse la liste annuelle du département par ordre alphabétique, conformément aux listes d'arrondissement. Il n'en peut changer aucun nom; il doit se borner à les classer. Il est également chargé de dresser, par ordre alphabétique, la liste des jurés suppléants (art. 16).

---

[12] A Paris, chaque arrondissement doit fournir quinze jurés suppléants, soit trois cents pour les vingt arrondissements. (Art. 15, loi de 1872.)

[13] La liste des jurés suppléants sera immédiatement transmise au greffe de la cour d'appel par le président de la commission.

Dans les départements où siège une cour d'appel, c'est le premier président de cette cour qui sera chargé de dresser la liste annuelle[14].

L'article 16 prescrit de faire ce travail, dans la première quinzaine de décembre.

. . . . [15]

Vous ne négligerez aucun effort, j'en suis certain, Monsieur le Président, pour assurer la prompte et régulière application de la loi nouvelle.

En exigeant pour la première fois votre intervention dans la constitution du jury de votre département, le législateur a été convaincu qu'il ne pouvait offrir une meilleure garantie aux accusés comme à la société qui les accuse.

J. Dufaure.

Jury. — Formation de la liste.

Du 10 décembre 1872.

A MM. les Premiers Présidents des Cours d'appel.

J'ai l'honneur de vous envoyer un exemplaire des deux circulaires que j'ai successivement adressées à MM. les juges de paix[1] et à MM. les présidents des tribunaux d'arrondissement[2] pour l'exécution de la loi du 21 novembre dernier sur le jury.

L'article 16 de cette loi vous charge, Monsieur le Premier Président, du soin de dresser, par ordre alphabétique et conformément aux listes d'arrondissement, la liste annuelle du jury du département où siège la cour d'appel. Il ne s'agit, à la vérité, que d'un simple relevé et classement des noms des jurés inscrits sur les listes de chacun des arrondissements du département, car il n'est permis ni d'ajouter ni de retrancher un seul nom.

---

[14] Voy. circ. du 10 décembre 1872.
[15] Dispositions relatives à la première application de la loi.

[1] Voy. circ. du 25 novembre 1872.
[2] Voy. circ. du 6 décembre 1872.

Pour vous mettre en mesure de faire ce travail, MM. les présidents des tribunaux transmettront au greffe de la cour d'appel la liste des jurés de leur arrondissement. Cette transmission devra avoir lieu avant le 1er décembre. . . . . .[3]

Je vous prie, Monsieur le Premier Président, de donner des instructions au greffe pour que vous soyez averti de l'arrivée des listes d'arrondissement, et qu'aussitôt qu'elles seront toutes réunies il vous soit possible de faire procéder a la confection de la liste annuelle du département[4].

Vous aurez également à dresser la liste spéciale des jurés suppléants[5].

M. le préfet devra vous fournir les cadres imprimés nécessaires.

J. DUFAURE.

GARDES NATIONALES MOBILISÉES. — Taxes. — Remboursement.

Du 11 janvier 1873.

A MM. LES PROCUREURS GÉNÉRAUX PRÈS LES COURS D'APPEL.

La loi du 26 novembre 1872 (art. 1er) accorde aux communes la faculté d'employer à des dépenses d'utilité communale le montant des taxes spéciales payées par les particuliers pour l'organisation des gardes nationales mobilisées. Elle leur impose seulement (art. 2), lorsqu'elles useront de cette faculté, l'obligation de rembourser les contribuables retranchés des rôles depuis 1871[1].

Enfin elle décide (art. 3, § 1er) que, dans le cas où les taxes spéciales n'auraient pas reçu, par le vote des conseils municipaux, la destination prévue par l'article 1er, le rem-

---

[3] Instructions relatives à la première application de la loi.

[4] La liste annuelle doit être dressée dans la première quinzaine de décembre. (Art. 16, loi de 1872.)

[5] Article 15 et 16, loi de 1872.

[1] Voir circ. du 15 mai 1874 adressée aux juges de paix en exécution du décret du 20 mars de la même année relatif à la répartition de l'indemnité accordée aux départements envahis par la loi du 7 avril 1873. La présente circulaire peut encore présenter quelque intérêt au cas où la liquidation dont elle traite ne serait pas achevée. La loi du 25 août 1871 a dissous les gardes nationales.

boursement des taxes inférieures à 1 franc pourra être ajourné à la cinquième année.

Aux termes du deuxième paragraphe de l'article 3, « toutes « les contestations auxquelles donneront lieu les rembourse-« ments à effectuer doivent être jugées par le juge de paix, « qui délivrera aux intéressés un certificat sur papier libre éta-« blissant leurs droits. Ce certificat tiendra lieu des pièces jus-« tificatives exigées par les règlements sur la comptabilité pu-« blique. »

M. le Ministre de l'intérieur, dans la circulaire qu'il a adressée le 12 décembre aux préfets, pour assurer l'exécution des différentes dispositions de la loi, s'est exprimé en ces termes sur les attributions que l'article 3 a entendu spécialement conférer aux juges de paix :

« Le payement est susceptible de donner lieu à plusieurs « difficultés. Il peut arriver, par exemple, que le nom du ti-« tulaire ait été mal orthographié, et que le receveur munici-« pal refuse de payer jusqu'à justification d'identité; que le « titulaire du mandat soit décédé, laissant un ou plusieurs « héritiers; ou encore qu'il s'agisse d'une femme mariée, d'un « mineur, d'une personne atteinte d'une incapacité quel-« conque. Enfin, le payement pourra être frappé d'opposi-« tion.

« Dans ces hypothèses et autres analogues, les règlements « sur la comptabilité publique prescrivent la production de « pièces dont le coût serait ici en complète disproportion « avec le peu d'importance de la somme à rembourser.

« La loi (art. 3, § 2) a prévu toutes ces difficultés. Elles se-« ront résolues sans frais par le juge de paix, qui délivrera « aux parties un certificat sur papier libre établissant leurs « droits.

« Ainsi, en cas d'erreur sur l'orthographe d'un nom, ce « magistrat certifiera l'identité du créancier avec le porteur « du mandat.

« Si le titulaire d'un mandat est décédé, le juge de paix « constatera le fait et déclarera que le mandat peut être payé « à telles et telles personnes, seules héritières du créancier.

« S'il s'agit d'une femme devenue veuve ou dont le mari est « absent, il certifiera le fait et indiquera que cette femme a le « droit de recevoir le payement, ou l'autorisera, d'après les

« circonstances, à toucher le montant du remboursement et à « en délivrer valable quittance.

« Enfin, en cas d'opposition, il pourra donner mainlevée.

« En un mot, le juge de paix a qualité pour trancher toutes « les difficultés de forme et toutes les contestations au fond « qui surgiraient à l'occasion du remboursement; sa décision « couvrira, dans tous les cas, la responsabilité des comp- « tables.

« Je n'ai pas besoin de faire remarquer que la règle qui « précède est toute de faveur pour les créanciers : elle simpli- « fie toutes les formalités, mais elle ne les prive pas du béné- « fice du droit commun; et, par conséquent, si les parties « préféraient justifier de leurs droits dans les formes ordi- « naires, le receveur municipal ne pourrait pas les renvoyer « devant le juge de paix à l'effet de rapporter le certificat « prescrit par le deuxième paragraphe de l'article 3. »

Je n'ai, Monsieur le Procureur général, rien à ajouter à ces instructions, auxquelles je donne ma complète approbation.

J. Dufaure.

État civil. — Reconstitution. — Ville de Paris. — Officiers publics. Mémoires.

Du 15 janvier 1873.

A MM. les Procureurs généraux.

Je vous ai adressé, à la date du 11 septembre 1872 [1], une circulaire relative au règlement des indemnités allouées aux greffiers des tribunaux civils et des justices de paix et aux notaires, par mon arrêté du 6 mai précédent, en raison des obligations qui leur sont imposées par la loi du 12 février 1872, sur la reconstitution des actes de l'état civil de Paris.

Aux termes de cette circulaire, les différents états ou mémoires dressés par les ayants droit doivent, après avoir été con-

---

[1] Voy. cette circulaire à sa date.

trôlés par vos substituts, être envoyés à la Chancellerie, et le montant des indemnités que constatent ces états doit être payé par les trésoriers généraux et receveurs des finances pour le compte de la ville de Paris, qui en fait l'avance, sauf compte avec l'État.

Mais il résulte de l'examen des mémoires déjà parvenus entre mes mains et des renseignements qui me sont transmis que les instructions contenues dans ma précédente circulaire n'ont pas été universellement comprises, et qu'il convient, en les précisant, de rappeler aux greffiers et notaires quelques-unes des exigences de la comptabilité publique.

Les états ou mémoires dressés conformément aux modèles annexés à la circulaire précitée doivent être fournis en triple expédition, chaque expédition devant être dûment signée et contrôlée par l'indemnitaire et par le procureur de la République.

L'une de ces trois expéditions sera faite sur papier timbré, et toutes trois me seront envoyées ou seront transmises au dépôt central de la reconstitution des actes de l'état civil à Paris, palais de la Bourse, à l'adresse du président de la commission. Dans ce dernier cas, pour assurer le transport en franchise [2], la suscription de l'enveloppe ou de la bande devra porter la mention suivante : «*Exécution de l'article 15 de la loi du 12 février 1872.*»

Ce n'est qu'après les formalités indispensables de la vérification des états, au double point de vue du nombre des actes transmis et de l'application du tarif, que la préfecture de la Seine pourra autoriser les agents du Trésor public à procéder au payement des indemnités dues. Jusque-là les greffiers et notaires devront s'abstenir d'en réclamer le montant aux trésoriers généraux et receveurs particuliers, auxquels les pièces doivent être transmises par le receveur municipal de Paris.

J. Dufaure.

---

[2] La correspondance relative à la reconstitution des actes de l'état civil de Paris est adressée en franchise à toute personne par les juges de paix sous le contreseing du président de la commission de reconstitution : ces dépêches sont soumises à la formalité du chargement en franchise. (Déc. du Ministre des finances, du 20 mai 1872.)

Cours d'assises. — Présidents. — Logement.

Du 20 janvier 1873.

A MM. les Procureurs généraux.

Je suis informé que, dans un certain nombre de villes, sièges de cours d'assises, l'esprit du décret du 27 février 1811, en ce qui concerne le logement destiné aux conseillers délégués pour présider les assises, a été entièrement méconnu. Ce décret a voulu que des appartements commodes et meublés fussent réservés à ces magistrats à l'hôtel de ville ou au palais de justice. A défaut d'appartements réunissant ces conditions, il a permis de loger les présidents dans une maison particulière et meublée, désignée par le maire; mais il n'a jamais pu prévoir qu'ils seraient reçus solennellement par le maire, les adjoints, dans les hôtels publics où ils seraient attendus en corps par les magistrats des tribunaux, et où ils recevraient ensuite les visites du général commandant le département, des officiers de la garnison et des officiers de la gendarmerie, et enfin du préfet[1]. Le séjour dans un hôtel est peu compatible avec ces honneurs, et, de plus, ce n'est pas dans un lieu public que le conseiller chargé de diriger les débats d'une session d'assises peut rencontrer le calme et le recueillement nécessaires pour l'accomplissement de ces difficiles fonctions. Il s'y trouve exposé plus qu'ailleurs aux sollicitations des parents des accusés et à des communications avec des jurés, des témoins, qui sont de nature à gêner son indépendance.

Je vous prie, en conséquence, Monsieur le Procureur général, de vouloir bien prévenir MM. les maires des villes de votre ressort, sièges de cours d'assises, qui reçoivent les présidents dans les hôtels, que cet usage ne peut se continuer.

Vous voudrez bien insister auprès d'eux pour que, dans un délai prochain, ils rentrent dans l'exécution du décret en

---

[1] Voy. circ. du 2 septembre 1823 et du 13 juin 1861, ainsi que la note insérée sous cette dernière pour rappeler la circulaire non insérée du 11 août 1827 sur les honneurs dus aux présidents des cours d'assises et les avis que ces magistrats doivent donner exactement du jour et de l'heure de leur arrivée dans la ville où se tiennent les assises.

fournissant de préférence des logements à l'hôtel de ville ou au palais de justice, les particuliers se prêtant difficilement au logement par voie de réquisition, et l'indépendance du magistrat étant moins assurée dans une maison particulière que dans un édifice appartenant à la ville. Vous ferez remarquer aux présidents d'assises qui ont accepté l'état de choses qui m'est signalé, sans protester auprès du chef de la justice, qu'il ne leur appartenait pas de laisser s'amoindrir dans leurs mains la dignité de fonctions qu'ils ne remplissent que dans l'intérêt public, et que je leur saurai gré des observations qu'ils m'adresseront à ce sujet dans leurs comptes rendus d'assises[2].

J. DUFAURE.

TRIBUNAUX DE SIMPLE POLICE. — Ministère public. — Commissaires de police.

Du 6 février 1873.

A MM. LES PROCUREURS GÉNÉRAUX.

L'Assemblée nationale a voté, le 27 janvier dernier, une loi qui modifie profondément les dispositions du Code d'instruction criminelle relatives aux tribunaux de simple police. Cette loi a été insérée, le 4 février courant, au *Journal officiel*, et il importe qu'elle soit immédiatement exécutée.

Je crois devoir appeler plus particulièrement votre attention sur les dispositions qui ont pour objet de faciliter l'organisation du ministère public près les tribunaux de simple police et de mettre un terme aux difficultés qui se produisaient trop souvent.

La juridiction des maires comme juges de police est supprimée. Dorénavant, le juge de paix connaîtra seul des contraventions de police commises dans la circonscription de son canton. Une latitude beaucoup plus grande vous est laissée pour le choix des personnes que vous pouvez être appelé à désigner pour remplir les fonctions de ministère public près les tribunaux de simple police.

---

[2] Voy. circ. du 26 janvier 1857 sur les comptes rendus.

Un seul fonctionnaire exerce de droit ces fonctions : c'est le commissaire de police lorsqu'il y en a un au chef-lieu de canton et lorsqu'il n'y en a qu'un, ce qui a lieu le plus souvent.

Dans tous les autres cas, qu'il y ait plusieurs commissaires de police au chef-lieu de canton ou qu'il n'y en ait aucun, c'est à vous, Monsieur le Procureur général, que la loi confie le soin de désigner, pour une année entière [1], celui qui devra occuper le siège du ministère public. Cette année courra du jour de la nomination.

S'il y a plusieurs commissaires de police au chef-lieu de canton, il vous appartient d'en désigner un ou plusieurs suivant les besoins du service [2]. S'il n'y en a pas, ou si celui qui existe est empêché, vous pouvez charger de cette mission soit un autre commissaire de police s'il en réside un dans le même canton, soit un suppléant du juge de paix, soit le maire ou l'adjoint du chef-lieu de canton, soit le maire ou l'adjoint d'une autre commune du canton.

Vous avez la plus entière liberté à ce sujet, pourvu que vous circonscriviez votre choix dans les limites du canton; j'ajoute que l'ordre dans lequel est faite l'énumération du nouvel article 144 ne doit exercer aucune influence sur votre détermination, et que vous pouvez nommer l'une ou l'autre des personnes désignées, à quelque rang qu'elle figure dans cet article.

J. Dufaure.

Franchise postale. — Juges de paix. — Jury.

Du 6 février 1873.

A MM. les Présidents de tribunaux.

Le Garde des sceaux, Ministre de la justice, a l'honneur

---

[1] Voy. circ. du 13 avril 1874. Les fonctions doivent être continuées jusqu'à remplacement.

[2] Le procureur général n'est pas tenu de donner la préférence au commissaire central (décision du 16 avril 1873), ni de tenir compte des refus exprimés; dans ce dernier cas, il appartient au procureur général d'user des pouvoirs que lui donnent les articles 279 et suivants du Code d'instruction criminelle. (Décision du 7 avril 1873.)

de transmettre la décision suivante que vient de prendre M. le Ministre des finances :

« Art. 1er. Sont admises à circuler en franchise dans l'étendue « de l'arrondissement de sous-préfecture, sous bandes ou sous « pli fermé, conformément à l'article 23 de l'ordonnance du « 17 novembre 1844, les correspondances échangées entre « les présidents des tribunaux, d'une part, et les juges de paix « et les maires, d'autre part.

« Art. 2. Sont également admises à circuler en franchise « sous bandes ou sous pli fermé, en cas de nécessité, les cor- « respondances exclusivement relatives au service du jury, « échangées par les présidents des tribunaux dans toute « l'étendue de la République et avec le préfet du départe- « ment du contresignataire. »

Ces dépêches devront porter sur la suscription les mots : « *Service du jury* [1]. »

Instruction criminelle. — *Extraits.* — *Instituteurs.* — *Poursuites.* — *Membres de l'enseignement.*

Du 12 février 1873.

A MM. les Procureurs généraux.

M. le Ministre de l'instruction publique m'exprime le désir d'être immédiatement et officiellement informé des condamnations intervenues contre des membres de l'enseignement primaire.

Vous savez qu'aux termes du paragraphe 13, n° 5 [1], de la circulaire du 6 décembre 1840, les parquets sont tenus de transmettre à la Chancellerie des extraits des jugements tant civils que correctionnels qui, conformément à la loi du 28 juin 1833, prononcent des peines contre des instituteurs primaires. Cette obligation n'a pas cessé depuis la loi du 15 mars 1850, et la plupart des procureurs de la République continuent à s'y

---

[1] Voy. circ. du 23 mai 1856; note 1.

[1] Voy. également § 3 de cette circulaire.

soumettre. Cependant des négligences ont pu éveiller la sollicitude de mon collègue[2].

Je vous prie, en conséquence, de vouloir bien rappeler les prescriptions dont il s'agit à vos substituts, qui devront, en outre, informer les préfets de leurs départements respectifs, non seulement des condamnations, mais encore des simples poursuites dirigées contre des membres de l'enseignement laïque ou congréganiste, en donnant d'ailleurs avis aux recteurs des poursuites concernant les élèves et membres de l'Université[3].

J. Dufaure.

Traités. — Compétence. — Suisse.

Du 12 avril 1873.

A MM. les Procureurs généraux.

Une convention conclue le 15 juin 1869 entre la France et la Suisse, reproduisant et complétant les dispositions d'un précédent traité portant la date du 18 juillet 1828, a déterminé les règles relatives à la compétence judiciaire et à l'exécution des jugements en matière civile.

L'article 11 de cette convention est ainsi conçu :

«Le tribunal suisse ou français devant lequel sera portée «la demande qui, d'après les articles précédents, ne serait «pas de sa compétence, *devra d'office, et même en l'absence du* «*défendeur,* renvoyer les parties devant les juges qui devront «en connaître.»

L'article 1er de la même convention dispose que, «dans les «contestations en matière mobilière et personnelle, civile ou «de commerce, qui s'élèveront, soit entre Français et Suisses, «soit entre Suisses et Français, le demandeur sera tenu de «poursuivre son action devant les juges naturels du défen«deur.»

---

[2] La circulaire du 4 avril 1855, en prescrivant que les extraits seront adressés tous les mois aux préfets, paraissait indiquer que l'envoi à la Chancellerie n'était plus nécessaire; les deux transmissions doivent être faites.

[3] Le paragraphe 3 de la circulaire du 6 décembre 1840 prescrit cette communication.

Il résulte de la combinaison de ces deux articles qu'en matière personnelle les juges du domicile du défendeur sont, d'une manière absolue, seuls compétents pour connaître de la demande, et que tout autre tribunal qui aurait été saisi doit, d'office, déclarer son incompétence.

Les conférences qui ont précédé le traité et le protocole explicatif qui y a été annexé, les instructions qui ont été adressées par les deux Gouvernements, ne peuvent laisser aucun doute sur la portée de l'article 11, dont le sens a été nettement précisé par une circulaire de l'un de mes prédécesseurs du 7 février 1870.

Cette règle, qu'en matière personnelle, civile et commerciale, le juge naturel du défendeur doit seul connaître des contestations entre Français et Suisses, avait déjà été adoptée par le traité du 18 juillet 1828 et consacrée par la jurisprudence. Un arrêt de la Cour de cassation du 12 novembre 1832 a annulé, dans l'intérêt de la loi, un jugement du tribunal de commerce de Montpellier, rendu dans un procès intenté par un Français contre un commerçant du canton de Neuchâtel, et ce principe a été de nouveau proclamé par un arrêt de la chambre civile de la même cour, du 26 août 1835.

Cependant j'ai pu me convaincre, par des exemples récents, que la disposition de l'article 11 était souvent méconnue, surtout en matière commerciale. Un assez grand nombre de Suisses, se croyant protégés par cette disposition, avaient négligé de comparaître devant les tribunaux français : ils ont été condamnés par défaut et obligés de former opposition ou d'interjeter appel des décisions incompétemment rendues contre eux.

La convention du 15 juin 1869 a été conclue avec un pays auquel nous sommes unis par des relations traditionnelles d'amitié. C'est un devoir pour nos tribunaux de la respecter, et je suis convaincu qu'il suffira de la leur rappeler pour que désormais elle soit strictement observée [1].

Je n'ai pas besoin d'ajouter que la violation de l'article 11

---

[1] Voy. circ. des 17 décembre 1869 et 7 février 1870, qui concernent le traité conclu avec la Suisse. La dernière contient spécialement des instructions relatives à l'interprétation de l'article 11 de la convention.

a non seulement pour conséquence de contraindre les Suisses défendeurs à plaider en France malgré les stipulations formelles du traité, mais encore qu'elle cause, en réalité, un préjudice à nos nationaux eux-mêmes, puisque les frais de ces instances irrégulièrement engagées doivent, en définitive, rester à leur charge.

J. DUFAURE.

NOTICES INDIVIDUELLES. — Condamnés. — Administration pénitentiaire.

Du 14 mai 1873.

A MM. LES PROCUREURS GÉNÉRAUX.

L'établissement au greffe de chaque tribunal d'un casier destiné à recevoir les bulletins de condamnations des individus nés dans l'arrondissement a réalisé une amélioration considérable dans l'Administration de la justice[1]. Dès le jour où il a suffi de quelques instants de recherches pour connaître tout le passé d'un inculpé, les détentions préventives ont été abrégées, les instructions criminelles ont reçu une impulsion plus rapide, et les magistrats ont pu, dans leurs décisions, faire, en connaissance de cause, la part de l'indulgence ou celle de la sévérité.

La création de notices individuelles destinées à accompagner dans les lieux de détention les individus condamnés à des peines corporelles[2] me paraît appelée à produire, sous un autre rapport, des résultats non moins favorables. Les directeurs des établissements pénitentiaires ne sont aujourd'hui que très imparfaitement renseignés sur les détenus qui leur sont confiés. Ils ne savent, le plus souvent, de leur vie, que ce que leur en apprennent les extraits de jugements ou d'arrêts qui les concernent. Ce n'est pas évidemment avec des documents aussi laconiques qu'ils peuvent se faire une

---

[1] Voy. circ. du 6 novembre 1850, relative à la création des casiers judiciaires, et les notes.

[2] Voy. circ. des 25 juin 1873, 6 janvier et 3 décembre 1874. La circulaire du 6 janvier 1874 a dispensé de la rédaction des notices pour les condamnés à moins de quatre mois d'emprisonnement.

idée exacte de leur moralité. Les condamnations antérieures mentionnées à la suite des extraits éveillent sans doute leur attention sur les récidivistes; mais, parmi ceux que la justice vient de frapper pour la première fois, n'en est-il pas d'aussi coupables et même de plus dangereux? N'en est-il pas qui, à force d'habileté, avaient su jusque-là s'assurer l'impunité, et qui, dans leurs communes, étaient un sujet de légitime effroi? N'en est-il pas d'autres, et heureusement en bien plus grand nombre, qui regrettent leur faute, qui sont fermement résolus à ne plus s'écarter de la bonne voie, et qu'il importe de soutenir et encourager dans ces salutaires dispositions en les préservant avec soin de tout contact avec certains de leurs codétenus?

Grâce aux notices individuelles, ceux que leurs fonctions ou un dévouement généreux appellent à travailler à l'amendement des condamnés sauront désormais quelle direction donner à leurs efforts. Instruits des circonstances des crimes ou délits commis par les condamnés, de leurs antécédents, de leurs habitudes, de leur situation de famille et de fortune, ils chercheront plus particulièrement à combattre les mauvais instincts qui les ont entraînés, à leur inculquer ou à réveiller en eux les sentiments de probité et d'honneur, et, lorsqu'il leur apparaîtra que les laisser revenir là où de funestes exemples et de pernicieux conseils les feraient presque inévitablement retomber dans le crime, ce serait compromettre l'œuvre de leur régénération, ils pourront leur procurer, dans des milieux moins exposés, les conditions d'une existence occupée et honorable.

Pour les propositions de grâces qu'elle adresse à la Chancellerie, l'Administration puisera aussi de précieuses indications dans les notices individuelles. Elle continuera sans doute à tenir grand compte de la bonne conduite pendant la détention; mais comme, par la connaissance plus complète du passé, de la réputation et des crimes ou délits des condamnés, elle sera mieux en état d'apprécier la sincérité de leur repentir et les progrès de leur moralisation, elle désignera, pour les commutations ou remises de peines, ceux d'entre eux qui seront réellement les plus dignes de cette faveur.

En vous indiquant le but à atteindre, je vous fais suffisamment connaître, Monsieur le Procureur général, le prix que j'attache à ce que ce nouveau document soit rédigé avec un soin scrupuleux.

Les renseignements à y consigner sont de deux sortes : les premiers embrassent tout ce qui se rattache aux antécédents des condamnés, à leur état civil, à leurs professions, à leurs moyens d'existence, à leur instruction, à leur conduite, à leur moralité. Les questions qui s'y réfèrent sont simples et précises, et il sera facile d'y répondre.

C'est sur le second ordre d'indications que j'appelle plus particulièrement votre attention. L'exposé sommaire des faits qui ont motivé la condamnation doit très succinctement résumer l'affaire en mettant en relief ce qui constitue l'importance de l'infraction et ce qui aggrave ou atténue la culpabilité. A ce dernier titre, il est nécessaire d'énoncer si le condamné, avant ou depuis les poursuites, a réparé le préjudice par lui causé; si pendant l'instruction ou pendant les débats il a fait des aveux et manifesté des regrets, ou si, au contraire, par une attitude audacieuse et des réponses violentes et mensongères, il s'est signalé comme un malfaiteur endurci et indigne d'intérêt.

Afin que les notices soient rédigées en temps opportun et qu'elles puissent toujours accompagner les extraits des jugements et arrêts aux lieux de détention[3], vous prescrirez de recueillir dès le début des poursuites les renseignements qui doivent y figurer. Vous veillerez en outre à ce que chaque parquet réunisse et conserve les minutes des notices dans un carton spécial, année par année, en suivant, pour leur classement, l'ordre alphabétique.

J. Dufaure.

Assistance judiciaire. — Transmission des dossiers. — Conseil d'État. — Cour de cassation.

Du 21 juin 1873.

A MM. les Procureurs généraux.

Mon attention a été appelée sur les inconvénients qui ré-

---

[3] Voy. circ. du 6 décembre 1840, §§ 8, 9 et 10, concernant les extraits de jugements et d'arrêts, qui sont remis à l'autorité administrative; ces extraits doivent toujours être fournis.

sultent de l'envoi tardif au Conseil d'État ou à la Cour de cassation des demandes d'assistance judiciaire.

Les bureaux établis près ces juridictions se sont trouvés souvent dans la nécessité d'écarter certaines requêtes, parce qu'elles étaient produites en dehors des délais prescrits pour se pourvoir. Dans d'autres cas, les dossiers ne parviennent à Paris que sept ou huit jours avant l'expiration des délais; et quelquefois ce n'est que la veille qu'ils sont transmis. Les bureaux, mis ainsi en demeure de statuer immédiatement, ne peuvent ni examiner les affaires avec l'attention désirable, ni mettre les défendeurs éventuels à même soit de contester l'indigence des demandeurs, soit de fournir leurs observations sur le fond de la demande, ainsi que le veut l'article 11 de la loi du 22 janvier 1851. Ces inconvénients ont été rendus plus sensibles encore, depuis que le délai du pourvoi en cassation a été réduit à deux mois.

A différentes époques, par des circulaires en date des 1er juillet 1852, 30 décembre 1853, 14 avril 1864, le procureur général près la Cour de cassation a cru devoir réclamer le concours des chefs des parquets des cours d'appel pour faire cesser ce regrettable état de choses. Je crois utile de rappeler ces circulaires à votre souvenir, en vous priant de vouloir bien en étendre les recommandations à toutes les demandes d'assistance formées devant des juridictions d'appel, et auxquelles la fixation d'un délai pour l'introduction de l'instance imprime un caractère d'urgence tout particulier.

Il dépend, en effet, des magistrats des parquets, au moins dans une large limite, d'assurer l'exécution des dispositions bienfaisantes de la loi de 1851, en éclairant avec soin les parties sur la marche qu'elles doivent suivre, les justifications qu'elles ont à fournir, les délais qui leur sont impartis. Vos substituts doivent s'attacher particulièrement à n'adresser aux bureaux que des dossiers complets et vérifiés, et mettre néanmoins la plus grande diligence dans la transmission de ces demandes soit au bureau du domicile du demandeur, soit au bureau établi près la juridiction compétente pour connaître du fond du litige. Il importe surtout, lorsqu'il s'agit d'un appel ou d'un pourvoi, que les bureaux recueillent les renseignements ordinaires, tant sur l'indigence que sur le fond de l'affaire, dans le plus bref délai; de sorte que les dossiers puissent être adressés, suivant les cas, soit au parquet d'appel, soit à celui de la Cour de cassation, soit enfin au Conseil d'État, *trois semaines* au moins avant l'expiration des délais de l'appel ou du pourvoi.

Pour que ces instructions soient désormais fidèlement suivies, vous voudrez bien engager vos substituts à se mettre en rapports fréquents avec MM. les présidents des bureaux d'assistance judiciaire, qui ne se refuseront certainement pas à donner à ces magistrats tous les renseignements utiles sur l'état des affaires soumises à leur appréciation. On arrivera ainsi à prévenir le retour des inconvénients qui m'ont été signalés et qui ont eu parfois pour résultat de faire perdre à des plaideurs indigents et dignes d'intérêt le bénéfice d'une assistance à laquelle ils auraient eu droit.

E. Ernoul.

Préséances. — Inspecteurs de gendarmerie. — Visites.

Du 25 juin 1873.

A MM. les Procureurs généraux près les Cours d'appel.

A l'occasion de la prochaine tournée de MM. les inspecteurs généraux de gendarmerie, M. le Ministre de la guerre a appelé mon attention sur les bons résultats que pourrait avoir, pour le bien du service, un échange de communications entre les officiers généraux et MM. les procureurs de la République ou leurs substituts, lorsque ceux-ci sont chargés, par intérim, de la direction du parquet.

Partageant entièrement la manière de voir de mon collègue à cet égard, et me référant d'ailleurs aux précédents de la Chancellerie, je vous prie d'inviter vos substituts à se mettre en rapport avec ces officiers généraux, lorsque ceux-ci arrivent au chef-lieu de l'arrondissement judiciaire.

Bien qu'aucune visite officielle ne soit due aux inspecteurs généraux de gendarmerie, qui n'ont point de rang individuel dans le décret du 24 messidor an XII, il m'a paru néanmoins convenable, à raison de leur situation dans la hiérarchie, que, dans une circonstance où il s'agit exclusivement de l'intérêt du service public, la première visite leur fût faite, sous cette condition expresse, toutefois, que vos substituts auront été préalablement avisés du jour de l'arrivée de M. l'inspecteur général dans leur résidence.

J'ajoute qu'il est également convenu, entre le Département de la guerre et le mien, que ces visites ne seront point faites à titre d'honneurs et de préséances et qu'elles seront toujours immédiatement rendues par l'inspecteur général de la gendarmerie.

E. Ernoul.

Notices individuelles.

Du 25 juin 1873.

A MM. les Procureurs généraux.

Mon honorable prédécesseur avait signé une circulaire portant création de notices individuelles, destinées à accompagner les condamnés dans les lieux où ils subissent leur peine [1]. Il s'agit de faciliter à l'Administration les moyens de moraliser les individus que la justice a frappés et qui lui sont confiés.

Je suis heureux de donner suite aux idées exprimées par cette circulaire et je vous invite à prescrire à vos substituts de s'y conformer le plus tôt possible.

Je désire que, dès le 1er juillet, des mesures soient prises dans chaque parquet pour l'exécution de la circulaire dont il s'agit.

Je me suis concerté avec mon collègue du Département de l'intérieur qui s'est chargé de fournir les états des notices individuelles qui seront nécessaires à chaque parquet.

E. Ernoul.

---

[1] Voy. circ. des 14 mai 1873, 6 janvier et 3 décembre 1874; c'est aux procureurs généraux que doivent s'adresser les procureurs de la République pour obtenir ces imprimés. (Déc. min. du 30 octobre 1876. — Bull. off. 1876, p. 226.)

Presse. — Journaux. — Cautionnement.

Du 30 juillet 1873.

A MM. les Procureurs généraux.

Diverses circonstances m'ayant révélé que plusieurs journaux paraissaient sans avoir de cautionnement ou continuaient de paraître après avoir retiré le cautionnement versé lors de la fondation, j'ai prié M. le Ministre des finances de vouloir bien faire le relevé général des journaux pour lesquels il existait un cautionnement inscrit au Trésor, et m'envoyer chaque mois deux états : l'un comprenant les versements reçus, l'autre les remboursements autorisés, afin que, de mon côté, je puisse prévenir les parquets, et que l'autorité judiciaire soit en mesure d'assurer l'exécution des lois et règlements.

Je m'empresse de vous transmettre les états de la situation actuelle des cautionnements dans votre ressort; je vous tiendrai au courant des modifications qui pourront survenir, et je vous prie, de votre côté, de veiller à ce que les prescriptions de la loi soient strictement exécutées[1].

E. Ernoul.

Conflits d'attributions. — Pièces à produire[1].

Du 9 août 1873.

A MM. les Procureurs généraux.

La loi du 24 mai 1872, portant réorganisation du conseil

---

[1] La circ. du 7 janvier 1876 (Bull. off. 1876, p. 2) rappelle ces indications.
La loi du 6 juillet 1871 a réglé à nouveau le cautionnement des journaux. Voy. circ. du 27 mars 1852, chap. 1, § 2, sur le cautionnement des journaux semi-quotidiens.

[1] Cette circulaire a rendu inutile la publication des instructions précédentes en date des 5 juillet 1828, 22 novembre 1830, 25 novembre 1833, 10 novembre 1837 et 1er décembre 1842. Elle reproduit également en grande partie celle du 15 décembre 1847 dont quelques dispositions sont cependant rappelées ci-dessous en note.

l'État, a, comme vous le savez, confié le règlement des onflits d'attribution qui s'élèvent entre l'autorité judiciaire et 'autorité administrative à un tribunal spécial analogue à celui ui avait été institué par la Constitution de 1848. En rétablissant cette juridiction, l'Assemblée nationale a remis en igueur le règlement d'administration publique du 26 octobre 1849 et la loi du 4 février 1850, qui organisaient le tribunal des conflits et déterminaient les formes spéciales de sa rocédure.

Toutefois, aux termes de l'article 12 du règlement précité, les arrêtés du conflit et les pièces continuent d'être transmis au Ministre de la justice par les procureurs de la République et les procureurs généraux, conformément à l'article 14 de l'ordonnance du 1er juin 1828 et à l'article 6 de l'ordonnance du 12 mars 1831.»

Les dossiers sont immédiatement transmis au tribunal des onflits, qui est installé à la Chancellerie même[2], et les récépissés sont adressés aux parquets par les soins de mon Déparement[3].

Je défère à un vœu qui m'a été exprimé par les membres le cette juridiction, en vous priant d'appeler l'attention de os substituts sur les irrégularités ou les omissions qui se préentent trop souvent dans la production des pièces. Les envois de dossiers incomplets amènent de fréquents retards. Ils résentent, en outre, l'inconvénient de faire naître, suivant 'importance des justifications omises, certaines hésitations ur le point de départ du délai de jugement, qui demeure ixé à deux mois à dater de la réception des pièces au Ministère de la justice[4].

Je crois donc indispensable de rappeler, par votre intermédiaire, à vos substituts les justifications de pièces exigées par es ordonnances du 1er juin 1828 et du 12 mars 1831.

---

[2] Le tribunal des conflits siège aujourd'hui au Palais-Royal (arrêté ministériel du 3 janvier 1878); le secrétariat est cependant demeuré au Ministère de la ustice.

[3] C'est le récépissé qui fixe le point de départ du délai imparti pour le jugenent du conflit. (Déc. du tribunal du 24 juin 1876.)

[4] Le délai de deux mois ne part que du jour où la production des pièces est omplète. Toute irrégularité prolonge ainsi la suspension de la justice. (Circ. du 5 décembre 1847.)

Une circulaire de l'un de mes prédécesseurs, du 15 d cembre 1817, avait énoncé avec soin les productions à fai en conformité de ces ordonnances; mais, par suite de l'a cienneté de la date, comme aussi de la rareté des confl dans certains ressorts, les prescriptions de cette circulaire 1 sont plus suivies avec fidélité, et j'ai remarqué que les magi trats, lorsqu'ils ont à composer des dossiers de conflit, croie ne pouvoir mieux faire que de s'en rapporter exclusiveme aux justifications exigées par l'article 6 de l'ordonnance c 12 mars 1831, qui contient également une énumération d pièces à produire.

Or, et c'est ce qu'il importe de ne pas oublier, l'ordo nance de 1831 n'a pas abrogé par son article 6 les dispos tions beaucoup plus générales de l'ordonnance du 1er ju 1828, qui a déterminé les cas dans lesquels le conflit d'attı butions peut être élevé par l'autorité administrative et indiqu les formes qui doivent être suivies en pareil cas. Ces ordo nances ne doivent pas être prises isolément; elles se compl tent l'une par l'autre, et leur ensemble forme la législatio en matière de conflits. L'ordonnance de 1828 en est toujou la base; celle de 1831 a eu plus spécialement pour objet c réglementer les conséquences du principe de la publicité d audiences du Conseil d'État statuant au contentieux, et n entendu innover qu'en ce qui concerne les délais des jug ments des conflits. Sous ce rapport seulement, les articles et 7 de l'ordonnance de 1831 ont remplacé ou modifié l articles 15 et 16 de la première ordonnance. Mais les autr dispositions de l'ordonnance de 1828 n'en continuent p moins de subsister.

C'est ainsi, particulièrement, qu'il convient d'ajouter au cinq pièces énumérées par l'article 6 de l'ordonnance de 183 les autres pièces indiquées par l'article 14 de l'ordonnanc de 1828, c'est-à-dire les observations du ministère public e celles des parties. Il est nécessaire encore de produire le pièces visées dans l'arrêté de conflit et qui doivent y être jointe (art. 10 de l'ordonnance de 1828), ce qui comprend notam ment les conclusions du ministère public sur le déclinatoir et l'acte d'appel. (*Dictionnaire de l'Administration français* de M. Block, vº Conflit, p. 492.)

Récapitulant dans un tableau d'ensemble les prescriptior

combinées de ces deux ordonnances, la circulaire du 15 décembre 1847 énumérait ainsi les pièces qui doivent composer le dossier d'une affaire de conflit :

1° La citation [5];

2° Les conclusions des parties [6];

3° Le déclinatoire proposé par le préfet [7];

4° Les conclusions ou réquisitions du procureur du Roi [8];

5° Le jugement rendu sur la compétence [9];

6° L'acte d'appel et l'arrêt rendu sur la compétence, s'il y a lieu [10];

7° L'arrêté de conflit [11];

8° Le jugement ou l'arrêt ordonnant le sursis à toute procédure [12];

9° Les observations des parties ou de leurs avoués, s'il en a été présenté dans le délai fixé [13];

10° Les observations du procureur du Roi [14];

11° L'extrait du registre de mouvement [15];

12° L'inventaire des pièces en double [16-17].

---

[5] Ordon. du 12 mars 1831 (art. 6). Par citation, il faut entendre tout exploit introductif d'instance. (Circ. du 15 décembre 1847.)

Les exploits introductifs d'instance doivent être produits (soit en originaux, soit en copies signifiées), et ils ne sauraient être suppléés par une reproduction même littérale dans les qualités du jugement.

[6] Ordon. du 12 mars 1831 (art. 6). — Il n'y a pas lieu de distinguer entre les conclusions sur le fond ou sur la question de compétence. Toutes servent plus ou moins directement à déterminer la nature de l'instance, et elles doivent être produites par les avoués à qui les originaux ou les copies seront rendus après la décision sur le conflit. Ces conclusions feront partie de la production alors même qu'elles seraient rappelées textuellement dans les jugements ou arrêts. (Circ. du 15 décembre 1847.)

[7] Ordon. du 12 mars 1831 (art. 6).

[8] Ordon. du 1er juin 1828 (art. 7).

[9] Ordon. du 12 mars 1831 (art. 6).

[10] Ordon. du 1er juin 1828 (art. 8).

[11] Ordon. du 12 mars 1831 (art. 6).

[12] Ordon. du 1er juin 1828 (art. 12). Les jugements ou arrêts doivent être transmis sous la forme d'expéditions et non de simples extraits (circ. du 15 décembre 1847).

[13] Ordon. du 1er juin 1828 (art. 13 et 14).

[14] *Ibid.* (art. 14).

[15] *Ibid.* (art. 7 et 14).

[16] Ordon. du 1er juin 1828 (art. 14); ordon. du 12 mars 1831 (art. 6).

[17] Il peut arriver que l'une des pièces mentionnées ci-dessus n'existe pas. Il arrive souvent, par exemple, que les parties ne déposent point de conclusions distinctes de leur assignation, qu'elles ne présentent pas d'observations, ou encore que le tribunal refuse de faire droit à des réquisitions de sursis, etc.

A ces justifications nombreuses, il convient encore d'ajouter, ainsi que l'a fait très justement observer le savant rédacteur du travail publié par le *Dictionnaire de l'Administration française* que j'ai eu l'occasion de citer plus haut, *les pièces visées dans l'arrêté de conflit*, et qui, aux termes de l'ordonnance de 1828 (art. 10), doivent y être jointes[18].

Dans la nomenclature des pièces à produire, je signale plus particulièrement à votre attention *l'extrait du registre de mouvement*, dont la tenue est prescrite par les articles 7 et 14 de l'ordonnance de 1828.

Cet extrait est très souvent omis; le plus souvent encore, les indications en sont incomplètes.

Une circulaire de la Chancellerie, du 5 juillet 1828, déterminait d'une façon très précise les énonciations du registre de mouvement.

Par sa seule inspection, ce registre doit faire connaître les dates :

1° De l'envoi au procureur de la République du déclinatoire du préfet;

2° De la communication donnée par le procureur de la République au tribunal du déclinatoire et des réquisitions qui auront été prises;

3° De l'envoi au préfet du jugement intervenu sur le déclinatoire et des pièces qui doivent y être jointes;

4° De la signification de l'acte d'appel du jugement sur le déclinatoire;

5° Du dépôt de l'arrêté de conflit;

6° De la remise faite par le greffier au procureur de la

Le procureur de la République doit, en transmettant le dossier, signaler l'absence des pièces, et indiquer par quels motifs elles ne peuvent être produites. Sa déclaration à cet égard équivaut à l'emploi même des pièces, quant à la fixation du point de départ des délais.

[18] On peut même ajouter à cette nomenclature *les pièces visées dans d'autres pièces de la procédure et dont la production paraît indispensable pour le règlement des conflits.* — C'est ainsi qu'une décision n'a été rendue que le 24 novembre 1877 (aff. Grange), bien que le dossier fût parvenu à la Chancellerie dès le 10 avril de cette même année, parce que le tribunal avait cru nécessaire de réclamer la production de deux lettres patentes des rois de Sardaigne, visées dans les pièces de la procédure. Il rentre dans les attributions du parquet d'inviter les parties ou leurs représentants à produire toutes pièces utiles au règlement de la compétence.

République de l'arrêté de conflit et des pièces qui y sont jointes;

7° De la communication donnée par ce magistrat au tribunal du conflit élevé, de ses réquisitions à fin de sursis et du jugement qui interviendra sur ces réquisitions;

8° Du rétablissement des pièces au greffe;

9° De l'avis donné par le procureur de la République aux parties ou à leurs avoués de ce rétablissement des pièces, avec invitation d'en prendre communication, et, en tout cas, de lui accuser réception de cet avis;

10° De la remise au parquet, par les parties ou leurs avoués, de leurs observations, s'ils en ont à fournir sur la question de compétence, avec les documents à l'appui;

11° Enfin, de l'envoi fait par le procureur de la République à la Chancellerie de toutes les pièces produites et relatives à l'affaire.

Ces différentes mentions peuvent seules établir l'accomplissement des diverses formalités prescrites par l'ordonnance et constater le point de départ des délais établis à peine de déchéance. Elles peuvent donc, selon les cas, conduire à prononcer la nullité du conflit; c'est assez vous dire quelle en est l'importance[19].

Telles sont, Monsieur le Procureur général, les recommandations sur lesquelles les membres du tribunal des conflits, préoccupés des omissions qu'ils ont eu l'occasion de constater et désireux d'y voir mettre un terme, m'ont prié d'appeler de nouveau votre attention et celle de vos substituts. J'ai l'espoir que leur appel sera entendu et qu'il ne dépendra pas de vous que les prescriptions légales des ordonnances de 1828 et 1831 ne soient désormais scrupuleusement observées dans votre ressort[20].

E. Ernoul.

---

[19] L'extrait devra être certifié conforme par le magistrat qui le transmettra. (Circ. du 15 décembre 1847.)

[20] Le vœu des ordonnances de 1828 et 1831 est qu'il intervienne sur la question de compétence une décision aussi prompte que possible. Tantôt des délais ont été fixés pour l'accomplissement de certaines formalités, tantôt les formalités doivent être accomplies immédiatement et, dans le cas même où aucun délai n'est expressément établi, les magistrats n'en sont pas moins tenus, à toutes les phases de cette procédure spéciale, de veiller à ce que les formalités prescrites

Jury. — Expropriation pour cause d'utilité publique.

Du 13 août 1873.

A MM. LES PROCUREURS GÉNÉRAUX.

Aux termes de l'article 29 de la loi du 3 mai 1841, les membres du jury, en matière d'expropriation pour cause d'utilité publique, doivent être désignés par le conseil général sur la liste des jurés en matière criminelle [1]. Par suite

aient lieu dans le plus bref délai. Il arrive trop souvent qu'un temps considérable s'écoule soit entre la remise du déclinatoire ou de l'arrêté de conflit par le préfet aux officiers du parquet et la communication de ce déclinatoire ou de cet arrêté au tribunal ou à la cour, soit entre le dépôt de l'arrêté de conflit au greffe ou au parquet et son envoi à la Chancellerie. Ces retards doivent être évités avec soin; s'ils viennent à se produire dans quelques circonstances particulières, des explications doivent toujours être données sur leurs causes. (Circ. du 15 décembre 1847.)

[1] Extrait d'une circulaire de M. le Ministre des travaux publics du 24 avril 1856 :

«L'article 29 de la loi du 3 mai 1841 sur l'expropriation pour cause d'utilité publique est ainsi conçu :

«Dans sa session annuelle, le conseil général du département désigne, pour «chaque arrondissement de sous-préfecture, tant sur la liste des électeurs que «sur la seconde partie de la liste du jury, trente-six personnes au moins et «soixante-douze au plus, qui ont leur domicile réel dans l'arrondissement, «parmi lesquelles sont choisis, jusqu'à la session suivante ordinaire du conseil «général, les membres du jury spécial appelé, le cas échéant, à régler les in«demnités dues par suite d'expropriation pour cause d'utilité publique.

«Le nombre des jurés désignés pour le département de la Seine sera de «six cents.»

«La question s'est présentée de savoir si la désignation prévue par les dispositions dont le texte précède doit avoir lieu désormais sur la liste des électeurs, dressée conformément aux prescriptions du décret organique du 2 février 1852, ou sur la liste annuelle du jury, dont la composition fait l'objet du titre II de la loi du 4 juin 1853.

«La solution de cette question se trouve dans l'examen du véritable sens de l'article qui vient d'être cité. Si l'on remarque que la liste des électeurs et la seconde partie de la liste du jury, sous le régime antérieur à la législation actuelle, constituaient en réalité la liste générale du jury, on en conclut naturellement que le législateur de 1841 n'a eu d'autre intention, en s'exprimant comme il l'a fait, que de désigner cette liste générale elle-même comme point de départ du travail à exécuter chaque année par les conseils généraux, et qu'il n'a pas voulu faire dépendre la capacité du juré en matière d'expropriation de l'inscription sur la liste électorale; en un mot, qu'il eût rendu également sa pensée, s'il avait cité purement et simplement la liste du jury dressée en exécution de l'article 382 du Code d'instruction criminelle.

«Quel pouvait d'ailleurs être le but de la loi en adoptant les bases ci-dessus pour les désignations annuelles à faire par le conseil général du département? L'accomplissement de la mission, souvent difficile, confiée aux jurys d'expro-

es dispositions nouvelles de la loi du 21 novembre 1872 art. 14), cette dernière liste est aujourd'hui déposée aux reffes de la cour d'appel ou du tribunal chargé de la tenue es assises. Il importe que MM. les préfets puissent en prendre onnaissance, afin d'y puiser les éléments du travail préparaoire qu'ils doivent soumettre aux conseils généraux.

Je vous prie de vouloir bien prescrire les mesures nécesaires pour que cette communication se fasse sans difficulté [2].

J. ERNOUL.

BILLETS DE BANQUE. — Falsification.

Du 14 août 1873.

A MM. LES PROCUREURS GÉNÉRAUX.

Le cours forcé des billets de banque et leur vulgarisation ont pour effet de rendre plus fréquentes les tentatives de contrefaçon : un redoublement de surveillance devient nécessaire. Dans ces circonstances, M. le gouverneur de la Banque le France m'a exprimé le désir d'être instruit de tous les faits le cette nature qui pourront donner lieu à des poursuites judiciaires. Ces communications auront un double avantage :

---

oriation, exige à la fois dans les membres de ces jurys des connaissances spéciales et une position indépendante qui garantissent, d'une part, qu'ils sont à même de se rendre un compte aussi exact que possible de la valeur des propriétés frappées d'expropriation, et, d'autre part, qu'ils prononcent librement et conformément aux inspirations de leur conscience. On méconnaîtrait évidemment la pensée du législateur si, dans l'état actuel des éléments qui composent a liste électorale, on prenait cette liste pour base des désignations à faire en matière d'expropriation, et l'on doit, dès lors, se référer purement et simplement aux listes des jurys en matière criminelle, en d'autres termes aux listes qui, chaque année, sont dressées conformément au titre II de la loi du 4 juin 1853. »

Une nouvelle circulaire du Ministre des travaux publics en date du 16 août 1873 confirme ces instructions en déclarant que les modifications apportées par a loi du 21 novembre 1872 ne changent rien à la procédure qui doit être suivie pour la formation des listes des jurys d'expropriation.

Les listes préparatoires dressées par les commissions cantonales ne peuvent, en aucun cas, servir à la formation de la liste des jurés d'expropriation. (Voy. décision ministérielle du 31 mars 1877, Bull. off. 1877, p. 24.)

[2] Cette communication est réclamée à l'époque de la session d'août des conseils généraux. (Circ. de M. le Ministre des travaux publics, du 16 août 1873.)

elles permettront d'étudier les moyens employés par les fa
saires, de prendre les mesures nécessaires pour rendre
contrefaçons plus difficiles, et, d'autre part, souvent la Banq
de France sera à même de donner à la justice d'utiles ren
gnements.

Je vous prie, en conséquence, de m'informer sans délai
tous les crimes de ce genre qui viendront à être découve
dans votre ressort. Vous voudrez bien, en même temps, 1
donner la description exacte des billets saisis ou m'en adr
ser des spécimens toutes les fois que ce déplacement pou
avoir lieu sans nuire à l'instruction et sans en retarder
marche.

Dans les cas où il y aura lieu de procéder à une experti
il conviendra que vous vous mettiez en rapport avec le
recteur de la succursale, afin qu'il puisse donner les avis et
besoin désigner les personnes aptes à faire ces sortes de vé
fications.

Je désire, en outre, que vous ne me laissiez pas ignor
l'issue de la procédure criminelle. Vous voudrez bien m'adr
ser des extraits des arrêts de condamnation et y joindre d
spécimens des billets saisis sur les prévenus ou produits da
la procédure, lorsque cette communication n'aura pu êt
faite au début de l'instruction [1].

E. Ernoul.

Notaires. — Pensions. — Anciens militaires. — Certificats de v

Du 23 août 1873.

A MM. les Procureurs généraux.

La loi du 27 novembre 1872 accorde aux anciens militair
se trouvant dans certaines conditions qu'elle détermine u
allocation élevant leur pension à 600 francs [1].

---

[1] Les crimes de fausse monnaie doivent être également l'objet de communic
tions spéciales. (Voy. circ. du 6 décembre 1840, § 13, 7°, du 10 octobre, et 17 d
cembre 1877. — Bull. off. 1877, p. 128 et 144.)

[1] Voy. circ. du 20 janvier 1851 relative aux certificats de vie exigés des pe
sionnaires de l'État et aux rétributions à percevoir.

Ce complément de pension étant le plus souvent inférieur à 50 francs par trimestre, aucune rétribution, lorsque ce chiffre ne sera pas dépassé, ne devra, aux termes de l'article 46 du décret du 9 novembre 1853, être payée aux notaires pour délivrer le certificat de vie spécial que les titulaires auront à produire pour toucher ces pensions et qui sera détaché du titre même desdites pensions.

M. le Ministre de la guerre, président du comité supérieur des offrandes nationales, désire qu'on rappelle les dispositions précitées du décret du 9 novembre 1853 aux notaires qui rempliront les certificats de vie, dont la formule, imprimée d'ailleurs, sera jointe au titre.

Je vous prie, en conséquence, de donner dans ce sens des instructions à vos substituts, et de les inviter à les communiquer aux présidents des chambres de notaires de leurs ressorts respectifs, en leur recommandant de veiller à ce qu'elles soient exécutées.

E. Ernoul.

Les pensions militaires sont régies par l'ordonnance du 2 juillet 1831; mais, cette ordonnance ne contenant aucune prescription au sujet des certificats de vie, la présente circulaire applique aux pensions militaires les dispositions du décret du 9 novembre 1853.

Outre ces certificats, les notaires sont encore appelés à dresser les certificats de vie qui concernent les membres de la Légion d'honneur et les anciens militaires décorés de la médaille militaire. Le décret du 2 août 1860 contient les dispositions spéciales à ce sujet. Ces certificats doivent être dressés par les notaires et donnent lieu à la perception d'une rétribution de 20 à 50 centimes. Des instructions du 5 juin 1871, émanées de la grande chancellerie de la Légion d'honneur, ont fixé les règles d'après lesquelles ces certificats doivent être délivrés et dressés. Ces instructions, qui ont une grande analogie avec celles du 27 juin 1839 (circ. du 23 octobre 1839), contiennent les indications suivantes :

Les notaires ne doivent pas, pour ces certificats, exiger de déclarations relatives au cumul (art. 3). — Les certificats ne doivent être délivrés qu'à ceux qui n'appartiennent plus aux armées de terre et de mer (art. 4). — Les certificats sont dressés dans la forme déterminée par le décret du 21 août 1806 et exempts du timbre, conformément à l'ordonnance du 20 juin 1817 (art. 5). — Les notaires peuvent réclamer 5 centimes pour la formule du certificat conforme au modèle joint aux instructions. Cette rétribution n'est pas exigible pour les décorés de la médaille militaire. Le remboursement de la formule est indépendant de la rétribution calculée sur le montant du semestre ou des semestres arriérés, conformément au décret de 1860 (art. 6, 7 et 8). — Les certificats doivent être revêtus du sceau; la signature du notaire sera légalisée par le préfet ou le sous-préfet s'il doit être fait usage du certificat en dehors du département (art. 9). — Le choix du notaire est libre; mais, ce choix une fois fait, le titulaire ne peut s'adresser à un autre, sans avoir obtenu du premier une attestation qui sera mentionnée sur le registre : à défaut de cette formalité, le notaire ne doit délivrer le certificat que sur l'attestation de deux témoins (art. 10 et 11). — Les notaires

Cours et tribunaux. — *Audiences de rentrée.*

Du 12 septembre 1873.

A MM. les Premiers Présidents.

En examinant les roulements qui m'ont été transmis, j'ai remarqué que les cours d'appel n'avaient pas adopté la même date pour la reprise de leurs travaux. Les unes ont fixé la rentrée au 3, les autres au 4 novembre. Ce désaccord existe souvent, dans le même ressort, entre les différents tribunaux.

Je crois devoir, à cette occasion, vous rappeler les termes d'une circulaire du 28 juillet 1856 [1], d'après laquelle la rentrée des cours et tribunaux doit avoir lieu le 4 lorsque, comme cette année, le 2 novembre est un dimanche. Cette circulaire est ainsi conçue :

« L'ordonnance du 14 décembre 1847, qui a fixé au 3 no- « vembre de chaque année la rentrée des cours et tribunaux, « porte que, dans le cas où le 3 novembre serait un jour férié, « la rentrée aurait lieu le 4. Cette année, le 3 novembre n'est « pas un jour férié; mais comme le 2 est un dimanche, jour « qui, d'après les règles de l'Église, ne peut être consacré à « la commémoration religieuse des morts, et qu'il y aura né- « cessité de renvoyer cette solennité au lendemain lundi, « plusieurs magistrats m'ont fait observer que, si les cours et

---

doivent tenir un registre spécial pour y mentionner les titulaires auxquels ils délivrent des certificats. Lors du premier certificat, le notaire doit se faire représenter le titre, ou un acte de notoriété. La mention du domicile doit être faite sur le registre et le certificat après que le notaire l'aura vérifié (art. 12, 13 et 14). En cas de maladie du titulaire, le certificat peut être délivré sur le vu d'une attestation du maire visée par le juge de paix ou le sous-préfet. En cas de détention, le certificat est délivré sur une attestation du greffier ou du directeur de la prison. En cas de démence, le notaire doit exiger l'assistance du tuteur ou du curateur (art. 15, 16 et 17). — Les notaires doivent faire connaître au receveur général les décès des titulaires et adresser, chaque année, l'état des titulaires qui, depuis deux échéances, n'ont pas réclamé de certificat (art. 17 et 20). — Les notaires correspondent en franchise avec les receveurs généraux (art. 21). — Les notaires peuvent s'entremettre pour recevoir les termes des traitements; ils dressent alors un état acquitté qu'ils transmettent au receveur général (art. 22 et 23). — Les traitements étant incessibles et insaisissables, les notaires ne peuvent, même du consentement des intéressés, rien retenir au profit des tiers (art. 24).

[1] Non insérée.

« tribunaux devaient faire leur rentrée le 3, il ne pourrait y « avoir ce jour-là de messe du Saint-Esprit, contrairement à « l'usage établi en conformité de la circulaire du 16 octobre « 1850[2]. J'estime, en conséquence, que, cette année, la ren- « trée des cours et tribunaux devra être fixée au 4 novembre. »

Je ne puis, Monsieur le Premier Président, que maintenir les instructions données par mon prédécesseur, et je vous prie de vouloir bien inviter la cour et les tribunaux de votre ressort à s'y conformer[3].

E. Ernoul.

Procureurs généraux. — Commandants de corps d'armée. — Rapports.

Du 3 novembre 1873.

A MM. les Procureurs généraux près les Cours d'appel.

La loi du 24 juillet 1873, sur l'organisation de l'armée, a divisé le territoire de la France en dix-huit régions, dans chacune desquelles elle a placé un corps d'armée.

Des décrets du 28 septembre et du 13 octobre derniers ont nommé les chefs de ces corps et déterminé provisoirement la composition nouvelle des divisions militaires.

L'armée doit non seulement défendre le territoire : elle a encore la mission d'assurer le respect de la loi et de maintenir l'ordre public à l'intérieur. Il est donc essentiel que ses chefs soient tenus au courant des faits graves qui peuvent survenir dans l'étendue de leur circonscription.

Je vous prie, en conséquence, de vouloir bien donner immédiatement connaissance à M. le général commandant le corps d'armée dans les départements de votre ressort, de tous les événements qui seront de nature à intéresser la sécurité publique[1].

E. Ernoul.

---

[2] Cette circulaire non insérée n'a eu pour but que d'inviter les magistrats à reprendre l'usage des messes de rentrée, qu'une circulaire précédente du 21 octobre 1848 (non insérée) avait suspendu.

[3] La circulaire du 26 octobre 1878 (Bull. off. 1878, p. 118) rappelle la même disposition de l'ordonnance de 1847.

[1] Voy. circ. du 2 mars 1816 et du 3 mars 1858 qui contiennent des instruc-

Casiers judiciaires. — Instructions générales.

Du 30 décembre 1873.

A MM. les Procureurs généraux.

I. *Bulletins n° 2 relatifs aux engagés volontaires.* — M. le Ministre de la guerre a récemment appelé mon attention sur le prix des extraits de casiers judiciaires relatifs aux jeunes gens qui désirent s'engager dans les armées de terre et de mer, en me demandant si l'élévation de ce prix est conforme aux principes posés dans l'article 16 de la loi du 13 brumaire an VII et répond à l'idée d'ordre public qui a présidé à la loi du 27 juillet 1872.

Les diverses circulaires sur les casiers judiciaires assujettissent, il est vrai, aux formalités du timbre et de l'enregistrement les bulletins n° 2 délivrés dans un intérêt particulier; mais l'article 46 de la loi du 27 juillet 1872 justifie une dérogation à cette règle. En effet, il impose à l'engagé volontaire l'obligation de produire, non pas un extrait du casier judiciaire, mais un certificat du maire constatant qu'il n'a jamais été condamné à une peine correctionnelle pour vol, escroquerie, abus de confiance ou attentat aux mœurs; or ce certificat est rédigé sur papier libre, puisque, aux termes de l'article 16 de la loi du 13 brumaire an VII, les *engagements*, enrôlements, certificats et autres pièces d'écritures concernant les gens de guerre sont dispensés du timbre; il n'est pas davantage enregistré, puisque aucune disposition ne l'astreint à cette formalité. Il est donc rationnel et légal de ne pas soumettre aux droits de timbre et d'enregistrement l'extrait nécessaire à sa rédaction, et qui est demandé moins dans un intérêt privé que dans un intérêt général.

M. le Ministre des finances, à qui j'ai communiqué mes observations, partage complètement ma manière de voir et se dispose à donner des instructions en ce sens aux agents de l'Administration de l'enregistrement. Vous voudrez bien, de votre côté, Monsieur le Procureur général, porter à la

---

tions générales sur les rapports qui doivent exister entre les autorités judiciaires et les autorités administratives.

connaissance de vos substituts et des greffiers cette décision prise de concert avec les Départements de la guerre et des finances : qu'à l'avenir les extraits délivrés *en vue d'engagements volontaires*, soit directement aux particuliers, soit aux maires, seront affranchis des formalités du timbre et de l'enregistrement. Il ne sera plus perçu, par les greffiers, que la somme de *un franc* qui leur est allouée par les circulaires sur les casiers judiciaires pour droits de recherches, de rédaction et d'inscription au répertoire. Mais, comme cette exception est exclusivement restreinte au cas dont il s'agit, les greffiers auront soin, dans l'espèce, d'indiquer sur le bulletin n° 2 qu'il est délivré en vue de l'engagement volontaire prévu par l'article 46 de la loi du 27 juillet 1872, et vos substituts, en visant cet extrait, devront vérifier si la mention a été faite[1].

II. *Sommier général des recherches.* — Un certain nombre de procureurs de la République ont l'habitude de saisir la préfecture de police des recherches ordonnées par leurs parquets à l'égard d'inculpés qu'ils croient s'être dirigés sur la capitale ou avoir pu prendre cette direction. Cette pratique a suggéré à M. le préfet de police l'idée de créer une sorte de *sommier général des recherches* qui assurera, avec unité et certitude, l'exécution des mandats décernés par la justice. Je dois signaler à votre attention et à celle de vos substituts cette nouvelle institution, dont les avantages peuvent être considérables pour l'action de la justice. Il ne s'agit pas, bien entendu, pour les magistrats, d'informer la préfecture de police de *toutes* les mises en recherche sans exception; mais j'estime que cette mesure pourrait recevoir une plus large extension et qu'elle serait surtout utilement appliquée dans les affaires qui présentent un certain intérêt, notamment au point de vue de la sûreté publique[2].

---

[1] Voy. circ. du 6 novembre 1850, § v, note 16, du 4 juin 1851, du 23 mai 1853, § i, sur le prix des bulletins n° 2. On a d'abord décidé que les dispenses de droits ne pouvaient être réclamées par les candidats aux fonctions d'officiers dans l'armée territoriale (circ. du 6 décembre 1876, § xxviii. — Bull. off. 1876, p. 248); mais, par une décision ultérieure du 17 octobre 1878, l'immunité a été étendue aux extraits demandés par les aspirants aux emplois d'officiers de la réserve et de l'armée territoriale (circ. du 30 novembre 1878. — Bull. off. 1878, p. 127).

[2] La préfecture de police a également organisé un casier des condamnations, auquel les magistrats peuvent avoir recours. Voy. circ. du 28 mai 1853, § viii.

III. *Alsaciens-Lorrains.* — Aux termes de l'article 6 de la convention additionnelle avec l'empire d'Allemagne, ratifiée par la loi du 9 janvier 1872, les extraits des casiers judiciaires d'Alsace-Lorraine, conservés dans les territoires cédés, doivent être délivrés par les magistrats allemands au ministère public près nos cours et tribunaux, à nos administrations publiques et même aux particuliers originaires de ces territoires. L'exécution de cette convention rencontre parfois des obstacles de force majeure résultant particulièrement des incendies des greffes de Strasbourg et de Thionville, qui ont détruit plus de 50,000 bulletins n° 1; d'autre part, le délai qui s'écoule entre la demande des extraits et leur délivrance prolonge les instructions judiciaires, partant les détentions préventives, et cause un véritable préjudice aux particuliers qui se voient quelquefois refuser l'accès des administrations (chemins de fer, etc.), faute de pouvoir produire cette pièce en temps utile. Il appartenait donc à mon Administration de remédier à un état de choses de nature à compromettre les intérêts de la justice en même temps que ceux des particuliers.

De concert avec M. le Ministre de l'intérieur, des mesures ont été prises pour que toutes les condamnations corporelles subies en France par des Alsaciens-Lorrains soient relevées sur les registres d'écrou des établissements pénitentiaires et que communication en soit faite au casier central; d'un autre côté, un de mes prédécesseurs a prescrit le bulletinage, d'après les comptes d'assises, les états des récidives correctionnelles et les listes des libérés des maisons pénitentiaires d'Ensisheim, d'Haguenau, d'Ostwald, etc., des condamnations prononcées contre ces mêmes individus par les cours et tribunaux d'Alsace-Lorraine; enfin, vous savez que, depuis 1870, les bulletins n° 1 des condamnations prononcées par les juridictions criminelle et correctionnelle contre des Alsaciens-Lorrains ont été régulièrement transmis à la Chancellerie; de sorte qu'aujourd'hui le casier central renferme, au nombre de plus de 100,000, les décisions judiciaires des plus utiles à constater contre les individus nés dans les parties de territoire annexées à l'empire d'Allemagne par le traité de 1871. Vous pouvez donc inviter vos substituts, pour le cas de poursuites à exercer contre un Alsacien-Lorrain, qu'il ait opté ou non pour la nationalité française, à demander d'abord à mon Département un extrait du casier central, sauf à recourir, s'il y a lieu, à la convention de Francfort. Mais le soin avec lequel a été faite, tant dans mes bureaux que dans les greffes des établissements pénitentiaires, la reconstitution des antécédents judiciaires des Alsaciens-Lorrains me donne lieu de penser que la nécessité d'invoquer cette convention ne se produira que bien rarement [3].

IV.................................. [4]

V. *Transmission des bulletins n° 1.* — Dans quelques ressorts, les bulletins n° 1 sont dressés par les greffiers et transmis au visa du procureur général beaucoup trop longtemps après la condamnation qu'ils constatent. Il s'écoule souvent trois mois entre la date de la rédaction du bulletin et celle de l'arrivée au casier central; or, comme il faut compter un mois pour le classement des quinze cents bulletins qui sont adressées mensuellement à la Chancellerie, il s'ensuit que ce n'est qu'au bout de quatre mois que l'on peut délivrer, avec la certitude qu'il est exact, un bulletin n° 2. Je rappellerai donc ici qu'aux termes des circulaires du 30 août 1855 et du 1er juillet 1856 les bulletins n° 1 doivent être rédigés dans les quinze jours de la condamnation, vérifiés au parquet de la cour dans la seconde quinzaine et transmis immédiatement aux casiers des arrondissements d'origine des condamnés ou au casier central [5].

VI. *Origine des étrangers.* — Les lieux d'origine des condamnés étrangers sont généralement mal orthographiés sur les bulletins n° 1, ou n'y sont indiqués que par cette mention *né en Belgique*, *en Italie*, etc. Je conçois qu'il n'est pas toujours possible, surtout quand l'étranger a été condamné par

---

[3] Voy. circ. du 26 février 1872 et note.

[4] La circulaire rappelle ici les instructions précédentes sur le format et la solidité du papier à employer. Voy. circ. des 6 novembre 1850, note 4, 1er juillet 1851, 30 août 1855 et 20 mai 1862.

[5] Voy. aussi circ. du 6 novembre 1850, III, § VII, et la note 6, sur le délai des transmissions des bulletins; et celles des 30 août 1855, note 3; 1er juillet 1856, § XVI; 8 décembre 1875, § VII.

contumace ou par défaut, de connaître d'une manière absolument exacte le lieu de sa naissance; cependant, je ne saurais trop insister sur la nécessité, pour les juges d'instruction, de s'éclairer, à cet égard, par tous les moyens en leur pouvoir, car mon Administration doit, en vertu de conventions diplomatiques, transmettre aux Gouvernements belge, italien, bavarois, autrichien, etc., les bulletins des condamnations prononcées en France contre des sujets de ces pays, et ceux qui ne présentent que des indications insuffisantes lui sont envoyés comme étant tout à fait inutiles [6].

VII. *Pseudonymes.* — Malgré la recommandation faite au paragraphe 11 de la circulaire du 23 mai 1853, beaucoup de greffiers s'abstiennent de rappeler, sur les bulletins n° 1 des récidivistes, les pseudonymes sous lesquels ont déjà été condamnés ces individus; de là une correspondance qui retarde le classement du bulletin dans le casier central. Et si, comme il arrive trop souvent dans l'espèce, la mention *récidiviste* n'a pas été inscrite sur le second bulletin, celui-ci est classé au nom nouveau, et les antécédents judiciaires du même individu se trouvent scindés.

Cette observation s'applique d'ailleurs à toutes les différences qui peuvent exister entre le bulletin n° 2 annexé à la procédure et le bulletin n° 1 subséquent. Les greffiers doivent s'attacher à porter sur ce dernier toutes les indications de nature à lui assurer, dans le casier central, sa véritable place. Il ne faut pas perdre de vue que ce casier renferme les bulletins relatifs aux condamnés d'origine étrangère ou inconnue et que les personnes préposées à sa tenue n'ont pas, comme les greffiers d'arrondissement, les registres de l'état civil pour régulariser les bulletins n° 1 erronés. La seule vérification que puisse faire la Chancellerie porte sur les indications légales de ces bulletins, et, à ce point de vue, elle est obligée d'en renvoyer, chaque semaine, un certain nombre pour

[6] Cette recommandation a été renouvelée dans la circulaire du 8 décembre 1875, § XIII. Ce sont les greffiers qui dressent et transmettent les copies destinées aux Gouvernements avec lesquels l'échange est établi (Autriche, Belgique, Bavière, grand-duché de Bade, Italie, Alsace-Lorraine, grand-duché de Luxembourg). Voy. circ. des 5 mai 1877, §§ IV, V, VI; 30 novembre 1878, § III; 4 novembre 1879, § IX. (Bull off. 1877, p. 54; 1878, p. 125; 1879, p. 248.)

faire rétablir l'harmonie juridique entre les faits, les peines prononcées et les articles de lois visés [7].

VIII. *Récidivistes.* — La mention *récidiviste* est quelquefois omise, particulièrement sur les bulletins n° 1 émanant des greffes de cours d'appel; c'est une lacune qu'il faut éviter avec soin. Mais, s'il importe de ne pas négliger cette mention, on doit veiller aussi à ce qu'elle ne soit faite qu'en parfaite connaissance de cause. En effet, le casier central ne contenant pas de bulletins concernant des condamnés indiqués comme récidivistes, il a été souvent répondu aux explications demandées que la mention avait été inscrite sur la simple déclaration du prévenu. Dans ce cas, et afin de ne pas provoquer une correspondance inutile, il serait bon de compléter le bulletin en énonçant que cette mention *récidiviste* ne résulte pas du bulletin n° 2 joint au dossier, mais de l'aveu du condamné [8].

C'est à tort que quelques greffiers considèrent comme récidivistes des individus qui n'ont pour tout antécédent judiciaire que des condamnations de simple police. Si celles-ci ont été relevées sur des bulletins n° 1 et sur des extraits, c'est par suite d'un abus qu'on ne saurait tolérer; elles ne doivent pas figurer dans les casiers judiciaires, quand bien même elles auraient été prononcées par des tribunaux correctionnels, soit par la dégénérescence d'un délit aux débats, soit sur appel de jugements de tribunaux de simple police [9].

IX. *Condamnés d'origine inconnue.* — Il est une formalité qui consiste, en ce qui concerne les condamnés d'origine inconnue, à relater, sur le bulletin n° 1, qu'il n'a pas été trouvé d'acte de naissance applicable au condamné sur les registres de l'état civil. Quelques greffiers se bornent à mettre devant le lieu d'origine *se disant né à...* ou bien à faire rédiger le bulletin sur le casier central. C'est avec raison que les circulaires du 6 novembre 1850 et du 8 décembre 1868 avaient

[7] Voy. outre la circulaire du 23 mai 1853, § XI, celles du 1er juillet 1856, § XXIV, du 8 décembre 1875, § XI, et du 6 décembre 1876, § XVIII. (Bull. off. 1876, p. 245.)
[8-9] Voy. circ. du 30 août 1855, 4°, et notes 1, 2 et 3.

formellement demandé que les mots *pas d'acte de naissance applicable* fussent toujours apposés sur les bulletins, car la Chancellerie n'a que ce moyen pour s'assurer que les recherches ont été réellement faites à l'état civil. En effet, dans un grand nombre de cas où les bulletins n° 1 concernaient des récidivistes et ne portaient pas l'énonciation ci-dessus, il a été reconnu que les condamnés étaient bien originaires des localités qu'ils avaient indiquées. D'ailleurs, la preuve de l'absence ou de l'insuffisance de vérification à l'état civil se trouve dans ce fait que la revision des casiers judiciaires à laquelle il a été procédé récemment a fait rentrer au casier central 3,078 bulletins n° 1 qui avaient été mal à propos classés et conservés dans les casiers d'arrondissement. C'est à vous, Monsieur le Procureur général, qu'il appartient, lors de la revision qui en est faite à votre parquet, de vous assurer que tous les bulletins n° 1, s'appliquant à des individus s'étant dits nés en France, ne sont adressés au casier central qu'après avoir fait l'objet de minutieuses investigations aux registres de l'état civil [10].

X. *Condamnations par défaut.* — Les bulletins n° 1 des condamnations par défaut doivent nécessairement présenter toutes les indications que le greffier a trouvées dans le dossier, et faire connaître surtout si le jugement a été signifié, et, dans ce cas, à quelle date. L'importance de ce renseignement a été démontrée il y a quelques mois par des oppositions formées à des jugements par défaut prononcés avant l'incendie du Palais de justice de Paris et dont les traces avaient disparu; elle découle également de l'article 187 du Code d'instruction criminelle, d'après lequel l'opposition peut être recevable jusqu'à la prescription de la peine [11].

XI. *Condamnations à la requête des administrations publiques.* — J'ai appris qu'il s'est produit, dans la pratique, des divergences regrettables au sujet des bulletins n° 1 relatifs aux condamnations prononcées à la requête des administrations pu-

---

[10] Voy. circ. du 30 août 1855, note 3, et celle du 8 décembre 1868, § xv.
[11] Voy. circ. du 30 décembre 1850, § ix, et la note 10; du 8 décembre 1868, § xiii; du 29 novembre 1869, § ix, et du 8 décembre 1875, § xv.

bliques. Pour y mettre un terme, je crois devoir rappeler qu'il est inutile de rédiger des bulletins n° 1 pour les condamnations à l'amende prononcées sur les poursuites de ces administrations, mais qu'il doit toujours en être dressé pour les condamnations *corporelles* : tel est le principe posé par les circulaires des 6 novembre et 30 décembre 1850 [12], et auquel il n'a été dérogé par aucune instruction ultérieure.

BULLETIN N° 2.

XII. *Format du bulletin n° 2.* — La feuille de timbre de 60 centimes a été adoptée comme type du format des bulletins n°s 1 et 2; cependant, j'ai eu l'occasion de constater que, dans quelques arrondissements, ces derniers excédaient la dimension légale, soit en hauteur, soit en largeur. Si cette irrégularité n'a pas de gravité lorsque les extraits sont destinés à être joints à des procédures criminelles ou correctionnelles, il n'en est pas de même quand ils sont délivrés à des particuliers dans un intérêt privé. Ces extraits devant être soumis aux droits de timbre et d'enregistrement, les impétrants se sont vus quelquefois obligés de payer un droit de timbre double de celui qui a été fixé par les circulaires. Il importe que vos substituts exercent sur ce point la surveillance nécessaire [13].

XIII. *Demandes de bulletins n° 2.*—Les demandes d'extraits de casiers judiciaires doivent toujours être accompagnées des indications propres à faciliter les recherches. (Circulaire du 1er juillet 1856, § 9.) Celles que reçoit le casier central sont souvent muettes sur l'état de récidive dans lequel se trouve l'individu poursuivi de nouveau; de sorte que, ainsi que je le disais plus haut, les bulletins n° 1 parvenant trop tardivement à la Chancellerie pour être classés dans le mois de la condamnation, les investigations sont infructueuses et les extraits négatifs, faute de savoir qu'il peut exister dans les

---

[12] Voy. cette dernière circulaire, § IV, et note 5. Voy. aussi circ. du 8 décembre 1868, § XII, et du 28 novembre 1874, § XIII.

[13] Voy. circ. du 6 novembre 1850, § III, 4°, note 4, et celle du 20 mai 1862, qui contient la même observation relative aux droits de timbre et d'enregistrement.

bulletins non encore classés une condamnation s'appliquant à l'inculpé dont il s'agit.

XIV. *Bulletins n° 2 négatifs.* — Dans l'espèce précédente, lorsque le parquet ou le juge d'instruction reçoit du casier central un extrait négatif concernant un individu déjà condamné, son premier devoir est de demander un nouveau bulletin n° 2 en faisant connaître les antécédents, afin de le substituer, dans le dossier, à l'extrait incomplet. L'omission de cette opération a eu cette conséquence que plusieurs centaines d'invidus n'ont pas figuré sur les états des récidives correctionnelles de 1872.

XV. *Annexion des bulletins n° 2 aux procédures.* — Il est de principe qu'il doit être annexé à *toutes* les procédures criminelles et correctionnelles, sauf en matière forestière, un extrait du casier judiciaire[14]. Aucune exception ne doit être apportée à cette règle. Il a été constaté en 1872, pour 271 récidivistes, que des extraits n'avaient pas été demandés à la Chancellerie, qui a dû transmettre d'office des bulletins n° 2 pour que ces individus pussent être portés dans les états spéciaux des récidives, et plusieurs de ces bulletins contenaient des condamnations plaçant les individus en état de récidive légale, circonstance inconnue du dernier tribunal de répression. En matière de flagrant délit, si le prévenu est conduit immédiatement à la barre, il n'en faut pas moins demander le bulletin n° 2, afin que le ministère public puisse apprécier s'il est nécessaire d'user de son droit d'appel. S'il est cité d'urgence pour l'audience du lendemain ou du surlendemain, on peut recourir à la voie télégraphique pour connaître les antécédents, sans préjudice de l'extrait à annexer au dossier; dans tous les autres cas, il n'y a pas de difficultés[15]. Seulement, il est à désirer que les greffiers répondent sur-le-champ aux communications télégraphiques, ce qui n'a pas toujours lieu; le moindre retard peut empêcher

---

[14] Voy. circ. du 1er juillet 1856, §§ II à VIII, et du 1er décembre 1862.

[15] Les circulaires des 8 décembre 1868, § XVIII, et 29 novembre 1869, § X, admettent qu'exceptionnellement, en cas de flagrant délit, l'extrait pourra ne pas être réclamé si le ministère public a la conviction qu'il n'existe pas d'antécédents judiciaires.

l'application de la loi du 20 mai 1863; quant aux demandes qui leur sont adressées par correspondance, le délai maximum pour la réponse doit être de quarante-huit heures. (Circulaire du 1er juillet 1856, § 23.)[16]

XVI. *Condamnations par contumace ou par défaut.* — Des bulletins de condamnations par contumace ou par défaut sont constamment transmis au casier central, parce que, malgré les plus actives recherches, on n'a pu découvrir le lieu de naissance précis des condamnés d'origine française. Il arrive quelquefois que, poursuivis ultérieurement, ces individus font connaître d'une manière exacte leur commune de naissance; on demande alors au parquet du tribunal de l'arrondissement d'origine un extrait du casier, qui est nécessairement négatif sur la condamnation par contumace ou par défaut, et on néglige de s'adresser au casier central, ce qui laisse y subsister un grand nombre de bulletins inutiles. Par conséquent, lorsque le ministère public aura la certitude ou seulement de graves présomptions qu'un prévenu a déjà été condamné et que le casier de son arrondissement d'origine ne contient pas de bulletin n° 1 s'appliquant à lui, il doit en informer la Chancellerie, afin que des recherches soient faites au casier central.

XVII. *Prix des bulletins n° 2 délivrés aux particuliers.* — Il est venu à ma connaissance que des greffiers, indépendamment des 3 fr. 40 cent. qui leur sont alloués pour la délivrance des bulletins n° 2 aux particuliers (circulaire du 30 novembre 1872), percevaient encore les 10 centimes attribués à titre d'émoluments pour l'inscription au répertoire par le paragraphe 14 de l'article 1er du décret du 24 mai 1854. Je tiens essentiellement à ce qu'il n'en soit pas ainsi. Le prix de ces bulletins n'était, au début, que de 2 fr. 20 cent., et les demandes étaient rares; aujourd'hui diverses lois de finances l'ont élevé à 3 fr. 40 cent. et les demandes, très nombreuses, le deviendront chaque jour davantage. Or, les greffiers per-

---

[16] Toute demande d'extrait doit mentionner si l'inculpé est détenu ou en fuite, pour permettre l'exécution des décisions par défaut ou faciliter les recherches. (Circ. du 30 novembre 1878, § IX. — Bull. off. 1878, p. 127.)

çoivent déjà 75 centimes à titre de droits de recherches et de rédaction pour ces extraits, presque toujours négatifs. Cette somme est amplement rémunératoire, et l'augmenter en y ajoutant encore 10 centimes pour l'inscription au répertoire serait faire peser sur les impétrants, généralement pauvres, un surcroît de frais qu'il importe de leur éviter. Si, pour me conformer à la lettre du décret de 1854, j'autorisais les greffiers à revendiquer ces 10 centimes supplémentaires, je n'hésiterais pas à réduire les droits de recherches et de rédaction, dont le taux élevé n'a pas aujourd'hui la même raison d'être que dans le principe [17].

Telles sont, Monsieur le Procureur général, les diverses parties du service des casiers judiciaires sur lesquelles je devais appeler votre sollicitude. Les magistrats du ministère public doivent, avant de donner leur visa aux bulletins, s'assurer avec le plus grand soin qu'ils sont absolument conformes aux prescriptions des circulaires, et *ne pas laisser passer en taxe ceux qui présenteraient quelque irrégularité matérielle ou légale.* De son côté, mon Administration, qui reçoit chaque année près de 18,000 bulletins destinés au casier central, ne se départira pas de la surveillance active et incessante qu'elle doit exercer. Ce n'est en effet que par une observation stricte et uniforme des instructions générales que l'institution des casiers judiciaires continuera à produire d'excellents résultats.

Je ne perds pas de vue la question du désencombrement des casiers; mais l'examen de la solution à lui donner exige une discussion approfondie et une longue correspondance avec d'autres administrations : ce n'est que dans quelque temps qu'il me sera possible de vous indiquer les mesures qui m'auront paru les plus propres à réaliser une amélioration désirable.

Octave DEPEYRE.

---

[17] Ces recommandations avaient déjà été faites par la circulaire du 12 décembre 1860. Le prix des bulletins n° 2 est actuellement fixé à 3 fr. 50 cent. Voy. circ. du 28 novembre 1874, § XIV.

Notices individuelles. — *Prisons départementales.*

Du 6 janvier 1874.

A MM. les Procureurs généraux.

Des réclamations se sont produites au sujet de l'exécution de la circulaire en date du 14 mai 1873[1], qui prescrit la rédaction de notices individuelles, destinées à accompagner dans les lieux de détention les condamnés à des peines corporelles. Ayant égard aux observations qui m'ont été soumises, et après avoir consulté M. le Ministre de l'intérieur, j'ai décidé que la rédaction de ces notices n'aurait pas lieu pour les condamnés à moins de quatre mois d'emprisonnement. Les peines de cette nature se subissent en effet, d'après les prescriptions de l'Administration, dans les maisons d'arrêt du lieu de la condamnation, ce qui permet à toute personne intéressée, qu'il s'agisse d'un recours en grâce ou de l'exercice d'un patronage, d'obtenir directement des magistrats mêmes qui ont exercé les poursuites tous les renseignements utiles sur les causes de la détention ou sur les antécédents du condamné.

Mais les jugements qui prononcent une condamnation à plus de quatre mois d'emprisonnement reçoivent généralement leur exécution dans les prisons départementales, et si la condamnation s'élève à plus d'une année, la peine est subie dans les maisons de reclusion. Par suite de cet éloignement, les notices individuelles deviennent nécessaires pour éclairer les administrateurs ou les personnes qui auront à s'occuper des prisonniers[2]. Les peines de courte durée étant les plus nombreuses, les parquets éprouveront un allègement sensible par

---

[1] Voy. circ. des 14 mai, 25 juin 1873 et 3 décembre 1874.

[2] Ces expressions avaient donné lieu de penser que les notices destinées aux condamnés à plus de quatre mois, mais à moins d'un an, étaient nécessaires alors seulement que ceux-ci seraient transférés pour subir leur peine du chef-lieu d'arrondissement où ils ont été condamnés au chef-lieu du département, mais que les notices étaient inutiles pour les condamnés qui, ayant été traduits devant le tribunal du chef-lieu de département, subissent leur peine *dans le lieu même où la condamnation a été prononcée.* Sur l'avis du Ministre de l'intérieur, le Garde des sceaux a décidé, le 14 août 1875, qu'il n'y avait pas lieu de déroger, pour ce dernier cas, aux prescriptions générales d'après lesquelles des notices individuelles doivent accompagner aux lieux de détention tout condamné à une peine corporelle de quatre mois au moins.

suite de cette restriction aux précédentes prescriptions de la Chancellerie.

Je vous rappelle qu'aux termes de la circulaire du 25 juin 1873 les magistrats qui ont épuisé leurs notices peuvent en réclamer de nouvelles directement au département de l'intérieur, qui s'est chargé de les fournir.

O. DEPEYRE.

ÉMIGRATION. — Agence. — Contraventions.

Du 12 janvier 1874.

A MM. LES PROCUREURS GÉNÉRAUX PRÈS LES COURS D'APPEL.

Depuis la dernière guerre, l'émigration a pris des proportions qui ont dû éveiller l'attention du Gouvernement.

Un grand nombre de jeunes gens appartenant à nos populations rurales, séduits par les promesses trompeuses des agents d'émigration, se rendent en Amérique où ils ne trouvent le plus souvent que la misère et des déceptions. Ces faits ne sont pas seulement regrettables pour les émigrants; ils le sont aussi au point de vue des intérêts généraux du pays, car certains départements tendent à se dépeupler d'une manière sensible.

Il importe de faire observer plus rigoureusement la législation sur l'émigration et d'exercer sur les agents de propagande une active surveillance.

M. le Ministre de l'intérieur, en me communiquant une circulaire qu'il adresse à ce sujet à MM. les Préfets, me fait savoir que, depuis quelques années, de nombreux agents se sont livrés à des opérations d'engagement d'émigrants sans y avoir été autorisés par le Gouvernement.

Une telle violation de la loi ne saurait être tolérée.

L'article 1er de la loi du 18 juillet 1860 dispose que nul ne peut entreprendre les opérations d'engagement ou de transport des émigrants sans autorisation du Ministre de l'agriculture et du commerce.

Aux termes de l'article 10, toute infraction aux dispositions des articles 1 et 4 de la loi est punie d'une amende de 50 à

5,000 francs. En cas de récidive dans l'année, l'amende est portée au double.

L'article 4 du décret du 9 mars 1861 exige en outre que les agents des compagnies autorisées soient munis d'une procuration authentique[1]. M. le Ministre de l'intérieur estime, et je pense avec lui, que les agents qui ne justifient pas d'un pouvoir régulier doivent être considérés comme des agents non autorisés, et sont, en conséquence, passibles de l'amende édictée par le paragraphe 1er de l'article 10 de la loi de 1860.

Je vous prie d'inviter vos substituts à poursuivre rigoureusement l'application de ces dispositions.

O. Depeyre.

Roulage. — Contraventions. — États trimestriels.

Du 10 février 1874.

A MM. les Procureurs généraux.

M. le Ministre des travaux publics a manifesté le désir que les ingénieurs en chef des ponts et chaussées reçussent des états trimestriels constatant la suite donnée aux procès-verbaux dressés par leurs agents en matière de contravention à la police du roulage.

Il est juste, en effet, que ces fonctionnaires soient informés du résultat des poursuites qu'ils ont provoquées, afin qu'ils puissent en tenir compte dans les instructions qu'ils donnent à leurs subordonnés.

Par une circulaire du 5 avril 1854, un de mes prédécesseurs prescrit une mesure semblable en ce qui concerne les décisions judiciaires intervenues sur les procès-verbaux dressés par les agents des compagnies de chemin de fer.

La forme de ces transmissions a été réglée par une circu-

---

[1] Quand une agence poursuivie en vertu de la loi de 1860 conteste la qualité d'émigrant de celui avec lequel elle a traité, le tribunal peut reconnaître cette qualité en se fondant sur des circonstances différentes de celles énumérées par les articles 6 et 7 du décret de 1861, qui ne sont pas limitatifs. (Cass. ch. crim. 6 avril 1865.)

laire du 7 août 1860[1]; ces instructions devront être observées pour les envois périodiques à faire aux ingénieurs des ponts et chaussées. Les états des affaires sur lesquelles des renseignements devront être fournis seront dressés par les ingénieurs en chef, sur des tableaux dont vous trouverez ci-joints des modèles. Vous recevrez ces états par l'intermédiaire du préfet, et vos substituts, à qui vous aurez à les transmettre, devront les renvoyer complétés dans les dix jours de leur réception et par la même voie.

Une circulaire d'un de mes prédécesseurs, du 10 février 1862[2], a autorisé les ingénieurs en chef chargés du contrôle des chemins de fer à prendre copie, sans frais, des jugements et arrêts rendus à la suite d'accidents sur les chemins de fer. Par une circulaire du 20 juin 1872[3], une semblable facilité a été donnée aux ingénieurs des mines; il conviendra de l'accorder également aux ingénieurs en chef des ponts et chaussées dans les matières qui les concernent.

O. Depeyre.

Casiers judiciaires. — Recrutement. — Duplicata.

Du 19 février 1874.

A MM. les Procureurs généraux.

Aux termes de l'article 4 de la loi du 27 juillet 1872 sur l'organisation de l'armée, le temps passé en prison par des jeunes soldats de l'armée active ou des hommes de la réserve ne compte pas pour les années de service. D'autre part, suivant l'article 7, l'exclusion du service militaire résulte de toute condamnation à une peine afflictive ou infamante, ou à une peine correctionnelle de deux ans d'emprisonnement et au-dessus lorsque le jugement a prononcé la surveillance de la haute police et l'interdiction en tout ou en partie des droits civiques, civils ou de famille.

---

[1] Voy. cette circulaire à sa date ainsi que les notes qui l'accompagnent.
[2] Voy. cette circulaire à sa date.
[3] Voy. cette circulaire à sa date.

Le registre matricule créé par l'article 33 de la même loi, au dépôt de recrutement du département où le tirage au sort s'est effectué, doit faire mention des jugements qui ont ainsi affecté la situation des jeunes soldats, jusqu'à ce qu'ils passent dans l'armée territoriale. M. le Ministre de la guerre m'a prié de prendre les mesures nécessaires pour l'exacte tenue de ce registre.

Je vous invite, en conséquence, à donner des instructions à vos substituts pour qu'ils fassent délivrer, par les greffiers [1], au commandant du dépôt de recrutement de chaque département, des duplicata des bulletins n° 1 destinés aux casiers judiciaires et constatant les jugements portant condamnation à des peines corporelles.

Le tirage au sort se fait ordinairement dans la commune du lieu de la naissance. Si le tirage avait été effectué, au contraire, au lieu du domicile, il appartiendrait au commandant du dépôt de recrutement du département de faire parvenir le bulletin à son collègue placé dans un autre département. Les duplicata donneront lieu à une rétribution de 25 centimes à la charge du budget de mon département [2].

Quant aux individus dont le lieu de naissance est inconnu ou qui, étant nés hors de France, pourraient être liés au service militaire comme les Alsaciens-Lorrains ayant opté pour la nationalité française, les étrangers naturalisés si leur domicile n'est pas connu, il appartiendra au casier central de la Chancellerie de délivrer les duplicata des bulletins n° 1. Ces duplicata seront transmis mensuellement au Département de la guerre, qui se chargera de rechercher les dépôts de recrutement où se trouvent les registres matricules concernant les individus dont il s'agit [3].

Ces instructions ne concernent actuellement que les militaires de vingt à vingt-neuf ans faisant partie de l'armée active ou de la réserve, mais il est évident qu'elles devront s'appliquer

---

[1] Le greffier qui doit dresser le duplicata est celui du tribunal de la condamnation. (Circ. du 28 novembre 1874, § XII.)

[2] Cette rétribution a été réduite à 15 centimes. (Circ. du 6 décembre 1876, § XIX. — Bull. off. 1876, p. 245.)

[3] Les bulletins transmis au casier central doivent mentionner les naturalisations, afin que les duplicata puissent être dressés. (Voy. circ. du 8 décembre 1875, § X.)

également aux individus passés dans l'armée territoriale et tenus au service militaire jusqu'à quarante ans. Des duplicata des bulletins du casier judiciaire devront être délivrés dans les mêmes conditions aux autorités militaires qui les réclameront.

Je désire que la présente circulaire soit mise à exécution à partir du 1er mars prochain. Dès ce moment, vos substituts seront dispensés de me transmettre les extraits de jugements concernant les militaires, dont l'envoi était prescrit par le paragraphe 13 de la circulaire du 6 décembre 1840 et qui étaient communiqués au Département de la guerre [4].

O. DEPEYRE.

SURVEILLANCE DE LA HAUTE POLICE. — Durée. — Remise. — Réduction.

Du 21 février 1874.

A MM. LES PROCUREURS GÉNÉRAUX.

La nouvelle loi du 23 janvier 1874, relative à la surveillance de la haute police, réalise des améliorations considérables au point de vue du système pénitentiaire; mais son application dépend tantôt du Département de l'intérieur (art. 45 du Code pénal), tantôt des tribunaux (art. 46, 47 et 48). Ce sont surtout les dispositions dont l'exécution est directement confiée à la magistrature qu'il m'appartient de signaler à votre attention.

L'amélioration principale que la loi consacre consiste dans le caractère non seulement temporaire et réductible, mais encore facultatif qui est désormais donné à la surveillance de la haute police, en matière criminelle [1].

---

[4] Une décision du 7 novembre 1876 (Bull. off. 1876, p. 228) a rappelé cette prescription.

Ces instructions ont été rappelées le 15 décembre 1874 et le 5 mai 1877, § VII. (Bull. off. 1877, p. 54.) Voy. également la note insérée au Bull. off. 1878, p. 134, recommandant l'observation des instructions des 19 février et 15 décembre 1874.

[1] Voy. circ. du 2 mars 1875, qui recommande de mentionner sur les extraits la remise ou la réduction de la surveillance.

En aucun cas, la surveillance ne pourra excéder vingt années (art. 46); cette durée sera attachée de plein droit aux peines des travaux forcés à temps, de la détention, de la reclusion, prononcées par les tribunaux ou résultant de commutations de peines perpétuelles (même article). La durée de la surveillance reste moindre encore en cas de bannissement : elle ne pourra, comme anciennement, dépasser celle de la peine infligée au banni (art. 47). En outre, les cours d'assises ou tribunaux, ou le Chef de l'État dans l'exercice du droit de grâce, pourront, soit faire remise entière de la surveillance, soit en réduire la durée (art. 46).

Si importantes qu'elles soient, ces innovations n'empêchent pas la surveillance de demeurer une conséquence légale de toute condamnation à une peine criminelle temporaire. Seulement le système anciennement en vigueur est modifié en ce sens que cette conséquence ne se trouve plus liée d'une façon indissoluble à la peine principale dont elle découle : le juge est investi du droit de la restreindre et même de la supprimer entièrement. Le législateur ne s'est pas contenté de remettre ce pouvoir aux mains des magistrats : par surcroît de précautions, et pour qu'il soit prouvé que leur attention s'est portée sur ce point, il exige, sous peine de nullité, que toute décision par laquelle ils n'auront pas fait usage de la prérogative nouvelle qui leur est attribuée, mentionne expressément que l'exercice de la faculté de dispense ou de réduction a fait l'objet de leur délibération. Telles sont les prescriptions formelles des articles 46 et 47 [2].

C'est dans ces deux articles que se trouvent les dispositions fondamentales de la loi, en ce qui concerne l'administration de la justice. Elles donneront lieu de ma part aux observations suivantes :

1° Aucun *minimum* n'a été fixé, en cas de réduction. Il est vrai que le Code pénal lui-même n'a pas déterminé de minimum d'une manière absolue, et que là même où un minimum a été fixé, soit à cinq ans, soit à deux ans, l'admission de circonstances atténuantes a permis de ne pas s'y arrêter.

---

[2] L'annulation de plusieurs arrêts a été prononcée à raison de l'absence de la mention prescrite par l'article 47 du Code pénal. (Cass. crim. 4 avril et 11 juin 1874.)

De plus, il est à remarquer que, sous l'empire de la nouvelle organisation de la surveillance, cette peine peut *encore être réduite après jugement*, par *voie de grâce*, ou *suspendue par mesure administrative.*

Mais, d'un autre côté, le législateur, voulant éviter l'inconvénient du déplacement trop fréquent des surveillés, exige qu'ils fassent un séjour de six mois au moins dans la résidence qu'ils auront choisie. La suspension administrative ne pourra d'ailleurs être accordée qu'après un temps d'épreuves à fixer par le règlement d'administration publique prescrit par l'article 2 de la loi [3]. D'après ces considérations, les magistrats pourront donner satisfaction aux intérêts de la sécurité publique, au moment du jugement, sans craindre d'apporter plus tard aucune entrave à l'amendement du libéré. Ils sauront donc s'inspirer du véritable esprit du législateur, qui a voulu que la surveillance de la haute police fût sérieuse et effective, en ne lui assignant pas dans leurs décisions une durée inférieure à *deux ans*. Vos substituts s'appliqueront à bien démontrer les facilités de la loi sur ce point, dans leurs réquisitions.

2° Pour éviter la nullité attachée au défaut de mention de la délibération de la cour, au sujet de la surveillance de la haute police non remise ou réduite, et bien qu'il semble que cette nullité doive être seulement partielle et relative à l'application de la peine, je vous prie d'inviter vos substituts à formuler des réquisitions expresses sur le maintien, la remise ou la réduction de la surveillance de la haute police dans chaque affaire où la culpabilité aura été déclarée. Vous veillerez, ainsi que MM. les Présidents d'assises, à ce que dans chaque arrêt de condamnation il soit fait mention des réquisitions du ministère public sur la surveillance.

Je n'ai pas d'explications à vous donner sur les dispositions si claires de l'article 48 qui mettent fin à de nombreuses controverses sur l'application du droit de grâce à la surveillance, sur les effets de la prescription de la peine principale relativement à la surveillance ou qui attache cette mesure aux peines perpétuelles prescrites. Mais je dois vous faire con-

---

[3] Voy. décr. du 30 août 1875, portant règlement d'administration publique pour l'exécution de la loi du 23 janvier 1874.

naître que, d'accord avec l'Administration, j'ai pensé que la loi devait produire un effet rétroactif en faveur des condamnés soumis à la surveillance perpétuelle. Ceux qui sont libérés depuis plus de vingt ans et qui, dans cet intervalle, n'ont pas encouru de condamnations ayant interrompu la période extrême de la surveillance, cessent, dès la promulgation de la loi, d'être assujettis à cette mesure.

Cette interprétation, venant se joindre à l'abolition de la perpétuité, compensera les restrictions apportées par la loi nouvelle au droit illimité de changer de résidence dont jouissaient les individus placés sous la surveillance de la haute police par des arrêts antérieurs. Cette décision est en même temps conforme aux principes de la législation pénale, dont la loi du 3 septembre 1792 a donné le plus remarquable exemple, en disposant que les condamnés qui, antérieurement au Code pénal de 1791, avaient subi le plus long terme des peines autorisées par ce Code, seraient immédiatement, et *sans jugement nouveau*, mis en liberté.

La loi du 23 janvier, que l'incertitude de la législation née du décret du Gouvernement de la Défense nationale [4] avait rendue nécessaire, inaugure la série des réformes qui intéressent le système pénitentiaire et dont l'Assemblée nationale se préoccupe avec une juste sollicitude. Il convient donc d'apporter un soin particulier à l'application de cette loi. J'accueillerai avec intérêt les observations que sa mise en pratique vous aura suggérées [5].

O. DEPEYRE.

IVRESSE. — Récidive.

Du 23 février 1874.

A MM. LES PROCUREURS GÉNÉRAUX.

La loi du 23 janvier 1873, sur l'ivresse, a attaché une im-

---

[4] Le décret du 24 octobre 1870 avait abrogé le décret du 8 décembre 1851 sur la surveillance de la haute police et la loi du 27 février 1858 dite *de sûreté générale.*

[5] Une circulaire du 26 mars 1874, non insérée, a prescrit de consigner sur les

portance particulière à la répression des récidives. Indulgent pour une première faute, le législateur s'est montré sévère pour les rechutes qui, chez celui qui s'y laisse entraîner, dénotent un vice invétéré et l'habitude d'ivrognerie. La loi manquerait donc son but si les récidives n'étaient soigneusement constatées et sûrement atteintes. A cet égard, l'application de la loi a rencontré des obstacles contre lesquels il faut se prémunir.

I.

Une difficulté de procédure s'est présentée tout d'abord. Il est de principe qu'une condamnation ne peut servir de base à la récidive qu'autant qu'elle est devenue définitive, et il est admis en jurisprudence qu'un jugement de simple police susceptible d'appel ne prend un caractère définitif que lorsqu'il a été régulièrement signifié. Il ne peut être suppléé à cette formalité par le simple avertissement suivi d'exécution volontaire, qui, dans la pratique, remplace ordinairement la signification (arrêt de cassation du 24 janvier 1862). Qu'une nouvelle infraction survienne, le précédent jugement non signifié est encore susceptible d'appel, et les peines de la récidive ne sont pas encourues. L'inconvénient est évident; il est grave surtout dans l'application de cette loi, dont tout le système repose sur une gradation progressive des peines et sur le changement de qualification et de juridiction en cas de deuxième et de troisième récidive. Il conviendra donc, en cette matière, de renoncer à l'emploi du simple avertissement et de recourir à la signification régulière, toutes les fois du moins qu'elle sera nécessaire pour rendre le jugement définitif.

Les condamnations à intervenir par application de la loi dont il s'agit peuvent être rangées en trois catégories distinctes :

1° Les condamnations correctionnelles (art. 2, 3, 5, 6, 7 de la loi). Ici, et lorsque le jugement est contradictoire, la condamnation devient définitive le onzième jour après le pro-

---

comptes d'assises, à côté de la peine principale, la décision rendue concernant le maintien, la remise ou la réduction de la surveillance, d'après les réquisitions du ministère public. Les cadres adressés par la Chancellerie contiennent actuellement pour cet objet une colonne spéciale.

noncé des jugements. La signification serait donc superflue (art. 203 du Code d'instruction criminelle).

2° Les condamnations de simple police contradictoires de 1 à 5 francs d'amende (art. 1er, § 1er, et art. 4, §§ 1 et 2). Le simple avertissement sera encore suffisant, le jugement n'étant pas susceptible d'appel et le délai du recours en cassation commençant à courir à partir de la prononciation du jugement.

3° Les condamnations de simple police à l'amende et à l'emprisonnement de trois jours (art. 1er, § 2, et art. 4, § 3), pénalité qui est encourue dans le cas d'une première récidive du fait d'ivresse manifeste, et dans celui d'une première récidive de l'infraction imputable aux débitants qui reçoivent des gens ivres ou servent à boire à des mineurs de seize ans. C'est dans cette double hypothèse qu'il devient nécessaire de signifier le jugement, sous peine de rendre impossible la constatation légale de la deuxième récidive et de renoncer à l'application des articles 2, 3, 5 et 6 de la loi [1].

Je vous prie, en conséquence, de vouloir bien veiller à ce que tous les jugements rendus en matière d'ivresse, par les tribunaux de simple police, soient régulièrement signifiés lorsqu'ils seront susceptibles d'appel. Pour les jugements par défaut, il va de soi que la signification est toujours nécessaire en cette matière.

II.

Un deuxième point mérite d'appeler votre attention. L'article 2, § 2, de la loi, prévoyant le cas d'une troisième récidive du fait d'ivresse, dispose : « Quiconque ayant été con-« damné en police correctionnelle pour fait d'ivresse depuis « moins d'un an, se sera de nouveau rendu coupable du même « délit, sera condamné au maximum des peines indiquées au « paragraphe précédent, lesquelles pourront être élevées jus-« qu'au double. »

J'ai été consulté sur le point de savoir si, pour constituer

[1] Ces jugements ne doivent pas figurer dans les relevés sommaires dressés conformément aux circ. du 15 décembre 1833 et 17 mars 1874. Voy. inst. du Ministre des finances du 30 septembre 1875 (Bull. off. 1876, p. 164, note 1) et Note Bull. off. 1878, p. 59.

cette troisième récidive, il faut que la dernière infraction ait été commise dans le ressort du tribunal correctionnel qui a statué sur la précédente.

Je n'hésite pas à me prononcer pour la négative. Car, tandis que l'article 1er, § 2, et l'article 2, § 1er, relatifs à la première et à la deuxième récidive, renvoient expressément à l'article 483 du Code pénal, qui exige cette condition de l'identité des lieux, il n'est rien dit de semblable dans le deuxième paragraphe de l'article 2 concernant la troisième récidive. Ce silence est d'autant plus significatif que cette condition de l'identité du lieu a été l'objet de l'attention spéciale du législateur lors de la discussion de l'article 2 au sein de l'Assemblée nationale. Elle était complètement écartée du projet de la commission : c'est par voie d'amendement qu'elle a été introduite dans la loi; mais, dans le débat qui s'est engagé, il n'a été question que de la deuxième récidive. C'est uniquement à cette hypothèse que s'appliqueraient les considérations qui ont fait voter l'amendement, et finalement c'est dans le premier alinéa de l'article 2, relatif à la deuxième récidive, qu'a été inséré le renvoi à l'article 483 du Code pénal. Le deuxième alinéa de l'article 2 reste donc, en ce point, ce qu'il était dans le projet de la commission, c'est-à-dire que la troisième récidive existe, encore bien que les infractions qui en forment les deux termes aient été commises dans des ressorts différents, sur deux points opposés du territoire.

En conséquence, tout individu qui, ayant été condamné deux fois en simple police, commettra une nouvelle infraction dans les douze mois qui suivront, devra être traduit, en état de récidive, devant le tribunal correctionnel; mais il faudra pour cela que la troisième infraction se soit produite dans le canton où la précédente avait eu lieu. Si dans l'année subséquente il se rend coupable d'une quatrième infraction *en quelque lieu que ce soit,* vous ne devrez pas hésiter à le faire citer devant la juridiction correctionnelle et à requérir contre lui l'application de l'article 2, § 2, et de l'article 3 de la loi du 23 janvier 1873.

III.

J'ai dû me préoccuper également des moyens de constater

matériellement les récidives [2]. «L'application de l'article 2,» disait le rapporteur de la loi, «peut présenter une vraie difficulté. Quand une personne est prise en état d'ivresse manifeste dans un lieu public, comment savoir qu'elle a, dans «les trois ans qui précèdent, subi pour le même fait deux «condamnations sur un point quelconque du territoire?... «Les contraventions de simple police ne figurent pas au casier judiciaire, et d'ailleurs on ne consulte pas ce casier à «l'occasion d'un fait qui se présente avec l'apparence d'une «contravention de police.»

L'article 2, § 1er, ayant été modifié, l'article 483 du Code pénal ayant été rendu applicable à la deuxième récidive, cette difficulté a presque entièrement disparu. La deuxième récidive, au point de vue de ses conditions d'existence, a été assimilée à la première. Les moyens de constatation seront les mêmes. Les recherches seront circonscrites dans un seul canton.

S'agit-il d'une troisième récidive? Ici l'article 483 est inapplicable. La condition de l'identité de lieu fait défaut; mais comme la condamnation qui forme le premier terme de la récidive est nécessairement correctionnelle, elle sera portée au casier judiciaire, et le bulletin n° 2 en rendra la constatation facile [3]. Pour éviter les lenteurs qu'entraîneraient des recherches mal dirigées, il conviendra de suivre la marche suivante :

Après chaque audience, les greffiers de paix devront adresser au procureur de la République de l'arrondissement des bulletins individuels, de format et de teneur uniformes, constatant les condamnations pour ivresse [4]. Lorsque, par excep-

---

[2] Voy. déc. min. du 20 octobre 1876. (Bull. off. 1876, p. 222.) Outre la récidive spéciale en matière d'ivresse, il peut encore y avoir lieu à l'application de l'article 483 du Code pénal.

[3] C'est seulement après deux condamnations correctionnelles que les greffiers doivent inscrire sur le bulletin la mention *récidiviste*. (Circ. du 28 novembre 1874, § 11.)

[4] Les greffiers sont autorisés à réclamer 25 centimes par bulletin. (Circ. du 6 juin 1874.) — Cette indemnité doit, à titre de frais de justice, incomber au condamné; il y a lieu de la comprendre, en conséquence, dans l'état des frais à imputer sur les fonds de la Chancellerie et payés aux greffiers par les receveurs de l'enregistrement sur la production de mémoires taxés, sauf le recours de l'État contre le condamné pour le recouvrement de ses avances. (Déc. min. du 24 août 1874.)

tion, le tribunal correctionnel aura connu d'un premier ou d'un deuxième fait d'ivresse comme étant connexe à un délit, le bulletin sera dressé et envoyé au parquet par le greffier du tribunal de première instance. Tous ces bulletins seront classés alphabétiquement au parquet, dans un casier spécial. Pour éviter l'encombrement, ils pourront être détruits après douze mois écoulés depuis la condamnation.

Aux termes de l'article 10 de la loi, tous les procès-verbaux en matière d'ivresse doivent être transmis dans les trois jours au parquet de l'arrondissement. Le procureur de la République, lorsqu'il recevra un procès-verbal de cette nature, devra faire une double vérification : consulter les bulletins spéciaux classés à son parquet; demander au casier de l'arrondissement d'origine de l'inculpé ou au casier central le bulletin n° 2. Il pourra ainsi constater sûrement la deuxième et la troisième récidive. D'après ces données, il réglera la compétence et imprimera à la procédure la direction qu'elle devra prendre.

En terminant ces instructions, je vous recommande de veiller à ce que la loi répressive de l'ivresse reçoive sa stricte exécution. J'appelle spécialement votre attention sur la disposition qui prescrit l'affichage du texte de la loi dans la salle principale de tous les débits de boissons [5]. Il m'est revenu que dans plusieurs localités cette disposition n'était pas observée. Les débitants qui négligent de s'y conformer encourent la peine édictée par l'article 12 de la loi; ils doivent être recherchés et déférés aux tribunaux de simple police.

O. Depeyre.

Absence. — Militaires. — Décès.

Du 2 mars 1874.

A MM. les Procureurs généraux près les Cours d'appel.

Depuis que la loi du 9 août 1871 a remis en vigueur, à l'égard des militaires ou marins disparus pendant la dernière

---

[5] En prescrivant l'affichage dans les débits de boissons, la loi a entendu parler des débits de boissons alcooliques, lesquelles seraient de nature à déterminer

guerre, les dispositions de la loi du 13 janvier 1817[1], mes prédécesseurs et moi avons eu l'occasion de remarquer que les prescriptions de cette dernière loi sont rarement suivies avec fidélité.

Par suite des omissions ou des erreurs commises dans l'instruction des demandes tendant à faire constater judiciairement le sort de ces militaires, le bénéfice de la procédure rapide et économique instituée par cette législation spéciale est souvent compromis, et la déclaration de l'absence ou du décès peut se trouver ajournée bien au delà des délais qu'elle impose. Les parties intéressées ont ainsi à subir des lenteurs et à supporter des frais que le législateur a voulu leur épargner.

Or, la loi du 13 janvier 1817, en simplifiant, en faveur des militaires qui ont cessé de donner de leurs nouvelles, les formalités prescrites par le Code civil au titre de l'absence, a eu principalement pour objet d'accélérer cette procédure et d'en réduire les délais. Mais elle n'a pas dérogé aux règles générales de notre législation, et l'article 13 laisse les militaires sous l'empire du droit commun pour tout ce qui n'est pas expressément réglementé par elle.

Il importe d'abord de ne pas perdre de vue que *la requête en constatation d'absence doit être présentée par les parties intéressées elles-mêmes.*

L'article 1er le dit formellement :

« Lorsqu'un militaire ou marin aura disparu (dans les dé-« lais fixés), *ses héritiers présomptifs ou son épouse* pourront se « pourvoir au tribunal de son dernier domicile, soit pour « faire déclarer son absence, soit pour faire constater son « décès, soit pour l'une de ces fins au défaut de l'autre. »

C'est donc par erreur qu'un grand nombre de magistrats

---

l'ivresse. L'article 12 est donc inapplicable aux établissements dans lesquels il ne se débite que des boissons n'ayant aucune propriété alcoolique et dont l'usage même immodéré n'est point susceptible de causer un état d'ivresse. (Cass. crim. du 29 janvier 1874.)

[1] Voy. sur l'exécution de cette loi les circ. des 19 novembre 1823, 3 mai 1825, et la circ. du 8 octobre 1872 sur la loi du 9 août 1871.

Voy. en outre déc. min. des 21, 24 et 28 juin 1876. Les requêtes, lorsque l'assistance judiciaire a été obtenue, doivent être visées pour timbre avant leur transmission. (Bull. off. 1876, p. 105.)

du parquet se croient autorisés à introduire d'office la demande en déclaration d'absence ou subsidiairement de décès. Cette requête doit être présentée au tribunal par ministère d'avoué, suivant les formes du Code de procédure.

Il convient d'ailleurs de remarquer à cet égard que, si le ministère des avoués, représentants légaux des parties devant le tribunal, est exigé, l'assistance judiciaire peut toujours venir en aide aux familles intéressées, qui, par suite de leur indigence, seraient dans l'impossibilité de supporter les frais de cette procédure.

Aux termes de l'article 2, la requête des parties et les pièces justificatives qui y sont jointes sont communiquées au ministère public, qui doit, *aussitôt qu'elles lui sont remises*, les adresser à la Chancellerie.

Un avis de la demande est publié au *Journal officiel.* Cette insertion n'a pas seulement pour objet de mettre l'absent lui-même en demeure de faire connaître son existence, elle est aussi un appel fait à tous ceux qui pourraient avoir de ses nouvelles. Elle est encore le point de départ du délai d'un an avant lequel le jugement définitif ne peut être rendu. Il importe donc que cette publication soit faite aussitôt que possible.

En même temps qu'il assure l'insertion de la demande, mon département transmet la requête des parties et les pièces justificatives au Ministre de la guerre ou à celui de la marine, suivant qu'il s'agit d'un militaire ou d'un marin. Il est à désirer que la demande fasse connaître, autant que possible, avec les nom et prénoms, le lieu de naissance, celui du dernier domicile du militaire, les circonstances de la disparition, le corps auquel il appartenait et l'époque à laquelle il a été appelé au service. Ces indications faciliteront les recherches dans les archives des ministères.

Lorsque les renseignements ont été recueillis par le ministre compétent, le dossier est renvoyé, avec le résultat de ces informations, à la Chancellerie. Mon département le transmet au procureur de la République, qui le dépose au greffe.

C'est sur ces documents que le tribunal prononce.

Il a alors la faculté d'ordonner, par un jugement préparatoire, les enquêtes prescrites par l'article 116 du Code civil. Mais ce préliminaire n'est pas indispensable, et il y a même lieu bien rarement d'y recourir. Il ne doit, dans tous les cas, être ordonné que lorsque le dossier a été communiqué par mes soins, soit au Ministre de la marine, soit au Ministre de la guerre. Son unique objet doit être, en effet, de confirmer par l'enquête qu'il prescrit la présomption d'absence résultant des renseignements recueillis.

Il importe d'autant plus d'attendre, avant de faire rendre ce jugement, le résultat des communications ordonnées par l'article 2, qu'il se peut faire qu'on retrouve dans les archives de la guerre ou de la marine soit un acte de décès applicable à la personne dont on veut faire constater le sort (auquel cas toute procédure devient désormais superflue), soit des renseignements assez précis pour que toute enquête ultérieure soit jugée inutile. Ainsi on pourra éviter le plus souvent aux parties intéressées les frais d'un jugement préparatoire, et la procédure n'en sera que plus rapide.

Il convient encore de remarquer, ainsi que la Chancellerie le faisait observer dans une circulaire du 3 mai 1825, que les jugements, tant préparatoires que définitifs, rendus par application de la loi de 1817, ne sont pas soumis à la formalité de l'insertion au *Journal officiel*. La loi précitée n'a exigé de publicité que pour la requête des parties présentée en conformité de l'article 1er. Lorsque cette requête a reçu, par son insertion au *Journal officiel*, la publicité requise et nécessaire, tout est consommé quant à cette formalité.

Par suite des dispositions de la loi du 13 janvier 1817, le jugement de déclaration d'absence, au lieu d'être ajourné à cinq ou onze ans, suivant que le non-présent a ou n'a pas laissé de procuration, peut être rendu après deux ans depuis la disparition sans nouvelles. Mais, dans aucun cas, il ne peut intervenir qu'après le délai d'un an, à compter de l'annonce officielle prescrite par l'article 2 (art. 4 et 6).

L'économie et les abréviations qui résultent de cette loi de faveur s'y concilient donc avec les garanties qu'une prudente circonspection commande. Mais, ainsi qu'on l'a fait très justement observer, il ne faut s'exagérer ni la portée ni les conséquences de cette loi. En ce qui touche la preuve du décès, elle ne déroge pas sensiblement au Code civil; et, quant à la déclaration d'absence, elle ne fait que la simplifier et l'accélérer, sans altérer ni modifier en rien les formes et les principes qui règlent ces deux autres périodes de l'absence, bien autrement graves, qui s'appellent l'envoi en possession provisoire et l'envoi en possession définitive. (Rapport fait au nom de la Commission ayant pour objet de remettre en vigueur la loi du 13 janvier 1817.)

Il suit de là qu'il n'y a lieu de recourir à la procédure spéciale édictée par cette loi que lorsque les pièces justificatives produites par les parties ou les renseignements recueillis par les ministres compétents ne donnent pas une certitude absolue et immédiate du décès du militaire ou marin dont on poursuit l'absence.

Mais lorsque les certificats dressés, les renseignements recueillis, les actes de disparition délivrés par les corps auxquels le militaire appartenait peuvent établir d'une manière irrécusable la preuve de son décès, il est du devoir du ministère public de ne pas laisser aux parties le soin de poursuivre la déclaration d'absence, d'arrêter même la procédure, en tout état de cause, pour agir lui-même comme partie principale, et faire constater d'office par le tribunal le décès dont l'acte n'a pas été dressé.

La circulaire du 8 octobre 1872, dont mon département a dû tant de fois, malgré sa date toute récente, rappeler les prescriptions méconnues, établissait nettement la distinction à faire, suivant les cas, entre ces deux procédures spéciales : l'une *introduite à la requête des parties intéressées*, tendant à faire constater l'absence ou subsidiairement le décès du militaire disparu; l'autre, *poursuivie d'office par le ministère public*, et qui doit être adoptée de préférence toutes les fois que les pièces produites ou les renseignements recueillis rendent certain le décès de ce militaire. Dans le premier cas, les familles intéressées agissent en conformité des lois des 13 janvier 1817 et 9 août 1871; dans le second cas, le droit d'agir d'office résulte pour les magistrats du parquet non seulement de l'article 3 de la loi du 6 janvier 1872, qui n'a trait qu'à une période spéciale, mais du principe général posé par l'avis du Conseil d'État du 12 brumaire an XI, et le décret du 18 juin 1811 qui reconnaissait au ministère public le droit d'agir d'office, en matière de rectification d'actes de l'état civil, dans toutes les circonstances intéressant l'ordre public.

Je devais, Monsieur le Procureur général, vous signaler

les irrégularités qui se commettent le plus généralement dans l'application de ces textes, pour essayer d'en prévenir le retour.

J'ai hâte de l'ajouter : ces irrégularités ne sont pas sans excuse. Cette loi du 13 janvier 1817, qui n'était applicable qu'aux militaires disparus depuis 1792 jusqu'en 1815, n'était plus ou n'était que bien rarement invoquée dans ces derniers temps et dans le plus grand nombre des tribunaux, avant que la loi du 9 août 1871 en eût étendu les dispositions à nos compatriotes disparus pendant la dernière guerre. Mais, depuis deux années, ainsi qu'on pouvait le prévoir, son application devient fréquente, chaque jour les demandes en constatation du sort des militaires ou marins arrivent plus nombreuses. Il importe, dans l'intérêt si respectable des familles, que ces demandes soient désormais instruites avec une régularité parfaite.

O. Depeyre.

Amendes. — Frais de justice. — Recouvrement. — Trésoriers-payeurs généraux. — Greffiers.

Du 17 mars 1874.

A MM. les Procureurs généraux.

La loi de finances du 29 décembre 1873, article 25, a substitué les percepteurs des contributions directes aux receveurs de l'enregistrement pour le recouvrement des amendes et des condamnations pécuniaires. A ce sujet, M. le Ministre des finances me fait observer que ce n'est pas aux percepteurs directement, mais aux trésoriers-payeurs généraux du département, responsables de la gestion des receveurs particuliers et percepteurs, que les greffiers doivent transmettre les relevés sommaires des jugements susceptibles d'opposition ou d'appel, les extraits de jugements ou d'arrêts définitifs, et généralement tous documents formant titre de perception des sommes dues au Trésor [1].

---

[1] Voyez les inst. gén. du 30 septembre 1826, § XLV, et celles du 20 septembre 1875 émanées du Ministre des finances. (Bull. off. 1876, p. 159.) Voy. aussi circ. du 21 décembre 1874 sur les indications que doivent contenir les extraits, et enfin circ. du 22 décembre 1879 contenant des prescriptions nouvelles relatives au recouvrement des condamnations pécuniaires. (Bull. off. 1880, p. 3.)

Les greffiers jouiront à cet égard de la franchise postale avec les trésoriers-payeurs généraux.

M. le Ministre des finances demande, en outre, que les états de jugements ne soient plus dressés par cantons du domicile des débiteurs du Trésor, comme le prescrivait la circulaire de mon département du 10 septembre 1834, mais par circonscription de perception [2]. Ces circonscriptions seront indiquées aux greffiers par les receveurs particuliers d'arrondissement, avec lesquels les greffiers devront se concerter sur ce point.

Jusqu'à ce jour, les receveurs d'enregistrement ont continué à recevoir les documents dont il s'agit, qu'ils transmettaient aux trésoriers-payeurs généraux; mais d'un commun accord il a été décidé qu'à partir du *1er avril prochain* la loi nouvelle recevrait son entière exécution [3].

Je vous prie, en conséquence, de vouloir bien faire connaître aux greffiers des divers tribunaux de votre ressort les présentes dispositions, arrêtées d'un commun accord entre la Chancellerie et le Ministre des finances. Vous voudrez bien, en ce qui vous concerne, tenir la main à ce qu'elles soient régulièrement exécutées. C'est notamment aux trésoriers-payeurs généraux que vous devrez désormais vous adresser pour connaître la situation des condamnés vis-à-vis du Trésor, lors de l'instruction des recours en grâce sur lesquels vous êtes consulté par la Chancellerie.

O. DEPEYRE.

CHASSE. — Transport de gibier. — Sangliers.

Du 21 mars 1874.

A MM. LES PROCUREURS GÉNÉRAUX.

Par une circulaire du 7 de ce mois, M. le Ministre de l'intérieur a fait connaître aux préfets que, pour répondre aux

---

[2] Voy. cette circ. et celle du 15 décembre 1833 concernant les relevés des jugements de simple police susceptibles d'opposition ou d'appel.

[3] Voy. sur le recouvrement par les directeurs des postes des amendes prononcées en matière de postes, circ. du 26 juin 1877. (Bull. off. 1877, p. 86.)

vœux de l'agriculture et du commerce, il autorisait à l'avenir, pendant la fermeture de la chasse, le transport, la vente et le colportage des sangliers tués dans des battues régulièrement effectuées, pourvu que chaque envoi soit accompagné d'un certificat de provenance et d'une autorisation de transport délivrée par le préfet du département ou par les sous-préfets des arrondissements où les battues auraient eu lieu.

Préalablement consulté par mon collègue, j'ai donné mon adhésion à cette décision. Je vous prie, en conséquence, de vouloir bien inviter vos substituts à ne pas donner suite aux procès-verbaux qui auraient pu être dressés par erreur en cette matière [1].

O. DEPEYRE.

TRIBUNAUX DE SIMPLE POLICE. — Ministère public. — Commissaires de police.

Du 13 avril 1874.

A MM. LES PROCUREURS GÉNÉRAUX.

Les modifications apportées par la loi du 27 janvier 1873 au texte de l'article 144 du Code d'instruction criminelle ont donné naissance à une question dont la solution ne saurait varier d'un ressort à un autre. Aux termes du nouvel article 144, à défaut de commissaire de police dans le lieu où siège le tribunal de police, les fonctions du ministère public seront remplies soit par un commissaire de police résidant ailleurs qu'au chef-lieu de canton, soit par un suppléant du juge de paix, soit par le maire ou l'adjoint du chef-lieu, soit par un des maires ou adjoints d'une autre commune du canton, lequel sera désigné à cet effet par le procureur général

[1] L'Administration a été amenée (circ. du Ministre de l'intérieur du 7 mars 1874) à admettre également pour le colportage et la vente du lapin de garenne, animal nuisible qui abonde dans plusieurs départements, certains tempéraments à la rigueur du principe posé par l'article 4 de la loi du 3 mai 1844. Mais, en dehors de ces exceptions de pure tolérance, il convient de se conformer à l'arrêt du 27 mai 1853, par lequel la Cour de cassation a décidé qu'il n'était pas licite de colporter et de vendre en temps prohibé les animaux, *même nuisibles,* qui ont le caractère de gibier.

pour une année entière [1]. Par suite de ces dernières expressions, on s'est demandé s'il y a nécessité de procéder chaque année au renouvellement des officiers du ministère public près les tribunaux de simple police, laissés à la désignation des procureurs généraux. Je ne pense pas que tel soit le sens de la loi, car ce serait exposer le service du ministère public à des interruptions, en cas de retard dans ces désignations. L'exemple des juges d'instruction, qui, nommés pour trois ans [2], continuent de plein droit leurs fonctions après l'expiration de ce temps, me confirme dans cette interprétation. C'est le même motif qui a conduit à rendre les fonctions de juge d'instruction continues jusqu'à révocation, car le service de l'instruction ne doit souffrir non plus aucune interruption [3].

Il est à remarquer encore que la règle que la désignation est faite pour *une année entière*, doit admettre de nombreuses exceptions, car le procureur général ne peut porter son choix que sur l'un des fonctionnaires ou magistrats désignés par la loi, et la cessation de la fonction doit entraîner nécessairement une nouvelle nomination. De même, en cas de poursuites judiciaires ou de faits graves compromettant la dignité des fonctions, il pourra y avoir lieu de procéder au remplacement de l'officier du ministère public, ou tout au moins à le considérer comme empêché, si le procureur général croit devoir attendre le jugement définitif. La règle dont il s'agit a eu pour but d'assurer l'indépendance du ministère public; sauf ces cas exceptionnels, elle devra être scrupuleusement observée. Après un fonctionnement d'une année, qui aura fait connaître le degré de capacité de l'officier du ministère public, le but de la loi aura été rempli, et le procureur général n'aura plus à s'inspirer que des intérêts du service pour une désignation nouvelle. Je désire d'ailleurs que vous me

---

[1] Voy. circ. du 6 février 1873.

[2] Art. 55 du Code d'inst. crim.

[3] Afin qu'en cas de retard ou d'omission dans le renouvellement annuel le service du ministère public ne se trouve pas entravé, il importe que les titulaires soient avertis qu'ils doivent continuer leurs fonctions, même au delà de l'année, jusqu'à ce qu'ils en aient été relevés par le procureur général, soit d'office, soit sur leur demande. (Lettre du Garde des sceaux au procureur général de Bourges, du 26 avril 1876.)

rendiez compte des révocations que vous aurez été obligé de prononcer pour des faits disciplinaires, afin que je sois mis à même de maintenir l'application uniforme de la loi en cette matière.

O. DEPEYRE.

JUGES DE PAIX. — Rapports avec l'autorité administrative.

Du 3 mai 1874.

A MM. LES PROCUREURS GÉNÉRAUX.

Les rapports qu'il convient d'établir entre les juges de paix et l'autorité administrative ont de tout temps préoccupé le Ministère de la justice; l'un de mes prédécesseurs traçait ainsi la règle qui doit y présider :

« S'il est utile que les juges de paix ne soient pas trop sou-« vent détournés de leurs fonctions par des délégations reçues « directement de l'autorité administrative, rien ne doit em-« pêcher cependant que, dans des circonstances graves, et « en vue d'un intérêt public important, MM. les préfets se « mettent en correspondance avec eux et obtiennent par « cette voie des renseignements qu'il serait difficile de puiser « dans le canton à des sources plus sûres et plus éclairées [1]. »

Ces instructions étaient sages, et personne n'eût songé à en répudier ni l'esprit ni les termes si elles eussent été respectées.

Malheureusement, les administrations diverses qui se sont succédé semblent s'être disputé le privilège d'arracher les juges de paix à l'exercice régulier de leurs fonctions pour les jeter dans l'arène des luttes politiques et des compétitions électorales, sans comprendre l'atteinte profonde qu'un tel abus portait à la dignité de ces magistrats, en diminuant les garanties d'impartialité dues aux justiciables.

Pour arrêter le mal, la Chancellerie crut nécessaire d'interdire toute communication directe entre les juges de paix et l'autorité administrative. Ce fut l'objet de la circulaire du

---

[1] Cette phrase est empruntée à la circ. du 3 mars 1858.

15 juin 1871 [2]. Mais si les abus que voulait corriger mon éminent prédécesseur, M. Dufaure, exigeaient un remède énergique, dans l'application ce remède est devenu excessif, et plus d'une fois le nouvel état de choses a privé les justiciables et l'Administration de leur intermédiaire naturel dans le canton.

Sur certains points du territoire et dans quelques-unes de ses attributions les plus essentielles, la vie administrative s'est trouvée comme suspendue. On a vu des juges de paix ne pas vouloir prendre part aux travaux des commissions d'hospice, de bienfaisance, de caisses d'épargne ou de statistique agricole, dont ils avaient toujours fait partie; d'autres, paralyser par leur abstention l'exécution des arrêtés les plus urgents, au détriment de l'intérêt public ou privé; tous enfin, liés par des instructions trop absolues, refuser de fournir à l'Administration les renseignements les plus nécessaires, ceux-là mêmes qu'elle ne pouvait trouver ailleurs et qui intéressaient le plus la sécurité publique.

C'était cependant une tradition incontestée qui avait fait des juges de paix les collaborateurs presque indispensables de l'Administration dans les diverses commissions que je viens d'énumérer, et où leur expérience, la considération et l'influence légitime dont ils jouissent rendaient leur concours si utile.

N'était-ce pas aussi l'intérêt général qui avait déterminé l'Administration supérieure à déléguer ses pouvoirs aux juges de paix pour diriger certaines enquêtes d'autant plus délicates que le conflit des intérêts privés y exige plus d'impartialité, telles, par exemple, que les enquêtes en matière de travaux publics, d'établissements insalubres, etc.?

Enfin n'est-il pas des cas, rares sans doute, mais où sont clairement engagés les plus graves intérêts du pays, et dans lesquels l'Administration supérieure doit pouvoir demander aux juges de paix des renseignements qu'eux seuls peuvent lui fournir d'une façon utile et sûre?

Tels sont les motifs qui me décident à rétablir entre l'autorité administrative et les juges de paix des relations dont

---

[2] Voy. cette circ. et celle du 27 avril 1875, qui en remet en vigueur les dispositions.

l'interruption absolue avait provoqué de nombreuses réclamations. Ces relations doivent, j'en suis convaincu, profiter à tous, si elles sont renfermées dans de justes limites.

Les juges de paix sont, avant tout, des magistrats. A ce titre, ils relèvent de vous, non de l'Administration, et, sauf le cas où les préfets agissent en vertu de l'article 10 du Code d'instruction criminelle, vous seul pouvez leur donner non seulement des ordres, mais même des instructions.

Ce principe doit être énergiquement maintenu; les règles suivantes sont destinées à le préserver de toute atteinte :

Chaque fois qu'un juge de paix sera invité à fournir des renseignements à l'Administration, il devra en donner avis au procureur de la République, et lui faire connaître sommairement l'objet de la demande qui lui a été adressée. Je ne crois pas cependant devoir exiger que la réponse soit subordonnée à une autorisation du parquet, ni que cette réponse lui soit préalablement communiquée. Ce serait méconnaître souvent l'urgence de ces communications.

Vos substituts auront à vous rendre compte tous les trois mois du caractère général des correspondances échangées entre l'Administration et les juges de paix, sans préjudice des faits particuliers qu'ils croiraient devoir porter immédiatement à votre connaissance.

Quant aux délégations que les juges de paix pourraient recevoir des préfets, ils devront les refuser toutes les fois qu'elles les détourneraient de leurs fonctions judiciaires ou leur créeraient, dans l'exercice de ces fonctions, un embarras que leur conscience et le souci de leur dignité ne leur permettraient point d'accepter. En cas de difficulté, vous seul, Monsieur le Procureur général, êtes juge de la solution qu'elle comporterait. Si la difficulté prenait les proportions d'un conflit, c'est au Ministre de la justice qu'appartiendrait le droit et incomberait le devoir de la résoudre.

Ainsi, je l'espère, se trouvera réglée, dans une mesure satisfaisante pour l'indépendance de la magistrature et pour les besoins incontestés d'une sage administration, la question toujours délicate des rapports qu'il convient de maintenir entre les juges de paix et les préfets.

J'ai à peine besoin d'ajouter que, sous aucun prétexte et dans aucun intérêt, les juges de paix ne doivent s'immiscer dans les élections et y prendre le rôle d'agents politiques, soit d'un parti, soit du Gouvernement. A cet égard, les abus du passé, les plaintes légitimes qu'ils ont soulevées, l'atteinte momentanée qu'en a soufferte cette magistrature si justement honorée, sont pour l'avenir des leçons que personne n'a le droit d'oublier. Je dois être le gardien scrupuleux de cette règle, et je réprimerai avec sévérité toute infraction qui me serait signalée.

O. Depeyre.

Invasion. — Indemnités. — Certificats. — Juges de paix.

Du 15 mai 1874.

A MM. les Juges de paix.

La loi du 7 avril 1873, qui accorde aux départements envahis une indemnité de 111,950,719 fr. 35 cent., avait laissé à un règlement d'administration publique le soin de déterminer la règle à suivre pour permettre aux bénéficiaires de toucher la part à laquelle ils ont droit [1].

Un décret rendu le 20 mars dernier, en exécution de cette disposition, a décidé que l'indemnité serait répartie en bons définitifs de 500 francs et en coupures provisoires de 5, 10, 15, 20, 25, 50, 100, 200, 300 et 400 francs. Chaque bénéficiaire pourra ainsi recevoir le montant intégral des sommes qui lui sont attribuées.

La remise de ces titres sera effectuée, à Paris, par le caissier central du Trésor public; dans les départements, par les trésoriers-payeurs généraux, par les receveurs particuliers et par les percepteurs.

Je n'ai pas, sur ce point, à entrer dans les détails d'exécution qui ont été réglés par M. le Ministre de l'intérieur et M. le Ministre des finances; vous pourrez les connaître en vous reportant aux circulaires adressées tant à l'autorité préfectorale qu'aux représentants des finances.

---

[1] Voir circ. du 11 janvier 1873 relative aux contestations sur le remboursement des taxes payées par les particuliers pour l'organisation des gardes nationales mobilisées. L'article 3 de la loi du 26 novembre 1872 renvoie devant le juge de paix les contestations qui pourraient s'élever.

Je me bornerai à rappeler que les préfets enverront des lettres d'avis nominatives aux ayants droit; que chacun d'eux, sur la présentation de sa lettre, recevra les bons qui lui sont destinés, et que cette lettre signée pour reçu par chaque titulaire, en présence du comptable, devra rester aux mains de l'Administration.

Ces formalités, quoique très simples, seront encore, on n'en peut douter, l'occasion de bien des difficultés.

Il pourra se faire, par exemple, que le nom du titulaire ait été mal orthographié et que le comptable refuse de payer jusqu'à justification d'identité; que l'indemnitaire inscrit à l'état de répartition soit décédé laissant un ou plusieurs héritiers; ou encore qu'il s'agisse d'une femme mariée, d'un mineur, d'une personne atteinte d'une incapacité quelconque.

Dans ces hypothèses et autres analogues, les règlements sur la comptabilité publique prescrivent la production de pièces dont le coût serait en disproportion ici avec l'importance du titre.

Pour faciliter aux indemnitaires le retrait de leurs bons définitifs ou provisoires, et par une faveur spéciale, l'article 9 du décret du 20 mars 1874 dispose que « les certificats « destinés à établir l'identité ou la qualité des parties prenantes « pourront, sur la réquisition des parties, être délivrés, sur papier libre et sans frais, par le juge de paix dont l'attestation, « quant aux faits qui y sont relatés, suffira pour couvrir la « responsabilité des comptables ».

Ainsi, en cas d'erreur sur l'orthographe d'un nom, vous certifierez l'identité de l'indemnitaire avec celle de la personne inscrite sur l'état de répartition. Si un indemnitaire est décédé, vous constaterez le fait et déclarerez que les bons pourront être délivrés à tels ou tels héritiers du créancier. S'il s'agit d'une femme devenue veuve ou dont le mari est absent, vous certifierez le fait et autoriserez la femme à recevoir les bons de liquidation. Enfin, vous pourrez certifier que les personnes qui auraient fait des oppositions en donnent mainlevée et consentent à la remise des titres à l'indemnitaire porteur de la lettre d'avis.

Je compte sur votre zèle pour délivrer, aussi promptement que possible, les certificats qui vous seront demandés, après avoir toutefois pris les précautions nécessaires pour qu'ils contiennent bien l'expression de la vérité.

Il ne faut pas perdre de vue : d'une part, qu'il s'agit d'un véritable secours qu'il convient de mettre sans délai, mais avec certitude, entre les mains de ceux qui y ont droit; et, d'autre part, que votre attestation doit couvrir la responsabilité des agents du Trésor.

Au surplus, si dans une affaire spéciale vous éprouviez quelque hésitation sur le parti à prendre, vous devriez m'en référer, et je m'empresserais de vous répondre.

O. DEPEYRE.

IVRESSE. — Greffiers de simple police. — Bulletins.

Du 6 juin 1874.

A MM. LES PROCUREURS GÉNÉRAUX.

J'ai été consulté par plusieurs de vos collègues sur la rétribution qu'il y aurait lieu d'accorder aux greffiers des tribunaux de police pour la rédaction et l'envoi, après chaque condamnation pour ivresse, du bulletin de jugement qui doit être classé au parquet du procureur de la République pour faciliter la constatation des récidives[1]. J'ai décidé que ces greffiers seraient autorisés à réclamer 25 centimes par bulletin comme les greffiers des tribunaux de première instance, à raison des bulletins qu'ils délivrent. Je vous prie de vouloir bien informer de cette décision les officiers publics qu'elle concerne, placés dans votre ressort.

A. TAILHAND.

ÉTAT CIVIL. — Reconstitution. — Ville de Paris. — Greffiers.

Du 22 juin 1874.

A MM. LES PROCUREURS GÉNÉRAUX PRÈS LES COURS D'APPEL.

La Commission chargée de la reconstitution des actes de

---

[1] L'envoi au parquet de bulletins constatant les condamnations pour ivresse a été prescrit par la circulaire du 23 février 1874.

l'état civil de Paris a eu lieu de constater, à diverses reprises, que certains greffiers des tribunaux de première instance donnent une interprétation erronée aux dispositions des articles 6 et 9 de la loi du 12 février 1872, relatives à la transmission au dépôt central établi au palais de la Bourse des extraits authentiques trouvés dans les greffes.

Plusieurs greffiers notamment se sont bornés à transmettre des expéditions sur papier libre des extraits déposés dans leurs archives.

Je vous prie de vouloir bien leur rappeler que, aux termes des articles précités, ce ne sont pas les copies desdits extraits, mais les originaux eux-mêmes qu'ils doivent adresser à la Commission. La circulaire de mon prédécesseur du 11 septembre 1872 s'expliquait nettement sur ce point[1]. Elle ne faisait d'ailleurs que confirmer à l'égard des greffiers les instructions précédemment adressées, relativement à l'exécution de la loi du 12 février 1872, aux maires de toutes les communes de France. Cette première circulaire, en date du 29 avril 1872, après avoir rappelé que la loi exige des détenteurs des extraits authentiques l'envoi de ces originaux et non des copies, recommandait aux maires de remplacer dans les dossiers chaque extrait authentique qui en aurait été retiré par une fiche, qui en relaterait les dispositions principales et indiquerait la date de l'envoi au dépôt central. L'utilité de cette recommandation apparaît là même alors qu'il s'agit des extraits détachés par les greffiers des liasses annexées aux actes de mariage. Malgré tout le zèle qu'elle apporte à l'accomplissement de sa tâche, déjà si lourde, la Commission ne saurait en effet délivrer des copies de tous les actes qui lui sont transmis des dépôts publics, sans accepter par là même un surcroît de travail supérieur aux moyens dont elle dispose.

On me signale une autre erreur non moins grave : des greffiers ont cru pouvoir limiter leurs recherches aux liasses antérieures à l'année 1860, négligeant de la sorte toute la partie de leurs archives comprise entre cette date et 1871. Les termes de l'article 6 de la loi du 12 février 1872 repoussent cette distinction. Toute personne qui détient, à quelque titre que ce soit, un extrait authentique d'un acte de l'état civil de

---

[1] Voy. cette circulaire à sa date et les notes qui l'accompagnent.

Paris antérieur à 1860, ou dressé à la mairie du XIIe arrondissement (Bercy) depuis le 1er janvier 1870 jusqu'au 25 mai 1871, doit en effectuer la remise ou l'envoi au dépôt central. Or, de tels actes se retrouvent aussi bien dans les liasses annexées aux actes de mariage reçus depuis 1860 que dans les liasses antérieures à cette époque.

Je vous prie, Monsieur le Procureur général, de vouloir bien faire compléter ou régulariser en ce sens les recherches déjà faites par les greffiers des tribunaux de votre ressort.

A. TAILHAND.

TITRES NOBILIAIRES. — Actes de l'état civil.

Du 22 juillet 1874.

A MM. LES PROCUREURS GÉNÉRAUX PRÈS LES COURS D'APPEL.

La rédaction des actes de l'état civil donne lieu souvent à des difficultés au sujet des titres nobiliaires dont la mention est réclamée par les parties principales ou par les parties intervenantes.

Souvent des prétentions, basées sur de simples allégations ou sur une possession plus ou moins contestable, s'élèvent devant l'officier de l'état civil.

Des parents veulent faire inscrire leurs enfants avec un titre qu'ils portent eux-mêmes, ou avec un titre d'un degré inférieur, en se fondant soit sur l'usage, soit sur une dévolution qu'ils croient, à tort, conforme aux règles en cette matière.

Les titres se divisent aujourd'hui en deux classes distinctes :

Les titres dont l'existence est antérieure à 1789;

Les titres qui ont été conférés depuis les statuts du 1er mars 1808.

La régularité de ces derniers titres peut facilement être constatée, la Chancellerie étant en possession des registres sur lesquels a eu lieu l'inscription des lettres patentes constitutives ou des décrets qui ont remplacé ces lettres patentes, des décisions constatant la transmission régulière des titres héréditaires.

Les personnes munies de l'acte qui les concerne peuvent, en représentant cet acte, prouver leur droit; et, si elles ne sont pas en possession de cet acte, leur situation peut être vérifiée et constatée par la Chancellerie.

Parmi les membres de l'ancienne noblesse, un certain nombre s'est pourvu en reconnaissance, confirmation ou renouvellement de titres, sous la Restauration ou sous les Gouvernements qui se sont succédé depuis; d'autres ont fait constater leurs droits par des décisions judiciaires.

Les uns et les autres peuvent, sans difficulté, appuyer leurs déclarations de documents authentiques s'appliquant à eux personnellement.

Mais la plupart ont négligé ce moyen de régulariser leur situation.

Pour ceux-ci, les officiers de l'état civil ne doivent accepter que les désignations mentionnées dans des actes d'une authenticité incontestable, antérieurs à 1789, et constatées par des actes réguliers de l'état civil concernant la personne même qui intervient dans l'acte à rédiger; en cas de doute, ils auraient à en référer à la Chancellerie.

A part de rares exceptions créées par les lettres patentes originaires ou résultant de dispositions spéciales[1], les titres reposent sur une seule tête, et les fils d'un titulaire appartenant à l'ancienne noblesse ou décoré d'un titre postérieur à 1808 n'ont droit ni à un titre d'un degré inférieur, ni, à plus forte raison, au titre même porté par leur père.

Les mêmes règles sont applicables aux personnes d'origine étrangère se prétendant en possession d'un titre qui aurait appartenu à leur famille ou à elles-mêmes, avant qu'elles fussent devenues françaises soit par l'annexion des territoires, soit par la naturalisation.

Quant aux titres étrangers, un Français ne peut les porter en France qu'en vertu d'une autorisation spéciale accordée par application du décret du 5 mars 1859, autorisation essentiellement personnelle et qui ne peut s'étendre aux enfants de celui qui l'a obtenue.

Aucune partie ne doit donc recevoir dans les actes de l'état

---

[1] 1er statut, 1er mars 1808, art. 2, 3, 7. Décr. 4 juin 1809, art. 5. Décr. 3 mars 1810, art. 10. Ord. royale, 25 août 1817, art. 12.

civil d'autres titres que ceux qui lui sont attribués à elle personnellement par des actes réguliers, tels que : lettres patentes, décrets, brevets ou actes d'investiture, décisions judiciaires, actes de l'état civil reproduisant énonciations d'actes authentiques antérieurs à 1789, autorisations spéciales et personnelles, accordées par le Chef du Gouvernement. L'usage, les traditions de famille, la possession ne sauraient suppléer à la reproduction d'actes réguliers s'appliquant à la personne même qui figure dans l'acte de l'état civil soit comme partie, soit comme déclarant, soit comme témoin[2].

Le Sous-Secrétaire d'État,

L.-N. BARAGNON.

JURY. — Commissions d'arrondissement. — Conseillers généraux.

Du 10 août 1874.

A MM. LES PROCUREURS GÉNÉRAUX.

La loi récente qui a ajourné les élections pour le renouvellement triennal des conseils généraux a fait naître une difficulté relativement à la confection des listes du jury pour l'année 1875.

Aux termes de l'article 13 de la loi du 21 novembre 1872, les commissions d'arrondissement chargées de dresser les listes annuelles du jury doivent se réunir, au plus tard, dans le courant du mois de septembre.

J'ai été consulté sur le point de savoir si les conseillers généraux faisant partie de la série sortante pourront être appelés à concourir aux travaux de ces commissions. Je n'hésite pas à me prononcer pour l'affirmative et à penser que les conseillers généraux sortants doivent être considérés comme maintenus dans leurs pouvoirs jusqu'aux élections prochaines. Cette solution se fonde sur cette raison, péremptoire à mes

---

[2] Voy. circ. du 19 juin 1858, relative à l'exécution de la loi du 28 mars de la même année, modifiant l'article 259 du Code pénal.
Consulter également circ. du 22 novembre 1859 sur les changements, altérations ou modifications des noms.

yeux, que les conseils généraux ayant depuis 1871 des attributions permanentes, il ne pourrait y avoir d'interruption dans leur mandat.

J'ai décidé, en conséquence, que la commission chargée de dresser la liste annuelle du jury se réunirait au mois de septembre prochain, conformément aux prescriptions de la loi sur le jury, et que les conseillers généraux, sans en excepter ceux qui sont soumis à la réélection, devront y être appelés [1].

Vous aurez à prendre les mesures nécessaires pour assurer l'exécution des présentes instructions.

A. TAILHAND.

ACTES DE L'ÉTAT CIVIL. — Légalisation. — Convention entre la France et l'Allemagne.

Du 3 septembre 1874.

A MM. LES PROCUREURS GÉNÉRAUX.

Aux termes d'une convention signée le 14 juin 1872 entre la France et l'Allemagne et relative à la légalisation des actes de l'état civil, documents judiciaires et autres analogues, délivrés en France et en Alsace-Lorraine, les actes délivrés en Alsace-Lorraine et produits en France ou délivrés en France et produits en Alsace-Lorraine, doivent être admis par les autorités compétentes des deux pays lorsqu'ils ont été légalisés, soit par le président du tribunal, soit par le juge de paix ou son suppléant; aucune autre légalisation ne doit être exigée, hormis le cas où il y aurait lieu de mettre en doute l'authenticité des pièces produites [1].

M. le Ministre des affaires étrangères me fait connaître que

---

[1] Consulter déc. min. du 1er avril 1876 : La commission d'arrondissement chargée de dresser la liste annuelle ne doit pas être convoquée pendant la session du conseil général. — Pendant la même période, les jurés qui font partie du conseil général ne doivent pas être appelés à siéger. (Bull. off. 1876, p. 68.)

[1] Une convention analogue avait été déjà conclue avec le Luxembourg, le 24 décembre 1867. Le 24 octobre 1879, un accord intervenu entre la France et la Belgique dispense de toute légalisation diplomatique les actes à produire pour contracter mariage. (Note Bull. off. 1879, p. 269.)

d'après les renseignements qui lui ont été fournis par notre chargé d'affaires à Berlin, il arrive fréquemment que, dans ces conditions, des actes ne sont pas acceptés par les autorités françaises, qui réclament la légalisation de l'ambassadeur de France en Allemagne. Je vous prie de vouloir bien rappeler à vos substituts les termes de la convention du 14 juin 1872, et les inviter, le cas échéant, à en assurer l'exécution.

Le Sous-Secrétaire d'État,

N. BARAGNON.

NOTAIRES. — Titres au porteur. — Inventaires. — Cote et paraphe.

Du 2 octobre 1874.

A MM. LES PROCUREURS GÉNÉRAUX.

Il résulte de renseignements qui me sont transmis par M. le préfet de la Seine que son administration est fréquemment saisie de demandes en réfection d'obligations de la ville de Paris, rendues non négociables par la cote et paraphe que les notaires chargés de dresser l'inventaire où figurent ces valeurs, croient devoir y apposer, par une interprétation erronée des dispositions de l'article 943, § 6, du Code de procédure civile.

M. le préfet de la Seine a consenti exceptionnellement, dans des espèces très favorables, à donner suite à la demande de certains propriétaires, ainsi privés d'un des principaux avantages du titre au porteur. Mais son administration ne saurait, en principe, autoriser la délivrance de duplicata des obligations municipales, en dehors des cas formellement prévus et des conditions imposées par la loi.

J'ai dû dès lors me demander s'il n'y aurait pas opportunité, dans l'intérêt des propriétaires des titres et conformément au désir qui m'a été exprimé par ce haut fonctionnaire, à inviter les notaires à s'abstenir dorénavant de coter et parapher les titres au porteur qu'ils inventorient dans les successions [1].

---

[1] Les prescriptions de cette circulaire ont été renouvelées le 31 août 1877 (Bull. off. 1877, p. 102) sur la demande de M. le Ministre des travaux publics.

L'interprétation donnée par la Cour de cassation à la disposition précitée du Code de procédure ne nous permet pas d'hésiter. L'arrêt du 15 avril 1861 a, en effet, formellement décidé que la disposition du paragraphe 6 de l'article 943 portant que les papiers à inventorier seront cotés et paraphés, n'est pas applicable aux titres au porteur, «dont ces formalités,» dit cet arrêt, «entraveraient nécessairement la négociation et, par suite, pourraient déprécier la valeur.» Il suffit, pour donner satisfaction au vœu de la loi et assurer la conservation de ces titres, de leur description et de leur remise entre les mains d'une personne convenue ou nommée par le président du tribunal, conformément au paragraphe 9 de l'article précité.

Cette pratique est depuis quelque temps déjà celle des notaires de Paris. Les résultats utiles qu'elle a produits me font penser qu'elle devrait être uniformément adoptée. Il y a donc lieu d'en recommander l'observation à toutes les chambres de notaires.

A. Tailhand.

Frais de justice. — Gendarmes. — Témoins. — Indemnités.

Du 6 octobre 1874.

A MM. les Procureurs généraux.

J'ai été informé que les gendarmes appelés en témoignage devant les tribunaux civils cumulaient fréquemment les indemnités qui leur sont accordées sur les fonds du Ministère de la justice, en vertu de l'article 3 du décret du 7 avril 1813, avec les allocations attribuées, sur le budget du Ministère de la guerre, par le décret du 12 juin 1867, aux militaires voyageant isolément.

J'ai dû me préoccuper des moyens de faire cesser un abus qui est d'autant plus préjudiciable aux intérêts du Trésor public que les magistrats ne sont sans doute jamais avisés des indemnités payées aux gendarmes par l'autorité militaire, et que ces indemnités ne peuvent, par conséquent, être comprises dans la liquidation des frais à recouvrer sur les condamnés.

M. le Ministre de la guerre, à qui j'en ai référé, a bien voulu consentir, à ma sollicitation, à ce que les sous-officiers, brigadiers et soldats de la gendarmerie soient à l'avenir exclusivement indemnisés de leurs frais de déplacement par les soins de l'Administration militaire, qui se fera ultérieurement rembourser par mon département les avances qu'elle aura faites à ce titre. MM. les intendants militaires feront, au surplus, connaître aux parquets le chiffre de ces avances, afin que les états de liquidation des frais de procédure puissent être dressés avec toute l'exactitude désirable. Ils ont reçu à cet égard les instructions les plus précises de M. le Ministre de la guerre. L'autorité judiciaire devra se borner à faire payer aux gendarmes, lorsqu'il y aura lieu, l'indemnité attribuée aux militaires par l'article 31 du décret du 18 juin 1811 pour leur séjour forcé hors de leur garnison ou cantonnement[1].

Il n'est rien changé, d'ailleurs, aux anciennes dispositions, relativement à l'indemnité de comparution déterminée par l'article 27 du même décret. Elle continuera à être accordée sur le crédit des frais de justice à tout gendarme qui sera entendu dans le lieu de sa résidence ou dans un rayon de 10 kilomètres.

A. TAILHAND.

VOIRIE. — Chemins vicinaux. — Contraventions. — États trimestriels.

Du 31 octobre 1874.

A MM. LES PROCUREURS GÉNÉRAUX.

M. le Ministre de l'intérieur m'a exprimé le désir que les agents voyers en chef fussent informés des suites données aux procès-verbaux dressés en matière de voirie vicinale, et constatant soit des délits, soit des contraventions.

La connaissance de la jurisprudence adoptée par les tribunaux permettrait à ces fonctionnaires d'adresser des instructions utiles aux agents sous leurs ordres.

---

[1] La circulaire du 25 janvier 1875 a complété les prescriptions ci-dessus. — Voy. en outre inst. générale du 30 septembre 1826, art. 26 et suiv.; et circ. du 14 août 1876, § IV, n° 8. (Bull. off. 1876, p. 142.)

Des états trimestriels vous seront donc transmis désormais par MM. les préfets, et vous aurez à les faire remplir par vos substituts de première instance pour les délits, et par les commissaires de police ou officiers du ministère public près les tribunaux de simple police pour les contraventions.

A. TAILHAND.

CASIERS JUDICIAIRES. — Instructions générales.

Du 28 novembre 1874.

A MM. LES PROCUREURS GÉNÉRAUX.

. . . . [1]

BULLETINS N° 1.

X. Ces bulletins ne mentionnent pas, toutes les fois qu'ils le devraient, les signes particuliers que portent les condamnés. C'est une lacune regrettable, car cette indication offre un moyen de combattre les déclarations mensongères des inculpés.

XI. Lorsqu'un individu, poursuivi correctionnellement pour ivresse, en vertu de l'article 2 de la loi du 23 janvier 1873, c'est-à-dire pour une seconde récidive en cette matière, n'a pas d'autre antécédent criminel ou correctionnel, les greffiers ne doivent pas inscrire en tête du bulletin n° 1 le mot *récidiviste ;* c'est après le délit qu'il faut mentionner qu'il s'agit, dans l'espèce, de la récidive spéciale prévue par cette loi[2].

XII. J'ai été consulté sur le point de savoir à qui incombait le devoir de rédiger le duplicata du bulletin n° 1, des-

---

[1] La première partie de la circulaire est relative aux cadres de la statistique civile et criminelle.

[2] La circulaire du 23 février 1874, § III, contient des renseignements sur les cas de récidive en matière d'ivresse. Les premières condamnations prononcées en simple police ne constituent récidive que dans les conditions prévues par l'article 483 du Code pénal.

tiné au dépôt de recrutement pour les soldats de l'armée active et les hommes de la réserve; c'est évidemment au greffier du tribunal de la condamnation et non à celui de la naissance du condamné [3].

XIII. Malgré les termes des premières circulaires sur les casiers judiciaires, d'après lesquels les condamnations à l'amende prononcées à la requête des administrations publiques n'étaient pas constatées par des bulletins n° 1, j'estime qu'il y a lieu de faire figurer dans les casiers judiciaires les jugements rendus en matière de chasse à la requête de l'Administration forestière, aussi bien que ceux qui ont été prononcés sur les poursuites du ministère public. Il n'y a, en effet, aucune raison de faire une différence entre les premiers et les seconds : le délit est le même, et la récidive spéciale (art. 15 de la loi du 3 mai 1844) s'applique aux uns comme aux autres. Plusieurs circulaires ultérieures ont d'ailleurs restreint l'exception aux délits forestiers [4].

BULLETINS N° 2.

XIV. La loi du 30 décembre 1873 ayant augmenté de 8 centimes les droits d'enregistrement des bulletins n° 2, le prix des extraits de casiers judiciaires délivrés aux particuliers, qui avait été fixé à 3 fr. 40 cent. par une circulaire du même jour, se trouve élevé à 3 fr. 50 cent. [5].

XV. Les bulletins n° 2, tels qu'ils sont dressés, permettent bien d'appliquer les articles 56, 57 et 58 du Code pénal sur la récidive, quand les condamnations qu'ils relatent émanent toutes de cours ou de tribunaux de droit commun; mais il n'en est pas ainsi quand parmi elles il s'en trouve qui ont été prononcées par des conseils de guerre. Les cours d'assises et les tribunaux correctionnels sont quelquefois embarrassés parce que les indications du bulletin n° 2 ne font pas assez clairement ressortir si le crime ou le délit qui a motivé la con-

---

[3] Voy. circ. du 19 février 1874.
[4] Voy. circ. du 30 décembre 1850, § IV, et note 5.
[5] Voy. circ. des 6 novembre 1850, § V, note 16; — 23 mai 1853, § I; — 25 novembre 1871, § XV; — 30 décembre 1872, § IX. — Le décret du 10 avril 1877 (Bull. off. 1877, p. 46) a réglé le recouvrement de ces frais.

damnation militaire était punissable par les lois ordinaires (art. 56, § 8, Code pénal). Il est donc nécessaire qu'à l'avenir les extraits de casiers judiciaires reproduisent exactement les articles de lois visés par les conseils de guerre, et cela dans tous les cas, que la peine précédemment subie constitue ou non le prévenu ou l'accusé en état de récidive légale. Cette mesure se recommande d'elle-même à la sollicitude de vos substituts [6].

A. TAILHAND.

NOTICES INDIVIDUELLES. — Imprimés.

Du 3 décembre 1874.

A MM. LES PROCUREURS GÉNÉRAUX.

M. le Ministre de l'intérieur a appelé mon attention sur le peu d'exactitude que mettaient certains parquets dans l'envoi des notices individuelles qui, aux termes des circulaires des 14 mai 1873 et 6 janvier 1874, sont destinées à accompagner dans les lieux de détention les condamnés à des peines de quatre mois d'emprisonnement au moins.

Mes honorables prédécesseurs ont fait connaître par ces circulaires les raisons pour lesquelles ils attachaient beaucoup de prix à la régularité de cette partie du service; en présence des observations qui me sont présentées par mon collègue, je ne puis que vous renouveler leurs recommandations en vous priant de veiller à ce que vos substituts se conforment scrupuleusement dans l'avenir aux prescriptions antérieures [1].

Pour éviter tout retard dans la transmission des imprimés nécessaires à la rédaction des notices, et pour maintenir en même temps un moyen de contrôle indispensable, je désire que vos substituts fassent à votre parquet la demande de ces notices au fur et à mesure des besoins qui se produiront, et

---

[6] Voy. circ. du 30 août 1855, 4°, et les notes 12 et 13, sur la constatation des récidives. — Voir aussi circ. du 6 novembre 1850, § VIII.

[1] On doit mentionner sur l'extrait de jugement ou d'arrêt la remise de la notice; cette mention sera datée et signée. (Déc. minist. du 30 octobre 1876. — Bull. offi. 1876, p. 226.)

je vous rappelle d'une façon toute particulière que vous devrez ensuite vous adresser directement au Département de l'intérieur, qui s'est chargé de les fournir et avec lequel je me suis entendu à ce sujet [2].

A. TAILHAND.

CASIERS JUDICIAIRES. — Recrutement. — Duplicata.

Du 15 décembre 1874.

A MM. LES PROCUREURS GÉNÉRAUX.

Par suite de la mise en vigueur de la loi du 27 juillet 1872, mon honorable prédécesseur vous a signalé dans sa circulaire du 19 février dernier [1] la nécessité de transmettre aux commandants des dépôts de recrutement de chaque département des duplicata de bulletins n° 1 destinés aux casiers judiciaires et délivrés par les greffiers pour constater sur le registre matricule créé par l'article 33 de ladite loi la situation exacte des jeunes soldats de l'armée active ou de la réserve ayant encouru des condamnations à des peines corporelles [2].

M. le Ministre de la guerre a plusieurs fois signalé à mon attention la négligence qu'apportaient certains parquets dans l'exécution des instructions de la Chancellerie à cet égard. Il est cependant essentiel que vos substituts s'y conforment scrupuleusement, puisque, aux termes des articles 4 et 7 de cette loi sur l'organisation de l'armée, le temps passé en prison par ces jeunes soldats ne compte pas pour leurs années de service, et que, d'autre part, l'exclusion du service militaire résulte de toute condamnation à une peine afflictive ou infamante ou d'une condamnation correctionnelle à deux ans d'emprisonnement et au-dessus, lorsque le jugement prononce la sur-

---

[2] Voy. circ. des 14 mai et 25 juin 1873, et 6 janvier 1874. Voy. également déc. min. du 30 octobre 1876. — C'est aux procureurs généraux que les imprimés doivent être demandés. (Bull. off. 1876, p. 226.)

[1] Voir cette circulaire à sa date.

[2] Cette prescription a été rappelée par la circulaire du 5 mai 1877 (Bull. off. 1877, p. 54), et par une note insérée au Bulletin officiel (1878, p. 134.)

veillance de la haute police ou l'interdiction de tout ou partie des droits civiques, civils et de famille.

Dans ces circonstances, pour que le registre matricule puisse être tenu exactement et par suite avec avantage, il est urgent de mettre les commandants de dépôts de recrutement en mesure de mentionner, en regard des noms des inscrits, les différentes mutations survenues dans leur situation.

Je vous invite, en conséquence, à rappeler à chacun de vos substituts que la circulaire du 19 février dernier leur fait un devoir de transmettre directement des *duplicata* de bulletins n° 1 délivrés par les greffiers, aux commandants du dépôt dans le département de la naissance du condamné, et je vous rappelle que, pour ceux dont le lieu de naissance et le domicile sont inconnus, c'est au casier central de la Chancellerie qu'il appartient de faire cette communication au Département de la guerre.

A. TAILHAND.

FRAIS DE JUSTICE. — Translation des prévenus et accusés. — Chemins de fer. — Recouvrement.

Du 15 décembre 1874.

A MM. LES PROCUREURS GÉNÉRAUX.

Aux termes d'une décision en date du 4 février 1862[1], les frais de transport des prévenus et accusés par les chemins de fer sont ordonnancés et acquittés à Paris, contrairement au principe qui veut que toute dépense de justice criminelle soit

---

[1] Lorsqu'il y avait un entrepreneur général, il remboursait lui-même les compagnies et comprenait ces dépenses dans les états de fournitures. Depuis le 30 juin 1861, le marché général a pris fin. Certains comptables ont cru ne pouvoir payer des mémoires qui avaient trait à des dépenses qui n'avaient pas été faites et ordonnancées dans l'arrondissement où ils résident. C'est pour couper court à ces difficultés que, sur la demande du Ministre du commerce, le Garde des sceaux a décidé, le 4 février 1862, que toutes les dépenses de chemin de fer seraient acquittées à Paris. Les compagnies de chemins de fer doivent en conséquence adresser des états trimestriels et les pièces justificatives au Ministère de la justice, où il leur est délivré un mandat payable à Paris.

mandatée et payée dans le ressort de la cour ou du tribunal où elle a été provoquée.

Mon département ne s'est pas dissimulé, en prenant cette décision, qu'elle aurait pour conséquence inévitable de rendre plus difficile le recouvrement sur les condamnés des frais de translation. Sans compter les lenteurs qui doivent nécessairement résulter du dépouillement, dans les bureaux de la Chancellerie, d'une comptabilité qui comprend la totalité des transports effectués sur les différents points du territoire, la rédaction souvent vicieuse ou incomplète des réquisitions adressées aux compagnies ne permet pas toujours de déterminer sûrement la cour ou le tribunal auquel il y a lieu de donner avis des frais à recouvrer. Tantôt, en effet, c'est le nom du prévenu qu'on a omis d'indiquer sur ces réquisitions, tantôt c'est le lieu de sa destination judiciaire.

Tant que les transports en chemins de fer n'ont été que l'exception, on a pu ne pas se préoccuper de cette situation : il pouvait, en effet, sembler sans intérêt de poursuivre le recouvrement de frais dont le chiffre était peu considérable, d'autant plus que les condamnés sont souvent insolvables. Mais ces transports sont devenus aujourd'hui si fréquents, par suite du développement de nos voies ferrées, qu'il est nécessaire de prendre des mesures pour assurer la rentrée dans les caisses du Trésor des avances qu'il a faites. Je ne crois pas exagérer en évaluant à la somme de 250,000 francs le chiffre de ces avances pour l'année courante.

J'ai, en conséquence, décidé que désormais des bulletins indicatifs des translations effectuées vous seraient transmis périodiquement. Aussitôt qu'ils vous seront parvenus, vous en ferez établir des extraits que vous adresserez à vos substituts pour qu'ils puissent faire compléter les états de liquidation remis aux agents chargés des recouvrements. Vous voudrez bien, en outre, afin que les bulletins en question puissent être dressés dans mes bureaux avec toute l'exactitude désirable, recommander à ces magistrats de veiller à ce que les réquisitions émanées soit de leurs parquets, soit des juges de paix, des maires ou des commissaires de police, indiquent toujours de la manière la plus précise les noms et prénoms des individus à transférer, le crime ou le délit dont chacun d'eux est prévenu et la cour ou le tribunal devant lequel il doit être traduit. Je vous adresse, au surplus, un certain nombre de modèles de réquisitions que vous leur communiquerez, en les invitant à en prescrire l'usage absolu dans leur ressort.

Je vous transmets en même temps la liste des frais relevés dans les derniers mémoires produits par les compagnies de chemins de fer. Peut-être cette liste n'est-elle pas, par les raisons que je viens de vous exposer, d'une rigoureuse exactitude; elle ne peut toutefois contenir que des erreurs partielles et sans importance, par conséquent, au point de vue des recouvrements à opérer.

Je profiterai de cette occasion, Monsieur le Procureur général, pour vous prier de me faire connaître si les prescriptions de la circulaire du 17 janvier 1860, relative au recouvrement des frais de translation par les voies ordinaires, continuent à être exécutées dans votre ressort. Vous voudriez bien, dans le cas où elles auraient été perdues de vue, les rappeler aux magistrats placés sous vos ordres. Vous comprendrez vous-même combien il importe, dans les circonstances actuelles, de ne rien négliger de ce qui peut contribuer à sauvegarder les recettes du Trésor.

A. TAILHAND.

CASIERS JUDICIAIRES. — Casier électoral. — Duplicata.

Du 18 décembre 1874.

A MM. LES PROCUREURS GÉNÉRAUX.

La formation des nouvelles listes électorales municipales prescrites par la loi du 7 juillet 1874 a nécessité de nombreuses vérifications de casiers judiciaires à l'effet de rechercher les personnes qui, frappées d'incapacité par suite de jugements, s'étaient frauduleusement fait inscrire sur ces listes. L'expérience a alors démontré que les états annuels de jugements entraînant la privation du droit de vote, transmis aux préfets par les soins des parquets, aux termes de la circulaire du 21 juillet 1856, étaient insuffisants pour éclairer l'Administration sur la capacité des électeurs inscrits qui avaient changé de domicile. Pour obvier à ce grave inconvénient, j'ai décidé, de concert avec le Département de l'intérieur, qu'à partir du 1er janvier 1875 des duplicata du bulletin n° 1 seraient transmis aux sous-préfectures des lieux de naissance des condamnés, de manière à créer pour l'avenir un casier administratif des élections [1]. L'Administration pourra ainsi se suffire à elle-même, sans frais nouveaux, en cas de revision des listes électorales. Le duplicata dont il s'agit donnera lieu pour les greffiers à une allocation de 15 centimes à la charge de mon département. J'ai décidé en même temps que les extraits de casiers fournis par les greffiers, à l'occasion de la formation des listes municipales de cette année, donneraient lieu à la même rétribution de 15 centimes, acquittés également sur le budget des frais de justice. Cette décision met un terme aux incertitudes des magistrats et des greffiers, qui avaient pensé qu'il s'agissait d'une dépense purement administrative. Ces incertitudes ont paralysé sur certains points du territoire l'action de l'Administration qui, renfermée dans des délais préfix, pour la confection des listes, ne pouvait attendre la solution de la difficulté. Je constate, d'ailleurs, que les retards apportés pour ce motif, par les greffiers, aux demandes de renseignements formées par les préfets, ont été rares, et que beaucoup ont renoncé à la rétribution qui leur était due légitimement pour les recherches qu'elles nécessitaient. Quoi qu'il en soit, il n'y aura plus aucune raison de ne pas répondre immédiatement à ces demandes pour toutes les condamnations antérieures à 1875.

Je vous prie, Monsieur le Procureur général, de vouloir bien porter mes instructions à la connaissance de vos substituts, qui en informeront les greffiers et qui, en visant les duplicata des bulletins n° 1 destinés au casier administratif,

---

[1] Avant la création du casier administratif électoral, on avait recours à des états annuels mentionnant les jugements entraînant suspension ou privation des droits électoraux dressés par les greffiers et transmis aux préfets des départements. Ces relevés avaient été prescrits, et les droits auxquels pouvaient prétendre les greffiers avaient été réglés par les instructions non insérées des 29 décembre 1849, 31 mai, 13 juin et 24 août 1850, 21 juillet 1856 et 24 août 1874, aujourd'hui sans intérêt.

devront s'assurer que les jugements de condamnation entraînent réellement la privation du droit de vote[2].

A. TAILHAND.

LÉGION D'HONNEUR. — Décès. — Vérification des registres de l'état civil.

Du 19 décembre 1874.

A MM. LES PROCUREURS GÉNÉRAUX PRÈS LES COURS D'APPEL.

M. le Grand Chancelier de la Légion d'honneur m'a informé que le nombre de décorations accordées jusqu'à ce jour aux différents services civils, par application de la loi du 25 juillet 1873, avait été bien inférieur à ce qu'il aurait dû être si l'avis des décès des légionnaires, décès qui doivent servir de base à la répartition, avait été donné exactement au conseil de l'Ordre[1].

Pour remédier à cet état de choses, très préjudiciable aux plus respectables intérêts et à ceux de la magistrature en particulier, j'ai pensé qu'il suffirait de faire appel au concours de vos substituts.

Il m'a semblé, en effet, que la vérification des registres de l'état civil, à laquelle ils sont astreints, leur fournirait les moyens d'établir avec certitude le nombre des membres de

---

[2] Les bulletins destinés au casier électoral doivent être rédigés sur un papier de la dimension d'une feuille timbrée à 60 centimes, Il faut employer des bulletins analogues à ceux employés pour les casiers judiciaires. (Circ. des 8 décembre 1875, § XIV, et 6 décembre 1876, § XX. — Bull. off. 1876, p. 246.)

Il n'est pas nécessaire de faire des duplicata des bulletins concernant les individus originaires de l'étranger, des colonies ou dont le lieu de naissance est inconnu, le casier central remplace à leur égard le casier électoral administratif. (Voy. circ. du 6 décembre 1876, § XX, *loc. cit.*) — Il faut transmettre au sous-préfet en duplicata les bulletins n° 1 mentionnant les déclarations de faillites. (Circ. du 27 août 1875.)

[1] Voy. circ. du 15 mars 1870 qui prescrit aux préfets l'envoi à la Chancellerie des états trimestriels constatant les décès des légionnaires et médaillés.

La circulaire du 13 septembre 1853 prescrit en outre de donner avis immédiatement du décès de chaque légionnaire magistrat.

La circulaire du 3 juin 1807 prescrit d'insérer dans les actes de l'état civil la qualité de membre de la Légion d'honneur.

la Légion d'honneur ayant appartenu à l'ordre civil, qui meurent chaque année.

Je vous prie donc de vouloir bien donner, à ce sujet, des instructions précises à chacun des chefs de parquet de votre ressort.

Les recherches auxquelles ils auront à procéder devront, aux termes du paragraphe 4 de la loi du 25 juillet 1873, comprendre les années 1872 et 1873. Vous voudrez bien leur recommander d'indiquer exactement, dans les relevés qu'ils vous adresseront, la *date* du décès des légionnaires civils, ainsi que leurs *nom*, *prénoms*, *résidence* et *grade*.

Je n'ai pas besoin d'insister sur l'importance et l'urgence de ce travail, qui sera fait, je n'en doute pas, avec toute la diligence et tout le soin qu'il réclame et auquel il devra être procédé chaque année, aussitôt que les registres de l'état civil auront été déposés au greffe du tribunal.

A. TAILHAND.

AMENDES. — *Frais de justice.* — *Recouvrement.* — *Extraits.*

Du 21 décembre 1874.

A MM. LES PROCUREURS GÉNÉRAUX.

M. le Ministre des finances a appelé mon attention sur les difficultés qui résultent, au point de vue du recouvrement des amendes et des frais de procédure, de ce que les extraits de jugements ou d'arrêts, fournis à l'Administration des contributions directes, en exécution de l'article 164 du décret du 18 juin 1811 et de la loi du 29 décembre 1873 [1], ne contiennent pas toujours exactement les mentions spéciales qui sont essentielles pour établir la créance du Trésor.

Lorsque l'agent du recouvrement ne reçoit qu'un recueil de renseignements épars et non coordonnés, il est forcé de refaire lui-même le titre de perception, et ce titre manque ainsi de la garantie première dont la loi a voulu l'entourer.

Il existe sur la matière une instruction ministérielle en date

---

[1] Voy. circ. du 17 mars 1874 sur l'application de cette loi.

du 16 septembre 1820[2]. Je vous prie de la rappeler aux greffiers, tant de la cour d'appel que des tribunaux de première instance et de simple police, de manière à en assurer la stricte observation. Cette instruction doit être entendue en ce sens que les greffiers sont soumis, en échange de la rémunération spéciale qui leur est allouée par l'article 7 du décret du 7 avril 1813, à l'obligation d'insérer dans les extraits, outre les indications très exactes du nom, du domicile et des motifs de la condamnation, tous les éléments financiers qui s'y rapportent, y compris le calcul des décimes ajoutés par les lois fiscales au principal de l'amende. Les greffiers doivent de plus totaliser ces divers éléments, sous leur responsabilité.

Cette récapitulation sommaire, qui fait partie intégrante et nécessaire de l'extrait, ne peut donner lieu à aucun droit en sus du coût dudit extrait.

Vous voudrez bien, en conséquence, inviter formellement les magistrats sous vos ordres à ne donner leur visa, conformément à la circulaire du 7 mars 1861 [3], qu'après qu'ils auront constaté que l'ensemble des droits à recouvrer par les agents du Trésor a été indiqué dans la colonne intitulée *Détail des frais*, et que la totalisation des divers éléments a été opérée [4].

A. TAILHAND.

---

[2] Cette circulaire non insérée est rappelée par l'instruction du 30 septembre 1826, § CXXXIV; elle contient des prescriptions relatives aux énonciations qui doivent figurer dans les extraits. — Voy. également circ. du 10 avril 1856; les extraits doivent mentionner si des maîtres ou patrons ont été déclarés civilement responsables. — Un modèle a été transmis pour la confection des extraits. (Note, Bull. off. 1877, p. 72.) — Voy. encore Note, Bull. off. 1878, p. 56.)

[3] Voy. cette circulaire.

[4] Les dispositions de cette circulaire s'appliquent également aux extraits délivrés par le greffier de la Cour de cassation. Ils doivent, comme ceux émanant des autres tribunaux, être soumis au visa d'un membre du parquet de la Cour. (Déc. min. du 29 avril 1875.)

Pour tout ce qui concerne la rédaction des extraits, voy. inst. du Ministre des finances du 20 septembre 1875, n°s 11, 12 et 13, annexée à la circulaire du 14 août 1876 (Bull. off. 1876, p. 166) et circ. du 22 décembre 1879 (Bull. off. 1880, p. 3) qui contient des prescriptions nouvelles sur le recouvrement des condamnations pécuniaires et la rédaction des extraits.

Conscription des chevaux[1].

Du 31 décembre 1874.

A MM. les Procureurs généraux.

En exécution de l'article 2 de la loi du 1er août 1874, les propriétaires des chevaux ou mulets qui ont été recensés sont tenus de les présenter, au jour indiqué à l'avance, devant des commissions chargées de l'examen et du classement de ces animaux[2]. Conformément à l'article 13, § 1er, de la même loi, les contrevenants sont passibles d'une amende de 50 à 1,000 francs.

Les commissions qui ont déjà commencé à fonctionner ont fait connaître qu'un certain nombre de propriétaires d'animaux recensés avaient négligé de se conformer à cette obligation.

Dans ces circonstances, M. le Ministre de la guerre a invité les commissions à se faire assister par des militaires de la gendarmerie locale, et à les requérir de dresser procès-verbal des non-comparutions. Ce procès-verbal sera formulé d'une

---

[1] Un grand nombre de circulaires ont été, depuis 1876, adressées sur cette matière. Voy. 27 mars 1876 (Bull. off. 1876, p. 88); 3 mai 1876 (Bull. off. 1876, p. 76); 14 mai 1877 (Bull. off. 1877, p. 56); 17 avril 1878 (Bull. off. 1879, p. 220); 10 juin 1878 (Bull. off. 1878, p. 48); 28 janvier 1879 (Bull. off. 1879, p. 224); 29 avril 1879 (Bull. off. 1879, p. 80); 4 novembre 1879 (Bull. off. 1879, p. 234); 8 novembre 1879 (Bull. off. 1879, p. 236). Voy. également déc. min. du 4 août 1876. (Bull. off. 1876, p. 152.) — Ces diverses circulaires et décision contiennent des instructions détaillées relativement aux poursuites à intenter pour contraventions aux lois sur le recensement des chevaux.

[2] La loi n'impose pas aux commissions d'inspection l'obligation de se transporter aux domiciles des divers assujettis. C'est ce qui résulte implicitement de l'économie de l'article 2 de la loi, et c'est ce qui a été formellement reconnu par la Cour de cassation le 22 avril 1875. Il est à remarquer également que les propriétaires ne peuvent, en excipant de leur qualité d'étrangers, se soustraire aux obligations édictées par la loi de 1874. Cette loi est évidemment une loi de sûreté et d'intérêt général qui, aux termes de l'article 3 du Code civil, oblige tous ceux qui habitent le territoire. Ses dispositions se résument dans l'extension à certains meubles des principes généraux de l'expropriation pour cause d'utilité publique, moyennant indemnité. Un étranger n'est pas plus fondé à s'opposer au recensement et à l'inspection, en vue d'une expropriation éventuelle des chevaux ou mulets qu'il possède sur notre territoire, qu'à l'expropriation pour utilité publique des immeubles sis en France dont il serait propriétaire. Cette solution n'entrave d'ailleurs, en aucune façon, pour les étrangers inscrits sur les listes de classement, le droit qui leur appartient de disposer à leur gré des animaux recensés, et de les emmener hors du territoire, selon leurs convenances personnelles. (Déc. min. du 2 février 1875.)

manière collective, à la fin de chaque séance, pour être adressé au parquet de l'arrondissement dans les délais ordinaires. La gendarmerie devra s'enquérir ensuite des motifs d'excuse que les défaillants pourraient invoquer, et constater notamment les cas dans lesquels cette excuse résulterait de ce que les animaux recensés auraient cessé d'appartenir au détenteur, avant le jour fixé pour la présentation devant la commission. Dans tous les cas, après ses constatations, la gendarmerie établira des procès-verbaux individuels, en y joignant tous renseignements utiles, et les adressera au parquet du procureur de la République.

. . . .

Ces dispositions, en assurant l'exécution de la loi nouvelle, auront pour résultat de prévenir tout commencement de poursuites à l'égard des propriétaires qui auront fait valoir des motifs légitimes d'excuse lors de l'enquête préalable à laquelle il aura été procédé par la gendarmerie locale.

A. TAILHAND.

AMENDES. — Privilège. — Ordres. — Receveurs. — Convocation.

Du 2 janvier 1875.

A MM. LES PROCUREURS GÉNÉRAUX.

Depuis la nouvelle organisation du service des amendes, les percepteurs des contributions directes, substitués dans ce service aux receveurs de l'enregistrement par la loi du 29 décembre 1873[1], ont dû requérir aux bureaux d'hypothèques, au profit du Trésor, des inscriptions de privilège sur des immeubles appartenant à des condamnés, et par suite le directeur général de la comptabilité publique a reçu plusieurs convocations à comparaître en personne ou par fondés de pouvoir devant les juges-commissaires pour procéder au rè-

---

[1] Voy. circ. du 17 mars 1874 relative à l'exécution de cette loi.

glement amiable de la distribution du prix de vente desdits immeubles.

Dans le but d'éviter des retards qui pourraient être préjudiciables aux intérêts du Trésor et d'assurer en même temps la régularité dans la forme des mesures conservatoires, M. le Ministre des finances se propose de prescrire aux percepteurs de faire élection de domicile dans l'arrondissement du bureau des hypothèques, conformément à l'article 2148 du Code civil. De mon côté, je vous invite, Monsieur le Procureur général, à faire connaître aux présidents des tribunaux civils, qui en donneront avis aux juges-commissaires, que les lettres de convocation devront être, désormais, adressées directement au receveur des finances de chaque arrondissement, et, pour Paris, Sceaux et Saint-Denis, au receveur central de la Seine, lesquels fonctionnaires sont autorisés à se présenter, au lieu et place du directeur général de la comptabilité publique, munis des titres de créance, par-devant les tribunaux.

A. Tailhand.

Frais de justice. — Gendarmes. — Témoins.

Du 25 janvier 1875.

A MM. les Procureurs généraux.

Quelques difficultés se sont élevées au sujet des modifications que j'ai apportées, de concert avec M. le Ministre de la guerre, dans le règlement des indemnités de route à payer aux militaires de la gendarmerie appelés en témoignage devant les tribunaux civils [1].

Des gendarmes ont fait observer que dans le cas où ils se transportaient à plus de 10 kilomètres de leur résidence, sans pouvoir effectuer leur trajet sur une voie ferrée, l'indemnité journalière de 1 fr. 25 cent. n'était pas suffisante pour leur permettre de prendre les voitures publiques, et que le

---

[1] Voy. sur ce point la circulaire du 6 octobre 1874. La circulaire du 14 août 1876, § 4, n° 8 (Bull. off. 1876, p. 137), rappelle à l'observation de ces prescriptions.

voyage à pied, par étapes, auquel ils étaient réduits, préjudiciait au bien du service, en les retenant trop longtemps éloignés de leur résidence.

D'autre part, j'ai été informé que MM. les intendants militaires tardaient à faire connaître aux parquets le chiffre des taxes avancées par eux aux gendarmes, et que, par suite de ces retards, les greffiers ne pouvaient dresser en temps opportun les états de liquidation des frais de procédure.

La circulaire de M. le Ministre de la guerre, dont je vous transmets ci-joint un exemplaire[2], doit mettre un terme aux difficultés signalées. Elle dispose, en effet, que les gendarmes qui sont appelés en témoignage à plus d'un myriamètre de leur résidence, et dont le voyage ne peut s'effectuer en chemin de fer, ont toujours droit, aux termes de l'article 8 du décret du 12 juin 1867, à l'indemnité de transport en diligence. Elle prescrit, en outre, aux fonctionnaires de l'intendance, de mentionner sur la cédule ou sur l'ordre de convocation le chiffre des indemnités payées pour l'aller. Il n'y aura donc qu'à doubler la somme portée sur la cédule pour obtenir le montant des taxes allouées tant pour l'aller que pour le retour, et les états de liquidations pourront toujours être dressés en temps utile, alors même que MM. les intendants militaires tarderaient à faire aux parquets les communications qui leur sont prescrites.

Je ne doute pas que ces nouvelles instructions n'assurent l'exécution régulière de ma circulaire en date du 6 octobre dernier.

MM. les magistrats devront donc s'abstenir d'accorder des indemnités de déplacement aussi bien aux gendarmes qu'aux militaires de l'armée proprement dite, sans en excepter les militaires en congé de semestre et de convalescence qui, aux termes de l'article 49 de l'ordonnance du 25 décembre 1837, sont toujours rappelés de la solde d'activité lorsqu'ils comparaissent en justice[3]. Je vous prie de prévenir ceux de votre ressort qu'en cas d'infraction soit aux dispositions de ma cir-

---

[2] Les dispositions de cette circ. sont analysées par la circ. du Garde des sceaux; elles ne sont pas relatées *in extenso*.

[3] D'après l'article 49 de l'ordonnance du 25 décembre 1837 sur la solde et les revues, tout militaire ou employé militaire en congé ou en semestre qui est cité comme témoin devant un tribunal civil ou militaire siégeant hors du lieu de

culaire précitée, soit à l'article 31 du décret du 18 juin 1811, ils ne seront pas admis à décliner la responsabilité que leur impose l'article 141 de ce décret.

A. TAILHAND.

ENREGISTREMENT. — *Receveurs.* — *Non-conciliation.* — *Amendes.* — *Assistance judiciaire.* — *Huissiers.* — *Droits de transport.*

Du 4 février 1875.

A MM. LES PROCUREURS GÉNÉRAUX.

L'application des lois de finances votées par l'Assemblée nationale, pendant les trois dernières années, a notablement augmenté les travaux des agents de l'enregistrement et spécialement des receveurs.

Comme il importe de les détourner le moins possible de leur fonction principale, c'est-à-dire de la perception même de l'impôt, l'Administration centrale s'est efforcée de rechercher les simplifications qui pourraient être introduites dans le service, au point de vue de l'ordre.

Elle a pensé qu'entre autres suppressions elle pouvait, sans beaucoup d'inconvénients, proposer celle de trois documents périodiques qui actuellement doivent être fournis par l'Administration des finances à l'autorité judiciaire :

1° Le relevé mensuel des mentions de non-comparution en conciliation ;

2° L'état annuel de la situation des demandes d'assistance judiciaire ;

3° Le relevé trimestriel des différences reconnues entre le droit de transport mentionné dans l'enregistrement des actes

---

sa résidence, est rappelé de la solde d'activité depuis le jour de son départ dudit lieu jusqu'à celui du retour dans ses foyers ou au corps.

Les dispositions de cet article ont été abrogées en ce qui concerne les sous-officiers et soldats par les déc. des 17 septembre 1871 et 19 novembre 1874, portant modification des règlements antérieurs sur la solde des sous-officiers et des hommes de troupe.

L'article 49 précité n'est donc plus applicable qu'aux officiers. Quant aux sous-officiers et soldats en congé, ils doivent être considérés et taxés comme des témoins ordinaires lorsqu'ils sont cités devant les tribunaux civils. (Lettre du Ministre de la guerre du 20 août 1875.)

d'huissiers et le droit porté au répertoire de ces officiers ministériels.

J'ai dû reconnaître que ces propositions étaient justifiées.

En effet, l'état mensuel des mentions de non-comparution a pour but de mettre le ministère public en mesure de requérir contre les non-comparants l'application de l'article 56 du Code de procédure civile, c'est-à-dire une amende de 10 francs, et de refuser toute audience jusqu'à la production de la quittance[1].

Mais cette amende est une simple amende de procédure; le ministère public a seul qualité, à l'exclusion de l'Administration, pour en requérir l'application; le refus d'audience est également une sanction qui n'intéresse en rien l'enregistrement. Il semble donc naturel de ne pas imposer à ses agents un surcroît de travail peu utile, alors surtout que le ministère public peut être directement renseigné par le greffier de la justice de paix.

L'Administration de l'enregistrement conserve, d'ailleurs, toujours le droit de signaler au ministère public les jugements de première instance rendus sans que l'amende ait été prononcée et acquittée.

L'état annuel présentant la situation des demandes d'assistance judiciaire est devenu sans objet. En fait, depuis plusieurs années, l'Administration ne le fournit plus, et les renseignements que le compte général de la statistique civile donne sur l'assistance judiciaire sont fournis aux procureurs de la République par les bureaux d'arrondissement et aux procureurs généraux par les bureaux d'appel.

Supprimer cet état n'est donc que régulariser la situation actuelle.

Quant au relevé trimestriel des différences reconnues entre le droit de transport mentionné dans l'enregistrement des actes d'huissiers et le droit porté au répertoire de ces officiers ministériels, il est pour les receveurs un surcroît de travail sans aucun intérêt pour l'autorité judiciaire.

M. le Ministre des finances a constaté que depuis dix-neuf

---

[1] Voy. sur le recouvrement des amendes prononcées contre les non-comparants aux audiences de conciliation circ. du 28 août 1877. (Bull. off. 1877, p. 99.)

ans les investigations de l'enregistrement n'ont révélé l'existence d'aucun abus réel, et, dans la plupart des cas, les relevés trimestriels ont été rédigés sous la forme de certificats négatifs [2].

Il suffira donc que, sans fournir d'états périodiques, l'Administration se borne à signaler les différences qu'elle pourra relever dans l'indication du coût des exploits.

Je vous prie, Monsieur le Procureur général, de vouloir bien porter ces instructions nouvelles à la connaissance des parquets de votre ressort et les inviter à se reporter, au besoin, à la circulaire n° 2501, adressée le 31 décembre 1874, par M. le Ministre des finances, aux agents relevant de son département.

A. TAILHAND.

FRAIS DE JUSTICE. — Transports militaires. — Gendarmes. — Chemins de fer.

Du 19 février 1875.

A MM. LES PROCUREURS GÉNÉRAUX.

L'article 13 du règlement général sur les transports militaires par chemins de fer, du 1er juillet 1874, a substitué à la réquisition sur feuille volante, établie par décision ministérielle du 6 novembre 1855, des bons de chemin de fer, détachés d'un registre à souche, et conformes au modèle annexé au règlement précité [1].

En conséquence, dans le cas où des transports de militaires placés sous l'escorte de la gendarmerie sont ordonnés par des procureurs de la République ou par des juges d'instruction, ces magistrats, n'étant pas pourvus de registre à souche, de-

---

[2] Voy. circ. du 21 septembre 1855 et la note qui contient l'instruction du Ministre des finances, en date du 8 août 1855. Cette instruction organise la surveillance des droits de transport perçus par les huissiers, et avait obligé les receveurs à adresser au procureur impérial les relevés supprimés par la présente circ.

[1] Aux termes de l'article 13 du règlement, le fonctionnaire chargé du service de marche, après avoir préalablement constaté l'effectif des hommes et des chevaux, établit autant de bons de chemin de fer que la troupe doit parcourir de sections de réseaux différents. Il délivre les bons au chef de la troupe, lequel les remet aux agents des compagnies de chemins de fer.

vront s'adresser au sous-intendant militaire de l'arrondissement administratif ou à son suppléant légal, autre qu'un maire, pour se faire délivrer les bons de chemin de fer qui leur seraient nécessaires pour assurer le service.

Ce n'est que dans les circonstances où il y aurait extrême urgence[2] que les gendarmes d'escorte pourraient réclamer des compagnies de chemins de fer l'application de l'article 16 du règlement, c'est-à-dire le transport sur la production de l'ordre de mouvement et sur un bon de chemin de fer signé par lesdits gendarmes[3].

A. TAILHAND.

EXTRADITION. — Arrestation provisoire. — Belgique.

Du 22 février 1875.

A MM. LES PROCUREURS GÉNÉRAUX.

D'après l'article 6, § 2, de la convention d'extradition intervenue, le 29 avril 1869, entre la France et la Belgique, «en cas d'urgence, l'arrestation provisoire sera effectuée sur «avis, transmis par la poste ou par le télégraphe, de l'exis«tence d'un mandat d'arrêt, à la condition, toutefois, que «cet avis sera régulièrement donné, par voie diplomatique, «au Ministre des affaires étrangères du pays où l'inculpé s'est «réfugié[1].»

Tout en maintenant en principe la stipulation d'après laquelle l'arrestation provisoire ne peut être régulièrement ef-

[2] Par exemple, s'il y a eu arrestation en flagrant délit ou si la comparution doit avoir lieu à jour fixe très prochain devant un tribunal ou un conseil de guerre.

[3] Aux termes de l'article 16, si l'absence au point de départ d'un fonctionnaire chargé du service de marche autre qu'un maire, et l'urgence de l'embarquement ne permettent pas l'établissement du bon de chemin de fer, le chef du détachement produit au chef de la gare de départ l'ordre de mouvement dont il est porteur, et remet au chef de la gare d'arrivée pour chaque réseau une copie certifiée de cet ordre de mouvement, avec un bon de chemin de fer signé de lui et conforme au modèle annexé au règlement.

[1] Cette clause est devenue, dans les mêmes termes, l'article 6 de la convention du 15 août 1874, ratifiée le 25 mars 1875. La tolérance déterminée par la circulaire du 22 février 1875 a été d'ailleurs maintenue par les deux Gouvernements en l'état du nouveau traité. (Voy. circ. du 14 avril 1875.)

fectuée sur correspondances échangées directement entre les autorités judiciaires respectives des deux pays, le Gouvernement belge croit devoir désormais admettre, dans la pratique, une certaine tolérance renfermée dans les limites suivantes : les chefs de parquet du royaume sont autorisés à provoquer, sur la demande directe des autorités judiciaires françaises, l'arrestation provisoire des malfaiteurs étrangers, signalés, par télégramme, comme ayant pris la direction de la Belgique, pour s'embarquer dans un des ports ou pour traverser le territoire du royaume. Cette faculté se trouve ainsi subordonnée à cette circonstance que le fugitif n'ait ni résidence ni séjour plus ou moins stable dans le pays de refuge.

J'ai décidé que des facilités semblables seraient réciproquement, et dans les cas identiques, données en France aux autorités belges; mais, en dehors des circonstances exceptionnelles que je viens de préciser, vous voudrez bien tenir la main à ce que l'article 6 de la convention du 29 avril 1869 soit exactement observé.

Vous remarquerez, d'ailleurs, qu'il ne s'agit, en aucun cas, pour les parquets, d'une obligation stricte de déférer à de semblables avis; l'arrestation sera toujours facultative pour eux, comme dans les hypothèses prévues par l'article 4 de la convention avec la Suisse, l'article 5 de la convention avec la Bavière et l'article 5 de la convention avec l'Italie. Les parquets ne devront, en conséquence, avoir égard aux requêtes qui leur seraient directement adressées que si elles leur paraissent offrir une authenticité suffisante et si elles contiennent des données assez explicites pour éviter toute erreur. Il ne faut pas oublier enfin que, suivant le troisième paragraphe de l'article 6 du traité avec la Belgique, l'étranger ne sera maintenu en état d'arrestation que si, dans le délai de dix jours, il reçoit communication du mandat d'arrêt[2].

A. Tailhand.

---

[2] Dans le délai de quinze jours. (Art. 7 de la convention du 15 août 1874.)

FAILLITE. — Consignation des fonds.

Du 23 février 1875.

A MM. LES PROCUREURS GÉNÉRAUX.

M. le Directeur général de la Caisse des dépôts et consignations me fait connaître que dans un grand nombre d'arrondissements les dispositions de l'article 489 du Code de commerce ne sont pas observées.

Aux termes de cet article, «en cas de faillite, les deniers «provenant des ventes et des recouvrements doivent être, «sous la déduction des sommes arbitrées par le juge-commis-«saire pour le montant des dépenses et frais, versées immé-«diatement à la Caisse des dépôts et consignations. Dans les «trois jours des recettes, il est justifié au juge-commissaire «desdits versements; en cas de retard, les syndics doivent les «intérêts des sommes qu'ils n'auront pas versées.»

Je vous prie de vouloir bien inviter MM. les présidents des tribunaux de commerce et des tribunaux civils jugeant commercialement à rappeler aux juges-commissaires et aux syndics de faillites les dispositions de cet article, et veiller à ce qu'il soit désormais strictement appliqué[1].

A. TAILHAND.

SURVEILLANCE DE LA HAUTE POLICE. — Cour d'assises. — Extraits.

Du 2 mars 1875.

A MM. LES PROCUREURS GÉNÉRAUX.

Aux termes de l'article 46 du Code pénal, modifié par la loi du 23 janvier 1874, la surveillance de la haute police est attachée de plein droit, pour une durée de vingt années, aux peines des travaux forcés à temps, de la détention et de

---

[1] La circulaire non insérée du 25 novembre 1856 avait déjà recommandé aux magistrats du ministère public de tenir la main à l'exécution stricte de l'art. 489 du Code de commerce.

Voy. sur la matière des faillites en général, circ. du 8 juin 1838.

la reclusion. Il en résulte que les extraits d'arrêts de cours d'assises qui ne font pas mention de la remise ou de la réduction de la surveillance de la haute police doivent être considérés comme constatant qu'aucune dérogation n'a été apportée aux dispositions du Code pénal [1].

Cependant M. le Ministre de l'intérieur me signale de nombreux extraits d'arrêts de cours d'assises qui ne contiennent pas de mention relative à la surveillance de la haute police, bien que la remise ou la réduction de cette surveillance ait été réellement prononcée.

Pour éviter à l'avenir de semblables erreurs et les réclamations qui en sont la suite, je vous prie d'inviter vos substituts à porter toute leur attention sur la manière dont les extraits d'arrêts sont rédigés par les greffiers en ce qui touche la surveillance de la haute police; ils doivent se pénétrer de l'idée que c'est l'application pure et simple de l'article 46 du Code pénal qui est présumée en cas d'absence d'énonciation concernant la surveillance. Il n'est pas interdit sans doute de mieux préciser et d'indiquer que la surveillance a été maintenue, mais cette mention ne peut être rendue obligatoire, puisqu'il existe une présomption légale à cet égard. Ce qui est essentiel, c'est que toute remise ou réduction prononcée soit indiquée exactement sur les extraits de condamnations.

A. TAILHAND.

FALSIFICATIONS. — Engrais.

Du 23 mars 1875.

A MM. LES PROCUREURS GÉNÉRAUX.

Des conseils généraux, des chambres consultatives d'agriculture et diverses associations agricoles ont souvent exprimé

---

[1] Voy. circ. du 21 février 1874. — La circulaire du 6 décembre 1840, § 15, prescrit la confection d'un tableau mensuel des condamnations à la surveillance et les avis à donner au préfet du département. La décision du 2 novembre 1876 rappelle cet envoi mensuel (Bull. off. 1876, p. 227); voy. note insérée au Bulletin officiel (Bull. off. 1877, p. 80), relative à la mention de la surveillance dans les extraits concernant les détenus condamnés à moins d'un an.

le vœu que le ministère public prît plus fréquemment l'initiative des poursuites pour la répression des fraudes dans la vente des engrais. A l'appui de ce vœu, on fait observer que les cultivateurs ne reconnaissent les fraudes dont ils sont victimes qu'après la récolte et la disparition du corps du délit; qu'en conséquence les marchands d'engrais peuvent alors expliquer les causes de l'insuccès par les conditions du sol, les modes de culture ou la mauvaise qualité des semences employées. Les cultivateurs s'abstiennent dans ces circonstances de porter leurs réclamations devant la justice, et la fraude demeure impunie [1].

Les raisons qui empêchent la plupart du temps les particuliers de saisir directement les tribunaux sont évidemment de nature à paralyser aussi l'action du ministère public. Il est, toutefois, désirable que les entreprises frauduleuses du commerce dans la matière dont il s'agit soient activement poursuivies et réprimées. A cet effet, M. le Ministre de l'agriculture et du commerce se propose d'inviter les membres des chambres consultatives d'agriculture, les membres des bureaux dirigeant les associations agricoles, ainsi que les professeurs d'agriculture, à dénoncer, après expertise, les fraudes qui auraient été constatées dans la vente des engrais. En présence des faits délictueux attestés par les hommes compétents, les parquets ne pourront pas hésiter à déférer les coupables à la justice et à requérir contre eux de sévères condamnations. Il sera ainsi donné satisfaction aux vœux légitimes exprimés par les représentants naturels des intérêts agricoles.

J. Dufaure.

Crimes et délits politiques. — Instructions générales.

Du 30 mars 1875.

A MM. les Procureurs généraux.

Un mois s'est écoulé depuis que l'Assemblée nationale,

---

[1] Les fraudes dans le commerce des engrais ont été spécialement prévues par la loi du 27 juillet 1867. (Voy. circ. du 4 juin 1857 sur la falsification des marchandises.)

dans l'exercice de son pouvoir constituant, a établi en France le Gouvernement républicain, présidé, pendant six ans, par M. le maréchal de Mac Mahon. Un état provisoire, dont les inconvénients s'aggravaient en se prolongeant, a fait place à un régime défini et légal.

Ce mémorable changement n'a pu tout d'un coup forcer les convictions, calmer toutes les craintes, apaiser les partis. Après des temps si troublés, le sentiment de calme satisfaction que procure l'ordre définitivement établi ne pénètre que lentement dans les esprits; mais, du moins, chaque citoyen a sa ligne de conduite nettement tracée. Libre au sein de sa conscience, il sait les actes extérieurs de soumission que la société attend de lui.

Pour nous, Monsieur le Procureur général, chargés plus spécialement d'exiger de chacun l'observation des lois existantes, et particulièrement de celles qui ont un caractère constitutionnel, rien ne saurait excuser la mollesse que nous apporterions dans l'accomplissement de notre tâche. De chers souvenirs, une pieuse reconnaissance, un inviolable attachement à d'anciennes convictions, toujours respectables, ne doivent pas altérer en nous le vif sentiment des devoirs que nous acceptons en devenant les serviteurs de notre pays. Nous sommes sur ce point, je n'en doute pas, en parfaite communauté d'opinion. J'ai besoin d'en avoir la certitude, dans les rapports tantôt officiels, tantôt confidentiels, que je dois avoir avec vous.

Le retour de la sécurité par l'autorité absolue des lois exerce une influence nécessaire sur l'action de la justice répressive. Je désire que vos communications me permettent d'apprécier, pour votre ressort, les progrès que nous ferons vers un ordre social parfaitement régulier. Je tiens, pour le moment, à constater le point d'où nous partons. Étranger depuis bientôt deux ans à l'administration de la justice, je désire savoir les difficultés que vous avez rencontrées, celles que vous avez pu vaincre et celles qui subsistent encore. Vous me direz si la loi du jury, que l'Assemblée a votée en 1872, a répondu aux espérances que nous en avions conçues; si elle a procuré une répression exacte, certaine et proportionnée à la gravité des crimes. Vos réponses et l'étude que je fais des rapports de MM. les présidents d'assises doivent m'éclairer complètement sur cette partie importante de l'administration qui m'est confiée.

Si l'institution du jury suffit aux crimes de droit commun, a-t-elle également protégé la société contre les crimes et délits commis par la voie de la presse ou par tout autre mode de publicité?

La presse a pu être soumise en même temps à une répression administrative; vous m'indiquerez les suppressions, suspensions ou interdictions de vente sur la voie publique qui auraient été prononcées dans votre ressort. Je vous demande de me les faire connaître, non de les juger.

Il est un autre ordre d'infractions moins graves en elles-mêmes que celles dont les jurés sont saisis, mais qui, en se répétant avec impunité, finiraient par ranimer toutes les inquiétudes que les lois constitutionnelles doivent dissiper. Les partis se sont fait une guerre vive et constante par divers moyens que nous ne pouvons laisser employer contre un Gouvernement légalement établi. Vous voudrez bien me donner des renseignements précis sur les associations ou les comités que vous avez vus s'établir, sur ce qu'ils ont pu avoir de délictueux, sur les poursuites que vous avez exercées et les résultats qu'elles ont produits.

Un déluge inaccoutumé de photographies, de dessins, d'emblèmes et de petits écrits dans lesquels la vérité historique n'est pas moins offensée que le patriotisme et le bon sens, s'est depuis quelques années étendu sur notre pays; vous aurez vu si ce vaste colportage était autorisé, et, lorsqu'il ne l'était pas, vous aurez pris contre lui des mesures que vous m'indiquerez.

Vous aurez gémi en livrant à la justice des agents très subalternes, qui n'avaient pas la conscience du mal qu'ils faisaient, tandis que ceux qui les mettaient en œuvre, qui leur fournissaient par milliers les instruments de leur délit, échappaient, à défaut de loi pénale, à toute responsabilité. Cette loi, qui manque, doit être faite; vous me donnerez votre opinion sur la forme qu'elle doit recevoir.

Ai-je besoin de vous dire qu'en vous adressant ces demandes, je ne fais aucune exception de partis? La violation des lois est coupable, de quelque part qu'elle vienne, et l'impartialité dont les tribunaux se font un rigoureux devoir dans le jugement des intérêts civils est au moins aussi nécessaire chez le magistrat auquel est confiée l'action de la justice répressive.

J. DUFAURE.

MARIAGE. — Officiers. — Autorisation administrative.

Du 3 avril 1875.

A MM. LES PROCUREURS GÉNÉRAUX.

M. le Ministre de la guerre a jugé utile de compléter par les dispositions suivantes les prescriptions de la circulaire de son département du 17 décembre 1843[1], relative aux permissions de mariage des officiers et assimilés :

1° Les déclarations d'apport de la future, *avant* comme *après* le mariage, seront faites désormais par acte notarié;

---

[1] Cette circulaire est ainsi conçue :

«L'expérience a démontré l'insuffisance des prescriptions réglementaires en vigueur concernant les conditions et justifications imposées aux officiers qui désirent obtenir l'autorisation de se marier.

«Dans le but de faire cesser les graves inconvénients auxquels cet état de choses donne lieu, tant pour l'armée que pour les officiers eux-mêmes, j'ai arrêté les dispositions suivantes, qui ne sont, d'ailleurs, que la conséquence des prescriptions du décret du 16 juin 1808, de la loi du 11 avril 1831 sur les pensions, de celle du 19 mai 1834 sur l'état des officiers, et de l'avis du Conseil d'État du 16 mars 1836 :

«1° Les officiers de tous grades et de toutes armes ne pourront obtenir la «permission de se marier qu'autant que la personne qu'ils rechercheront leur «apportera en dot un revenu, non viager, de 1,200 francs au moins.

«2° Toute demande d'un officier tendant à obtenir la permission de se marier «devra être transmise au Ministre de la guerre par la voie hiérarchique.

«3° Chaque demande sera accompagnée :

«*a* D'un certificat (modèle ci-joint) constatant l'état des parents de la future, «le sien, la réputation dont elle jouit ainsi que sa famille, le montant et la na«ture de la dot qu'elle doit recevoir, et la fortune à laquelle elle peut prétendre : «ce certificat sera délivré par le maire du domicile de la future, et approuvé par «le sous-préfet de l'arrondissement;

«*b* D'un extrait du projet de contrat de mariage, relatant l'apport de la fu«ture.»

«4° Le chef de corps, le maréchal de camp subdivisionnaire et le lieutenant «général divisionnaire devront, en transmettant la demande, y joindre leur avis «motivé sur la moralité de la future épouse, sur la constitution de sa dot et sur «la convenance de l'union projetée. A cet effet, ils devront recueillir, par l'inter«médiaire de l'autorité militaire du domicile de la future, et donner des rensei«gnements analogues à ceux que doit constater l'autorité civile.

«Les demandes des officiers de troupes employés dans un service spécial,

Cet acte n'exclura pas la production du certificat mentionné au paragraphe 3 de la circulaire précitée;

2° Il ne sera pas tenu compte, dans la composition de l'apport de la future, de la valeur attribuée aux effets, bijoux ou autres objets mobiliers composant son trousseau, ou qui pourront lui être donnés à l'occasion de son mariage;

3° L'apport dotal ne pourra être constitué ni en argent comptant ni en valeurs au porteur;

4° La dot de la future ne saurait jamais être inférieure à un revenu personnel et non viager de 1,200 francs *au minimum.*

Mon collègue a pensé qu'il y aurait intérêt, pour assurer l'exécution de ces dispositions, à ce que la déclaration d'apport faite ainsi par les parties devant notaire fût rédigée par ces officiers publics d'après une formule uniforme offrant toutes les garanties désirables au point de vue de la sincérité des déclarations.

Ce résultat nous a paru pouvoir être atteint par l'adoption du modèle suivant :

«sans cesser d'appartenir à leur corps, seront accompagnées, en outre, de l'avis «motivé du chef de ce service.

«5° Lorsque la future résidera dans une division autre que celle du futur, le «lieutenant général de cette dernière division se concertera avec celui de l'autre «division, pour obtenir les renseignements indiqués plus haut.

«6° Dans tous les cas, les documents qu'aura obtenus l'autorité militaire de«vront être transmis au Ministre, en même temps que la demande à laquelle ils «se rattacheront.

«7° Dans le mois de la célébration du mariage, l'officier fera parvenir, par la «voie hiérarchique, au Ministre de la guerre, un extrait du contrat de mariage, «en ce qui concerne l'apport de sa femme, délivré par le notaire dépositaire de «l'acte.

«8° Les permissions de mariage qui auront été obtenues ne seront valables «que pendant six mois à partir de leur date, sauf au titulaire à en demander le «renouvellement, s'il y a lieu, par la voie hiérarchique.

«Cette dernière demande indiquera les rectifications que devraient subir les «premiers renseignements fournis, et dont, suivant la nature, il serait justifié «dans la forme voulue.

«9° Les officiers qui auraient contrevenu aux prescriptions ci-dessus, ou pro«duit sciemment des pièces dont l'énoncé serait reconnu inexact, encourraient «une peine sévère, conformément à la législation en vigueur.

«10° Ces diverses dispositions, qui abrogent les circulaires ou décisions des «10 août 1808, 15 février 1815, 23 novembre 1817 et 30 mai 1818, sont appli«cables à l'intendance militaire, ainsi qu'aux officiers de santé et d'administra«tion. Les chefs de service se conformeront à ce qui est prescrit ci-dessus aux «chefs de corps, et les intendants divisionnaires aux règles tracées aux généraux «commandants.

«M[al] duc DE DALMATIE.»

DÉCLARATION D'APPORT.

(A délivrer en brevet.)

« Par-devant ont comparu :

« M. (*nom, prénoms, grade et domicile du futur époux*),

« D'une part,

« Et Mlle (*nom, prénoms, qualité et domicile de la future épouse*),

« D'autre part;

« Lesquels, pour se conformer aux prescriptions des circulaires de « M. le Ministre de la guerre du 17 décembre 1843 et du 18 février « 1875, ont, dans la vue du mariage projeté entre eux, établi ainsi qu'il « suit l'apport de Mlle , future « épouse :

« Dans le contrat qui doit régler les clauses et conditions civiles de « son mariage avec M. , Mlle « , comparante, apportera en mariage et se « constituera en dot les biens et valeurs dont la désignation suit :

« (*Désigner les biens composant l'apport de la future.*)

« Déclarant et affirmant *sur l'honneur*, ici, les comparants, ès mains « des notaires soussignés, l'existence des biens et valeurs ci-dessus dé- « signés, lesquels seront et demeureront affectés réellement à la consti- « tution de dot et n'ont été empruntés ni en totalité ni en partie en vue « du mariage projeté.

« Dont acte.

« Fait et passé, etc. »

Si la future épouse était mineure, elle devrait, dans la déclaration dont le modèle précède, être assistée de ceux dont le consentement est nécessaire pour la validité du mariage.

Si une dot devait être constituée ou une donation faite à la future épouse, il y aurait lieu de faire comparaître le donateur avec les futurs époux.

Et dans ce cas, après l'apport personnel constaté comme dessus, on ajouterait :

« *De son côté*, M. (le donateur) *se propose, dans le*

« *même contrat qui doit régler les conditions civiles du mariage de M.*
« *avec M*[lle] ,
« *de faire à cette dernière une donation dans les termes suivants :*

« En considération du mariage projeté, M.
« donne et constitue en dot à Mlle , future
« épouse,

« Les biens et valeurs dont la désignation suit :

« (*Désignation des biens et valeurs donnés.*) »

Telle est la formule de l'acte qui, par sa forme et son caractère, a semblé devoir le mieux réunir les conditions exigées.

Je vous prie de vouloir bien veiller à ce que ces instructions soient portées à la connaissance des chambres de notaires de votre ressort [2].

Jugements. — Minutes. — Signature.

Du 13 avril 1875.

A MM. les Procureurs généraux près les Cours d'appel.

Aux termes des articles 36 et 37 du décret du 30 mars 1808, la minute de chaque arrêt ou jugement civil doit être signée par le président et par le greffier, aussitôt qu'il est rendu, ou au plus tard dans les vingt-quatre heures. Si, par l'effet d'un événement extraordinaire, le président s'est trouvé dans l'impossibilité de signer dans les vingt-quatre heures la feuille d'audience, elle doit l'être dans les vingt-quatre heures suivantes par le plus ancien des juges ayant assisté à l'audience et concouru au jugement [1].

---

[2] Les dispositions de cette circulaire ont été complétées par celle du 12 août 1875, qui résout deux difficultés relatives, l'une à la présence de l'officier lors de la déclaration d'apport, l'autre à l'acceptation par la future de la dot qui lui est constituée.

[1] Il résulte d'un avis du Conseil d'État en date du 27 janvier 1822 qu'il n'y a aucun moyen de régulariser les jugements non signés par le président d'un tribunal composé de plusieurs juges, lorsque tous les magistrats qui y ont concouru sont décédés. Lorsque le tribunal n'est composé que d'un seul magistrat comme un tribunal de paix, il est donc impossible de faire signer les minutes. Voy. déc. min. du 12 avril 1876 et 9 août 1878. (Bull. off. 1876, p. 74, et 1878, p. 83.)

Ces dispositions s'appliquent aussi aux jugements des tribunaux de commerce (déc. minist. du 24 janv. 1814).

J'ai lieu de craindre que ces prescriptions si formelles ne soient pas toujours rigoureusement observées et que des présidents laissent passer plusieurs jours sans signer les minutes des jugements qu'ils ont rendus.

J. DUFAURE.

EXTRADITION. — Mandats d'arrêt. — Belgique. — Commissions rogatoires. — Visites domiciliaires. — Saisies.

Du 14 avril 1875.

A MM. LES PROCUREURS GÉNÉRAUX.

Le Journal officiel du 7 de ce mois a publié le décret de promulgation de la convention d'extradition entre la France et la Belgique, signée le 15 août 1874 et approuvée par l'Assemblée nationale dans sa séance du 20 mars dernier. Aux termes de l'article 17, le nouveau traité est exécutoire le trentième jour après l'échange des ratifications. M. le Ministre des affaires étrangères m'a fait savoir que cet échange avait eu lieu le 25 mars; c'est donc à partir du 24 avril que l'extradition pourra être réciproquement obtenue sur la production du seul mandat d'arrêt, tandis que, jusqu'à présent, on exigeait un acte de juridiction tel qu'un jugement ou arrêt de condamnation, une ordonnance de renvoi en police correctionnelle ou un arrêt de la chambre des mises en accusation[1]. Cette innovation a une sérieuse importance; elle sera favorable à la prompte administration de la justice; elle profitera aux inculpés fugitifs qui, interrogés au cours de l'instruction, auront le moyen d'éviter désormais, par des explications fournies à temps, le renvoi devant la juridiction répressive; mais aussi elle imposera aux juges d'instruction et aux parquets l'obligation d'apporter le plus grand soin à la rédaction des mandats d'arrêt qui devront bien préciser le crime ou délit poursuivi

---

[1] Convention du 29 avril 1869 et déclaration du 23 juin 1870, remplacées par le nouveau traité.

et contenir toutes les indications utiles pour la désignation de l'inculpé et de sa nationalité[2]. Il y aura lieu spécialement d'y porter toutes les infractions résultant de l'information; en cas d'omission de l'une d'elles, il ne sera pas possible d'étendre l'extradition à l'infraction passée sous silence, le fugitif, d'après la procédure usitée en Belgique, devant être interrogé sur les faits compris au mandat d'arrêt. Si néanmoins l'inculpé consent à répondre sur un chef omis, son consentement exprès et volontaire doit être recueilli et communiqué au Gouvernement qui l'a livré (art. 10 du traité). Je n'ai pas besoin d'ajouter que les plaintes et témoignages devront être scrupuleusement vérifiés par les magistrats avant que le mandat d'arrêt soit décerné. Une demande d'extradition est toujours une chose grave, et je vous recommande de veiller à ce que, dans aucun cas, elle ne soit introduite en dehors des circonstances qui légitiment cette restriction de la liberté individuelle.

La seconde innovation du traité consiste à porter à quinze jours, au lieu de dix, le délai pour la notification du mandat d'arrêt à l'inculpé arrêté provisoirement et qui serait mis en liberté si ce délai était dépassé. La circulaire du 22 février dernier vous a fait connaître les cas d'urgence où l'arrestation provisoire pouvait être provoquée sans la production immédiate du mandat d'arrêt. Malgré l'article 6 du traité qui exige que les avis tendant à une arrestation soient transmis par la voie diplomatique, ces avis pourront être adressés directement aux magistrats compétents s'il s'agit de malfaiteurs signalés comme ayant pris la direction de la Belgique pour s'embarquer ou pour traverser le territoire du royaume. La tolérance résultant de cette circulaire est maintenue par les deux Gouvernements[3].

Aucune infraction nouvelle n'a été prévue dans le traité qui prend la place de celui de 1869, et le paragraphe 39 de l'article 2, relatif au recel, avait déjà été l'objet d'une convention additionnelle du 23 juin 1870. Il importe de se bien pénétrer des cas spécifiés, car la législation belge ne permet pas

---

[2] Voy. circ. du 5 avril 1841, § III, et note, et circ. du 30 juillet 1872.

[3] Au sujet de l'abus qui serait fait de cette tolérance, voy. une note insérée au Bulletin officiel, 1876, p. 211.

de fonder une extradition sur des règles de réciprocité[4]. Il convient aussi de consulter, avant de provoquer une demande d'extradition, le Code pénal belge de 1867, puisque l'extradition n'est possible que si le fait similaire est punissable d'après la législation du pays à qui la demande est adressée. C'est ainsi que la tentative d'escroquerie n'étant pas atteinte par le Code pénal belge, elle ne saurait motiver une demande d'extradition.

En ce qui concerne les commissions rogatoires, il est à remarquer que lorsqu'elles tendent à faire opérer soit une visite domiciliaire, soit la saisie du corps du délit ou de pièces à conviction, elles ne peuvent être exécutées que pour les cas donnant lieu à extradition. Il importe ici d'appliquer la réciprocité, car la justice française ne doit pas accorder à l'autorité judiciaire belge des facilités que celle-ci nous refuserait.

J. Dufaure.

Lois constitutionnelles. — Affichage. — Juges de paix.

Du 24 avril 1875.

A MM. les Procureurs généraux près les Cours d'appel.

Les lois qui règlent l'état constitutionnel de la France doivent être mises à la portée de tous les citoyens. Il est bon qu'elles soient connues dans leur texte officiel et non par les commentaires plus ou moins exacts que les partis jugent à propos de leur donner. J'ai pensé qu'elles seraient utilement exposées dans les prétoires des justices de paix. Je vous en envoie un nombre d'exemplaires égal à celui des juges de paix de votre ressort. Vous voudrez bien les leur faire parvenir et les confier à leur surveillance.

J. Dufaure.

---

[4] Loi belge du 15 mars 1874. Même recommandation pour les extraditions à demander aux Pays-Bas, à l'Angleterre et aux États-Unis. Voy. circ. du 30 juillet 1872 *in fine* et la note.

JUGES DE PAIX. — Rapports avec l'autorité administrative.

Du 27 avril 1875.

A MM. LES PROCUREURS GÉNÉRAUX.

J'ai déjà, sur leur demande, autorisé plusieurs de vos collègues à rappeler à MM. les juges de paix de leur ressort les instructions que je leur avais données par ma circulaire du 15 juin 1871 [1].

L'expérience qui a été faite depuis un an me persuade de plus en plus qu'une règle simple et absolue est nécessaire pour l'honneur et l'indépendance de la magistrature.

Je vous prie de leur rappeler ces instructions et, sans revenir sur le passé, de me faire connaître, à l'avenir, ceux qui auraient le tort de s'en écarter.

J. DUFAURE.

CASIERS JUDICIAIRES. — Grâces et commutations. — Marine. — Prix des extraits.

Du 28 avril 1875.

A MM. LES PROCUREURS GÉNÉRAUX.

La statistique criminelle présente une lacune regrettable : ses données ne permettent pas d'apprécier les effets moralisateurs des grâces, commutations ou réductions de peines. Il importe de compléter à ce point de vue les comptes rendus de notre justice répressive, et vous trouverez indiqués ci-dessous les procédés à l'aide desquels le but désiré me paraît pouvoir être atteint.

I. A partir du 1er mai prochain, il devra être fait mention, sur le bulletin n° 1 du casier judiciaire, de toute décision gracieuse, et cette mention sera reproduite sur les bulletins

[1] Voy. cette circulaire qui rappelle aux juges de paix que leurs fonctions sont exclusivement judiciaires et qu'ils ne doivent pas correspondre avec les autorités administratives, ni en accepter de délégations; ces instructions avaient été modifiées par celles du 3 mai 1874.

n° 2 (extraits), sur les états des récidives correctionnelles et sur les comptes rendus des assises. De cette façon, il sera facile, en dépouillant ces deux derniers documents pour les besoins du compte général de la justice criminelle, de relever le nombre des individus qui, annuellement, sont repris et condamnés de nouveau après avoir joui du bénéfice d'une grâce, d'une commutation ou d'une réduction de peine.

Telle est, pour l'avenir, la seule mesure pratique qu'il y ait lieu d'adopter. Quant au passé, mon intention n'est pas de remonter au delà du 1er janvier de l'année courante. Je ne veux pas, d'autre part, vous imposer l'obligation de compulser vos archives pour rechercher les décisions gracieuses intervenues depuis le commencement de 1875. J'adresserai donc aux procureurs généraux et aux procureurs de la République des lieux de condamnations des lettres individuelles constatant les grâces, commutations ou réductions de peine accordées pendant les quatre premiers mois de cette année. Lorsque le condamné sera originaire de l'arrondissement, les magistrats pourront faire opérer immédiatement la mention au casier judiciaire; dans le cas contraire, ils n'auront qu'à renvoyer la lettre, soit au procureur de la République de l'arrondissement d'origine pour les individus nés en France ou en Algérie, soit à la Chancellerie pour ceux qui sont originaires de l'Alsace-Lorraine, de nos colonies et de l'étranger, ou ceux dont le lieu de naissance est resté inconnu.

En ce qui concerne les comptes d'assises de 1875 qui me sont déjà parvenus, la mention nécessaire sera faite dans mes bureaux. Pour les autres, il faudra la porter dans la colonne 12, au-dessous de l'époque de la libération de la peine inexécutée complètement ou en partie, par suite de grâce, commutation ou réduction. Les mesures sont prises, du reste, pour qu'une colonne spéciale soit affectée à ce renseignement dans les états des récidives de 1875 et dans les comptes d'assises de 1876.

II. Je saisis cette occasion pour appeler votre attention sur une question soulevée par M. le Ministre de la marine et des colonies. Mon collègue croit nécessaire d'exiger de tout individu admis à travailler dans les établissements maritimes la production d'un extrait du casier judiciaire, et il estime que cet extrait, qui sera toujours demandé par l'agent administratif de la direction compétente, doit être délivré sur papier libre et au prix de 25 centimes. Je suis complètement de son avis, car il s'agit ici de l'application de la circulaire du 4 juin 1851, qui fixe au taux précité le prix des bulletins délivrés aux administrations publiques[1]. Vous voudrez donc bien veiller à ce que la somme dont il s'agit soit seule réclamée pour la délivrance d'extraits demandés par l'Administration de la marine, dans le but de constater la moralité des individus qui se présentent pour être admis comme ouvriers dans les arsenaux et établissements de la marine.

J. DUFAURE.

ÉTAT CIVIL. — Actes reçus à l'étranger. — Échange international.

Du 11 mai 1875.

A MM. LES PROCUREURS GÉNÉRAUX PRÈS LES COURS D'APPEL.

Aux termes de l'article 2 de l'ordonnance du 23 octobre 1833, nos agents diplomatiques et consulaires sont tenus d'adresser au Ministère des affaires étrangères une expédition de tous les actes de l'état civil qu'ils reçoivent, afin que la transcription puisse en être opérée sur les registres de la commune d'attache des Français qu'ils concernent.

Je n'ai point à vous rappeler l'utilité qu'offre cette prescription, tant pour la sauvegarde des droits des intéressés qu'au point de vue spécial du recrutement. La loi du 27 juillet 1872, en décrétant que tout Français devra désormais le service militaire personnel, a donné à ces transmissions une importance plus sérieuse encore. Aussi a-t-il paru désirable que la transcription s'étendît, non seulement aux actes reçus par nos agents, mais encore aux actes émanant des autorités étrangères.

Pour arriver à ce résultat, M. le Ministre des affaires étrangères, après entente préalable avec mon département et celui

---

[1] Voy. une déc. analogue relative aux gens de service des lycées. Circ. du 20 février 1878. (Bull. off. 1878, p. 6.)

de l'intérieur, a bien voulu adresser à divers États des ouvertures relatives à la transmission réciproque et gratuite, par la voie diplomatique, d'extraits de ces actes dûment légalisés [1].

Une première convention, approuvée par décret du 17 février 1875, a été signée à Rome, entre la France et le Gouvernement italien, le 13 janvier précédent. Elle a été publiée au *Journal officiel* du 23 février suivant, par les soins de M. le Ministre des affaires étrangères, et insérée au *Bulletin des lois* du 10 mai 1875, n° 251. Des négociations sont actuellement ouvertes avec la Suisse et la Belgique [2]. Elles aboutiront, nous pouvons l'espérer, à des conventions de même nature, et nous devons, dès à présent, nous préoccuper des moyens d'en assurer l'exécution. Les mesures à prendre présentent principalement un certain caractère d'urgence en ce qui concerne l'Italie, nos officiers de l'état civil devant, aux termes de la déclaration, nous mettre à même de communiquer au Gouvernement italien, dès le mois de juillet, les actes dressés à partir du 1er janvier 1875, dans l'intérêt des étrangers qui déclareront être de nationalité italienne.

Les envois périodiques des actes reçus dans les mairies de France seront faits, tous les six mois, par l'intermédiaire des

---

[1] Aux termes d'une déc. min. en date du 7 décembre 1878 (Bull. off. 1878, p. 128), les actes de naissance des enfants nés en France d'étrangers qui eux-mêmes y sont nés ne doivent pas être compris au nombre des actes dont les conventions conclues avec les pays étrangers stipulent les communications réciproques. Ces enfants doivent, en effet, aux termes des lois des 7 février 1851 et 16 décembre 1874, être considérés comme étant Français à partir de leur naissance.

Toutefois, la qualité de Français n'est acquise à ces enfants que sous condition résolutoire. Ils peuvent, aux termes de l'article 1er de la loi de 1851, réclamer la qualité d'étrangers dans l'année qui suit leur majorité; dans ce dernier cas, ils sont réputés avoir été toujours étrangers, et il y aurait lieu de communiquer au gouvernement étranger les actes qui les intéressent.

[2] Une convention de même nature a été signée entre la France et le grand-duché de Luxembourg, le 14 juin 1875, et approuvée par décr. du 17 du même mois. Elle a été promulguée au *Journal officiel* du 19 juin et insérée au *Bulletin des lois* (1er semestre 1875, B. 258). — Les négociations ouvertes entre la France et la Belgique ont également abouti à une convention du 25 août 1876, approuvée par déc. du 3 septembre de la même année. Cette convention a été promulguée au *Journal officiel* du 5 septembre et insérée au *Bulletin des lois* (2e semestre 1876, B. 316). — Il n'a été jusqu'à ce jour conclu aucun arrangement avec la Suisse à ce sujet. C'est seulement à titre officieux que, depuis 1877, les actes de nos nationaux dressés par les autorités de ce pays sont communiqués à notre Gouvernement.

sous-préfets et préfets, au Ministre de l'intérieur, qui les transmettra, à son tour, au Ministère des affaires étrangères. Le même mode de transmission sera employé à l'égard des actes venant de l'étranger [3].

Bien que la loi n'exige pas, comme pour le mariage, la transcription sur les registres de l'état civil français des actes de naissance et de décès de Français reçus à l'étranger, plusieurs auteurs enseignent que cette transcription est une précaution utile et légale, et que le maire qui est requis de l'opérer ne peut s'y refuser. (*Sic* : Rieff, Commentaire de la loi sur les actes de l'état civil, n° 89; — Grün, n°s 176 et 285; — Dalloz, Répertoire, v° acte de l'état civil, n° 350.) Cette appréciation est d'ailleurs conforme aux instructions adressées par mes prédécesseurs dans des cas particuliers.

Je n'ai pu cependant me dissimuler que, généralisées, ces instructions sont de nature à soulever quelques critiques, que leur valeur légale peut même être contestée; et j'ai dû, dès lors, me demander s'il ne serait pas opportun et même nécessaire d'en assurer pour l'avenir l'exécution par une loi spéciale.

Après réflexion, il ne m'a pas paru qu'il fût indispensable, au moins quant à présent, de recourir à l'intervention du pouvoir législatif.

Les instructions qu'il s'agit d'adresser aux officiers de l'état civil n'ont, en effet, rien de contraire aux principes généraux sur la matière. Elles s'inspireront, au contraire, de l'esprit

---

[3] Les expéditions des actes de l'état civil concernant des étrangers résidant en France, et destinées à être transmises aux gouvernements étrangers, en exécution des conventions conclues à cet effet, peuvent être dressées sur papier non timbré. Les expéditions d'actes de même nature dressés à l'étranger et concernant des nationaux français peuvent être transcrites sur les registres de l'état civil en France et annexées à ces registres, sans avoir été préalablement timbrées, lorsqu'elles ont été délivrées pour l'usage exclusif de l'Administration. Dans les deux cas ci-dessus, les expéditions des actes de naissance ou de mariage contenant reconnaissance d'enfant naturel ne sont pas sujettes à l'enregistrement. Les maires doivent veiller à ce que la destination spéciale de ces expéditions soit toujours mentionnée. (Déc. min. du 20 janvier 1879. — Bull. off. 1879, p. 6.)

Aux termes d'une déclaration signée entre la France et l'Allemagne, le 4 novembre 1872, et rendue exécutoire par un déc. du 8 novembre suivant inséré au *Bulletin des lois* (1872, 2e semestre, B. 112), les expéditions des actes de l'état civil demandées par les autorités françaises et délivrées en Alsace-Lorraine, ou demandées par les autorités d'Alsace-Lorraine et délivrées en France sont exemptées de tous frais de timbre.

de la loi pour justifier de l'utilité des transcriptions qu'il s'agit de faire opérer.

Il importera surtout de rappeler aux maires que les communications stipulées sont réclamées dans un intérêt d'ordre public et administratif; que la transcription des actes de naissance aura notamment pour effet de mettre en mesure d'appeler au service militaire les nombreux jeunes gens nés à l'étranger de parents français. J'ai dès lors peine à croire, en me plaçant à ce point de vue, que des instructions ministérielles soient de nature à présenter quelque difficulté dans leur application, et que des officiers de l'état civil français, prétendant exciper du silence de la loi, hésitent à nous prêter le concours que nous sommes en droit d'attendre de leur dévouement.

Les transcriptions devront être opérées aux lieux d'origine des Français que les actes concerneront, toutes les fois que les communes d'attache pourront nous être connues ou révélées.

Pour beaucoup, pour le plus grand nombre peut-être, il nous sera difficile de recueillir l'indication précise du lieu d'origine.

Dans ce cas, le Gouvernement a pensé qu'il y avait lieu de rendre générales les mesures déjà adoptées, au point de vue de la loi du recrutement, et d'après lesquelles les Français nés en pays étranger et dont les ascendants sont nés hors de France, ou, en France, dans un lieu inconnu, sont inscrits :

1° Ceux qui résident en Angleterre, Belgique, Suède et Norwége, Russie (sauf le littoral de la mer Noire), Autriche-Hongrie (sauf le littoral de l'Adriatique) et en Allemagne, *à la mairie du VIe arrondissement de Paris;*

2° Ceux qui résident en Suisse, *à la mairie de Besançon (Doubs)*;

3° Ceux qui résident en Moldo-Valachie, en Turquie, et généralement dans tous les pays d'Europe, d'Asie ou d'Afrique (à l'exception toutefois de l'Espagne) qui sont baignés soit par la Méditerranée, soit par des mers adjacentes, *à la mairie de Marseille;*

4° Ceux qui résident en Espagne, au Portugal, dans l'Amérique du Sud et sur les côtes occidentales et orientales de l'Afrique, *à la mairie de Bordeaux;*

5° Enfin, *à la mairie du Havre*, ceux qui résident dans l'Amérique du Nord.

Alors même que l'échange réciproque des actes de l'état civil concernant les nationaux des deux pays n'a été stipulé jusqu'à ce jour qu'avec l'Italie, j'ai cru devoir, Monsieur le Procureur général, vous rappeler ces dispositions, en prévision des conventions de même nature à intervenir avec d'autres puissances. L'insertion de ces conventions au *Journal officiel* et au *Bulletin des lois* vous renseignera, en temps opportun, sur l'extension qu'il conviendra de donner aux mesures dont il s'agit.

Je vous envoie des exemplaires de cette circulaire en nombre suffisant pour que vous puissiez en adresser un à chacun des parquets de votre ressort. Si son exécution rentre plus particulièrement dans les attributions de M. le Ministre de l'intérieur, et si les rapports fréquents existant entre les mairies et les représentants de l'Administration doivent en assurer, par l'intermédiaire des préfectures, une exécution plus rapide, les magistrats seront sans doute souvent consultés sur les difficultés auxquelles elle peut donner naissance; et dès lors ils doivent être en mesure d'éclairer les officiers de l'état civil de leurs conseils et de leur expérience.

Je me suis, au surplus, concerté avec M. le Ministre de l'intérieur pour que ces mêmes instructions soient portées, par leur insertion dans le *Bulletin des communes*, dans le *Bulletin officiel* de son ministère et dans le *Recueil des actes administratifs* des préfectures, à la connaissance des maires de toutes les communes de France.

J. Dufaure.

Franchise postale. — Autorités militaires.

Du 31 mai 1875.

A MM. les Procureurs généraux.

En vue de faciliter l'application de la loi du 24 juillet 1873 sur les emplois civils réservés aux anciens sous-officiers, M. le Ministre des finances a décidé qu'à l'avenir la franchise postale sera attribuée à la correspondance de service échangée entre les procureurs de la République et les commandants des brigades actives, des bureaux de mobilisation, des corps d'armée, des corps militaires, des dépôts de recrutement, des divisions actives, de la 20e division territoriale (Paris), des divisions territoriales d'Alger, Constantine et Oran, et des subdivisions de régions militaires.

Cette franchise s'exercera sous bandes, ou, en cas de nécessité, sous plis cachetés, dans l'étendue du territoire de la République [1].

J. DUFAURE.

GREFFIERS. — *Extraits de condamnation.* — *Valeurs saisies.*

Du 9 juin 1875.

A MM. LES PROCUREURS GÉNÉRAUX.

Les condamnés détenus s'enquièrent fréquemment, auprès de l'Administration des prisons, de la destination donnée par l'autorité judiciaire aux fonds ou valeurs quelconques saisis au moment de leur arrestation, soit sur eux, soit à leur domicile.

Les agents locaux, qui dans la plupart des cas ne se trouvent pas en mesure de répondre à des demandes de ce genre, les adressent au Ministère de l'intérieur, qui me les transmet à son tour pour être soumises à l'examen du parquet compétent.

La perte de temps qui résulte de cette manière de procéder est d'autant moins justifiée que les solutions à intervenir ne présentent le plus souvent aucune difficulté et qu'elles se résument généralement en un renseignement des plus simples.

D'après ces considérations, et pour me conformer au désir qui m'est exprimé par M. le Ministre de l'intérieur, j'ai décidé qu'à l'avenir une note, indiquant la destination ou l'emploi des valeurs saisies, serait portée par les greffiers, sous le contrôle des parquets d'arrondissement, au bas des extraits qui, conformément au paragraphe 9 de la circulaire du 6 dé-

[1] Voy. circ. du 23 mai 1856 et la note.

cembre 1840, sont transmis aux préfets par le ministère public, pour l'exécution des condamnations devenues définitives.

Ces indications mettront le plus souvent les agents locaux des prisons en mesure de répondre aux réclamations que les détenus leur adressent à ce sujet.

J. DUFAURE.

EXTRADITION. — Correspondance.

Du 19 juin 1875.

A MM. LES PROCUREURS GÉNÉRAUX.

A raison de la célérité qu'il convient d'apporter aux affaires d'extradition, je vous prie de vouloir bien veiller à ce que les dépêches relatives à ces affaires me soient désormais directement adressées à Paris, sous enveloppe, portant en caractères très apparents la mention *Extradition.* Toutes les demandes seront examinées, et transmises, s'il y a lieu, au Département des affaires étrangères, le jour même de leur réception à la Chancellerie.

A. RIBOT,

Directeur des Affaires criminelles.

GRÂCES. — Instruction. — Sursis.

Du 25 juin 1875.

A MM. LES PROCUREURS GÉNÉRAUX.

Je reçois un très grand nombre de recours en grâce dont les uns sont communiqués aux parquets, pour être l'objet de rapports, et les autres sont classés, après examen sommaire, comme n'étant susceptibles d'aucune suite. Il m'a semblé que cette pratique avait des inconvénients; en effet, des recours qui mériteraient peut-être d'être accueillis courent le risque d'être écartés, soit parce qu'ils ne sont appuyés par aucune recommandation, soit parce que les circonstances propres à déterminer une mesure d'indulgence n'ont pas été suffisamment indiquées.

J'ai décidé, en conséquence, qu'à l'avenir tous les recours en grâce, sans exception, vous seraient communiqués; mais, pour ne pas imposer à vos substituts un travail et des écritures le plus souvent inutiles, j'ai pensé que vous pourriez, dans le cas où la demande ne vous semblerait pas devoir être prise en considération, vous borner à me transmettre votre avis avec l'analyse sommaire des faits qui ont amené la condamnation.

J'ai fait préparer sur des feuilles imprimées, dont vous recevrez ci-joint dix exemplaires, un petit nombre de questions en regard desquelles vous voudrez bien inviter vos substituts à consigner eux-mêmes les réponses le plus brièvement possible. Lorsque la condamnation, devenue définitive, aura été prononcée par un tribunal de première instance ou par un tribunal de simple police, je désire qu'à la suite de l'avis exprimé par le procureur de la République vous fassiez connaître si votre opinion est conforme ou contraire à celle de ce magistrat.

Si, dans les dix jours qui suivront l'envoi à la Chancellerie des renseignements demandés, aucune instruction nouvelle ne vous est adressée, vous ferez procéder immédiatement à l'exécution du jugement ou de l'arrêt de condamnation [1].

Toutes les fois qu'un recours vous paraîtra susceptible, à un titre quelconque, d'être pris en considération, vous voudrez bien m'adresser, au lieu d'un avis sommaire, un rapport détaillé, conformément aux instructions de mes prédécesseurs et à l'usage actuellement suivi [2]. Dans ce cas, je vous recommande de faire surseoir, jusqu'à nouvel ordre, à l'exécution de la condamnation si l'arrêt ou le jugement n'a encore reçu aucun effet [3].

---

[1] Ces instructions ont été modifiées par la circulaire du 10 juillet 1877 (Bull. off. 1877, p. 87), et ensuite par celle du 29 janvier 1879 (Bull. off. 1879, p. 10).

[2] Voy. circ. des 2 mai 1854 et 3 mars 1855.

[3] D'après les circulaires précédentes, et en particulier celles des 12 novembre 1817 et 15 avril 1820, non insérées, des indications doivent être fournies sur : 1° la date du jugement ou de l'arrêt; 2° le tribunal ou la cour qui l'a prononcé ; 3° la peine, en y comprenant les accessoires; 4° le lieu où le condamné est détenu; 5° les noms, les prénoms et les surnoms du condamné, ainsi que les indications qui concernent la personne du condamné, telles que sa

Je saisis cette occasion de vous rappeler que les remises ou réductions de peine ne doivent être accordées qu'avec une extrême réserve, sous peine d'affaiblir l'autorité des arrêts judiciaires et de compromettre gravement la répression [4].

Je vous invite donc à contrôler avec le soin le plus attentif les avis exprimés par vos substituts sur les recours en grâce qui vous seront transmis.

J. Dufaure.

Frais de justice. — Condamnés. — Extraction. — Retour.

Du 30 juin 1875.

A MM. les Procureurs généraux.

Je suis informé que, malgré les prescriptions de la circulaire de mon département, en date du 1er juin 1864 [1], les parquets requièrent fréquemment encore le transport, au retour, des détenus appelés en témoignage. Ils se croient obligés, par cela seul que l'extraction de ces détenus a eu lieu sur leur réquisition, de les faire également réintégrer en prison après comparution.

M. le Ministre de l'intérieur tient essentiellement à ce que l'autorité judiciaire, qui n'a à payer que les frais occasionnés par l'aller, n'intervienne sous aucun prétexte dans les mesures de transfèrement à prendre au retour. Il est d'autant plus fondé à revendiquer pour son Administration seule le droit d'assurer la réintégration en prison des détenus qui ont comparu en justice, qu'il peut y avoir souvent intérêt à les diriger sur des établissements pénitentiaires autres que ceux d'où ils ont été extraits, et qu'en tout cas leur translation, lorsque l'autorité administrative est chargée d'y pourvoir, s'opère ex-

---

profession, son âge, s'il est marié et père de famille, le nombre de ses enfants, sa conduite avant le crime ou le délit qui a motivé sa condamnation et depuis sa détention. Voy. également circ. du 7 août 1875 sur les indications à fournir.

Voy. sur les demandes de commutation adressées par les présidents des assises, circ. du 26 janvier 1857, § 10.

[4] La circ. du 27 août 1875 contient la même recommandation.

[1] La circ. du 1er juin 1864 informe que les transfèrements des condamnés sont à la charge du Ministère de l'intérieur.

clusivement par voitures cellulaires et dans des conditions exceptionnellement économiques.

J'insiste, en conséquence, Monsieur le Procureur général, pour qu'à l'avenir tout détenu appelé en témoignage dans votre ressort soit mis, immédiatement après sa comparution, à la disposition de l'autorité administrative [2].

J. Dufaure.

Jury. — Dispenses.

Du 2 août 1875.

A MM. les Premiers Présidents.

Les rapports qui me sont adressés par les présidents à la fin de chaque session d'assises sont unanimes à attester que la loi du 21 novembre 1872 sur le jury a produit d'excellents résultats. Les listes annuelles, préparées par les maires et les juges de paix et arrêtées définitivement au chef-lieu d'arrondissement par une commission composée des conseillers généraux et des juges de paix, sous la présidence du président du tribunal civil, sont faites presque partout avec le plus grand soin et le discernement le plus judicieux. Elles comprennent en général les hommes qui, par leur intelligence, leur caractère, leur situation, sont le plus capables de remplir les fonctions de juré. Aussi, depuis que la loi nouvelle

---

[2] Voy. circ. du 14 août 1876, § 17 (Bull. off. 1876, p. 150); elle rappelle cette prescription et se réfère à la circulaire de M. le Ministre de l'intérieur du 6 janvier 1868, qui est ainsi conçue sur ce point :

«J'ai souvent occasion de remarquer que, nonobstant une circulaire de M. le Garde des sceaux, Ministre de la justice et des cultes, en date du 1er juin 1864, les procureurs impériaux requièrent fréquemment encore le transport, à destination pénale, de condamnés dont les frais de conduite sont réclamés ultérieurement à mon Administration. Une entente avec ces magistrats, auxquels vous rappelleriez au besoin la circulaire précitée, suffira, j'en ai la confiance, pour qu'à l'avenir les condamnés allant subir leur peine, venus en appel ou en témoignage, soient remis entre les mains de l'autorité administrative, seule chargée de leur transfèrement.»

Voy. aussi, sur les extractions : circ. du 6 décembre 1840, § 6, du 29 août 1854, du 9 mai 1856 et celle du 29 septembre 1857 faisant connaître une décision du 6 août 1857 du Ministre des travaux publics, relative aux transports des prisonniers par chemins de fer.

a reçu son application, la statistique a-t-elle pu constater que le jury s'était montré, en presque toutes circonstances, à la hauteur de sa mission, et que le nombre proportionnel des acquittements était descendu au-dessous de la moyenne des années précédentes.

Cependant, dans quelques arrondissements, la confection des listes du jury est encore loin d'être irréprochable. Les présidents des assises ont eu parfois le regret de trouver sur les listes les noms de jurés décédés ou incapables. Ces irrégularités démontrent qu'un redoublement d'attention est nécessaire de la part de certains magistrats. C'est surtout aux juges de paix et aux présidents des tribunaux qu'incombe la tâche de veiller à la bonne préparation des listes du jury; eux seuls avec les maires sont en mesure de signaler et de corriger les erreurs qui ont pu être commises les années précédentes. Je vous prie, Monsieur le Premier Président, de ne négliger aucune occasion de leur rappeler les devoirs qui leur sont imposés par la loi du 21 novembre 1872. Ces recommandations sont particulièrement opportunes au moment où, conformément aux articles 10 et 13 de la loi précitée, les commissions cantonales et les commissions d'arrondissement sont appelées à opérer leur travail de revision pour l'année 1876.

En dehors des imperfections qu'une application plus exacte de la loi peut faire disparaître, l'expérience des dernières années a fait découvrir un inconvénient assez grave qui résultait des dispositions de la loi elle-même. Aux termes de l'article 5 de la loi du 21 novembre 1872, les jurés qui ont rempli leurs fonctions à une session de l'année courante ou de l'année précédente sont dispensés de siéger de nouveau avant l'expiration de l'année. Mais, comme la confection de la liste annuelle a lieu en août et septembre et qu'à cette époque on ne peut connaître le nom des jurés qui seront désignés par le sort pour siéger dans le dernier trimestre de l'année, il en résulte qu'un certain nombre de jurés portés sur les listes de session se trouvent dans le cas de dispense prévu par la loi. Ces jurés étaient néanmoins obligés de se rendre au chef-lieu pour y présenter leurs excuses, et la liste des sessions était ainsi réduite de plusieurs noms au grand détriment de la régularité du service.

La loi du 31 juillet dernier a eu pour but de remédier à ces inconvénients. Désormais, les jurés qui ont rempli leurs fonctions à l'une des sessions de l'année courante ou de l'année précédente sont dispensés de plein droit[1] de l'obligation de prendre part aux travaux d'une nouvelle session. Leurs noms, s'ils viennent à sortir de l'urne au moment du tirage de la liste de session, seront immédiatement remplacés par ceux d'autres jurés tirés au sort.

Cette disposition de la loi ne peut créer aucun embarras dans la pratique. Il vous sera facile, Monsieur le Premier Président, de faire dresser par le greffier de la cour une liste par ordre alphabétique de tous les jurés ayant siégé au chef-lieu de la cour d'appel pendant l'année courante, c'est-à-dire depuis le 1er janvier ou pendant l'année précédente. Dans les chefs-lieux d'assises qui ne sont pas en même temps les chefs-lieux de cour d'appel, le président du tribunal civil fera dresser pour le département une liste semblable par le greffier de la cour d'assises. Pendant l'opération du tirage au sort et à mesure que les noms sortiront de l'urne, le greffier vérifiera s'ils ne figurent pas sur la liste dont il vient d'être parlé. Au cas où ils s'y trouveraient en effet portés, ils devront être immédiatement remplacés par d'autres noms extraits de l'urne, en nombre égal[2]. Les noms des jurés ainsi remplacés sur la liste de session ne seront pas remis dans l'urne; en effet, la cause de dispense qui existe en leur faveur n'est pas limitée à la durée d'une session, mais s'étend à l'année courante tout entière. S'il se trouvait parmi les jurés suppléants désignés par le sort un juré qui eût fait le service à une session de l'année courante ou de l'année précédente, il devrait être procédé à son égard comme pour les jurés titulaires.

L'intention du législateur n'a pas été d'ailleurs de considérer comme incapables de siéger les jurés qui, ayant rempli leurs fonctions à une précédente session, auraient été néan-

---

[1] L'article 5, n° 3, modifié, prononce à cet égard une *dispense*. (Voy. loi du 31 juillet 1875.) Sous l'empire de la loi du 4 juin 1853, le même motif donnait seulement lieu à une *excuse*, laquelle devait être formellement invoquée (art. 16).

[2] Consultez la circulaire du 27 novembre 1827, à l'égard des opérations matérielles du tirage.

moins portés par erreur sur la liste de session[3]. Ces jurés auraient toujours le droit, à l'ouverture de la session, de faire valoir la cause de dispense qui existe en leur faveur; mais, s'ils ne croyaient pas devoir user de ce droit, ils devraient être admis à siéger parmi les jurés de la session.

J. DUFAURE.

MARIAGE. — Officiers. — Déclaration d'apport.

Du 12 août 1875.

A MM. LES PROCUREURS GÉNÉRAUX.

Depuis la circulaire du 3 avril 1875[1], relative aux formalités à remplir par les officiers qui demandent l'autorisation de contracter mariage, M. le Ministre de la guerre a été consulté sur les points suivants :

1° Est-il indispensable que l'officier qui désire se marier comparaisse en personne devant le notaire rédacteur de la déclaration d'apport?

2° Faut-il absolument que la future épouse se constitue *personnellement* la dot réglementaire? Et le capital ou la rente que le donateur (parent ou ami de la future) déclare vouloir lui constituer en dot à l'occasion du mariage projeté, s'il repose sur de bonnes valeurs, bien garanties, mais inscrites au nom du donateur, doit-il être absolument, avant que le mariage soit effectué, transféré au nom de la future épouse?

---

[3] Cette erreur, dans le cas où elle se produirait, peut donner naissance à une difficulté. On peut supposer, en effet, que le nom d'un juré ayant siégé en 1875, par exemple, n'ait pas été remplacé sur une liste de session de 1877, conformément à la loi du 31 juillet 1875. Si ce juré fait valoir le motif de dispense édicté par l'article 5 de la loi de 1872, peut-on objecter qu'il n'a fait le service ni pendant l'année courante, 1877, ni pendant l'année précédente, 1876? Cette interprétation littérale permettrait de maintenir un juré sur la liste après un intervalle d'une année seulement. Le vœu de l'article 5 de la loi de 1872 paraît être, au contraire, que l'exemption ait lieu pour deux années consécutives et entières. Une circulaire non insérée du 4 janvier 1864 prévoyait déjà cette difficulté qui pouvait se présenter sous l'empire de la loi du 4 juin 1853, mais elle se bornait à demander des renseignements sans formuler une solution.

[1] Cette circulaire indique dans quelle forme doivent être passées les déclarations d'apport.

Mon collègue, qui a bien voulu me consulter préalablement à ce sujet, a décidé, en réponse à ces deux questions :

1° Que l'officier futur époux pouvait, lorsqu'il lui serait impossible d'assister lui-même à la passation de l'acte d'apport, être dispensé de cette formalité. Dans ce cas, il suffira de l'affirmation sur l'honneur faite par la future, et par ses assistants s'il y a lieu, que les biens et valeurs énoncés dans ladite déclaration, lesquels doivent demeurer affectés réellement à la constitution de la dot, n'ont été empruntés ni en totalité ni en partie, en vue du mariage projeté. (Déc. minist. du 14 avril 1875.)

2° Il n'est pas indispensable que la future se constitue personnellement la dot réglementaire. De plus, les valeurs reposant sur de bonnes garanties, mais inscrites au nom du donateur et qu'il déclare affecter à la constitution de la dot de la future épouse, doivent être acceptées dans la déclaration d'apport et la constitution de dot de la future épouse.

Je vous prie de vouloir bien inviter vos substituts à faire porter ces décisions, par l'intermédiaire des chambres de discipline, à la connaissance des notaires de leurs arrondissements. Ces officiers publics auront, en effet, à en tenir compte pour la rédaction de l'acte de déclaration d'apport dont je vous ai transmis le modèle par ma circulaire du 3 avril dernier.

Je vous envoie, à cet effet, des exemplaires de la présente circulaire en nombre suffisant pour être distribués dans les parquets de votre ressort, et je vous prie de vouloir bien m'en accuser réception.

J. Dufaure.

Frais de justice. — Vérification.

Du 13 août 1875.

A MM. les Procureurs généraux.

Dans le but de simplifier les écritures, j'ai décidé qu'à l'avenir le résultat de la vérification des frais de justice serait porté à la connaissance des parties au moyen d'un bulletin dans lequel des colonnes seraient réservées pour recevoir leurs explications, ainsi que votre avis et celui de vos substituts.

Mon département statuera ensuite, et sa décision vous sera communiquée par le simple renvoi de ce bulletin qui comprendra une colonne à cet effet.

Vous prescrirez alors aux parties les restitutions qui leur auront été imposées, et vous me transmettrez les récépissés constatant ces restitutions.

Je n'ai pas besoin d'ajouter que les bulletins devront toujours accompagner les récépissés [1].

Casiers judiciaires. — Casier électoral. — Faillites. — Réhabilitation.

Du 27 août 1875.

A MM. les Procureurs généraux.

Pour faire suite à la circulaire du 18 décembre 1874, je vous prie de veiller à ce que des duplicata du bulletin n° 1 soient transmis aux sous-préfectures des lieux de naissance des commerçants déclarés en faillite et qui, jusqu'à leur réhabilitation, se trouvent privés de leurs droits électoraux. Ces bulletins seront rétribués à raison de 15 centimes, payables sur les fonds des frais de justice criminelle, tant aux greffiers des tribunaux civils jugeant commercialement, qu'aux greffiers des tribunaux de commerce. La même communication devra être faite pour les jugements de rétractation et les arrêts de réhabilitation [1].

Cette mesure devra être appliquée rétroactivement à partir du 1er janvier 1875, afin que tous les éléments du casier aient la même date d'origine.

J. Dufaure.

---

[1] Cette circulaire complète les dispositions de l'article 172 du décret du 18 juin 1811. Sur les formalités du versement et les mentions à insérer, voy. circ. du 14 août 1876, § 2. (Bull. off. 1876, p. 139.) — Inst. du Ministre des finances du 28 juillet 1876. (Bull. off. 1877, p. 4.)

[1] Voy. sur la communication des décisions de réhabilitation, circ. 6 novembre 1850, III, 8°, note 3.

Grâces. — *Instruction.*

Du 7 août 1875.

A MM. les Procureurs généraux.

Pour faire suite à ma circulaire du 25 juin dernier concernant l'instruction des recours en grâce, je vous prie de vouloir bien inviter vos substituts à consigner leur avis sur la feuille de renseignements qui vous est envoyée par la Chancellerie, même dans le cas où cet avis serait favorable à la prise en considération du recours en grâce. Vous aurez soin seulement, dans ce dernier cas, d'indiquer : 1° si le jugement ou arrêt est devenu définitif; 2° si l'amende et les frais ont été payés ou si le condamné est indigent; 3° si, en cas de dommages-intérêts alloués à une partie civile, ces dommages-intérêts ont été soldés; 4° si la conduite du condamné est irréprochable depuis la condamnation.

Vous pouvez, dans tous les cas, vous borner à renvoyer, sous enveloppe, les feuilles de renseignements à la Chancellerie, sans qu'il soit nécessaire d'y joindre une lettre d'envoi manuscrite ou imprimée.

Je vous recommande de nouveau de veiller à ce que les recours en grâce ne soient pas accueillis trop facilement [1], surtout lorsque le condamné n'a pas encore commencé à subir sa peine. Lorsque le délit offre peu de gravité et que le condamné n'a pas de mauvais antécédents, je vous prie de me donner toujours votre avis sur la substitution possible d'une amende à l'emprisonnement de courte durée qui aurait été prononcé. Le chiffre de cette amende doit être fixé en proportion des ressources du condamné; il peut, dans certains cas, être porté, sans inconvénient, au delà du maximum indiqué par la loi pénale. Je désire que vous me fournissiez les renseignements nécessaires pour opérer cette fixation d'une manière toujours équitable et en rapport avec la nature des faits qu'il s'agit de réprimer.

J. Dufaure.

---

[1] Voy. circ. du 25 juin 1875, *in fine*.

Emprisonnement. — Prisons cellulaires.

Du 1er septembre 1875.

A MM. les Procureurs généraux.

Je vous transmets ci-joint un exemplaire de la circulaire qui vient d'être adressée par M. le Ministre de l'intérieur à MM. les préfets au sujet de la loi du 5 juin 1875, sur le régime des prisons départementales[1].

---

[1] Cette circulaire porte la date du 10 août 1875 et contient les instructions suivantes :

«Monsieur le Préfet, vous trouverez ci-joint le texte de la loi sur le régime des prisons départementales, adoptée, le 5 juin 1875, par l'Assemblée nationale.

«Aux termes de cette loi, les inculpés, les prévenus et les accusés devront être, à l'avenir, individuellement séparés pendant le jour et la nuit. Il en sera de même des condamnés à un emprisonnement de un an et un jour et au-dessous, et des condamnés à plus de un an et un jour qui en obtiendraient l'autorisation sur leur demande : les uns et les autres subiront, en ce cas, leur peine dans les maisons de correction départementales.

«Les inconvénients du régime de l'emprisonnement en commun sont trop évidents pour que j'aie besoin, après la remarquable discussion qui a eu lieu à ce sujet, d'insister sur les considérations qui commandaient d'y substituer le régime de l'emprisonnement individuel, le seul où il soit possible de trouver, contre le développement incessant de la récidive, les garanties que réclament l'intérêt social. Je veux donc me borner à vous donner ici les instructions nécessaires pour assurer l'exécution de la loi.

«L'article 8 dispose que le nouveau régime pénitentiaire sera appliqué au fur et à mesure de la transformation des prisons.

«Ce régime comporte, en effet, certaines conditions essentielles : il ne suffit pas que les détenus soient confinés chacun dans une chambre séparée ; il est indispensable que les locaux affectés à leur habitation puissent être chauffés, suffisamment éclairés pour les travaux du soir et la surveillance de nuit ; que la ventilation y soit largement assurée, que les cellules soient munies de lieux d'aisances fixes ou mobiles, que les prisonniers puissent prendre de l'exercice dans des préaux individuels, assister, sans relations possibles entre eux, aux cérémonies de leur culte, recevoir les instructions du ministre de leur religion et les leçons de l'instituteur, enfin communiquer avec les personnes autorisées à les visiter.

«Tant que ces conditions ne sont pas réalisées, on ne saurait, sans méconnaître les intentions du législateur, imposer l'emprisonnement individuel aux détenus non jugés, ni même y soumettre d'office les condamnés, et par conséquent faire profiter ceux-ci de la réduction d'un quart sur la durée de la peine, mesure qui peut résulter seulement de l'application intégrale du système.

«Pour qu'une maison d'arrêt, de justice ou de correction soit reconnue et déclarée *prison cellulaire* par l'Administration centrale, vous aurez à me présenter des propositions formelles, accompagnées de l'avis de la commission de surveillance et de celui du directeur de la circonscription. Au vu de ces propositions, je prendrai, s'il y a lieu, un arrêté qui sera notifié au procureur général par les soins de M. le Garde des sceaux, afin que les juges sachent, avant de rendre leurs sentences, de quelle manière elles seront exécutées.

Il importe que vous connaissiez les mesures prises pour as-

«La première question qui doit préoccuper l'Administration est donc celle de l'installation des bâtiments et du mobilier.

«Il existe déjà un certain nombre de prisons cellulaires, mais presque toutes incomplètes et ayant été plus ou moins modifiées dans leurs dispositions intérieures à raison de l'application qui y était faite du régime de l'emprisonnement en commun : il s'agit de les mettre en état de satisfaire aux exigences du régime de l'emprisonnement individuel. Parmi les prisons mixtes ou communes, quelques-unes pourront, sans doute, être transformées. Pour le plus grand nombre, une reconstruction totale sera indispensable.

«La dépense qu'entraînera l'exécution de ces travaux doit, en principe, être supportée par les départements.

«Ce n'est pas là une charge nouvelle.

«Le décret des 19-22 juillet 1791 avait constitué les maisons de correction; celui des 16-29 septembre de la même année, les maisons d'arrêt, les maisons de justice; celui des 23 septembre-6 octobre, les bagnes, maisons de force, maisons de gêne, maisons de détention. L'organisation de ces divers établissements, désignés sous l'expression générique de *prisons,* avait reçu, des décrets des 16-29 septembre 1791 et 31 janvier 1793, l'empreinte des idées décentralisatrices de l'époque, marquée par des dispositions qui en confiaient la gestion aux procureurs généraux syndics, aux directoires de département et aux municipalités. Le décret du 2 nivôse an II transporta ces attributions aux agents nationaux et administrations de districts, et le Code de l'an IV, promulgué postérieurement à la loi du 10 vendémiaire, qui place sous l'autorité du Ministre de l'intérieur «les «prisons, maisons d'arrêt, de justice et de correction,» les partagea, dans des conditions de compétence rigoureusement déterminées, entre les commissaires du pouvoir exécutif près les administrations de département, ces administrations elles-mêmes, les administrations municipales de canton et les officiers municipaux.

«Au milieu de ces modifications, qui correspondaient aux transformations incessamment subies par l'organisation administrative de la France, depuis le commencement de la Révolution jusqu'à la loi du 28 pluviôse an VIII, le caractère local des prisons préventives ou pénales subsistait toujours.

«Cependant, la loi du 11 frimaire an VII comprenait, article 2, parmi les «dépenses générales», celles de constructions, grosses réparations et frais de premier établissement, et, article 13, parmi les dépenses départementales, celles d'entretien desdites prisons.

«Mais un arrêté des consuls, du 25 vendémiaire an X, en énumérant, article 3, les dépenses dont le compte devait être soumis aux conseils généraux, mentionnait comme telles : les traitements des concierges, guichetiers, officiers de santé et autres employés, la nourriture des détenus, l'ameublement, les grosses réparations et toutes autres dépenses se rapportant aux prisons; et la loi du 13 floréal an X disposait formellement (art. 9) que ces dépenses seraient à la charge des départements, à compter de l'an XI.

«Aussi le décret du 16 juin 1808, qui créait des «maisons centrales de détention pour la réunion des condamnés par les tribunaux criminels..... et des «condamnés par voie de police correctionnelle lorsque la peine à subir n'est pas «moindre d'une année,» mit-il expressément à la charge «des départements pour «lesquels elles devaient être formées» non seulement «les dépenses annuelles de «consommation, d'entretien et d'administration», mais même «les frais de premier établissement de ces maisons, dans la proportion de la population respective des départements, et par une addition au rôle des contributions de chacun «d'eux.» Ces dispositions impliquent évidemment, à plus forte raison, le maintien au compte des budgets départementaux, par application de l'article 9 de la

surer l'application de cette loi, qui, en substituant l'empri-

---

loi du 13 floréal an x, des dépenses de toute nature concernant les prisons autres que les maisons centrales de détention, c'est-à-dire celles qui étaient affectées aux inculpés et prévenus (maisons d'arrêt), aux accusés (maisons de justice), et aux condamnés dont la peine n'atteignait pas une année (maisons départementales de correction).

«Le système du décret du 16 juin 1808 a été consacré implicitement par la loi du 16 décembre de la même année, qui forme le titre VII du Code d'instruction criminelle et dont font partie les articles 603 et 604, relatifs à la distinction entre les maisons d'arrêt, les maisons de justice et les prisons pour peines. On lit, en effet, dans l'exposé des motifs : «La loi infligeant des peines plus graves les unes «que les autres ne peut pas permettre que l'individu condamné à des peines lé«gères se trouve enfermé dans le même local que le criminel condamné à des «peines plus graves.» Parlant du décret du 16 juin, l'orateur du Gouvernement ajoutait : «Ce décret, en réunissant les départements qui doivent, par arrondis«sement, concourir à l'établissement des prisons centrales, en fixant les lieux «de quelques-uns de ces établissements, vous tranquillise, législateurs, sur le «succès de la loi que nous présentons à votre sanction.»

«Classification des prisons en maisons d'arrêt, maisons de justice, maisons de correction pour les peines légères et maisons centrales pour les peines graves, imputation au compte des départements des dépenses de toutes les prisons, tel était l'état légal des choses lorsque intervint la loi de finances du 25 mars 1817. Cette loi ordonnait, sur les centimes additionnels à la contribution foncière et à la contribution personnelle et mobilière, un prélèvement de 14 centimes pour les dépenses départementales, fixes, communes et variables, et en établissait ainsi la répartition :

«6 centimes versés au Trésor pour être tenus en totalité à la disposition du Ministre de l'intérieur, et employés, sur ses ordonnances, au payement des dépenses fixes ou communes telles que traitement des préfets, sous-préfets, secrétaires généraux et conseillers de préfecture, abonnements des préfectures et sous-préfectures, *travaux et dépenses des maisons centrales de détention*, bâtiments des cours royales, etc.;

«6 centimes versés dans les caisses des receveurs généraux des départements, pour être tenus à la disposition des préfets et employés sur leurs mandats aux dépenses variables ci-après, lesquelles devaient être établies dans un budget dressé par le préfet, voté par le conseil général et définitivement approuvé par le ministre : loyers des hôtels de préfecture, contributions, acquisitions, entretien et renouvellement du mobilier, *dépenses ordinaires des prisons.....*, travaux des bâtiments de préfectures, tribunaux, *prisons*, dépôts, casernes et autres édifices départementaux, etc.; indemnités de terrains, acquisitions, etc.;

«2 centimes formant le fonds commun.

«En outre, les conseils généraux pouvaient, sauf l'approbation du Ministre de l'intérieur, établir, jusqu'à concurrence de 5 centimes du principal des contributions foncière, personnelle et mobilière, des impositions facultatives pour les dépenses variables ou autres d'utilité départementale.

«Plus tard, les 6 centimes affectés aux dépenses fixes ou communes furent confondus dans les ressources générales du Trésor, et ces dépenses devinrent une charge du budget de l'État. Mais les 6 autres centimes et les dépenses variables auxquelles ils étaient affectés sont restés au compte des budgets départementaux. Cette imputation fut consacrée par la loi du 10 mai 1838, qui rangeait dans la 1re section desdits budgets «les grosses réparations et l'entretien des édi«fices départementaux....., les dépenses ordinaires des prisons départementales, «les frais de translation des détenus, des vagabonds et des forçats libérés.» L'article 13 de la loi de finances du 5 mai 1855 a exonéré les départements de ces der-

sonnement individuel à l'emprisonnement en commun, mo-

---

nières dépenses, en laissant à leur charge, comme par le passé, avec inscription à la 1re section des budgets, celles qui se rapportent aux grosses réparations et à l'entretien des bâtiments. Les lois des 18 juillet 1866 et 10 août 1871 n'ont en rien modifié la situation respective des départements et de l'État au point de vue de l'imputation des dépenses.

«Ainsi, de l'an XI à 1818, en vertu d'une loi (13 floréal an X), les dépenses quelconques des prisons civiles de toute catégorie ont été supportées par les départements. A partir de 1818, en vertu d'une autre loi (25 mars 1817), l'État a pris à sa charge celles qui s'appliquent seulement aux maisons centrales, c'est-à-dire aux établissements affectés aux femmes condamnées aux travaux forcés, et aux individus des deux sexes condamnés à la reclusion ou à un an au moins d'emprisonnement (plus d'un an, d'après l'ordonnance du 6 juin 1830) : les dépenses qui, aux termes de cette dernière loi, continuaient d'incomber aux départements, concernaient, par conséquent, non seulement les maisons d'arrêt et les maisons de justice, mais encore les établissements affectés à ceux des condamnés à l'emprisonnement qui ne devaient pas subir leurs peines dans les maisons centrales. C'est donc par suite d'une erreur qu'au cours de la discussion de la loi du 5 juin 1875 l'incarcération de cette catégorie de détenus dans les prisons départementales a été représentée comme étant le résultat d'usurpations de l'Administration.

«La loi du 5 juin 1875, loin d'aggraver la situation des départements, est plus favorable à leurs intérêts que la législation antérieure, puisqu'elle admet en principe, dans certains cas, la contribution de l'État à une dépense qui, jusqu'à présent, leur incombait intégralement. La seule obligation nouvelle qui soit imposée aux départements est de ne reconstruire ou approprier leurs prisons qu'en vue de l'application du mode d'emprisonnement institué par la loi; à tous autres égards, l'indépendance des conseils généraux est entière.

«Il est impossible d'admettre qu'une semblable prescription porte, ainsi que quelques personnes en ont exprimé la pensée, atteinte au droit de propriété des départements. Ce droit, en ce qui concerne les édifices affectés à des services publics, est d'une nature toute spéciale. «Les propriétés destinées à des services «publics,» disait M. Vivien dans son rapport sur le projet qui est devenu la loi du 10 mai 1838, «sont placées, tant pour les actes de disposition que pour le «mode même de possession, sous la double autorité du département comme «propriétaire, et de l'État comme gardien des intérêts généraux; c'est, d'ailleurs, «la condition des droits conférés aux départements sur ces propriétés.» On ne doit pas perdre de vue, en effet, que l'origine de la propriété des départements se trouve dans la remise qui leur a été faite par le décret de 1811 de biens appartenant à l'État et dont ils n'ont été investis qu'à titre onéreux et à la charge que les immeubles ainsi concédés seraient consacrés à des services publics. «Il y «a,» comme l'a expliqué l'orateur du Gouvernement dans la discussion de la loi du 5 juin *, «il y a deux principes engagés : l'un, c'est que les prisons dépar«tementales sont la propriété du département; l'autre, que ce n'est pas une «propriété ordinaire comme le serait une propriété privée, comme le serait une «maison particulière..... C'est une propriété grevée d'un service public, d'un «service d'Etat, et dont le département n'est pas maître de disposer pour un «autre usage. Ces deux principes étant posés, il est parfaitement clair que l'Etat, «qui est en droit d'imposer la charge à la propriété départementale, a également «le droit de régler la manière dont cette charge sera remplie. Voilà tout ce que «fait la loi..... Il n'y a pas confiscation : il y a, au contraire, respect de la pro«priété qui n'a été donnée au département que sous certaines conditions.»

* Discours de M. Desjardins, sous-secrétaire d'État de l'intérieur. (Séance du 5 juin 1875.)

difie profondément le mode d'exécution d'une peine que les tribunaux sont chaque jour appelés à prononcer.

« Ces explications, Monsieur le Préfet, m'ont paru nécessaires pour vous mettre « en position de répondre aux objections que l'application de la loi du 5 juin « pourrait soulever au sein des conseils généraux.

« Aux termes de l'article 6, les projets, plans et devis pour la reconstruction ou l'appropriation des prisons départementales doivent être soumis à mon approbation.

« Il importe, en effet, de réserver au Gouvernement la décision souveraine en cette matière, attendu, d'une part, que, comme je l'ai établi plus haut, l'installation des bâtiments se lie étroitement au fonctionnement même du système; et, d'autre part, que les finances de l'État peuvent se trouver engagées par l'allocation de subventions aux départements.

« On ne saurait laisser les architectes locaux entièrement livrés à leurs propres inspirations pour la rédaction des projets, sans les exposer à de fâcheux tâtonnements, et il est utile, dès lors, de leur faire connaître à l'avance les vues de l'Administration.

« Le conseil de l'inspection générale des prisons a été chargé de préparer un programme pour la construction des prisons cellulaires. Mais ses études ne sont pas encore terminées, et le résultat en devra, d'ailleurs, être soumis à l'appréciation du conseil supérieur institué par l'article 9. Je ne suis donc pas en position de vous adresser actuellement ce programme, et cependant il serait regrettable de différer les premières mesures d'application du nouveau régime jusqu'à la session du mois d'avril 1876, dans les départements où les conseils généraux seraient disposés à voter les crédits nécessaires pour la transformation de leurs prisons.

« Je crois devoir, en conséquence, vous remettre, dès à présent, une note que M. Normand, inspecteur général des bâtiments pénitentiaires, a rédigée sur ce sujet. Cette note est établie d'après les données tirées des plans de prisons cellulaires considérées comme les mieux installées, notamment en Belgique et en Hollande; par suite, il y a lieu de penser que, dans ses parties principales, le programme définitif ne s'en écartera pas sensiblement. Les architectes locaux devront en tenir compte, autant que possible, sans s'astreindre, toutefois, d'une manière absolue, à en suivre tous les détails, en ce qui concerne les projets de réappropriation des prisons cellulaires existant actuellement, ou ceux de transformation des prisons mixtes ou communes; mais ils s'attacheront à en remplir avec soin les indications dans les constructions nouvelles. Lorsque les projets relatifs à ces constructions me parviendront, le programme définitif aura, sans doute, été déjà arrêté, et il sera facile alors d'apporter aux plans proposés les modifications d'importance secondaire qui seraient jugées convenables.

« S'il existe dans votre département une ou plusieurs prisons cellulaires, je vous prie de faire étudier, sans retard, par l'architecte, de concert avec le directeur de la circonscription, les moyens de les utiliser. Les travaux nécessaires à cet effet devant, en général, être peu considérables, l'architecte en dressera, sur-le-champ, le devis définitif, et, pour éviter une perte de temps, vous pourrez, sans m'en référer préalablement, présenter au conseil général, dans sa prochaine session, une demande de crédit. Vous voudrez bien me rendre compte de la suite qu'aura reçue votre proposition. Si elle est accueillie, vous aurez à me transmettre le devis accompagné des plans et autres indications techniques dont la production est recommandée dans la note de l'inspecteur général des bâtiments pénitentiaires, en y joignant l'avis de la commission de surveillance, celui du directeur et le vôtre.

« Pour la transformation de prisons mixtes ou communes ou la construction de prisons nouvelles, la rédaction et l'examen de projets complets exigeront de

Les points suivants, réglés par les instructions de M. le Mi-

longues études qui se trouveraient sans utilité au cas où, à raison de l'élévation de la dépense qu'entraînent des travaux de cette nature, les ressources nécessaires ne pourraient être mises à votre disposition. Il conviendra donc, avant de passer outre, de faire établir seulement une évaluation sommaire de la dépense, et d'appeler le conseil général à statuer sur les moyens d'y pourvoir. Vous me communiquerez le résultat de sa délibération.

« Si le concours de l'État est réclamé, vous aurez à me transmettre un relevé des dépenses faites depuis 1853 par le département pour l'amélioration de ses prisons et un exposé de sa situation financière.

« C'est seulement lorsque l'allocation de ressources suffisantes aura été résolue en principe qu'il y aura lieu de dresser le projet définitif.

« J'aurai à fixer d'abord la contenance de la prison à approprier ou à construire. Afin de me mettre à portée de prendre une décision, le directeur me fera connaître par votre intermédiaire le nombre *maximum* des détenus de chaque sexe et de toute catégorie que l'établissement a renfermés depuis dix ans. A ce renseignement sera joint un état présentant, au dernier jour du mois écoulé, la composition de l'effectif suivant les catégories indiquées au tableau n° 3 de la statistique des maisons d'arrêt, de justice et de correction pour l'année 1873; s'il s'agit de la prison du chef-lieu du département, on mentionnera en outre le nombre, par sexe, des condamnés de plus de trois mois à un an renfermés audit jour dans celles des autres arrondissements. La décision que j'aurai prise au vu de ces renseignements et de ceux qui auront été réunis par mon Administration sur les condamnés à plus d'un an sera communiquée à l'architecte pour servir de base à son travail.

« La note de l'inspecteur général des bâtiments pénitentiaires énumère les documents à fournir pour faciliter l'examen des projets et contient, au sujet des dispositions graphiques des plans, toutes les explications nécessaires. Ces diverses pièces me seront transmises par vous, avec l'avis de la commission de surveillance, celui du directeur et le vôtre.

« A moins de circonstances particulières, il serait à désirer que les projets pussent être arrêtés, préalablement au choix du terrain sur lequel doivent être élevées les constructions : on éviterait ainsi les graves inconvénients qui résultent parfois de l'exiguïté ou de la configuration défectueuse des emplacements mis à la disposition des architectes. Quoi qu'il en soit, pour me permettre d'apprécier la convenance du terrain proposé, vous aurez à me faire parvenir un plan parcellaire de l'immeuble et un plan massé de la ville, sur lequel seront indiqués notamment le palais de justice, la gendarmerie, la gare du chemin de fer, la prison projetée, la prison actuelle, la distance entre chacun de ces deux derniers édifices et les trois autres; vous y joindrez l'avis du parquet sur les avantages ou les inconvénients que l'emplacement présenterait pour le service judiciaire, celui du médecin de la prison et du conseil d'hygiène sur la salubrité du site, celui de la commission de surveillance sur les diverses questions que peut soulever la désignation du terrain, enfin l'avis du directeur et vos observations.

« Lorsque j'aurai approuvé le choix de l'emplacement et les dispositions du projet, si le montant de la dépense à faire pour l'achat du terrain et les constructions n'excède pas le chiffre total des évaluations sommaires préalables, vous pourrez procéder aux mesures d'exécution, à moins que le conseil général ne se soit réservé de prendre une décision au vu du projet définitif. Dans ce dernier cas, comme dans celui où les évaluations sommaires ayant servi de base au vote des crédits se trouveraient dépassées, vous auriez à soumettre de nouveau l'affaire à l'assemblée départementale.

« Les inspecteurs généraux des divers services pénitentiaires et spécialement celui des bâtiments s'assureront que les travaux sont exécutés conformément aux plans

nistre de l'intérieur, m'ont paru de nature à fixer plus particulièrement votre attention :

---

et devis approuvés, et vous-même, Monsieur le Préfet, voudrez bien, tous les trois mois, ou plus souvent, s'il est nécessaire, me rendre compte de leur état d'avancement. Aucun changement ne pourra être apporté aux projets sans mon autorisation, et, en outre, s'il en doit résulter une augmentation de dépense, sans l'adhésion du conseil général. Les travaux autres que ceux d'entretien ou de grosses réparations qu'il y aurait lieu d'effectuer ultérieurement seront soumis aux mêmes règles, et, afin de permettre à mon Administration d'exercer son contrôle, un plan détaillé de chaque prison restera déposé à la préfecture pour celle du chef-lieu du département, à la sous-préfecture pour les autres.

Le montant de la subvention qui serait accordée par l'État, mandaté par vous sur les crédits mis à votre disposition à cet effet, sera versé, au compte du département, dans la caisse du trésorier-payeur général, aux époques et suivant les proportions qui auront été déterminées pour chaque cas particulier; les payements aux entrepreneurs pourront ainsi être imputés exclusivement sur les fonds départementaux, ce qui évitera des lenteurs et des complications d'écritures.

«Après la réception des travaux, qui sera opérée en présence de l'inspecteur général des bâtiments pénitentiaires, je statuerai, ainsi qu'il a été dit ci-dessus, sur la reconnaissance de l'établissement comme prison cellulaire.

«Il sera pourvu, aux frais de l'État, à l'ameublement des cellules, lequel devra se composer d'un lit, d'une table et d'un siège, indépendamment de menus ustensiles, tels que gamelle, gobelet, balai, etc.; et, en outre (dans les prisons où il ne serait pas possible d'établir des tuyaux de descente pour les matières solides ou liquides), de récipients d'un modèle spécial disposés de manière à pouvoir être enlevés des cellules sans que l'on soit obligé d'y pénétrer. Dans certaines localités, l'éloignement des palais de justice nécessitera l'emploi de voitures cellulaires pour le transport des individus à conduire à l'audience ou à en ramener; les mesures à prendre à cet effet seront réglées par mon Administration, de concert avec celle de la justice.

«La contenance des prisons nouvelles sera calculée de manière qu'il soit possible de placer en cellule toutes les catégories de détenus désignés par la loi comme devant être soumis, de plein droit ou sur leur demande, à l'emprisonnement individuel. Mais les prisons existant actuellement, qui seraient appropriées au système cellulaire, peuvent se trouver insuffisantes, et il importe de déterminer les mesures à prendre dans ce cas.

«Aux termes des articles 1 et 2 de la loi du 5 juin, l'emprisonnement individuel est la règle pour les inculpés, les prévenus, les accusés et les condamnés à un an et un jour et au-dessous. Quant aux condamnés à plus de un an et un jour, l'article 3 dispose seulement qu'ils pourront, sur leur demande, être soumis au même régime dans les maisons de correction départementales. Il est donc conforme à l'esprit de la loi de n'accueillir les demandes de cette catégorie de prisonniers qu'après avoir assuré complètement la détention des autres; et, à cet égard, je dois expliquer qu'il ne suffirait pas qu'il se trouvât, à un moment donné, des cellules vacantes, pour que l'on pût les attribuer à des condamnés à plus de un an et un jour : il est essentiel que l'on ait la certitude qu'elles ne feront pas défaut pour l'incarcération des inculpés, prévenus, accusés ou des condamnés à un an et un jour et au-dessous qui viendraient ultérieurement à être écroués dans la prison et à l'égard desquels l'emprisonnement individuel est de droit.

«Mais, même parmi ceux-ci, il peut arriver qu'à raison de l'insuffisance des locaux on soit obligé de faire un choix.

«On devra, d'abord, réserver aux inculpés, aux prévenus et aux accusés un

1° Aux termes de l'article 8 de la loi, le nouveau régime

nombre de cellules suffisant pour recevoir le *maximum* des détenus de ces catégories que, suivant des probabilités appuyées sur l'expérience, la prison puisse avoir à renfermer. On affectera ensuite celles qui resteront disponibles aux condamnés à un an et un jour et au-dessous, en donnant la préférence aux mineurs de vingt et un ans, puis, parmi les détenus ayant atteint cet âge, à ceux qui sont condamnés pour la première fois. Si l'on a alors la possibilité de placer en cellule des condamnés en récidive, le choix entre ceux-ci sera opéré par vous, sur l'avis du parquet, de la commission de surveillance et du directeur; en cas de dissentiment, je statuerai, mais le condamné sera maintenu, en attendant ma décision, dans la cellule où il aura subi l'emprisonnement préventif.

«Jusqu'à ce qu'il en ait été autrement ordonné, on continuera, si les locaux le permettent, de réunir les condamnés à plus de trois mois dans la prison du chef-lieu du département, afin de faciliter l'organisation et le fonctionnement régulier du travail industriel. Mais il doit être entendu que cette centralisation ne s'opérera, des prisons cellulaires dans une prison en commun, qu'autant que les premières seraient encombrées, et que l'on pourra, au contraire, lorsqu'il sera constant que la contenance de la prison cellulaire d'un arrondissement dépasse les besoins du service local, y conduire des condamnés d'un autre arrondissement; comme, en ce cas, il s'agit d'un déplacement, les individus ayant les peines les plus longues à subir seront les premiers transférés. Ces mouvements exceptionnels n'auront lieu qu'avec mon autorisation et sur les avis du parquet, de la commission de surveillance et du directeur.

«Sauf les exceptions que j'aurais spécialement autorisées, c'est seulement après qu'il aura été pourvu à l'emprisonnement individuel de tous les détenus des catégories désignées aux articles 1 et 2, appartenant à un arrondissement, que, s'il reste des cellules disponibles dans la prison, réserve faite de celles qui seraient nécessaires pour une augmentation normale de population, elles pourront être affectées à des condamnés à plus de un an et un jour jugés dans ledit arrondissement.

«Si le condamné qui réclame le bénéfice de l'article 3 est encore détenu dans la maison d'arrêt, sa demande sera transmise par le gardien chef, avec l'extrait de jugement, la notice individuelle du postulant et une note sur sa conduite, au directeur, qui vous fera parvenir ces pièces accompagnées de son avis; vous prendrez, en outre, celui du parquet et de la commission de surveillance, et me soumettrez le tout en y joignant vos observations.

«Si le condamné se trouve dans une maison centrale située dans le même département que la prison où devrait être subi l'emprisonnement individuel, le directeur recevra la demande et vous l'adressera avec les renseignements indiqués ci-dessus; vous procéderez ensuite comme il vient d'être dit. Lorsque la maison centrale sera située dans un autre département, le directeur de cet établissement me fera parvenir le dossier, et je vous le transmettrai pour que la demande soit soumise à l'examen du directeur de la circonscription, à celui du parquet, ainsi que de la commission de surveillance, et à votre appréciation.

«Mes décisions autorisant des condamnés à plus de un an et un jour d'emprisonnement à subir leur peine en cellule devront être notifiées au procureur de la République.

«Le deuxième paragraphe de l'article 3 accorde à l'Administration la faculté, sur l'avis de la commission de surveillance, de faire cesser l'emprisonnement individuel, à l'égard des condamnés à plus d'un an et un jour, et il a été expliqué, dans la discussion de la loi, que les condamnés à un an et un jour et au-dessous pourraient être l'objet de la même mesure.

«On ne saurait admettre qu'il dépende du caprice des condamnés de se soustraire à l'application d'un régime à l'adoption duquel l'Assemblée, comme le

pénitentiaire sera appliqué progressivement, au fur et à me-

Gouvernement, ne s'est pas décidée sans de puissants motifs. Le but de la loi serait manqué, et les sacrifices que vont s'imposer l'État et les départements demeureraient infructueux s'il suffisait qu'un condamné présentât des symptômes d'abattement ou d'exaltation, ou ressentît quelque malaise physique, pour obtenir sa sortie de cellule. Les visites plus fréquentes des personnes ayant autorité ou surveillance dans la prison, de sages exhortations, les communications rendues plus faciles avec la famille, les soins du médecin, l'aideront le plus souvent à traverser cette crise; et si la souffrance qu'il aura éprouvée produit sur son moral une impression durable, si elle lui inspire des résolutions salutaires, un semblable résultat est trop conforme à l'intérêt de la société et à l'intérêt du condamné lui-même pour que l'on puisse se laisser arrêter par un sentiment de commisération mal entendu.

«Ce n'est donc qu'avec une extrême réserve, et dans des circonstances vraiment exceptionnelles, que l'on devra rendre les condamnés à la vie en commun.

«Cette mesure pourra être prescrite, soit d'office, soit sur la demande du détenu.

«Dans le premier cas, si l'initiative émane du directeur, soit de son propre mouvement, soit d'après les indications du gardien chef, du médecin, de l'aumônier, la proposition de ce fonctionnaire sera renvoyée par vous à l'examen de la commission de surveillance; si elle émane de la commission, le vœu qu'émettra celle-ci devra être communiqué au directeur, qui consultera le gardien chef, le médecin et l'aumônier; le condamné sera mis en demeure de déclarer s'il entend réclamer le bénéfice de la disposition finale de l'article 3.

«Dans le second cas, la demande sera soumise d'abord à la commission, puis au directeur, lequel procédera ainsi qu'il vient d'être dit.

«Dans l'un comme dans l'autre cas, le parquet sera appelé à faire connaître son opinion.

«Le dossier que vous aurez à me soumettre avec vos observations comprendra donc : l'avis du directeur, accompagné des renseignements fournis par le gardien chef, le médecin et l'aumônier; — l'avis de la commission de surveillance; — celui du parquet; — la demande ou la déclaration du condamné. Vous y joindrez l'extrait de jugement et la notice individuelle. En statuant sur vos propositions, je déterminerai la destination à assigner aux individus dont j'aurais autorisé la sortie de cellule. Ma décision sera notifiée au procureur de la République.

«Ces formalités ne s'appliqueront pas, j'ai à peine besoin de le dire, aux détenus qui donneraient des signes non équivoques d'aliénation mentale et qui ne pourraient, sans danger, être maintenus dans la prison. Vous vous conformerez, en ce qui les concerne, aux prescriptions des circulaires des 7 décembre 1844, 28 février 1867 et 20 mars 1869.

«Elles ne s'appliquent pas non plus aux malades qu'il y aurait impossibilité de traiter dans la prison même, et qui devraient, pour ce motif, être envoyés momentanément à l'hôpital de la localité. Mais je ne saurais insister trop vivement pour qu'on n'ait recours à cette dernière mesure qu'en cas de nécessité absolue : le service médical sera, d'ailleurs, organisé en conséquence.

«L'exécution de l'article 4 pouvant donner lieu à certaines difficultés, quelques explications me paraissent nécessaires.

«Cet article porte :

«La durée des peines subies sous le régime de l'emprisonnement individuel «sera, de plein droit, réduite d'un quart.

«La réduction ne s'opérera pas sur les peines de trois mois et au-dessous.

«Elle ne profitera, dans le cas prévu par l'article 3, qu'aux condamnés ayant «passé trois mois consécutifs dans l'isolement, et dans la proportion du temps «qu'ils y auront passé.»

sure de la transformation des prisons. Les inculpés, les prévenus et les accusés ne pourront réclamer le bénéfice de

---

«J'ai cru devoir consulter à cet égard M. le Garde des sceaux, et, d'accord avec mon collègue, j'ai adopté les règles suivantes :

«Lorsque la durée de la peine prononcée comprendra un nombre de mois divisible par 4, on en retranchera simplement le quart en comptant les mois de quantième à quantième selon le calendrier grégorien, sans avoir égard aux nombres différents de jours qu'ils pourront contenir.

«Lorsque la division par 4 laissera un reste composé d'un nombre entier de mois, lequel ne pourra évidemment être que de 1, 2 ou 3, et devra subir dès lors une réduction de 1/4, 1/2, 3/4 de mois, on comptera le mois pour 30 jours, en faisant profiter le condamné de la fraction de jour donnée par le calcul, pour un quart ou trois quarts de mois : un quart de mois sera ainsi de 8 jours (au lieu de 7 1/2), un demi-mois de 15 jours, trois quarts de mois de 23 jours (au lieu de 22 1/2).

«Après avoir ainsi procédé, s'il reste un nombre de jours inférieur à 30, et c'est le cas qui se présentera pour les condamnés à un an et un jour et pour la plupart de ceux qui auraient subi une partie de leur peine sous le régime de l'emprisonnement en commun, la réduction sera calculée conformément aux mêmes principes : toute fraction de jour comptera pour le condamné comme un jour entier, et le condamné à un an et un jour subira neuf mois, de même que le condamné à un an seulement.

«A l'égard des individus qui n'auraient accompli sous le régime de l'emprisonnement individuel qu'une partie de leur peine, le jour de leur entrée en cellule et celui de leur sortie, quelle que soit l'heure à laquelle elles aient lieu, seront compris en entier dans le laps de temps passé sous ledit régime.

«Si un condamné est rendu à la vie commune avant d'avoir achevé sa peine, pour déterminer l'époque de sa libération, on prendra, selon les règles tracées ci-dessus, le tiers du nombre de mois et de jours durant lequel il aura été détenu en cellule; on l'ajoutera à ce nombre, et on retranchera le total de la durée de la condamnation telle qu'elle résulte du jugement : la différence représentera la durée de l'emprisonnement à subir en commun *.

«Les conditions d'organisation du travail et le régime intérieur des maisons consacrées à l'application de l'emprisonnement individuel doivent, aux termes de l'article 5 de la loi, être fixés par un règlement d'administration publique; les détails du service seront ensuite l'objet d'arrêtés ministériels.

«Je ne suis pas encore en mesure de vous transmettre ces documents, au sujet desquels je désire prendre l'avis du conseil supérieur des prisons. Il me paraît, d'ailleurs, y avoir intérêt à en différer la rédaction, de manière qu'il soit possible d'y insérer les dispositions dont une expérience de quelque durée aurait permis de constater l'utilité.

«On appliquera, en attendant, l'arrêté du 13 août 1843, portant règlement spécial pour les prisons départementales soumises au régime de l'emprisonnement individuel et dont un exemplaire est annexé à la présente circulaire. J'en enverrai aux directeurs des circonscriptions dans lesquelles existent des prisons cellulaires un nombre suffisant pour qu'il en soit remis aux gardiens chefs. Je ferai parvenir aussi à ces fonctionnaires les extraits des règlements, imprimés

* Les peines de plus de trois mois subies en cellule étant, de plein droit, réduites d'*un quart*, leur durée effective se trouve n'être que de *trois quarts* du laps de temps fixé par le jugement; il est clair, dès lors, que le *tiers* de la durée réduite est égal au *quart* de la durée primitive. Ainsi, un individu condamné à deux ans et obtenant de sortir de cellule après une année, sera considéré comme ayant subi seize mois (douze mois, plus le tiers de ces douze mois, ou quatre mois) et aura par conséquent encore huit mois à rester détenu sous le régime de l'emprisonnement en commun.

l'emprisonnement individuel, et, d'autre part, ne pourront y être assujettis que lorsque la maison d'arrêt, de justice ou de

---

en placard, qui doivent être affichés dans les cellules, de même que les règles particulières à chaque prison, conformément aux articles 5 et 30 de l'arrêté.

«Lorsque le règlement du 30 octobre 1841 et celui du 13 août 1843 ont été promulgués, le service des maisons d'arrêt, de justice et de correction n'était point entre les mains de l'État, et l'Administration n'avait pas pour la représenter un fonctionnaire spécial responsable et ayant autorité sur les employés ou agents des diverses prisons d'un ou de plusieurs départements groupés en circonscription pénitentiaire. La loi du 5 mai 1855, le décret du 12 août 1856, l'arrêté du Chef du pouvoir exécutif du 31 mai 1871, ainsi que les arrêtés ministériels et les instructions qui s'y rattachent, ont profondément modifié cet état de choses : la loi du 5 juin 1875 n'implique, à ce point de vue, aucun changement à la réglementation actuellement en vigueur.

«Le directeur conserve donc toutes ses attributions, et jamais son concours n'aura été plus nécessaire que dans un moment où il s'agit de l'application de mesures qui exigent une grande connaissance du service pénitentiaire, l'influence d'une autorité hiérarchiquement constituée sur le personnel, et l'exécution rapide et ponctuelle des ordres de l'Administration centrale. J'aurai même à examiner, sur votre proposition, Monsieur le Préfet, s'il ne conviendrait pas, au moins pendant la période d'organisation, de placer à la tête des prisons cellulaires les plus importantes un fonctionnaire présentant, sous le rapport de l'intelligence et de l'instruction, des garanties qu'on ne saurait attendre d'un simple gardien chef.

«Quoi qu'il en soit, il y aura lieu de modifier dans l'application quelques-unes des dispositions du règlement de 1843, qui ne se trouvent pas en harmonie avec le régime créé par la loi de 1855 et les décrets ou arrêtés qui ont centralisé le service des prisons : ce sont celles qui sont imprimées en italique dans l'exemplaire ci-joint.

«Quant aux commissions de surveillance, le rôle qui leur appartient est ainsi défini dans une circulaire du 27 juin 1871 : «Pour être efficace, leur mission doit «se borner au contrôle des services, à l'étude des améliorations qui pourraient «y être introduites. Les membres des commissions de surveillance n'ayant point «de responsabilité, ne sauraient faire acte d'autorité dans les prisons, où il im«porte, d'ailleurs, de maintenir l'unité de commandement. C'est à vous, Monsieur «le Préfet, qu'ils doivent signaler les abus à faire cesser, les progrès à accomplir, «et vous pouvez être certain que j'examinerai avec intérêt les propositions que «vous me soumettrez à la suite de ces utiles communications.» Tels sont les principes qui me paraissent devoir régir les rapports entre l'Administration et les commissions de surveillance. Les attributions consultatives de ces assemblées, développées encore par celles que leur confère la présente circulaire, sont assez étendues pour répondre à l'activité de leurs membres : les visites fréquentes qu'ils voudront bien, je n'en doute pas, faire dans les cellules, les soins qu'ils donneront à la réforme morale des prisonniers, l'assistance qu'ils prêteront aux libérés, fournira, en outre, à leur charité ample matière à s'exercer.

«Pour les quartiers affectés aux femmes et aux jeunes filles, il serait à désirer que l'on pût former des comités de dames disposées à porter dans les prisons des paroles de consolation et des conseils qui ne pourraient manquer de produire un grand bien. Au reste, je me propose de vous adresser sur ce point des instructions plus développées lorsque le moment sera venu d'organiser les institutions de patronage qui sont le complément indispensable du régime de l'emprisonnement individuel.

«Nous devons aussi, Monsieur le Préfet, compter sur la collaboration dévouée des aumôniers. Il ne faut pas qu'un jour se passe sans que plusieurs détenus re-

correction dans laquelle ils seront détenus aura été déclarée

---

çoivent séparément leurs exhortations, de manière que tous puissent en profiter successivement au moins une ou deux fois par semaine, indépendamment des instructions collectives qui doivent être adressées à la population le dimanche, les jours de fête, et plus souvent s'il est possible. Mais si les exigences de l'emprisonnement individuel rendent plus laborieuse la mission des ministres du culte, l'isolement des détenus la rendra certainement plus féconde. Vous me trouverez, d'ailleurs, disposé à examiner avec intérêt les propositions qui seraient faites en vue d'assurer aux aumôniers une rémunération convenable, et j'ai l'espoir que les représentants du pays ne refuseront pas au Gouvernement les ressources nécessaires.

« L'enseignement primaire est appelé à prendre une place importante dans le nouveau système pénitentiaire. Vous aurez à étudier, de concert avec le directeur et en prenant l'avis de la commission, les moyens de l'organiser. En attendant, on devra s'efforcer de développer le goût de la lecture chez les détenus possédant quelque instruction, faire des lectures à haute voix si la disposition des lieux le permet. Dans le cas où les bibliothèques actuelles seraient insuffisantes, vous voudriez bien m'en informer.

« L'organisation du travail dans les cellules rencontrera des obstacles dont je ne méconnais pas la gravité, mais qu'il n'est pas impossible de surmonter. Tous les efforts du directeur devront tendre vers ce but. Votre appui, Monsieur le Préfet, ne lui manquera pas, et les membres des commissions de surveillance tiendront, j'en suis convaincu, à venir en aide à l'Administration pour obtenir un résultat aussi important; les relations dont ils disposent et la connaissance qu'ils ont des besoins et des ressources de la localité seront à ce point de vue d'une utilité réelle.

« D'un autre côté, les entrepreneurs des services économiques et des travaux industriels, qui profitent d'une portion du produit de la main-d'œuvre des détenus, ont tout intérêt à ce que ceux-ci ne restent point inoccupés. L'article 50 des cahiers des charges des adjudications auxquelles il a été procédé en 1874 et 1875 contient, d'ailleurs, une stipulation portant que « dans les prisons qui sont « ou seraient construites ou appropriées suivant le système de l'emprisonnement « individuel, les prévenus et les accusés ne devront, dans aucun cas, être occupés « hors de leurs cellules, » et que « l'Administration pourra exiger qu'il en soit de « même à l'égard des condamnés. » L'exécution de ces obligations devra être rigoureusement exigée, sous la sanction des clauses pénales formulées dans lesdits cahiers des charges. Le même article autorise, en outre, l'Administration à occuper les condamnés, dans le cas où l'entrepreneur n'y pourvoirait point lui-même : on ne devra pas hésiter à user de ce droit, et on aura soin, en tout cas, de donner aux détenus des facilités pour continuer l'exercice de leur profession, s'il peut se concilier avec les nécessités de l'ordre et de la sûreté de la prison.

« J'appelle enfin d'une manière spéciale votre attention sur le personnel de surveillance. Depuis quelques années, il a été presque entièrement renouvelé et, en général, l'Administration est satisfaite de ses choix, notamment en ce qui concerne les gardiens chefs. L'application du régime de l'emprisonnement individuel exige, de la part de ces agents, des qualités toutes particulières : une conduite irréprochable, de l'intelligence, une certaine instruction, de l'activité, une fermeté qui n'exclut pas la douceur. Tout en conservant l'esprit d'initiative et de décision si souvent nécessaire dans l'exercice de leurs fonctions, ils doivent, à moins qu'il n'y ait réellement urgence, demander les ordres ou les instructions du directeur, à qui ils sont tenus, dans tous les cas, de rendre exactement compte des moindres détails de leur service. Les gardiens ordinaires, probes, exacts, vigilants, soumis, n'auront pas seulement à s'occuper de la surveillance : il sera indispensable qu'ils prêtent leur concours à la distribution et à la conduite

prison cellulaire par un arrêté de M. le Ministre de l'intérieur [2]. Vous recevrez, par mon intermédiaire, notification de cet arrêté, et les tribunaux, instruits par vos soins de la transformation accomplie, sauront, avant de prononcer une peine d'emprisonnement, de quelle manière cette condamnation sera exécutée.

2° Lorsqu'il sera nécessaire de construire une prison cellulaire, le parquet sera appelé à donner son avis sur les avantages ou les inconvénients que l'emplacement proposé présenterait pour le service judiciaire. Le préfet s'adressera directement au procureur de la République du lieu où la prison nouvelle devra être établie. Ce magistrat vous transmettra son avis motivé en y joignant celui du juge d'instruc-

---

du travail industriel, ainsi qu'à l'enseignement professionnel des détenus. Si le personnel des prisons cellulaires de votre département manquait d'aptitudes nécessaires, vous voudriez bien m'en informer : j'aviserais alors au moyen de le composer de sujets plus capables.

«Peut-être, dans certains établissements, le nombre des gardiens sera-t-il insuffisant. Le directeur aura à vous faire connaître, à ce sujet, son avis, que vous me transmettrez avec vos observations.

«Ce que je viens de dire des gardiens s'applique aux surveillantes des quartiers de femmes et de jeunes filles. J'examinerai, sur votre proposition, s'il ne conviendrait pas de préposer des religieuses à ce service, dans celles des prisons de quelque importance où il se trouve encore confié à la femme du gardien chef.

«Telles sont, Monsieur le Préfet, les instructions qu'il m'a paru utile de donner quant à présent. Les envois successifs du programme définitif pour la construction des prisons, du règlement d'administration publique, ainsi que des arrêtés ministériels qui devront l'accompagner, me fourniront l'occasion de préciser ou de compléter certaines indications, et d'apporter à des prescriptions formulées à titre provisoire les modifications dont l'expérience aurait fait ressortir la nécessité. J'attache le plus grand prix aux observations que les commissions de surveillance, le directeur et vous-même voudrez bien m'adresser à cet égard.

«L. Buffet.»

[2] La loi du 5 juin 1875 n'exige pas formellement qu'une prison ait été déclarée cellulaire pour que le bénéfice établi par cette loi puisse être acquis aux condamnés. Toutefois, les Départements de la justice et de l'intérieur ont été d'accord pour reconnaître que la réduction du quart ne pourrait être réclamée de droit que par les individus détenus dans une maison préalablement déclarée cellulaire par arrêté ministériel. Le motif de cette décision est que les prisons départementales, celles mêmes qui, à l'origine, avaient été construites en vue de l'application du régime cellulaire, sont loin de présenter les dispositions nécessaires pour l'isolement complet et continu des condamnés. Dans ces conditions, l'emprisonnement individuel constitue plutôt une atténuation qu'une aggravation de peine. Il est d'ailleurs possible de remédier, par voie gracieuse, aux conséquences de cette décision, lorsque son application paraîtrait trop rigoureuse. (Déc. min. du 19 janvier 1876.)

tion; vous y ajouterez vos observations, et le tout sera adressé, par mon intermédiaire, à M. le Ministre de l'intérieur.

3° Les nouvelles prisons départementales recevront les dispositions nécessaires pour que tous les détenus désignés par la loi puissent être soumis à l'emprisonnement individuel [3]. Mais les prisons anciennes, appropriées en vue de l'application du régime nouveau, pourront se trouver insuffisantes. Il deviendra donc nécessaire de faire un choix et de déterminer les catégories de détenus qui, de préférence aux autres, seront placés dans les cellules disponibles.

Les inculpés, les prévenus, les accusés, d'une part, et, de l'autre, les condamnés à un emprisonnement de un an et un jour et au-dessous, doivent, d'après une disposition impérative de la loi, être détenus séparément.

Les détenus de cette catégorie devront être les premiers à bénéficier du système nouveau, et parmi eux il conviendra de donner la préférence à ceux qui seront en état de détention préventive. On réservera donc à ces derniers un nombre de cellules suffisant, en se réglant sur le *maximum* probable du nombre des inculpés, prévenus ou accusés que la prison pourra avoir à renfermer.

Les condamnés à un emprisonnement de un an et un jour et au-dessous seront ensuite admis dans les cellules qui seront disponibles. On y placera d'abord les mineurs de vingt et un ans. Les cellules vacantes seront ensuite attribuées aux condamnés majeurs condamnés pour la première fois. S'il est possible de placer en cellule les individus déjà condamnés, le choix entre ceux-ci sera opéré par le préfet, sur l'avis du procureur de la République, de la commission de surveillance

---

[3] D'après l'article 1er de la loi du 5 juin 1875, les individus soumis à l'emprisonnement individuel et qui, aux termes de l'article 4, ont droit à la réduction du quart, lorsque leur peine est supérieure à trois mois, sont ceux qui sont *individuellement séparés pendant le jour et la nuit.* Il résulte de là que le condamné qui est en communication avec ses codétenus, ne fût-ce que dans l'exercice des fonctions qui lui ont été confiées, même dans le quartier cellulaire, par l'Administration des prisons, ne peut plus réclamer le bénéfice de la réduction. Mais cette solution, commandée par le texte précis de la loi, serait trop rigoureuse s'il n'y était point apporté de tempérament. Il convient, en conséquence, d'appeler l'attention du Garde des sceaux sur les détenus de cette catégorie, auxquels il serait équitable d'accorder la réduction du quart dont ils eussent bénéficié si aucune fonction ne leur eût été confiée. (Déc. min. du 26 juin 1876, Bull. off. 1876, p. 106.)

et du directeur. En cas de dissentiment, M. le Ministre de l'intérieur statuera.

Le procureur de la République donnera également son avis sur les demandes qui seront adressées à l'Administration par les condamnés à plus de un an et un jour, à l'effet de subir leur peine en cellule, lorsque l'état des prisons permettra d'y admettre cette catégorie de détenus, et il recevra notification des décisions qui seront prises à cet égard par l'autorité administrative. Il sera également consulté quand il y aura lieu de transférer les condamnés d'un arrondissement dans la prison cellulaire d'un autre arrondissement.

Enfin le parquet devra faire connaître son opinion sur la question de savoir si un détenu, soit sur l'initiative de l'Administration, soit sur sa propre demande, doit être rendu au régime commun.

Dans ces différents cas, le procureur de la République pourra transmettre directement son avis au préfet.

4° La circulaire ci-jointe contient des indications relativement au mode de calcul qui devra être employé pour réduire d'un quart, conformément à l'article 4 de la loi, la durée de l'emprisonnement subi sous le régime cellulaire [4]. Ces dispo-

---

[4] Des difficultés nouvelles, non prévues par l'instruction du Ministre de l'intérieur, se sont présentées concernant le mode de calcul de la réduction : 1° Lorsqu'un condamné est l'objet d'une mesure gracieuse, la réduction du quart doit-elle se calculer sur la totalité de la peine prononcée ou sur la peine diminuée par la grâce? Le second mode de supputation, quoique moins avantageux pour les condamnés, est prescrit par le texte même de l'article 4, d'après lequel la réduction doit être opérée *sur la durée des peines subies.* — 2° Lorsqu'un individu est condamné successivement par deux jugements différents, n'ordonnant pas la confusion des peines, et prononçant l'un une peine supérieure à trois mois, l'autre une peine de trois mois ou au-dessous, ces condamnations doivent-elles être réunies pour la supputation du quart? A s'en tenir strictement aux termes du § 2 de l'article 4, il semblerait que la réduction ne dût s'opérer que sur la peine supérieure à trois mois d'emprisonnement. Mais une interprétation plus large de ce texte est conforme aux intentions du législateur, qui a édicté la réduction du quart dans un intérêt supérieur d'humanité et de moralisation. Si, en effet, le bénéfice de la réduction n'a pas été concédé aux condamnés à un emprisonnement de trois mois ou au-dessous, quoique ceux-ci dussent être soumis, comme ceux qui ont encouru une peine supérieure, à l'emprisonnement individuel, conformément à l'article 2 de la loi, c'est principalement parce que l'on a considéré que l'isolement du condamné, pendant un laps de temps aussi court, ne pourrait avoir aucune importance. Mais il serait contraire à l'esprit de la loi de refuser le bénéfice de la réduction à un individu qui, par suite du cumul de plusieurs peines de trois mois, serait maintenu, pendant plusieurs années peut-être, sous le régime de l'emprisonnement individuel. Ce bénéfice sera donc accordé à tout

sitions ont été concertées entre mon Département et celui de l'intérieur. Vous remarquerez que lorsque la peine à subir sera, après la réduction opérée, d'un nombre entier de jours et d'une fraction, le condamné devra être tenu quitte de cette fraction de jour.

Vous devrez vous régler sur ces principes pour apprécier les réclamations qui pourront vous être adressées par des condamnés relativement à l'époque de leur libération.

Depuis la promulgation de la loi du 5 juin 1875, plusieurs détenus qui, à une époque antérieure, avaient été autorisés à subir leur peine en cellule, ont réclamé le bénéfice de l'article 4 de la loi, prétendant avoir droit à une réduction proportionnelle au temps qu'ils ont passé dans l'isolement. En droit, cette prétention ne saurait être admise. Il est évident que la nouvelle loi est sans influence sur les peines déjà subies sous l'empire de la législation précédente, à une époque où l'emprisonnement individuel n'était pas organisé et n'avait aucune existence légale. Toutefois il m'a paru équitable d'attribuer, par voie de décision gracieuse, aux condamnés qui se trouvent dans cette situation, le bénéfice de la réduction. Je proposerai, en conséquence, à M. le Président de la République de leur accorder une remise partielle de leurs peines.

J. Dufaure.

---

individu qui, en vertu d'une ou plusieurs condamnations, aura subi sans interruption un emprisonnement individuel de plus de trois mois. (Déc. min. du 19 janvier 1876.) — 3° Lorsqu'une condamnation subie sous le régime de l'emprisonnement individuel se trouve réduite à trois mois seulement par décision gracieuse, comme cette décision n'a d'autre effet, le jugement de condamnation se trouvant d'ailleurs maintenu, que de dispenser pour partie de l'exécution de la peine, le condamné reste admis à bénéficier de la réduction concédée par l'article 4 de la loi de 1875. Autrement, il aurait à souffrir de l'étendue même de la grâce qui lui a été accordée, et sa situation se trouverait plus avantageuse si la peine avait été restreinte non à trois mois, mais à trois mois et un jour. Toutefois, conformément à ce qui a été ci-dessus, la réduction du quart sera calculée, dans ce cas, sur la durée seulement à laquelle la peine a été restreinte par la grâce. (Déc. min. du 13 mars 1876.)

Frais de justice. — *Amendes.* — *Extraits.*

Du 6 septembre 1875.

A MM. les Procureurs généraux.

M. le Ministre des finances a appelé mon attention sur les inconvénients qui résultent, au point de vue des intérêts du Trésor, de la remise tardive des extraits de jugements ou d'arrêts aux comptables chargés, aux termes de la loi du 29 décembre 1873 [1], de poursuivre le recouvrement des amendes et des condamnations pécuniaires.

L'article 164 du règlement du 18 juin 1811 énonce que cette remise doit être faite dans le plus court délai; mais, dans la pratique, les greffiers ne se conforment pas exactement à cette prescription du législateur.

Par une circulaire en date du 14 mai 1813 [2], un de mes prédécesseurs avait fixé à quatre jours, à partir de la prononciation du jugement, le délai dans lequel la remise des extraits devait avoir lieu. Après m'être concerté avec M. le Ministre des finances, j'ai décidé que cette remise devrait être opérée au plus tard le quatrième jour à compter de celui où la décision judiciaire sera devenue définitive [3].

Ce délai me paraît suffisant pour permettre aux magistrats du parquet d'exercer d'une manière efficace sur la délivrance des extraits le contrôle qui leur est prescrit par les circulaires de mes prédécesseurs en date des 7 mars 1861 et 21 décembre 1874 [4].

J. Dufaure.

---

[1] Voy. circ. du 17 mars 1874 sur l'application de cette loi.

[2] Cette circulaire non insérée ne contient pas d'autre prescription que celle rappelée ci-dessus.

Cette recommandation a été rappelée; voy. Note du 9 septembre 1876. (Bull. off. 1876, p. 200.)

[3] En ce qui concerne la cour d'appel de Paris et les tribunaux correctionnels ou de simple police du département de la Seine, le délai ci-dessus est élevé à vingt-cinq jours, à dater du jugement. (Déc. min. du 13 septembre 1875.) — Voy. instructions du 20 septembre 1875, n° 11. (Bull. off. 1876, p. 165.)

[4] Voy. ces circulaires; celle du 21 décembre 1874 concerne spécialement la rédaction des extraits.

JUGES DE PAIX. — Rapports avec l'autorité administrative. — Commissions de statistique agricole.

Du 11 septembre 1875.

A MM. LES PROCUREURS GÉNÉRAUX PRÈS LES COURS D'APPEL.

Mon collègue M. le Ministre de l'agriculture et du commerce m'assure que, dans plusieurs cantons, il serait difficile de composer utilement une commission de statistique agricole si le juge de paix ne pouvait en faire partie. Je crois que le maire de la commune chef-lieu de canton, personnage important de la localité, librement choisi par le Ministre de l'intérieur, pourrait remplacer avec avantage le juge de paix souvent étranger au pays, et qui doit tout son temps à l'accomplissement d'autres devoirs. Néanmoins, si vous pensiez en effet que dans certains cantons l'intervention du juge de paix serait utile, vous pourrez les autoriser à faire partie de ces commissions; mais dites-leur bien que ce travail exceptionnel ne doit jamais leur faire oublier ou négliger leurs obligations de juges et d'officiers de police judiciaire et qu'ils doivent garder et faire respecter partout leur caractère de magistrats[1].

J. DUFAURE.

ARCHIVES. — Translation. — Greffes.

Du 14 septembre 1875.

A MM. LES PROCUREURS GÉNÉRAUX PRÈS LES COURS D'APPEL.

Les greffes des cours et des tribunaux ne contiennent pas seulement les archives des juridictions qui sont en vigueur depuis le commencement de ce siècle; ces dépôts renferment pour la plupart quelques vestiges des institutions abolies en 1790; quelques-uns contiennent un nombre considérable de

---

[1] Voy. circ. des 15 juin 1871 et 27 avril 1875 sur les rapports des juges de paix et de l'autorité administrative; celle du 22 septembre 1875, qui autorise les juges de paix à faire partie des commissions chargées de la répartition des indemnités de guerre; et celle 18 juin 1877, qui leur permet de remplir les fonctions de délégués cantonaux. (Bull. off. 1877, p. 71.)

pièces émanées des parlements, des bailliages et des sénéchaussées, monuments d'un grand prix pour l'étude de notre droit ancien aussi bien que pour l'histoire nationale.

J'ai appris que la conservation de ces documents était loin d'être partout l'objet d'une égale sollicitude. Tandis que, dans telle cour, des fonds votés par les conseils généraux ont permis de classer les pièces, de les inventorier et de les communiquer aux érudits, dans tel siège, il me revient que des liasses précieuses, dont le contenu est ignoré, sont entassées dans des réduits obscurs et livrées à la poussière, lorsqu'elles ne sont pas rongées par l'humidité ou la vermine.

Il importe de faire cesser au plus tôt un pareil état de choses. Avant de prendre les mesures qu'il comporte, je tiens à me rendre compte de l'étendue du mal et du choix des moyens qui seraient propres à lui servir de remède.

Il s'élève de temps en temps des conflits entre l'autorité judiciaire et l'autorité administrative à l'occasion de ces anciens et précieux dépôts. Je ne puis insister pour les maintenir aux greffes que s'ils y sont conservés avec un zèle intelligent; le premier intérêt est de les mettre à l'abri des ravages du temps et de l'incurie des hommes.

Je vous prie, Monsieur le Procureur général, de m'adresser un rapport sur l'état du greffe de votre cour au point de vue des archives antérieures à 1790. Vous voudrez bien me transmettre en même temps le rapport qui vous sera adressé par chacun de vos substituts sur les archives des tribunaux.

Vous me ferez connaître l'étendue du dépôt, le nombre des liasses ou des registres en m'indiquant autant que possible la juridiction d'où ils émanent et le caractère général des liasses, ainsi que l'existence ou l'absence d'inventaires, en mentionnant l'époque de leur confection.

J'appelle votre attention sur la description du local dans lequel sont déposées ces archives; vous indiquerez si des travaux d'appropriation ont été faits en vue de leur conservation, si des armoires fermées les contiennent, si au contraire elles sont accumulées sans classement méthodique. Vous n'omettrez pas de me faire savoir si l'installation adoptée permet de consulter sur place les pièces appartenant à ce dépôt. J'attends de vous, Monsieur le Procureur général, sur tous ces détails, une scrupuleuse précision.

Si, à une époque quelconque, certains tribunaux de votre ressort avaient fait transférer les archives judiciaires en dehors du greffe, ou bien si cette mesure avait été proposée, je vous prie de me fournir sur cette translation, sur ses causes et ses conséquences, tous les renseignements propres à m'en faire apprécier les avantages ou les inconvénients. Vous ne manquerez pas de mentionner si les dispositions du palais de justice permettent l'extension des locaux affectés aux archives, en me faisant connaître les frais que nécessiterait cette installation.

Vous voudrez bien indiquer en terminant toutes les mesures qui vous paraîtraient propres à assurer la conservation de ces archives et à rendre aux savants une des sources les plus précieuses et les moins explorées de notre histoire.

J. Dufaure.

Serment. — Frais. — Agents de la marine. — Greffiers.

Du 17 septembre 1875.

A MM. les Procureurs généraux d'Aix, Amiens, Bordeaux, Caen, Douai, Montpellier, Pau, Poitiers, Rennes et Rouen.

La promulgation, dans ces dernières années, de nouvelles lois de finances a eu pour effet de modifier le montant actuel des frais auxquels donnent lieu les prestations de serments professionnels exigés des agents de la marine, dont la fixation vous avait été notifiée par une circulaire d'un de mes prédécesseurs en date du 8 juin 1864[1].

Des réclamations s'étant produites à cette occasion, je crois utile de vous rappeler qu'à la suite d'un concert intervenu entre les Départements de la marine, des finances et de la justice, la quotité des droits à percevoir pour ceux des agents dont le traitement est inférieur à 1,500 francs, a été ainsi fixée :

Procès-verbal de prestation de serment............	3f 00c
Demi-droit en sus..................................	1 50

[1] Les instructions nouvelles du Ministre de la marine portent les dates des 5 septembre 1872, 24 juin et 19 novembre 1874.

Double décime et demi		1f 13c
Timbre du procès-verbal et demi-décime du timbre		0 60
Timbre de la commission de l'agent délivrée sur papier de petite dimension	en brevet	0 60
	en expédition	1 80 [2]
Droit dû au greffier pour mention sur le répertoire		0 25

Il résulte de ces fixations que les frais ne peuvent dépasser les sommes de 7 fr. 08 cent. et de 8 fr. 28 cent., suivant que la commission est délivrée en brevet ou en expédition. Le droit dû au greffier s'applique uniquement à la mention sur le répertoire, pour laquelle il lui est alloué 25 centimes.

A l'égard des serments prêtés par les agents de la marine dont le traitement (solde et accessoires) excède 1,500 francs, les frais sont ainsi établis :

Principal	22f 50c
2 décimes 1/2	5 63

Je vous prie de vouloir bien adresser des instructions, dans ce sens, aux greffiers de votre ressort et tenir la main à ce que désormais ils se conforment exactement aux règles établies sur la matière [3].

J. Dufaure.

---

[2] Pour les gens de guerre, les commissions sont exemptes de droits de timbre. (Loi du 13 brumaire an vii, art. 16.) Voy. déc. du 6 septembre 1876. (Bull. off. 1876, p. 199.) — Les gardiens de batterie parmi les agents de la marine sont considérés comme gens de guerre à ce point de vue. Le Ministre des finances l'a ainsi décidé le 4 septembre 1858. (Voy. circ. du 13 novembre 1858, note.) — Pour les autres agents de l'État, les commissions sont bien des actes d'administration publique exempts à ce titre du droit d'enregistrement, en vertu de l'article 70, § 3, n° 2, de la loi du 22 frimaire an vii; mais, lorsqu'il y a lieu de les produire en justice, les parties auxquelles elles sont délivrées en brevet ou en expédition, sont tenues de les faire timbrer extraordinairement comme pièces d'administration publique délivrées dans l'intérêt de ceux qui les produisent (art. 34 de la loi du 13 brumaire an vii). — Lettre du Ministre des finances du 13 mars 1854.

[3] Les agents du Département de la marine sont compris parmi les agents des administrations générales auxquels se refère la circulaire du 23 novembre 1864.

Pharmaciens. — Certificats de stage. — Greffiers de justices de paix.

Du 30 septembre 1875.

A MM. les Procureurs généraux.

Un décret en forme de règlement d'administration publique du 14 juillet dernier a modifié les conditions de stage et de scolarité imposées aux élèves de pharmacie du second ordre.

Aux termes de l'article 2 de ce décret, les aspirants au diplôme de pharmacien de 2e classe devront, avant de prendre leur première inscription, soit de stage, soit de scolarité, produire un certificat délivré par le recteur de l'académie, constatant qu'ils ont justifié devant un jury constitué à cet effet des connaissances enseignées dans la classe de quatrième des lycées.

Ce règlement recevra son exécution à partir du 1er octobre 1875.

Je vous prie de porter ces dispositions à la connaissance de MM. les juges de paix de votre ressort, chargés, par le décret du 15 février 1860, d'enregistrer les inscriptions de stage officinal et de les inviter à exiger désormais, lors de la première inscription, le certificat dont il s'agit [1].

J. Dufaure.

Attachés. — Concours.

Du 10 octobre 1875.

A MM. les Procureurs généraux.

Je m'empresse de vous adresser plusieurs exemplaires d'un arrêté [1] par lequel j'ai décidé qu'à l'avenir toutes les places d'attaché à la Chancellerie, au parquet de la cour d'appel de

---

[1] Relativement au stage des élèves en pharmacie et aux inscriptions reçues dans les greffes de justices de paix, voy. circ. du 20 décembre 1860.

[1] Une circulaire non insérée du 26 avril 1855 avait prescrit l'envoi d'un état nominatif des attachés accompagné de renseignements. — L'arrêté du 10 octobre 1875 a été remplacé par le décret du 29 mars 1876, qui n'en reproduit pas toutes les dispositions. La circulaire du 4 juin 1876 (Bull. off. 1876, p. 87), en adressant aux parquets un exemplaire de ce décret, développe dans quel esprit il a été

Paris ou à celui du tribunal de la Seine seront données au concours. Les attachés sont divisés en deux classes : pour être attaché de deuxième classe, il faut être licencié en droit. Le diplôme de docteur en droit et deux ans de stage sont exigés pour passer dans la première classe. Toutefois, cette dernière condition n'est pas imposée aux jeunes gens qui ont été secrétaires de la conférence des avocats de Paris ou lauréats d'une faculté de droit, ou qui ont été déclarés admissibles au concours de l'agrégation des facultés de droit.

Mon intention est de proposer, tous les ans, un certain nombre d'attachés de première classe pour les postes de substitut ou de juge qui deviendront vacants dans le ressort de Paris ou pour les fonctions de juge suppléant au tribunal de la Seine.

Un premier concours pour six places d'attaché de première classe sera ouvert à Paris le 1er décembre prochain. Les conditions d'admission à ce concours, le programme des épreuves, les conditions du jury sont déterminés par l'arrêté que je vous transmets. Vous voudrez bien les porter à la connaissance des attachés de votre parquet et de tous les jeunes gens qui, se trouvant dans les conditions exigées, auraient le désir de prendre part au concours. Les demandes des candidats devront m'être adressées, par votre intermédiaire, avant le 15 novembre prochain. Vous aurez soin, en me transmettant ces demandes, de me fournir des renseignements aussi complets que possible sur les antécédents et la situation de famille de chacun des candidats.

Un deuxième concours, pour la nomination d'attachés de deuxième classe, aura lieu dans le courant du mois de décembre prochain [2].

Si, comme je l'espère, les résultats de ces concours sont satisfaisants, il y aura lieu d'étudier dans quelle mesure la réforme dont nous allons faire l'essai pour le ressort de Paris devra être étendue à tous les autres ressorts judiciaires. Dans

---

proposé et adopté. Une seconde circulaire du 25 juillet 1876 (Bull. off. 1876, p. 128) est relative au temps de stage des attachés. — Consultez également la circulaire du 3 mai 1878, relative aux conditions requises pour l'inscription (Bull. off. 1878, p. 43).

[2] D'après le décret de 1876, les attachés de deuxième classe sont choisis sans concours.

ma pensée, l'institution des attachés pourrait devenir, grâce au concours, une pépinière excellente pour le recrutement d'une partie de la magistrature. Un concours unique pour toute la France aurait nécessairement un niveau très élevé et attirerait les jeunes gens les plus distingués. Ces jeunes gens seraient répartis entre les divers parquets, où, sous la direction de magistrats expérimentés, ils s'initieraient à la connaissance et à la pratique des affaires. Après quelque temps de ce premier stage, un certain nombre d'entre eux pourraient être appelés dans les bureaux de la Chancellerie, où ils achèveraient leur préparation sous les yeux du Ministre de la justice.

Mais, avant d'opérer cette réforme d'un caractère général, j'ai voulu en faire une application limitée au ressort de la cour de Paris. L'expérience montrera ce que nous pouvons en espérer; en attendant ces enseignements de la pratique, je vous serai obligé de me faire connaître, dès à présent, votre opinion personnelle sur les avantages ou les inconvénients que présenterait à vos yeux l'institution d'un concours unique pour le recrutement des attachés des divers parquets. Vous voudrez bien me communiquer vos idées sur les conditions qu'il conviendrait d'imposer aux candidats, sur le programme du concours, en un mot sur tous les détails d'application de ce système. Je vous prie de me faire savoir en même temps le nombre des jeunes gens qui sont, en ce moment, attachés à votre parquet ou à ceux des tribunaux de votre ressort.

J. Dufaure.

Extradition. — Procédure. — Arrestation. — Contumaces. — Condamnés par défaut.

Du 12 octobre 1875.

A MM. les Procureurs généraux.

La procédure suivie jusqu'à ce jour en matière d'extradition [1] présente des inconvénients graves sur lesquels mon at-

[1] Voy. circ. du 5 avril 1841. — Le droit et la procédure d'extradition ont au-

tention a été récemment appelée. En fait, l'extradition est accordée sur la demande des Gouvernements étrangers avant que l'individu qui en est l'objet ait été arrêté, avant même qu'on sache où il est réfugié. Si la demande qui m'est transmise par le Ministre des affaires étrangères paraît conforme aux stipulations du traité, un décret est immédiatement préparé, soumis à la signature du Président de la République et notifié au Ministre de l'intérieur, qui prescrit alors seulement les mesures nécessaires pour en assurer l'exécution. Cette pratique est défectueuse, en ce qu'elle ne permet pas au Gouvernement de provoquer les explications de l'individu arrêté, ni même de vérifier son identité, avant de statuer définitivement sur la demande d'extradition.

Dans d'autres pays voisins de la France, où la procédure d'extradition est réglée par une loi, la pratique est toute différente. En Belgique, notamment, et dans les Pays-Bas, l'autorité judiciaire intervient toujours pour donner son avis, et elle ne le fait qu'après avoir entendu l'individu arrêté. Le Gouvernement n'est pas lié par cet avis; mais la décision qu'il prend, sous sa responsabilité, est une décision toujours éclairée, et l'étranger qui en est l'objet ne peut se plaindre d'avoir été livré sans avoir pu faire entendre ses réclamations ni présenter ses moyens de défense.

En attendant qu'une loi vienne déterminer les formes à observer dans l'intérêt de la liberté individuelle, j'ai pensé que les inconvénients de la pratique actuelle pouvaient être en partie corrigés.

Après m'être concerté avec M. le Ministre de l'intérieur et M. le Ministre des affaires étrangères, j'ai décidé qu'à l'avenir aucun décret autorisant l'extradition d'un étranger ne serait

---

jourd'hui leur fondement légal en France, dans le décret du 23 octobre 1811 et dans l'article 7 de la loi du 3 décembre 1849. Le décret du 23 octobre 1811, consacrant d'ailleurs un usage antérieur, avait positivement reconnu au Chef de l'État le droit d'extradition. Quoique cet acte n'ait en vue que l'extradition des nationaux, et quoique sous ce rapport il n'ait pas reçu d'exécution, ses dispositions, soit au point de vue de la compétence, soit au point de vue de la procédure, ont été, jusqu'à ce jour, appliquées à l'extradition des étrangers. L'article 7 de la loi du 3 décembre 1849 ayant conféré au pouvoir exécutif le droit de contraindre un étranger, par mesure de police, à quitter le territoire, il n'est d'ailleurs plus nécessaire de recourir au décret de 1811 pour donner une base au droit d'extradition.

proposé à la signature de M. le Président de la République avant que cet individu ait été arrêté. La demande d'extradition sera examinée au Ministère de la justice; si elle me paraît régulière, je transmettrai à M. le Ministre de l'intérieur le mandat d'arrêt ou le jugement de condamnation, ainsi que toutes les pièces qui m'auront été communiquées par le Ministère des affaires étrangères. Mon collègue de l'intérieur prescrira les mesures nécessaires pour l'arrestation de l'étranger recherché. Cette arrestation opérée, l'étranger sera immédiatement conduit devant le procureur de la République de l'arrondissement où elle a eu lieu. Ce magistrat recevra en même temps communication de toutes les pièces jointes à la demande d'extradition; il procédera à l'interrogatoire de l'individu arrêté et en dressera procès-verbal. Si cet individu prétend qu'il appartient à la nationalité française ou que la demande d'extradition s'applique à un autre individu, s'il allègue un fait qui serait de nature à établir son innocence, ou enfin s'il demande à prouver que l'infraction dont il s'est rendu coupable ne rentre pas dans les termes du traité, le procureur de la République devra vérifier, par tous les moyens qui sont à sa disposition, l'exactitude de ces allégations. Dans le cas où l'individu arrêté réclamerait le secours d'un interprète ou les conseils d'un défenseur, le procureur de la République lui accordera toutes les facilités nécessaires et au besoin désignera lui-même un interprète, dont les honoraires seront payés comme frais urgents de justice criminelle. Pendant le temps qu'exigera cette enquête sommaire, l'étranger ne sera pas placé sous mandat de dépôt, mais restera consigné à la disposition de l'Administration. Le procureur de la République vous transmettra : 1° le mandat d'arrêt ou le jugement de condamnation et les documents joints; 2° l'interrogatoire; 3° les renseignements qu'il aura recueillis; 4° son avis motivé. Vous y joindrez votre appréciation et m'adresserez le tout dans le plus bref délai. Sur le vu de ces pièces, je proposerai, s'il y a lieu, à M. le Président de la République d'autoriser l'extradition.

Lorsque l'individu arrêté déclarera qu'il consent à être livré sans aucune formalité au Gouvernement qui le réclame, votre substitut devra se borner à dresser procès-verbal de cette déclaration en double original. L'un de ces originaux sera remis à l'autorité administrative[2], qui se chargera de transférer l'étranger à la frontière et de le remettre aux autorités du pays étranger; l'autre me sera adressé par votre intermédiaire[3].

Les mesures que je viens d'indiquer suffiront, je l'espère, à prévenir désormais toute erreur sur l'identité des individus qui sont livrés à la justice étrangère[4]. Pour éviter des confusions du même genre en ce qui concerne les individus arrêtés à la suite d'une condamnation rendue en France par défaut ou par contumace, je crois devoir prescrire des mesures analogues. Il arrive parfois qu'une personne, portant le nom d'un individu condamné par défaut, est arrêtée dans un arrondissement éloigné de celui où la condamnation a été prononcée. S'il s'élève des doutes sur l'identité de la personne arrêtée, il importe que ce doute soit éclairci dans le plus bref délai. En conséquence, et d'accord avec M. le Ministre de l'intérieur, j'ai décidé que tout individu arrêté en vertu d'un mandat d'arrêt ou d'une ordonnance de prise de corps, serait conduit sur-le-champ devant le procureur de la République de l'arrondissement où a eu lieu l'arrestation. Ce magistrat vérifiera l'identité et consignera dans un procès-verbal les explications de l'individu arrêté; si ces explications lui paraissent de nature à motiver la mise en liberté de la personne arrêtée ou à faire ajourner son transfèrement jusqu'à ce que de nouveaux renseignements aient été obtenus, il

---

[2] Seront remises en même temps les pièces produites par le Gouvernement requérant à l'appui de la demande d'extradition. Lesdites pièces sont restituées aux autorités étrangères par l'Administration. Dans le cas prévu dans cette partie de la circulaire, le double du procès-verbal constatant la renonciation à l'accomplissement des formalités diplomatiques, qui est adressé à la Chancellerie, y est conservé comme pièce justificative de la mesure. Voy. déc. min. du 14 octobre 1876 (Bull. off. 1876, p. 211). — Une note insérée au Bulletin officiel (1877, p. 27) prescrit les mesures spéciales qui doivent être prises dans le cas où l'inculpé consent à être livré sans formalités.

Les procès-verbaux doivent contenir des mentions précises sur le fait incriminé et le tribunal saisi, afin de faciliter la tâche des autorités frontières. Voy. Note du 26 mars 1877. (Bull. off. 1877, p. 22.)

[3] Voy. aux frais de transport des prévenus et accusés, la circulaire du 1er juin 1864, et, sur le transfèrement des extradés, la circulaire du Ministre de l'intérieur du 18 juillet 1879. (Bull. off. 1879, p. 155.)

[4] Les prescriptions de cette circulaire ont été complétées par deux notes explicatives : la première, du 6 décembre 1875; la seconde de 1878. (Bull. off. 1876, p. 237; 1878, p. 19.) Cette dernière recommande de procéder à l'interrogatoire dès l'arrestation.

délivrera un ordre écrit auquel se conformeront les agents de l'Administration. En cas de difficulté, il vous en sera immédiatement référé.

Je vous prie de veiller à ce que vos substituts apportent à l'examen des questions parfois délicates qui leur seront soumises, toute l'attention et toute la prudence nécessaires.

J. Dufaure.

Emprisonnement. — Gardiens chefs. — Feuilles d'audience.

Du 26 octobre 1875.

A MM. les Procureurs généraux.

Je suis informé que dans plusieurs arrondissements les gardiens chefs des maisons d'arrêt, de justice et de correction sont obligés, en l'absence de renseignements plus précis, de s'en rapporter aux allégations, soit des gendarmes d'escorte, soit des détenus ramenés de l'audience, pour connaître la décision dont ceux-ci ont été l'objet. Il peut se faire que, par défaut d'intelligence ou par suite d'un état d'abattement passager, les condamnés ne puissent fournir exactement cette indication, et que, de leur côté, les gendarmes de service commettent quelque erreur, soit par inattention, soit par défaut de mémoire.

D'autre part, je me suis assuré que, même dans les arrondissements où l'on procède plus régulièrement, les moyens employés pour avertir quotidiennement le gardien chef des décisions intervenues ne présentent pas l'uniformité désirable.

Cet état de choses, d'où peuvent résulter des cas de détention illégale, ne doit pas être plus longtemps toléré.

J'ai décidé, en conséquence, qu'à l'avenir tous les parquets enverront, chaque soir, au greffe de la prison, une feuille signée du chef du parquet ou de son substitut, indiquant la décision intervenue à l'audience correctionnelle ou à celle de la cour d'assises, à l'égard de chaque détenu. Dans le cas où la détention d'un inculpé renvoyé de la poursuite ne devra pas être maintenue pour autre cause, le magistrat présent à l'audience rédigera l'ordre d'élargissement, lequel sera également transmis, le jour même, au gardien chef[1].

J. DUFAURE.

HYPOTHÈQUES. — Registres. — Dépôt au greffe.

Du 27 octobre 1875.

A MM. LES PREMIERS PRÉSIDENTS DES COURS D'APPEL.

La loi du 5 janvier 1875, destinée à assurer la conservation des registres des hypothèques et à faciliter leur reconstitution, confie au président de la cour, dans le ressort de laquelle se trouve le bureau du conservateur, le soin de désigner le tribunal au greffe duquel doit être déposé le double du registre de dépôt[1] (art. 1er).

Par une dépêche du 3 juin dernier, M. le Ministre des finances appelait mon attention sur l'utilité qu'il y aurait à faire décider, en principe, que ce dépôt devrait toujours être effectué dans l'un des greffes des tribunaux civils du département où réside le conservateur. Dans ce but, mon collègue avait fait insérer une disposition spéciale dans le projet de décret préparé par son département; mais le Conseil d'Etat ne crut pas devoir maintenir cette disposition dans la rédaction définitive.

Aujourd'hui, M. le Ministre des finances me fait connaître que l'Administration de l'enregistrement considère cette me-

---

[1] Les termes de la présente circulaire ont été reproduits dans une instruction adressée par le Ministre de l'intérieur aux préfets, à la date du 19 novembre 1875 :

«Il importe, en outre,» ajoute le Ministre, «que les feuilles transmises quotidiennement aux gardiens chefs soient conservées aux archives de chaque prison.

«La transmission des feuilles journalières précédant la production des pièces régulières, il est de toute nécessité que ces documents soient l'objet d'une comparaison attentive au greffe de la prison.»

Voy. circ. des 14 mai et 25 juin 1873, 6 janvier et 3 décembre 1874, sur les notices individuelles.

[1] Cette loi a été complétée par le décret du 28 août 1875, relatif à la tenue du registre sur lequel les conservateurs des hypothèques doivent inscrire les remises des actes et des bordereaux destinés à être transcrits, mentionnés ou inscrits.

sure comme indispensable pour l'exercice de la surveillance qui lui est confiée et pour la régulière application de la loi précitée et du décret du 8 août dernier.

En effet, les employés supérieurs de l'Administration chargés du soin d'examiner tous les travaux des receveurs ou conservateurs, dont ils contrôlent la gestion, ont à vérifier les doubles déposés dans les greffes, aussi bien que les doubles restés entre les mains du conservateur; ils sont tenus, notamment, de s'assurer par des rapprochements et, s'il y a lieu, au moyen de notes prises à la conservation, de la parfaite concordance des deux doubles.

Or, ces opérations de contrôle, qui, d'après leur nature, ne sauraient être convenablement effectuées que par le même agent, ne pourraient cependant être confiées, en ce qui concerne l'examen des doubles déposés au greffe d'un tribunal établi hors du département, à l'agent qui a examiné le service principal de la conservation, puisque, d'après l'organisation de l'Administration de l'enregistrement, les employés supérieurs n'ont pas qualité pour exercer leurs fonctions en dehors du département dans lequel ils ont prêté le serment professionnel prescrit par la loi.

D'un autre côté, les relations que la loi nouvelle et le décret établissent entre les conservateurs et les greffiers peuvent donner lieu à des difficultés dont la solution présenterait, en certains cas, des complications si les directeurs de l'enregistrement de deux départements différents devaient intervenir pour instruire l'affaire.

De même encore, en cas de reconstitution, soit des registres d'une conservation, soit des doubles déposés au greffe, l'exécution de la loi et du décret pourrait rencontrer des entraves ou des lenteurs si, à raison de la situation du greffe dans un autre département, l'opération nécessitait, en ce qui concerne le service de l'enregistrement, le concours de plusieurs agents résidant dans des départements distincts et relevant de chefs de service différents.

Pour prévenir ces difficultés, je vous prie, conformément au désir de mon collègue, de vouloir bien faire porter, autant que possible, votre désignation sur le greffe de l'un des tribunaux du département où est établie la conservation des hypothèques, si toutefois la réalisation de cette mesure vous semble ne présenter aucun inconvénient. Dans le cas contraire, vous voudrez bien me signaler les difficultés auxquelles elle pourrait donner lieu.

J. DUFAURE.

ÉTAT CIVIL. — Reconstitution. — Ville de Paris. — Notaires.

Du 29 octobre 1875.

A MM. LES PROCUREURS GÉNÉRAUX PRÈS LES COURS D'APPEL.

La loi du 3 août 1875, promulguée le 12 du même mois, qui modifie certaines dispositions de la loi du 12 août 1872, relative à la reconstitution des actes de l'état civil de Paris, a prescrit (art. 4) aux notaires de rechercher d'office les extraits d'actes de l'état civil déposés pour minutes dans leurs études ou annexés à d'autres actes, et d'en adresser copie certifiée par eux au dépôt central établi à Paris, au palais de la Bourse, dans le délai d'un an à compter de la promulgation de ladite loi [1].

Antérieurement à la promulgation de cette loi, certaines chambres de discipline, et notamment celle de Paris, allant au-devant des intentions du législateur, avaient recommandé aux membres de la corporation de prendre eux-mêmes l'initiative des recherches à opérer dans leurs études; mais cet exemple n'a pas été partout suivi. Les notaires avaient toujours la faculté de se retrancher dans le texte de la loi (art. 12 de loi du 12 août 1872) qui les astreignait seulement à tenir leurs minutes à la disposition des employés de l'enregistrement, et à ne délivrer de copies que pour les extraits signalés, soit par ces employés, soit par la commission. Cette latitude devait avoir pour résultat de priver la commission d'une

---

[1] Ces prescriptions ont été rappelées par la circulaire du 9 août 1877. (Bull. off. 1877, p. 45.)

Voy. sur les obligations imposées aux notaires par la loi du 12 août 1872 et les indemnités qui leur sont allouées, la circulaire du 11 septembre 1872 et les notes qui l'accompagnent.

Voy. circ. du 19 octobre 1871, indiquant les règles à suivre pour le rétablissement d'office des registres détruits en 1870 et 1871.

La circulaire du 11 septembre 1871 traite des indemnités à accorder aux officiers publics chargés du travail de la reconstitution des actes de l'état civil.

source précieuse d'éléments de reconstitution, un très grand nombre d'actes étant demeurés dans les archives notariales. Il importait, dès lors, de convertir en une obligation absolue la faculté laissée jusqu'à ce jour à ces officiers publics.

Les chambres de discipline ayant été chargées par le législateur de veiller à l'exécution de ces nouvelles prescriptions, vos substituts devront appeler sur ce point l'attention des présidents des compagnies, et les inviter à tenir la main à ce que les notaires se conforment exactement aux obligations spéciales qui leur sont imposées.

J. DUFAURE.

FRANCHISE POSTALE. — Greffiers. — Conservateurs des hypothèques.

Du 29 octobre 1875.

A. MM. LES PROCUREURS GÉNÉRAUX PRÈS LES COURS D'APPEL.

Aux termes d'une décision prise par M. le Ministre des finances, le 6 octobre courant, pour l'exécution de l'article 3 du règlement d'administration publique du 28 août 1875 :

« Art. 1er. Sont assimilés à la correspondance de service et « admis à circuler en franchise, sous chargement, dans le « ressort de la cour d'appel, les registres de dépôt des actes « ou des bordereaux à transcrire, à mentionner ou à inscrire, « adressés par les conservateurs des hypothèques aux greffiers « des tribunaux civils, et les récépissés de ces envois adressés « par les greffiers aux conservateurs des hypothèques.

« Art. 2. Les dépêches susdésignées porteront, sur la sus« cription, les mots *article 3 du décret du 28 août 1875.* Les « registres des conservateurs d'hypothèques seront expédiés « sous plis fermés; les récépissés délivrés par les greffiers se« ront placés sous bandes. »

Je vous prie de vouloir bien porter ces dispositions à la connaissance des titulaires des greffes des tribunaux civils désignés par M. le premier président de votre cour pour être dépositaires des doubles registres des conservations d'hypothèques [1].

J. DUFAURE.

---

[1] Voy. circ. du 23 mai 1856, note.

Magistrats. — Juges suppléants. — Limite d'âge. — Présentations.

Du 5 novembre 1875.

A MM. les Premiers Présidents et Procureurs généraux.

J'ai remarqué que les juges suppléants qui ont atteint la limite d'âge fixée par le décret du 1er mars 1852 ne figurent plus sur les listes que vous adressez chaque année à la Chancellerie.

Cette omission résulte sans doute de ce que ce décret n'a jamais été appliqué aussi régulièrement aux juges suppléants qu'aux autres membres inamovibles des tribunaux de première instance et des cours.

Le maintien d'un semblable état de choses me paraîtrait regrettable, et j'ai l'intention de soumettre, désormais, à la règle posée par le décret précité, tous les magistrats, aussi bien les suppléants que les titulaires.

Je vous prie, en conséquence, de me faire parvenir, le plus tôt possible, un état des juges suppléants en exercice qui ont actuellement accompli leur soixante-dixième année ou qui l'accompliront en 1876 [1].

J. Dufaure.

Traités. — Successions. — Étrangers.

Du 8 novembre 1875.

A MM. les Procureurs généraux près les Cours d'appel.

Par une circulaire en date du 14 juin 1869 [1], l'un de mes prédécesseurs a appelé l'attention des magistrats sur l'inexécution des conventions conclues entre la France et certaines

---

[1] Les présentations aux places vacantes doivent être adressées à la Chancellerie avant le jour où les magistrats à remplacer atteignent la limite d'âge. (Voy. circ. du 4 novembre 1859.)

Voy. inst. générales sur les présentations. (Circ. des 16 août 1848, 15 mai 1850 et 22 février 1853.)

[1] Voy. cette circulaire et la note.

puissances étrangères pour attribuer aux consuls respectifs le droit de liquider et d'administrer les successions de leurs nationaux.

J'ai insisté moi-même, par une circulaire du 17 août 1872 [2], sur la nécessité pour l'autorité française de se conformer strictement à ces conventions.

J'avais ainsi lieu d'espérer que les doléances exprimées à diverses reprises, par les membres du corps diplomatique étranger, ne se reproduiraient plus.

Il résulte néanmoins d'une communication récente de M. le Ministre des affaires étrangères que de nouvelles négligences lui auraient été signalées en ces matières, notamment en ce qui concerne l'application de la convention conclue le 11 décembre 1866 entre la France et l'Autriche.

Conformément au désir qui m'est exprimé par mon collègue, je vous prie de vouloir bien rappeler à MM. les juges de paix l'intérêt qui s'attache à ce que les consuls les plus rapprochés de leur résidence soient prévenus, dans le plus bref délai, du décès de leurs nationaux.

Vous pourrez saisir cette occasion de faire connaître à ces magistrats qu'à la liste des traités précédemment conclus avec d'autres puissances, telle qu'elle résulte des circulaires rappelées ci-dessus, il convient d'ajouter la convention signée le 1er avril 1874, entre la France et la Russie, pour le règlement des successions laissées dans l'un des deux États par des nationaux de l'autre pays.

J. Dufaure.

Mariage. — Dispenses d'âge, de parenté et d'alliance.

Du 11 novembre 1875.

A MM. les Procureurs généraux.

Les demandes de dispense d'âge, de parenté et d'alliance donnent lieu dans les parquets à un travail important qui ne s'accomplit pas dans les conditions d'uniformité désirables,

---

[2] Circ. non insérée relative à la convention conclue avec le Chili. (Voy. circ. du 14 juin 1869, note 2.)

soit que les prescriptions déjà anciennes de la Chancellerie aient été perdues de vue, soit que leur interprétation ait varié suivant les magistrats chargés de les appliquer[1].

Il me paraît, dès lors, utile de vous les retracer dans des instructions générales, afin que, bien précisées dans leur sens et leur portée, elles soient exécutées de même partout, et concourent ainsi à faire expédier plus promptement des affaires qui touchent à des intérêts si graves et quelquefois si urgents.

Les dispenses d'âge ont pour objet de protéger l'honneur compromis ou menacé des familles.

Elles ne doivent généralement être accordées à l'homme qu'après dix-sept ans accomplis, et à la femme qu'après quatorze ans révolus; cette règle n'est pas absolue, mais on ne pourrait y déroger que dans des circonstances très rares et pour des causes exceptionnelles.

Cette dispense est le plus souvent réclamée dans l'intérêt de la jeune femme; aussi, lorsque la future épouse est plus âgée que celui qu'elle désire épouser, on craint qu'elle n'ait abusé de l'influence que son âge lui donnait, et la demande est difficilement accueillie.

Les dispenses de parenté, bien plus que les dispenses d'alliance, doivent être motivées sur des causes graves, car, indépendamment des liens du sang qui unissent les parties et qui, d'après les données de la science, peuvent être une cause de dégénération, il existe le plus souvent entre l'oncle et la nièce, la tante et le neveu, une assez grande différence d'âge; enfin, la parenté suppose des sentiments de protection et d'autorité d'une part, de déférence et de respect de l'autre, qui s'accordent mal avec l'affectueuse égalité qui doit régner entre les époux.

Je crois devoir vous rappeler, Monsieur le Procureur général, qu'aux termes d'une décision prise en Conseil d'État par l'Empereur, le 7 mai 1808, la prohibition portée par l'article 163 du Code civil s'étend au mariage entre le grand-oncle et la petite-nièce, et, par voie de conséquence, au mariage entre la grand'tante et le petit-neveu. Je vous ferai

---

[1] La présente circulaire remplace les instructions générales non insérées des 10 mai 1824, 28 avril 1832 et 22 octobre 1848.

remarquer encore que les dispositions de l'article 163, à la différence de celles de l'article 162, ne s'étendent pas aux liens d'une parenté naturelle; enfin, que le mariage d'un oncle ou d'une tante ne crée aucun lien de parenté entre son conjoint et ses neveux.

Pour les dispenses d'alliance, la cause la plus grave qui puisse être invoquée est la situation des enfants d'un premier lit, auxquels il importe d'assurer la protection d'un oncle qui deviendra pour eux un second père, les soins d'une tante qui leur servira de mère.

Les autres motifs qui peuvent être invoqués sont : l'amélioration de position constituée par le mariage en faveur de l'un des futurs; l'assistance assurée aux ascendants; les intérêts d'une exploitation agricole, industrielle ou commerciale; une indivision avantageuse maintenue; des liquidations, des partages, des procès même évités ou terminés.

Dans les demandes de dispenses de toute nature, l'union projetée a trop souvent pour objet de donner une situation régulière à des enfants nés ou à naître de relations illégitimes des futurs. S'il importe de se montrer rigoureux contre le vice et la débauche, les circonstances de la faute peuvent néanmoins en atténuer la gravité, et parfois l'indulgence est imposée par l'intérêt d'enfants qui se trouveraient sans famille si le mariage subséquent de leurs père et mère ne venait leur assurer, conformément à la jurisprudence de la Cour de cassation, le bénéfice de la légitimation. (Arrêt du 22 janvier 1867.)

Il faut toutefois éviter que l'inconduite ne paraisse être un titre à la faveur, et, à moins que des motifs sérieux y mettent obstacle, les futurs doivent se séparer pour donner satisfaction à la morale publique.

Mais il n'appartient qu'à moi seul de prescrire cette mesure et ses conditions.

Les magistrats peuvent conseiller la séparation au cours de l'instruction; mais ils ne peuvent jamais l'imposer de leur propre autorité, et ils ont toujours à se garder d'en prendre motif pour retarder l'envoi du dossier à la Chancellerie. J'insiste sur ces prescriptions, qui n'ont été que trop souvent oubliées.

Quand je croirai devoir exiger une séparation, je vous recommande de veiller avec le plus grand soin à ce que je sois informé sans le moindre retard de cette séparation, aussitôt qu'elle sera effectuée, ou dès que le délai que j'aurai fixé sera accompli.

Les relations qui se sont établies du vivant du conjoint décédé sont une cause absolue de rejet, même lorsqu'il existe un enfant adultérin, auquel la loi refuse d'ailleurs le bénéfice de la reconnaissance et de la légitimation. (Art. 331 et 335 du Code civil.)

Les magistrats devront surtout s'attacher à m'édifier sur ce point capital, et je n'ai pas besoin de vous faire remarquer, Monsieur le Procureur général, que, si la recherche de la paternité est interdite judiciairement, rien ne s'oppose à ce que la position des parties soit établie par tous les moyens extrajudiciaires pour être ensuite portée confidentiellement à ma connaissance.

L'article 228 du Code civil défend à la femme de contracter un nouveau mariage moins de dix mois après la dissolution du mariage précédent. Aucun délai n'est imposé à l'homme; mais la jurisprudence de la Chancellerie, basée sur des raisons de convenance, n'admet pas que des dispenses puissent être accordées avant l'expiration d'une année de veuvage.

Cette règle ne doit toutefois être appliquée, en matière d'alliance, qu'autant qu'il s'agit de la dissolution de l'union qui a produit l'alliance.

Lors même que la règle est applicable, une dérogation est permise lorsqu'on invoque certaines considérations importantes, et, notamment, l'intérêt de jeunes enfants dont l'âge ou l'état réclame impérieusement une protection, des soins affectueux, dévoués et intelligents; aussi, bien que l'année de deuil ne soit pas accomplie, tout dossier dont l'instruction est terminée devra m'être transmis avec des renseignements qui me permettront de décider s'il y a lieu de maintenir le délai de convenance.

Une union disproportionnée présente peu de garanties pour l'avenir; une grande différence d'âge entre les futurs, surtout quand c'est la femme qui est plus âgée, constitue généralement une raison de refuser les dispenses.

Mais la règle n'est pas absolue à ce point qu'elle ne puisse recevoir des exceptions déterminées par des motifs sérieux, tels qu'ils sont indiqués plus haut, quelquefois même par les usages et les habitudes d'un pays; l'importance et la portée de ces considérations sont laissées à l'appréciation des magistrats.

La conduite et la moralité des parties, la connaissance qu'elles ont réciproquement de leur situation, le consentement libre et dénué de toute influence étrangère qu'elles donnent à l'union projetée, les dispositions de l'opinion publique réclamant leur mariage comme un moyen de faire cesser leurs relations illicites, sont des éléments essentiels de la décision. Je ne saurais trop engager les magistrats à les recueillir et à les contrôler avec le plus grand soin.

Le consentement des parents des futurs est une des conditions légales pour la validité du mariage.

Il importe que je ne sois pas exposé à provoquer du Chef du Gouvernement des dispenses qui n'auraient pas d'application possible, si le mariage qui en est l'objet ne pouvait s'accomplir.

Les magistrats devront donc s'assurer du consentement donné à l'union projetée par les père et mère ou ascendants des futurs, le conseil de famille quand il doit intervenir, le tuteur *ad hoc* dans le cas de l'article 159 du Code civil.

Mais une distinction doit être établie suivant que, d'après l'âge des futurs, le consentement exigé par la loi est ou n'est pas une des conditions indispensables pour la célébration du mariage.

Si le défaut de consentement constitue un empêchement absolu au mariage (art. 148 du Code civil), ce consentement doit être exigé. Son absence rend le mariage et, par conséquent, les dispenses impossibles.

Si, au contraire, le refus de consentement ne constitue au mariage qu'un obstacle qui peut être levé au moyen d'actes respectueux (art. 151, 152 et 153 du Code civil), il n'est plus qu'une considération généralement défavorable, mais soumise de la part des magistrats à un examen dont ils ont seulement à me rendre compte, et ce refus ne doit pas arrêter l'instruction.

Dans tous les cas, il suffit que le consentement soit consigné sur la demande même de dispenses.

Les pièces à exiger des intéressés sont :

Pour les dispenses d'âge, une demande signée des futurs, portant le consentement spécialement donné à la demande par les parents du requérant mineur, et l'acte de naissance de chacun des pétitionnaires;

Pour les dispenses de parenté, une demande signée des futurs, leurs actes de naissance, l'acte de mariage des auteurs communs, ou les actes de mariage d'un auteur commun (suivant qu'il s'agit de parenté germaine, consanguine ou utérine), l'acte de mariage des parents de l'un des futurs conjoints qui établit l'état légitime d'oncle et nièce, ou de tante et neveu[2];

Pour les dispenses d'alliance, demande, actes de naissance des deux futurs, acte de mariage constitutif de l'alliance, acte de décès du conjoint décédé.

Lorsque le futur appartient aux armées de terre ou de mer, il doit justifier du consentement de ses chefs, qui est indispensable pour que l'officier de l'état civil puisse procéder au mariage. (Décret du 16 juin 1808.)

Si l'un des futurs est d'une nationalité étrangère, ou si les deux futurs sont étrangers, le magistrat instructeur doit exiger les dispenses délivrées par le Gouvernement étranger, ou la preuve que les lois du pays d'origine des futurs ou de l'un d'eux ne défendent pas le mariage projeté[3].

La règle est absolue lorsqu'il s'agit du mariage d'une Française avec un étranger; la loi française doit, en effet, protéger les femmes d'origine française contre l'application d'une loi étrangère qui, dans le pays d'origine du futur mari, ferait une concubine d'une femme à laquelle, en France, notre législation assurerait la qualité de femme légitime.

Dans le cas, au contraire, où il s'agit d'une femme étrangère qui aspire à devenir française par le mariage, si une difficulté naissait, soit de la différence des législations, soit du refus des dispenses du Gouvernement étranger, cette situation ne constituerait pas une raison absolue de suspendre

---

[2] Le mariage est prohibé entre grand-oncle et petite-nièce et entre grand'-tante et petit-neveu. (Déc. min. du 25 juillet 1876. — Bull. off. 1876, p. 129.)

[3] Les étrangers doivent obtenir des dispenses comme les nationaux. (Déc. min. des 18 et 26 juillet 1877. — Bull. off. 1877, p. 92.)

toute instruction; le magistrat instructeur devrait en référer, par votre intermédiaire, à mon appréciation.

Il en est de même pour nos anciens compatriotes originaires d'Alsace ou de Lorraine qui ont perdu, faute d'option faite régulièrement ou en temps utile, la nationalité française.

La question des droits de sceau touche à la fois aux intérêts du Trésor public et à ceux des parties. Je la recommande à votre attention : car si, d'une part, les intérêts du Trésor doivent être sauvegardés, d'autre part, il faut prendre en considération la position de fortune des postulants pour modérer les droits ou en accorder même la remise totale.

Vous voudrez bien veiller à ce que des renseignements soient pris avec le plus grand soin sur les ressources que les parties peuvent retirer de valeurs mobilières, du produit de leurs propriétés, de leur industrie, de leur travail, sur celles qui leur sont assurées par leurs familles ou qu'elles peuvent en attendre, sur les charges qu'elles ont à supporter.

Vos rapports et ceux de vos substituts devront toujours indiquer si la totalité des droits, qui s'élèvent à 300 francs, plus 25 centimes pour le timbre de la quittance, paraît devoir être laissée à la charge des postulants, ou s'il y a lieu d'accorder la remise entière ou une réduction partielle de ces droits. Dans ce dernier cas, la quotité de la remise à accorder doit toujours être fixée par dixièmes ou vingtièmes[1].

La loi du 10 décembre 1850 assure le bénéfice de la gratuité aux personnes qui justifient d'un certificat d'indigence. Son effet ne se borne pas aux droits de sceau; la loi prescrit de délivrer aux porteurs desdits certificats tous les actes sur papier libre et sans frais. Aussi chaque fois que des demandeurs sont présumés indigents, il importe, pour leur épargner des frais inutiles, que tout d'abord, et avant la réunion des pièces du dossier, il soit procédé à un examen sérieux de leur position et de leurs ressources.

Les certificats d'indigence sont délivrés, sur le certificat du percepteur, à toute personne qui ne paye pas 10 francs de contributions, par le commissaire de police, ou par le

[1] Les circulaires non insérées des 16 août 1817 et 16 juillet 1839 contenaient des dispositions analogues en faveur des indigents.

maire des communes à défaut du commissaire de police; en outre, pour éviter les abus, qui sont surtout à craindre dans les villes, où la fortune mobilière est plus répandue, la loi exige le visa du juge de paix et la mention par ce magistrat que l'indigence est à sa connaissance personnelle.

J'appelle votre attention sur la délivrance de ces certificats, dont la présence dans un dossier affranchit le demandeur de toute espèce de charges pécuniaires, et je désire que vous donniez à vos substituts les instructions nécessaires pour qu'ils fassent annuler, dès le début de l'instruction, les certificats d'indigence, lorsqu'il leur sera démontré que les individus auxquels ils ont été délivrés, bien qu'ils ne figurent pas sur les rôles des contributions ou qu'ils y soient portés pour une somme inférieure à 10 francs, ont néanmoins des ressources assurées qui leur permettent de payer la totalité ou une partie des droits [5].

Je vous recommande, Monsieur le Procureur général, d'insister auprès de vos substituts pour qu'ils s'abstiennent d'exiger des parties la production de pièces complètement inutiles, telles que : actes de décès des ascendants des futurs, actes de naissance et de décès de leurs enfants (mais en leur faisant remarquer sur ce point que, s'il y avait eu reconnaissance d'enfants nés incestueux, cette reconnaissance illégale devrait m'être signalée, afin que je puisse, dans le cas où les dispenses seraient refusées, prescrire des poursuites pour son annulation), extraits des rôles des contributions (si ce n'est dans le cas d'indigence légalement constatée), certificats de bonne vie et mœurs délivrés par les maires et trop souvent contredits par les faits, extrait du casier judiciaire, etc.

La réunion de ces pièces, qui s'élèvent parfois à un nombre considérable, a pour résultat de ralentir l'instruction des affaires, de retarder la délivrance des dispenses et d'entraîner pour les parties des frais relativement élevés.

MM. les procureurs de la République chargés de l'instruction ne doivent pas perdre de vue que les dispenses ont pour objet la levée d'une prohibition légale, et par conséquent la possibilité du mariage, non sa célébration; que les seules

---

[5] Voy. sur les pièces qui peuvent être exigées des parties pour apprécier leur état d'indigence, circ. du 29 mars 1851.

pièces indispensables sont celles qui constatent l'âge, la parenté, l'alliance des demandeurs; que, pour l'irrégularité ou le manque de concordance des actes de l'état civil, l'avis du Conseil d'État du 30 mars 1808 rend inutiles, au point de vue du mariage, des rectifications judiciaires; que les magistrats doivent m'éclairer, par leurs rapports, sur la mesure à provoquer du Chef du Gouvernement; qu'ils ont à se renseigner par eux-mêmes et non au moyen de pièces produites par les futurs, auprès des autorités locales judiciaires, religieuses, municipales et administratives (juges de paix, maires, curés, receveurs des contributions, etc.); que l'instruction de ces affaires délicates leur est confiée sous leur responsabilité personnelle, et que leur avis, contrôlé par vous, sert de base à mes décisions, sans qu'il soit nécessaire pour eux de produire la justification matérielle des éléments de leurs propositions[6].

J. DUFAURE.

TRIBUNAUX DE SIMPLE POLICE. — Greffiers. — Recours en cassation.

Du 29 novembre 1875.

A MM. LES PROCUREURS GÉNÉRAUX.

Je suis informé que les greffiers d'un certain nombre de tribunaux de simple police omettent de tenir le registre prescrit par l'article 417 du Code d'instruction criminelle et destiné à recevoir les déclarations de recours en cassation.

Il en résulte que les condamnés se trouvent dans la nécessité, en vue de donner une certaine régularité à leurs recours, de faire signifier par exploit au greffe une déclaration extra-judiciaire de pourvoi.

Cet état de choses ne saurait être toléré. Je vous prie, en conséquence, de vérifier si le registre prescrit par la loi est régulièrement tenu aux greffes de tous les tribunaux de simple police de votre ressort. Dans le cas contraire, vous voudrez bien adresser des injonctions formelles aux greffiers qui seraient trouvés en défaut, et rappeler aux juges de paix qu'une

---

[6] Voy. circ. du 20 octobre 1876 sur la forme des rapports en matière de dispenses. (Bull. off. 1876, p. 223.)

irrégularité de ce genre engage leur responsabilité. L'ordonnance du 5 novembre 1823 impose en effet à ces magistrats l'obligation de vérifier, tous les mois, la tenue régulière des registres et autres actes judiciaires déposés au greffe.

J. Dufaure.

Casiers judiciaires. — Instructions générales.

Du 8 décembre 1875.

A MM. les Procureurs généraux.

.... [1]

VIII. *Bulletins n° 1.* — Malgré les prescriptions réitérées, les bulletins n° 1 ne sont pas transmis à la Chancellerie dans les délais réglementaires[2]. Ces retards sont surtout préjudiciables à l'administration de la justice lorsqu'il s'agit de condamnations par contumace ou par défaut[3] et de déclarations de faillite. Des bulletins relatant des jugements déclaratifs de faillite ne me sont parvenus qu'un an et même deux ans après le prononcé de ces jugements; il serait utile d'inviter les greffiers des tribunaux de commerce à rédiger plus promptement leurs bulletins n° 1.

IX. La circulaire du 8 décembre 1868 (§ 20) recommandait d'indiquer en tête des bulletins n° 1, et d'une façon apparente, l'année de la naissance des condamnés. Peu de greffiers se conforment à cette prescription, et ceux qui l'observent placent la mention tantôt à droite, tantôt à gauche et en petits chiffres souvent illisibles; elle doit être portée à gauche et en gros caractères[4].

---

[1] La première partie de la circulaire explique certaines modifications apportées aux cadres statistiques.

[2] Voir circ. du 6 novembre 1850, III, 7°, et la note 6; et celles du 30 août 1855, note 3, du 1er juillet 1856, § XVI, et du 30 décembre 1873, § V.

[3] Voir circ. du 30 décembre 1850, § IX, et note 10.

[4] Voir circ. du 6 décembre 1876, § XVII (Bull. off. 1876, p. 245), qui insiste sur cette prescription.

X. Mon Administration doit, en vertu de la circulaire du 15 décembre 1874, faire l'envoi au Département de la guerre des copies de bulletins n° 1, relatifs aux condamnés que concerne le casier central. Pour les Alsaciens-Lorrains et pour les individus dont le lieu de naissance n'a pas été légalement constaté sur les registres de l'état civil, ainsi que pour les condamnés originaires de nos colonies, il n'y a pas de difficulté; mais à l'égard des individus qui sont Français par naturalisation ou par nationalité, bien que nés à l'étranger, si les bulletins n° 1 ne font pas connaître cette particularité, la copie n'en est pas faite, et les rangs de l'armée peuvent être ouverts à des individus que la loi déclare indignes [5].

XI. Il arrive fréquemment que le casier central reçoit des bulletins n° 1 portant la mention *récidiviste*, sans qu'il existe d'antécédents au nom indiqué. La correspondance à laquelle on est forcé de recourir fait connaître que, lors de la rédaction des précédents bulletins, le nom patronymique du condamné n'avait pas été orthographié de la même façon. Comme l'extrait du casier judiciaire joint au dossier révèle cette irrégularité, il est indispensable de la signaler sur le nouveau bulletin n° 1, afin d'éviter qu'elle ne se renouvelle [6].

XII. J'ai eu quelquefois l'occasion de remarquer que des greffiers conservaient dans leurs casiers judiciaires des bulletins s'appliquant à des individus dont l'acte de naissance n'a pas été trouvé sur les registres de l'état civil de l'arrondissement. L'extrait qu'ils délivrent relate les condamnations prononcées; mais, comme il porte qu'il n'y a pas d'acte de naissance applicable, le nouveau bulletin n° 1 est dirigé sur le casier central, et les antécédents judiciaires du même individu se trouvent scindés [7].

XIII. Vous n'ignorez pas que des conventions diplomatiques ont établi entre la France et plusieurs pays limitrophes un échange mensuel de bulletins n° 1 concernant les nationaux

---

[5] Voy. circ. du 19 février 1874.

[6] Voy. circ. du 1er juillet 1856, § XIII; du 30 décembre 1873, § VIII; et du 6 décembre 1876, § XVIII (Bull. off. 1876, p. 245).

[7] Voy. circ. du 30 août 1855, note.

respectifs. Il n'est pas de mois où un certain nombre de bulletins ne soient renvoyés à la Chancellerie faute d'indications suffisantes pour constater l'identité des condamnés. Les représentants des puissances étrangères ont plusieurs fois exprimé le désir que le lieu d'origine du condamné et la province à laquelle il appartient, fussent toujours exactement mentionnés. Il serait à désirer, en effet, qu'il en fût ainsi, et je compte sur vos substituts pour y veiller [8].

XIV. Il résulte d'une communication qui m'est faite par mon collègue du Département de l'intérieur que les bulletins de condamnations transmis par les greffiers aux sous-préfets, pour être classés dans les casiers administratifs électoraux, ne sont pas de dimension uniforme. Vos substituts devront veiller à ce que ces extraits de condamnations soient relevés sur des bulletins n° 1 du format adopté pour les casiers judiciaires, c'est-à-dire de celui de la feuille de timbre de 60 centimes [9].

XV. Les bulletins des condamnations par défaut indiquent si le jugement a été ou non signifié. Cette énonciation est reproduite sur l'extrait délivré, afin que le parquet qui exerce de nouvelles poursuites puisse procéder à l'exécution des condamnations non subies [10]. Mais comme, après l'envoi du bulletin au casier, le condamné peut acquiescer au jugement ou être repris par la justice et incarcéré en vertu d'un jugement par défaut, il y aurait lieu, dans l'un et l'autre cas, de prévenir de cette circonstance, soit le parquet de l'arrondissement d'origine, soit la Chancellerie, pour que mention en soit faite sur le bulletin n° 1 [11].

---

[8] Voy. circ. du 30 décembre 1873, § VI, circ. du 5 mai 1877, et circ. du 4 décembre 1879, § IX. (Bull. off. 1877, p. 54, 1879, p. 248.) — Les bulletins constatant les faillites doivent être compris dans ces envois. — Circ. du 3 décembre 1877, § X (Bull. off. 1877, p. 140).

[9] La circulaire du 6 décembre 1876, § XXI (Bull. off. 1876, p. 246), rappelle et développe cette recommandation. — Voy. aussi circ. du 18 décembre 1874, sur la création du casier électoral.

[10] Voy. circ. du 30 décembre 1873, § XI.

[11] Voy. circ. du 30 décembre 1850, § IX, et la note 10; et, en outre, celles des 8 décembre 1868, § XIII, 29 novembre 1869, § IX, et 30 décembre 1873, §§ X et XVI.

XVI. Il me reste à faire à vos substituts une dernière recommandation, relative aux demandes d'extraits du casier central qu'ils m'adressent. En raison de l'urgence, des instructions ont été données par l'Administration des postes pour que toutes les lettres destinées au casier central fussent dirigées immédiatement sur Paris et non sur Versailles. Il est donc nécessaire que ces lettres soient placées dans une enveloppe spéciale, avec cette suscription : *Casier central,* comme l'avait, du reste, prescrit la circulaire du 12 août 1873.

J. Dufaure.

Magistrats. — Discipline. — Délégués sénatoriaux.

Du 11 décembre 1875.

A MM. les Procureurs généraux près les Cours d'appel.

J'ai été consulté sur la question de savoir si les membres du parquet et les juges de paix pouvaient accepter les fonctions de délégués des conseils municipaux pour l'élection des sénateurs.

L'Assemblée nationale a, vous le savez, plusieurs fois affirmé sa volonté de tenir les membres amovibles des tribunaux de première instance et les juges de paix complètement à l'écart des luttes électorales ; c'est ainsi que, par deux lois successives, l'une du 30 mars, l'autre du 14 avril 1871, elle a décidé que ces magistrats ne pourraient être nommés, dans les communes de leur arrondissement ou de leur canton, membres ni des conseils généraux ni des conseils municipaux.

L'honorable rapporteur de la loi du 14 avril 1871 s'exprimait en ces termes :

« La magistrature ne peut que gagner de la considération en se renfermant dans sa mission respectable, et que perdre la confiance de ses justiciables en descendant dans les luttes locales. Les conseils municipaux seront assurément privés, par cette mesure, de lumières précieuses ; mais la perte qu'éprouvera l'Administration sera plus que compensée par l'accroissement du respect accordé aux magistrats. »

Ces considérations s'appliquent, avec plus de force encore, aux élections sénatoriales.

Je verrais les plus graves inconvénients à ce que les magistrats, qui ne peuvent faire partie des conseils municipaux, reçussent, de ces mêmes conseils, un mandat exclusivement politique; que, nommés délégués, ils prissent part aux réunions qui précéderont l'élection; qu'enfin ils fussent mêlés aux compétitions des partis et exposés à des sollicitations qui peuvent devenir d'autant plus ardentes que la liste électorale est plus restreinte[1].

Je vous prie, en conséquence, de vouloir bien inviter les membres amovibles des tribunaux de première instance et les juges de paix de votre ressort à refuser toute candidature comme délégués des conseils municipaux pour les élections du Sénat, et, dans le cas où ils seraient nommés, à résigner immédiatement ces fonctions.

J. Dufaure.

Greffiers de justice de paix. — Inscription au rôle. — Enregistrement.

Du 16 décembre 1875.

A MM. les Procureurs généraux près les Cours d'appel.

M. le directeur général de l'enregistrement, des domaines et du timbre, adresse aux préposés de son Administration une circulaire pour l'exécution de la loi du 16 novembre 1875, qui établit, à partir du 1er janvier prochain, un droit de greffe de 1 franc, en principal, pour l'inscription au rôle de chaque cause portée à l'audience des juges de paix, afin d'y recevoir jugement. La perception de ce droit aura lieu conformément aux dispositions des articles 3, 4, 10 et 24 de la loi du 21 ventôse an VII.

---

[1] La circulaire non insérée du 26 janvier 1870 avait déjà décidé que les juges de paix qui se porteraient candidats aux élections de toute nature seront considérés comme démissionnaires. La circulaire du 19 juin 1871 interdit aux membres des parquets toute candidature. Celle du 31 avril 1871 avertit les juges de paix de l'impartialité qu'ils doivent conserver en cas de candidature de leurs parents.

De mon côté, je crois qu'il est utile, pour faciliter l'application de la loi nouvelle, de tracer quelques règles aux juges de paix et à leurs greffiers, et de rappeler notamment à ces derniers certaines des prescriptions du décret des 18-26 octobre 1790, qui, j'ai lieu de le supposer, ne seraient plus fidèlement observées.

Les articles 1 et 2 du titre VIII de ce décret imposent aux greffiers l'obligation de tenir un registre sur lequel ils doivent inscrire, par ordre de numéros, toutes les affaires civiles soumises au juge de paix par suite de comparution volontaire ou de citation[1].

Ce registre d'ordre intérieur est, à ce titre, dispensé du timbre par l'article 16, n° 2, de la loi du 16 brumaire an VII; il devra servir de rôle, et c'est au moment de l'inscription des causes que sera perçu le droit nouveau, qui ne peut être exigé qu'une seule fois; si la cause rayée du rôle y est ultérieurement replacée, l'inscription a lieu gratuitement; telle est, d'ailleurs, la disposition de l'article 3 de la loi du 21 ventôse an VII précitée, que la loi nouvelle a rendu applicable aux justices de paix.

Vous veillerez, Monsieur le Procureur général, à ce que les greffes, où ce registre ne serait point ouvert, en soient immédiatement pourvus. J'ajouterai que la tenue de ce registre avait été recommandée par l'un de mes prédécesseurs, en 1840, pour les besoins de la statistique, et que cette obligation est devenue plus étroite en présence de la loi du 16 novembre 1875.

Le droit de mise au rôle des causes en justice de paix sera passible des deux décimes établis par les lois des 6 prairial an VII et 23 août 1871; mais il sera exempt de la taxe supplémentaire de 5 p. 0/0 imposée par l'article 2 de la loi du 30 décembre 1873.

Les greffiers sont chargés de le percevoir et d'en verser

---

[1] Voy. circ. du 28 juillet 1825 sur la tenue d'un registre de perception dans les greffes de justice de paix, et celle du 24 mai 1854 contenant des instructions pour assurer la bonne tenue de ce registre. Les émoluments des greffiers de justice de paix ont été réglés par le décret du 16 février 1807, art. 9 et suiv., l'ordonnance du 17 juillet 1825 et le décret du 8 décembre 1862 (voy. circ. du 13 décembre 1862), modifié par celui du 24 novembre 1871, et la loi du 16 novembre 1875.

le montant, le 1er de chaque mois, en présentant leur registre au receveur de l'enregistrement, qui donnera quittance sur ce registre, à la suite de la dernière inscription (loi du 21 ventôse an VII, art. 4 et 10).

Conformément à l'article 24 de la même loi, le droit sera compris dans la taxe des dépens. A raison de l'augmentation de traitement accordée aux greffiers par la loi de 1875, il ne leur est alloué aucune remise sur les sommes ainsi recouvrées par eux (art. 2).

L'obligation d'effectuer le versement du montant de ces perceptions, le 1er de chaque mois, à la caisse du receveur de l'enregistrement, ne contient aucune sanction particulière; mais les juges de paix, et au besoin vos substituts, devront tenir la main à ce qu'il ne soit apporté aucun retard dans l'accomplissement de ce devoir.

Il m'a paru utile, pour établir l'uniformité des registres, de vous adresser le modèle ci-joint, qui satisfait tout à la fois aux dispositions du décret des 16-26 octobre 1790, aux prescriptions ministérielles de 1840 et aux exigences de la loi nouvelle[2].

J. DUFAURE.

PRÉSÉANCES. — Prières publiques. — Invitations.

Du 20 décembre 1875.

A MM. LES PROCUREURS GÉNÉRAUX PRÈS LES COURS D'APPEL.

L'article 1er de la Constitution du 16 juillet dernier dispose que chaque année (le dimanche qui suivra la rentrée des deux Chambres) «des prières publiques seront adressées à «Dieu dans les églises et dans les temples pour appeler son «secours sur les travaux des Assemblées».

La cérémonie des prières, par cela même qu'elle est ordonnée par la Constitution, a évidemment le caractère d'une cérémonie publique, et les différents corps et autorités sont tenus d'y assister.

---

[2] Le modèle du registre qui accompagnait la circulaire n'a pas été reproduit.

Un doute s'est élevé sur le point de savoir à qui, en pareil cas, appartient le droit d'adresser les invitations.

La question est formellement tranchée par l'article 5 du décret du 24 messidor an XII, aux termes duquel la convocation doit être faite par les archevêques et évêques, quand il s'agit d'une cérémonie publique religieuse [1].

J. DUFAURE.

---

[1] Voy. circ. du 30 avril 1816 et déc. min. du 8 mars 1880. (Bull. off. 1880, p. 72.) — Chaque compagnie se rend directement au lieu fixé pour la cérémonie.

Voy. relativement aux prières publiques et sur le règlement des questions de préséance qui peuvent s'élever à cette occasion, la circulaire du 4 janvier 1877. (Bull. off. 1877, p. 7.)

NOTA.

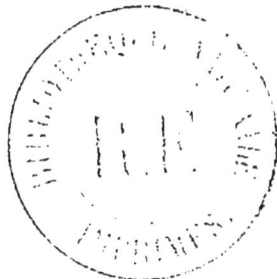

L'impression des Circulaires a été terminée dans le courant de 1881. Les notes qui les accompagnent se réfèrent à la législation en vigueur à cette époque.

TABLE ALPHABÉTIQUE ET ANALYTIQUE

DES CIRCULAIRES

INSÉRÉES DANS LES TROIS VOLUMES DU RECUEIL OFFICIEL.

A

Absence. 1. *Généralités* (22 nov. 1824). Assistance gratuite des juges de paix pour les inventaires et les appositions de scellés, I, 180.

—— **2** — (3 mai 1825). Envoi des extraits de jugements préparatoires et définitifs, I, 186.

—— **3.** *Militaires et marins* (16 déc. 1806). Renseignements à demander aux départements de la guerre et de la marine relativement aux demandes en déclaration d'absence, I, 40.

—— **4** — (19 mai 1823). Distinction à établir entre les certificats délivrés par le Ministre de la guerre à l'occasion des procédures en déclaration d'absence ou de décès, I, 161.

—— **5** — (3 mai 1825). Instruction des requêtes en déclaration d'absence concernant des militaires disparus en dehors des cas prévus par la loi du 13 janvier 1817, I, 186.

—— **6** — (8 oct. 1872). Action d'office pour faire établir les actes de décès des militaires qui ont succombé pendant la guerre de 1870-1871, III, 223.

—— **7** — (8 oct. 1872). Transmission par les maires au Ministère de la guerre de deux doubles des actes de décès concernant des militaires morts dans les hôpitaux en 1870-1871, III, 223.

Absence. 8. *Militaires et marins* (2 mars 1874). Procédure en déclaration d'absence ou de décès des militaires et marins disparus pendant la guerre de 1870-1871, III, 292.

—— **9.** Voy. *Congés* 9, 11, *Mariages* 1.

Acceptation des successions. Voy. *Successions vacantes* 4.

Accusés. Voy. *Frais de justice* 67, 68, 78, 208, 242 à 270.

Acquit. Voy. *Frais de justice* 165.

Acquittement. Voy. *Casiers judiciaires* 120, *Correspondance* 1.

Actes. Voy. *Notaires.*

Actes d'accusation. Voy. *Frais de justice* 69, 70.

Actes d'écrou. Voy. *Frais de justice* 115.

Actes de l'état civil. Voy. *État civil, Mariages.*

Actes de notoriété. Voy. *Caisses des retraites* 1, *Greffiers de justice de paix* 3, *Pensions militaires* 2.

Actes de vente. Voy. *Notaires* 1, 6, 29.

Actes judiciaires. 1 (8 mai 1863). Les exploits et copies d'actes destinés à être transmis à l'étranger doivent être écrits lisiblement et sans abréviation, III, 8.

—— **2** (19 juin 1866). Transmission directe des exploits émanés des tribunaux italiens, III, 93.

—— **3** (14 déc. 1871). Négligences signalées dans l'envoi des actes judiciaires destinés à l'étranger, III, 180.

—— **4** (8 fév. 1872). Les actes judiciaires destinés à l'étranger doivent être envoyés le jour même du dépôt au parquet ou au plus tard le lendemain, III, 193.

—— **5** (5 juillet 1872). Transmission aux procureurs généraux de Corse et d'Algérie des actes judiciaires destinés à des personnes résidant dans leur ressort, III, 212.

—— **6.** Voy. *Traités* 4.

Actes notariés. Voy. *Notaires.*

Actes publics. Voy. *État civil*, *Notaires*, *Titres nobiliaires* 2, 3.

Actif. Voy. *Faillite* 1, 4, 5.

Actions en restitution. Voy. *Enregistrement* 2.

Actions en supplément. Voy. *Enregistrement* 2.

Adjudications. Voy. *Frais de justice* 261, *Notaires* 4, 8, *Saisie immobilière.*

Administration. Voy. *Autorités administratives.*

Administrations publiques. Voy. *Casiers judiciaires* 23 à 25, *Enregistrement* 2, 9, *Frais de justice* 23, 75. 94, 103, 140, 150, 173, 175, 183, *Serment* 1, 4, 8.

Admission à domicile. Voy. *Naturalisation.*

Affaires sommaires. Voy. *Avoués* 2.

Affichage. 1 (6 avril 1859). Répression des contraventions résultant de l'absence de timbre sur les affiches imprimées sur papier et du non-payement du droit d'affichage pour les affiches peintes, II, 418.

Affichage. 2. Voy. *Bulletin des lois* 2, *Frais de justice* 111, 121, 132, 137, 140, 145.

Affiches. Voy. *Affichage.*

Affirmation de créance. Voy. *Ordre.*

Age. Voy. *Magistrats* 6, 9, *Mariages* 10.

Agences. Voy. *Émigration.*

Agents de change. Voy. *Cautionnement* 5, 6.

Agents de la force publique. Voy. *Amendes* 2, *Emprisonnement* 2, *Frais de justice* 15 à 21, 205, 223, 240, 242 à 270.

Agents de la marine. Voy. *Serment* 6, 9.

Agents de la sûreté. Voy. *Instruction criminelle* 21.

Agents de police. Voy. *Frais de justice* 15 à 21.

Agents des ponts et chaussées. Voy. *Caisses des retraites* 2.

Agents financiers. Voy. *Serment* 4.

Agréés. Voy. *Tribunaux de commerce* 2.

Aides. Voy. *Frais de justice* 33, 169.

Algérie. Voy. *Actes judiciaires* 5, *Greffiers de justice de paix* 3.

Aliénés. 1 (28 mai 1844). Visites des magistrats du parquet et juges de paix dans les établissements d'aliénés et frais de transport, II, 66.

—— **2** (17 janv. 1866). Visites périodiques des magistrats dans les hospices et rapports à adresser, III, 76.

—— **3** (8 juillet 1869). Enquête en vue d'un projet de loi destiné à modifier la loi de 1838, III, 145.

—— **4.** Voy. *Frais de justice* 22.

Aliments. Voy. *Faillite* 14, *Frais de justice* 249.

Allemagne. Voy. *État civil* 7, *Étrangers*, *Mariages* 6, 7.

Alliance. Voy. *Mariages.*

Alsaciens-Lorrains. 1 (30 mars 1872). Personnes qui doivent faire une déclaration d'option de nationalité et formes de cette déclaration, III, 195.

—— **2.** Voy. *État civil* 7, *Casiers judiciaires* 26 à 29, *Mariages* 7.

Amendes. 1. *Généralités* (23 fév. 1824). Renseignements fournis par le président et le procureur du roi sur les demandes en remise, formulées par les officiers ministériels, I, 172.

—— **2** — (1er mai 1854). Attribution aux gendarmes qui ont constaté les infractions, du tiers des amendes prononcées pour contravention à la police du roulage, II, 265.

—— **3** — (10 avril 1856). Insertion de la mention relative à la responsabilité civile des maîtres ou patrons dans les extraits de jugements ou arrêts concernant les domestiques et ouvriers, et délivrés à l'administration de l'enregistrement, II, 331.

—— **4** — (2 janv. 1875). Convocation des percepteurs au règlement des ordres en cas de privilège du Trésor, III, 327.

—— **5.** *Recouvrement* (17 juillet 1834). Exercice de la contrainte par corps en matière de délits forestiers, I, 414.

—— **6** — (7 mars 1861). Visa des extraits fournis à l'enregistrement, II, 502.

—— **7** — (17 mars 1874). Transmission par les greffiers aux receveurs généraux des relevés sommaires et des extraits de jugements, III, 297.

—— **8** — (21 déc. 1874). Rédaction des extraits fournis à l'administration des contributions directes et mentions qui doivent y figurer, III, 324.

—— **9.** Voy. *Frais de justice* 178 à 209, *Grâces* 8, 10, *Instruction criminelle* 39.

Amnistie. Voy. *Casiers judiciaires* 95.

Analyses chimiques. Voy. *Frais de justice* 41, 61.

Animaux. Voy. *Frais de justice* 214, 216.

Annonces. Voy. *Loteries* 1, 2.

Appel. Voy. *Élections* 2, 4, *Enregistrement* 10.

Appels correctionnels. 1 (10 juillet 1827). Délais pour la transmission des procédures et pour le jugement de l'appel, I, 345.

—— **2.** Voy. *Cours et tribunaux* 2, 6.

Appel des causes. Voy. *Tribunaux* 6.

Apports. Voy. *Mariages* 8, 9.

Arbitrage. Voy. *Jugements et arrêts* 2.

Archevêques. Voy. *Préséances* 7.

Archives (14 sept. 1875). Renseignements à transmettre sur l'état des documents antérieurs à 1790 et déposés dans les greffes des cours et tribunaux, III, 382.

Archives nationales. Voy. *Commissaires-priseurs* 1.

Armes. Voy. *Greffes* 2, 4, 5.

Arrérages. Voy. *Notaires* 16, 17.

Arrestation. Voy. *Chemins de fer* 3, *Extradition*, *Instruction criminelle* 1, *Liberté provisoire*.

Arrestation provisoire. Voy. *Extradition* 9.

Arrêts. Voy. *Cassation*, *Correspondance* 1, *Cour de cassation* 1, *Frais de justice* 31 à 34, 70, 74, 77, 112, 132, 133, 146.

Arrêts criminels. Voy. *Exécution des arrêts criminels*, *Frais de justice* 31 à 34, 70, 74, 77, 112, 132, 133, 146.

Arriéré. Voy. *Tribunaux* 10.

Ascendants. Voy. *Mariages* 1, 5.

Assemblée nationale. Voy. *Magistrats* 5.

Assemblées générales. Voy. *Ministère public* 2, 3, *Tribunaux* 5.

Assesseurs. Voy. *Cours d'assises* 16.

Assistance judiciaire. 1 (24 oct. 1851). Renouvellement du bureau dans le mois qui suit la rentrée et réélection des membres sortants, II, 184.

Assistance judiciaire. 2 (24 oct. 1851). Renseignements de statistique relatifs aux opérations des bureaux, II, 184.

—— **3** (15 déc. 1857). Mention de la liquidation des dépens sur les extraits de jugements adressés par les greffiers aux receveurs de l'enregistrement et envoi en temps utile des exécutoires, II, 386.

—— **4** (21 juin 1873). Transmission des dossiers au Conseil d'État et à la Cour de cassation, III, 252.

—— **5**. Voy. *Enregistrement* 15.

Attachés (10 oct. 1875). Instructions générales sur le concours, III, 386.

Audiences. Voy. *Cours d'assises* 8, *Cours et tribunaux* 5 à 11, *Huissiers* 4, 5, *Juges de paix* 2, *Tribunaux* 8, 10.

Audiences solennelles. Voy. *Cours et tribunaux* 5, 9, 11.

Audiences supplémentaires. Voy. *Cours et tribunaux* 10, *Tribunaux* 10.

Autographes. Voy. *Commissaires-priseurs* 1, 2.

Autorités administratives. Voy. *Frais de justice* 92, 174, 200, *Juges de paix* 9 à 15, *Magistrats* 1, 4, *Maires*, *Préfets*, *Réunions publiques* 2, *Sous-préfets*, *Vagabondage* 1.

Autorités civiles. Voy. *Préséances* 1, 3, 5.

Autorités militaires. Voy. *Casiers judiciaires* 30 à 36, *Préséances* 2, 4, 5, 6.

Avancement. Voy. *Congés* 6, *Magistrats* 7 à 14.

Avances par le Trésor. Voy. *Faillite* 1, 14, *Frais de justice* 150 à 177.

Avocats. 1 (6 janv. 1823). Élection du bâtonnier, I, 145.

—— **2** (6 janv. 1823). Formation du tableau de l'ordre, I, 145.

—— **3** (6 janv. 1823). Composition et attributions du conseil de discipline, I, 145.

—— **4** (9 janv. 1823). Peines disciplinaires, I, 145.

Avoués. 1 (8 déc. 1819). Inscription des affaires au rôle, I, 95.

—— **2** (21 oct. 1820). Taxe des affaires sommaires, I, 111.

—— **3** (13 déc. 1821). Timbre du registre des émoluments, I, 121.

—— **4** (8 juillet 1822). Exercice de la plaidoirie, I, 132.

—— **5** (4 oct. 1825). Expéditions des conclusions sur papier non timbré, I, 192.

—— **6** (21 nov. 1831). Significations sur papier timbré d'actes d'avoués à avoués et de copies de pièces, I, 395.

—— **7**. Voy. *Assistance judiciaire* 3, *Douanes* 2, *Frais de justice* 149, *Timbre* 2, 3.

B

Bagnes. Voy. *Condamnés* 1, *Grâces* 4, 5, *Instruction criminelle* 8.

Banqueroute frauduleuse. Voy. *Faillite* 10, 13.

Banqueroute simple. Voy. *Faillite* 10, 13.

Banques. Voy. *Officiers ministériels* 13.

Barreau. Voy. *Avocats.*

Bâtonnier. Voy. *Avocats* 1.

Bavière. Voy. *Extradition* 2.

Belgique. Voy. *Extradition* 9.

Bibliothèque nationale. Voy. *Commissaires-priseurs* 2.

Billets de banque. 1 (14 août 1873). Avis à donner des poursuites pour falsifications et contrefaçons, III, 263.

—— **2.** Voy. *Chemins de fer* 6.

Billets d'avertissement. 1 (22 avril 1856). Relevés fournis par l'administration des postes afin de contrôler les envois des greffiers, II, 332.

Billets d'avertissement. 2 (13 janvier 1857). Renvoi au juge de paix des billets d'avertissement non parvenus à leurs destinataires, II, 363.

—— **3.** Voy. *Franchise postale* 2, *Huissiers* 9, *Juges de paix* 5.

Bordereau. Voy. *Cautionnement* 2.

Bougies. Voy. *Falsifications* 2.

Brevets d'invention (8 avril 1847). Transmission des expéditions de jugements et arrêts prononçant la déchéance ou la nullité absolue d'un brevet et droits du ministère public en ce qui concerne les actions en nullité ou en déchéance des brevets d'invention, II, 92.

Bulletins. Voy. *Casiers judiciaires*, *Ivresse* 2.

Bulletin des arrêts de cassation. Voy. *Cour de cassation* 1.

Bulletin des lois. 1 (18 avril 1836). Conservation de collections, I, 427.

—— **2** (10 avril 1852). Affichage du *Moniteur des communes*, II, 199.

—— **3** (19 mai 1871). Mesures à prendre pour compléter les collections, III, 158.

Bulletin de remise. Voy. *Tarif* 8.

Bulletin de transports. Voy. *Frais de justice* 258.

Bulletins de vote. Voy. *Jury* 5.

Bulletins n° 1. Voy. *Casiers judiciaires* 37 à 75.

Bulletins n° 2. Voy. *Casiers judiciaires* 76 à 103.

C

Café. Voy. *Falsifications* 1.

Caisse d'amortissement. Voy. *Consignation* 1.

Caisse des dépôts et consignations. Voy. *Consignation*, *Notaires* 6, *Successions vacantes* 2, 5.

Caisses des retraites. 1 (6 janvier 1854). Délivrance gratuite par les greffiers des certificats et actes de notoriété, II, 256.

—— **2** (14 nov. 1861). Délivrance sur papier libre et légalisation sans frais des pièces nécessaires aux cantonniers et agents des ponts et chaussées, II, 514.

Candidats. Voy. *Juges de paix* 1, *Magistrats* 7 à 14, *Notaires* 19 à 21, *Officiers publics et ministériels* 2, 3, 5, 8, 9.

Cantonniers. Voy. *Caisses des retraites* 2.

Capitaines marins. Voy. *Navigation.*

Capture. Voy. *Frais de justice* 18, 108, 179, 199, 202.

Casier central. Voy. *Casiers judiciaires* 104 à 114.

Casier électoral. Voy. *Casiers judiciaires* 115 à 118.

Casiers judiciaires. 1. *Généralités* (6 nov. 1850). But de leur création, II, 146.

—— **2** — (6 nov. 1850). Lieu de leur établissement, II, 148.

—— **3** — (6 nov. 1850). Mesures d'organisation, II, 149.

—— **4** — (6 nov. 1850). Conséquences de l'établissement des casiers judiciaires, II, 158.

—— **5** — (6 nov. 1850). Avantages de la création, II, 160.

—— **6** — (6 nov. 1850). Vérification, II, 161.

—— **7** — (30 déc. 1850). Effets de la suppression des extraits au point de vue des greffiers et du ministère public, II, 169.

—— **8** — (30 déc. 1850). Maintien du registre tenu en exécution de l'art. 600 du Code d'intruction criminelle, II, 171.

—— **9** — (30 déc. 1850). Annotation sur les registres de l'état civil, II, 173.

le lieu de naissance est inconnu, II, 319.

Casiers judiciaires. 106. *Casier central* (10 déc. 1857). Tenue du casier central, II, 385.

—— **107** — (10 déc. 1859). Demande de bulletins n° 2 au casier central, II, 479.

—— **108** — (12 déc. 1860). Envoi aux casiers d'origine des bulletins classés au casier central concernant des individus originaires de la Savoie et de Nice; II, 497.

—— **109** — (1er déc. 1861). Demande au casier central de bulletins n° 2 pour les individus dont l'origine est inconnue, II, 515.

—— **110** — (29 nov. 1869). Demande de bulletins n° 2 concernant des étrangers poursuivis par la procédure de flagrant délit, III, 148.

—— **111** — (30 déc. 1873). Origine des étrangers, III, 271.

—— **112** — (30 déc. 1873). Condamnés d'origine inconnue, III, 273.

—— **113** — (8 déc. 1875). Transmission à la chancellerie des bulletins n° 1, III, 407.

—— **114** — (8 déc. 1875). Indication du lieu de naissance et des mentions relatives à la nationalité, III, 408.

—— **115.** *Casier électoral* (18 déc. 1874). Transmission aux sous-préfectures des duplicata destinés au casier électoral, III, 32.

—— **116** — (27 août 1875). Transmission aux sous-préfectures, pour les casiers électoraux, des duplicata des bulletins n° 1 applicables aux commerçants faillis, III, 363.

—— **117** — (27 août 1875). Avis à donner aux sous-préfets de la réhabilitation des commerçants faillis pour le casier électoral, III, 363.

—— **118** — (8 déc. 1875). Dimension uniforme des bulletins destinés aux casiers électoraux, III, 409.

—— **119.** *Jugements par défaut et par contumace* (30 déc. 1850). Mesures concernant les condamnés par contumace ou par défaut, II, 173.

Casiers judiciaires. 120. *Jugements par défaut et par contumace* (29 nov. 1869). Avis à donner en cas d'acquittement des condamnés par contumace ou par défaut, III, 148.

—— **121** — (30 déc. 1873). Condamnations par défaut, III, 274.

—— **122** — (30 déc. 1873). Condamnations par contumace ou par défaut, III, 277.

—— **123.** Voy. *Cours d'assises* 12.

Cassation. 1 (26 juin 1817). Envoi des pièces à l'appui des pourvois contre les arrêts de mise en accusation, I, 78.

—— **2** (25 sept. 1845). Formation et transmission des pourvois en matière électorale, II, 78.

—— **3** (25 sept. 1845). Formation et transmission des pourvois en matière d'expropriation pour cause d'utilité publique, II, 78.

—— **4** (26 août 1853). Pourvois en matière criminelle, II, 245.

—— **5.** Voy. *Bulletin de cassation*, *Cour de cassation*, *Élections* 1, 3, *Frais de justice* 1, *Tribunaux de simple police* 3.

Catalogues. Voy. *Commissaires-priseurs* 1, 2.

Caution. Voy. *Presse* 6.

Cautionnement. 1 (1er mai 1822). Vérification et admission par les tribunaux des actes de cautionnement fourni en immeubles, par les conservateurs des hypothèques, I, 127.

—— **2** (2 mai 1825). Modèle de bordereau adopté pour l'inscription à prendre sur les immeubles des conservateurs des hypothèques affectés à leur cautionnement, I, 184.

—— **3** (2 mai 1825). Radiation par le tribunal de la situation des biens, de l'inscription prise sur les biens des conservateurs des hypothèques, I, 184.

—— **4** (2 déc. 1840). Période pendant laquelle le cautionnement fourni en immeubles par le conservateur des hypotèques doit rester

à l'effet d'y exercer leur surveillance, II, 247.

Chemins de fer. 3 (25 juillet 1854). Cas dans lesquels l'individu voyageant sans billet peut être mis en état d'arrestation préventive, II, 274.

—— **4** (19 avril 1857). Citation en qualité de témoins des ingénieurs en chef du contrôle, II, 374.

—— **5** (29 sept. 1857). Demande directe aux ingénieurs en chef du contrôle des renseignements nécessaires à la répression des contraventions, II, 381.

—— **6** (29 sept. 1857). Transport des billets de banque, des prisonniers, des bagages, des militaires et des valeurs que les voyageurs peuvent conserver avec eux, II, 382.

—— **7** (29 mars 1858). Augmentation du personnel des commissaires spéciaux de police; notification aux magistrats des nominations, II, 393.

—— **8** (30 mars 1858). Avis à donner par les commissaires de surveillance administrative des crimes ou délits, II, 394.

—— **9** (7 août 1860). Indication à fournir par le ministère public sur les états des poursuites, II, 490.

—— **10** (10 fév. 1862). Communication sans frais aux ingénieurs du contrôle, des jugements rendus en matière de contraventions, II, 517.

—— **11** (7 sept. 1863). Règles à observer pour la citation des employés des chemins de fer appelés en témoignage, III, 24.

—— **12.** Voy. *Frais de justice* 253, 257, 269, *Télégraphe* 5.

Chemins vicinaux. Voy. *Voirie.*

Chevaux. Voy. *Conscription des chevaux.*

Chicorée. Voy. *Falsifications* 1.

Chirurgiens. Voy. *Frais de justice* 35 à 65, *Médecins.*

Circonstances atténuantes. Voy. *Jury* 17, *Justice militaire.*

Circulaires. Voy. *Télégraphe* 8.

Citations. Voy. *Chemins de fer* 11, *Frais de justice* 17, 38, 58, 102 à 104, 217 à 241, *Instruction criminelle* 6, 7, 8.

Citation directe. Voy. *Casiers judiciaires* 43.

Clôtures. Voy. *Chasse* 4.

Code pénal (30 mai 1863). Modifications apportées par la loi du 18 avril 1863, III, 9.

Collèges royaux. Voy. *Université.*

Collocation. Voy. *Saisie immobilière* 3.

Colonies. Voy. *Actes judiciaires* 5, *Casiers judiciaires* 46, *Correspondance* 2, *Successions vacantes* 8.

Colportage. Voy. *Chasse* 5, 10, 14, 15, *Presse* 1 à 6.

Commandants de corps d'armée. Voy. *Procureurs généraux* 1.

Commerçants. 1 (30 avril 1824). Publicité des contrats de mariage, I, 177.

—— **2** (2 mars 1829). Rédaction et remise des extraits des demandes en séparation de biens ainsi que des jugements prononçant la séparation de corps ou de biens, I, 383.

—— **3.** Voy. *Contrats de mariage* 1, 2, *Juges de paix* 4.

Commis greffiers. Voy. *Pensions* 2.

Commissaires de police. Voy. *Frais de justice* 280, *Franchise postale* 4, *Juges de paix* 10, *Tribunaux de simple police* 1, 2.

Commissaires de surveillance administrative. Voy. *Chemins de fer* 8.

Commissaires-priseurs. 1 (22 fév. 1859). Envoi au directeur général des archives d'un exemplaire de tous les catalogues annonçant des ventes de livres, manuscrits et autographes, II, 417.

—— **2** (6 juin 1860). Envoi au directeur de la Bibliothèque nationale des catalogues dressés pour les ventes publiques de livres et manuscrits, II, 489.

—— **3.** Voy. *Ventes aux enchères.*

Commissaires spéciaux de police. Voy. *Chemins de fer* 7.

concernant les congés des magistrats, II, 252.

Congés. 8 (28 déc. 1853). Retenue du traitement des magistrats qui se sont absentés sans congé et de ceux qui ont dépassé la durée des vacances ou de leur congé, II, 254.

—— **9** (28 déc. 1853). Mise à la retraite et droit à la pension des magistrats pour cause d'invalidité physique, II, 255.

—— **10** (10 oct. 1854). Appréciation des droits des magistrats à obtenir des vacances et congés, II, 282.

—— **11** (22 mai 1860). Absence de trois jours des présidents de tribunaux et procureurs impériaux, II, 487.

—— **12.** Voy. *Cours et tribunaux* 4.

Conscription des chevaux (31 déc. 1874). Répression des contraventions, III, 326.

Conseil d'État. Voy. *Assistance judiciaire* 4.

Conseils de discipline. Voy. *Avocats* 3.

Conseils de guerre. Voy. *Casiers judiciaires* 30, 31, 34, *Justice militaire.*

Conseils de préfecture. Voy. *Logements insalubres.*

Conseils généraux. 1 (27 sept. 1869). Avis à donner par les préfets des vœux se rapportant aux attributions du Ministère de la justice, III, 147.

—— **2.** Voy. *Juges de paix* 8, *Jury* 8, 9.

Consentement. Voy. *Mariages* 1, 5.

Conservateurs des hypothèques. Voy. *Cautionnement* 1 à 4.

Consignation. 1 (1er sept. 1812). Exécution des jugements de mainlevée ordonnant le remboursement de sommes déposées à la caisse d'amortissement, I, 49.

—— **2** (2 janvier 1832). Certificats de la caisse des dépôts et consignations constatant le versement des sommes mises en distribution : exécution de l'ordonnance du 3 juillet 1816, I, 397.

Consignation. 3 (19 mai 1848). Versement par les officiers ministériels à la caisse des dépôts et consignations, II, 103.

—— **4.** Voy. *Faillite* 15, *Frais de justice* 10.

Consuls. Voy. *Traités* 7.

Consultations. Voy. *Magistrats* 15.

Contrainte par corps. Voy. *Amendes* 5, *Frais de justice* 196, 205, 207.

Contraintes. Voy. *Enregistrement* 2.

Contrats de mariage. 1 (5 mai 1813). Inscription au greffe sur un registre timbré et enregistrement de l'acte constatant la publicité donnée aux contrats de mariage concernant des commerçants, et aux jugements prononçant la séparation de biens, I, 50.

—— **2** (15 oct. 1816). Publicité des contrats de mariage des commerçants; signification à donner au mot *commerçant*, I, 68.

—— **3.** Voy. *Commerçants* 1, *Notaires* 7.

Contraventions. Voy. *Affichage* 1, *Chemins de fer* 1, *Conscription des chevaux*, *État civil* 2, 5, *Ivresse*, *Justice militaire*, *Logements insalubres*, *Pêche fluviale*, *Police sanitaire*, *Postes* 1, *Roulage*, *Travail des enfants*, *Voirie.*

Contrefaçon. Voy. *Billets de banque* 1, *Propriété littéraire.*

Contredits. Voy. *Saisie immobilière* 3, *Tarif* 9.

Contributions indirectes. Voy. *Casiers judiciaires* 23, 24, *Frais de justice* 14, 103, 173, 183, *Greffiers* 2, *Instruction criminelle* 6, *Liberté provisoire* 7, *Poudres* 3, *Serment* 1, 2, 4, 8, *Transactions.*

Contributions judiciaires. Voy. *Consignation* 2, *Tarif* 9, *Tribunaux* 9.

Contrôle. Voy. *Chemins de fer* 1 à 10, *Matières d'or et d'argent.*

Contumace. Voy. *Casiers judiciaires* 119, 120, 122, *Extradition*, *Frais de justice* 121, 132, 133, *Instruction criminelle* 30, 41 à 43.

Conventions. Voy. *État civil* 7, *Extradition* 2, 8 à 10, *Traités*.

Convocations. Voy. *Ordres* 2.

Convois militaires. Voy. *Frais de justice* 245.

Copies de pièces. Voy. *Avoués* 6, *Frais de justice* 66 à 135, *Huissiers* 2, *Officiers publics et ministériels* 1, *Timbre* 1.

Corps académique. Voy. *Préséances* 3.

Correspondance. 1 (26 août 1811). Transmission en expédition des arrêts de mise en accusation ainsi que des arrêts de condamnation et d'absolution présentés à l'appui des pourvois en cassation, I, 48.

—— **2** (4 fév. 1823). Demandes de renseignements sur la législation et la jurisprudence coloniales, I, 56.

—— **3** (8 nov. 1839). Chargement des procédures criminelles, I, 465.

—— **4** (16 août 1848). Envoi d'une dépêche distincte pour chaque affaire, II, 106.

—— **5** (6 août 1861). Mentions marginales dans les dépêches et constitution matérielle des dossiers, II, 511.

—— **6.** Voy. *Chemins de fer* 1, 5, 8, *Extradition* 11, *Frais de justice* 5, 7, 89, 139, *Franchise postale*, *Télégraphe*.

Corse. Voy. *Actes judiciaires* 5.

Costume. Voy. *Juges de paix* 2, *Magistrats* 2, *Préséances* 5.

Cote et parafe. Voy. *Notaires* 11.

Cours d'appel. 1 (4 août 1855). Nombre des magistrats appelés à composer la chambre d'accusation, II, 316.

—— **2.** Voy. *Cours et tribunaux*, *Roulements* 1 et 2.

Cours d'assises. 1. *Généralités* (14 janvier 1819). Sessions extraordinaires, I, 82.

—— **2** — (12 oct. 1822). Comparution des préfets en qualité de témoins, I, 140.

—— **3** — (1er fév. 1825). Constatation des formalités substantielles dans les procès-verbaux, I, 182.

Cours d'assises. 4. *Généralités* (24 juin 1841). Rédaction des procès-verbaux des séances, II, 12.

—— **5** — (5 oct. 1852). Fixation de l'ouverture des sessions, II, 208.

—— **6** — (1er juin 1855). Désignation des assesseurs, II, 305.

—— **7.** *Présidence* (30 août 1813). Avis des mutations dans le personnel des présidents de cours d'assises, I, 52.

—— **8** — (7 juillet 1844). Police des audiences, places réservées, II, 72.

—— **9** — (19 déc. 1853). Transmission à la fin de chaque session des comptes rendus concernant les résultats obtenus devant le jury, II, 248.

—— **10** — (26 janv. 1857). Ordre à suivre par les présidents d'assises dans la rédaction des comptes rendus, II, 364.

—— **11** — (26 janv. 1857). Appréciation à fournir par le président dans son compte rendu; la composition de la cour; les listes du jury; le jury, II, 365.

—— **12** — (26 janv. 1857). Les présidents doivent signaler dans leur compte rendu les irrégularités dans la tenue des casiers judiciaires, II, 367.

—— **13** — (26 janvier 1857). Travaux statistiques que doivent contenir les comptes rendus des présidents, II, 367.

—— **14** — (26 janv. 1857). Mention dans le compte rendu du président des causes qui ont motivé le renvoi à une autre session, II, 368.

—— **15** — (26 janv. 1857). Compte rendu des affaires, II, 368.

—— **16** — (26 janvier 1857). Avis à donner par le président dans son compte rendu sur l'accueil qui doit être fait aux recours en grâce des condamnés, II, 369.

—— **17** — (26 janvier 1857). Visite

des prisons par les présidents, II, 370.

Cours d'assises. 18. *Présidence* (26 janvier 1857). Forme matérielle du compte rendu du président, II, 371.

—— **19** — (26 janvier 1857). Surveillance à exercer par le président en vue d'éviter l'exagération dans la taxe des témoins, II, 371.

—— **20** — (26 janvier 1857). Vérification de l'exactitude du procès-verbal des débats, II, 372.

—— **21** — (14 déc. 1859). Admission dans l'enceinte réservée aux magistrats des personnes étrangères aux débats, II, 480.

—— **22** — (7 mars 1861). Réquisition des troupes nécessaires à la police des audiences, II, 503.

—— **23** — (20 janvier 1873). Installation des logements pour les présidents d'assises, III, 244.

—— **24.** Voy. *Congés, Frais de justice* 12, 79, 99, 272, *Huissiers* 4, 5, *Menues dépenses, Surveillance de la haute police* 3.

Cour de cassation. 1 (16 vendémiaire an VII). Publication du bulletin des arrêts de cassation, I, 11.

—— **2.** Voy. *Assistance judiciaire* 4, *Bulletin de cassation, Cassation.*

Cours et tribunaux. 1. *Généralités* (30 oct. 1827). Règlement des menues dépenses, I, 347.

—— **2** — (15 oct. 1828). Composition des chambres des appels correctionnels, I, 378.

—— **3** — (30 juillet 1853). Inventaire annuel du mobilier dressé par le greffier sous la direction des magistrats, II, 237.

—— **4** — (10 juillet 1855). Envoi de modèles pour les relevés mensuels des pointes et congés, II, 313.

—— **5.** *Audiences* (15 oct. 1828). Tenue des audiences solennelles, I, 378.

—— **6** — (15 oct. 1828). Distribution des causes civiles à la chambre des appels correctionnels, I, 378.

Cours et tribunaux. 7. *Audiences* (6 juin 1848). Abus résultant des trop fréquentes remises d'affaires pour continuation des débats et plaidoiries, II, 104.

—— **8** — (6 juin 1848). Recommandations aux magistrats de siéger en nombre impair, II, 104.

—— **9** — (15 nov. 1850). Transmission des discours prononcés aux audiences de rentrée, II, 167.

—— **10** — (30 oct. 1860). Audiences supplémentaires, II, 493.

—— **11** — (12 sept. 1873). Fixation de l'audience de rentrée au 4 novembre, quand le 2 novembre est un dimanche, III, 266.

—— **12.** *Roulements et vacations* (7 août 1854). Les membres désignés pour composer la chambre des vacations doivent siéger pendant toute la durée des vacances, II, 277.

—— **13** — (31 oct. 1854). Assimilation de tous les tribunaux composés de plusieurs chambres; exécution du décret du 31 octobre 1854, II, 284.

—— **14** — (16 juillet 1855). Date des délibérations et composition de la chambre des vacations, II, 315.

—— **15.** Voy. *Archives, Cours d'appel, Cours d'assises, Cour de cassation, Justices de paix, Tribunaux, Tribunaux de commerce, Tribunaux de simple police.*

Courtiers. Voy. *Cautionnement* 5 à 7.

Créances. Voy. *Université* 1.

Créanciers. Voy. *Ordre* 2, *Université* 1.

Crimes et délits. Voy. *Casiers judiciaires, Chasse, Code pénal, Contraventions, Délits de chasse, Délits forestiers, Extraditions, Faillite* 7 à 11, *Falsifications, Fausses nouvelles, Flagrants délits, Instruction criminelle, Ivresse, Justice militaire, Presse, Surveillance de la haute police, Titres nobiliaires, Vagabondage.*

Crimes et délits politiques. 1 (30 mars 1875). Instructions générales, III, 327.

—— **2.** Voy. *Instruction criminelle* 10, 40, *Presse.*

D

Droit maritime. Voy. *Navigation.*

Droits de capture. Voy. *Frais de justice* 18, 108, 179, 199.

Droits d'état. Voy. *Tarif* 6.

Droits d'expédition. Voy. *Frais de justice* 66 à 96.

Duplicata. Voy. *Comptabilité* 1.

E

Économie politique. Voy. *Presse* 3.

Écritures. Voy. *Frais de justice* 66 à 148.

Écrits périodiques. Voy. *Presse.*

Écrou. Voy. *Emprisonnement* 2, *Frais de justice* 115, 135.

Effigie. Voy. *Instruction criminelle* 43.

Élargissement. Voy. *Emprisonnement* 7.

Éligibilité. Voy. *Tribunaux de commerce* 1, 6.

Élections. 1 (26 avril 1849). Procédure des pourvois en cassation, II, 111.

—— **2** (8 août 1850). Avis des décisions de réformation adressées par les juges de paix aux maires et aux préfets, avec mention sommaire des motifs, II, 144.

—— **3** (19 mars 1863). Transmission des pourvois en cassation, III, 5.

—— **4** (14 mars 1868). Radiation des listes électorales et compétence des juges de paix comme juges d'appel des contestations, III, 122.

—— **5.** Voy. *Avocats* 1, 2, *Cassation* 2, *Tribunaux de commerce* 3 à 7.

Émeutes. Voy. *Communes* 1.

Émigration (12 janvier 1874). Répression des contraventions à la loi du 18 juillet 1860 et au décret du 9 mars 1861 commises par les agences, III, 280.

Émoluments. Voy. *Frais de justice* 66 à 96, *Greffe des tribunaux de commerce, Greffiers de justice de paix* 2, *Tarif* 1 à 9.

Emprisonnement. 1 (17 mai 1806). Exécution des condamnations à l'emprisonnement dans la prison destinée aux condamnés des diverses catégories, I, 32.

—— **2** (29 juillet 1822). Assistance de l'agent de la force publique à l'inscription de l'acte d'écrou et à la transcription du mandat ou du jugement, I, 134.

Emprisonnement. 3 (10 sept. 1822). Translation des détenus malades dans les hospices, I, 135.

—— **4** (20 juin 1844). Classement des condamnés pour la répartition des produits de leur travail, II, 69.

—— **5** (10 août 1852). Maisons de détention où les militaires en activité de service doivent subir la peine à laquelle ils ont été condamnés par les tribunaux ordinaires, II, 208.

—— **6** (10 juin 1862). Remise aux gardiens-chefs, dès que la condamnation est définitive, des extraits de jugements nécessaires à l'exécution des peines, II, 526.

—— **7** (5 sept. 1864). Élargissement des condamnés et point de départ des peines, III, 50.

—— **8** (21 août 1866). Transcription sur le registre d'écrou des ordonnances portant interdiction de communiquer, III, 95.

—— **9** (21 août 1866). Visa par l'autorité judiciaire des permis de visiter les accusés ou prévenus, III, 95.

—— **10** (17 avril 1867). Les condamnés à plus d'un an ne doivent pas être autorisés sans motifs graves à subir leur peine dans les prisons d'arrondissement, III, 109.

—— **11** (2 nov. 1867). Création de quartiers d'amendement dans les maisons centrales, III, 117.

—— **12** (30 juillet 1872). Délai d'exécution en ce qui concerne les condamnés non détenus, III, 217.

—— **13** (1er sept. 1875). Instruction sur l'application de la loi du 5 juin

État civil. 19. *Tables décennales* (4 fév. 1823). Confection des tables décennales, I, 154.

—— **20** — (20 mars 1833). Confection des tables décennales en triple expédition; le papier timbré ne peut être fourni à crédit, I, 406.

—— **21.** *Vérification* (20 avril 1820). Vérification et tenue des registres de l'état civil, I, 102.

—— **22** — (31 déc. 1823). Vérification annuelle des registres, I, 167.

—— **23** — (6 juin 1843). Transmission et vérification des registres, II, 49.

—— **24.** Voy. *Absence* 4, 6 à 8, *Légion d'honneur* 2 à 4, *Notaires* 7, *Recrutement* 1, *Titres nobiliaires* 3.

États de frais. Voy. *Frais de justice, Greffiers* 5, *Greffiers de justice de paix* 2, *Instruction criminelle* 13.

États de traitement. Voy. *Magistrats* 3, *Pensions* 2.

États d'inscription. Voy. *Hypothèques* 2.

États trimestriels. Voy. *Pêche fluviale* 3, *Roulage, Voirie.*

États-Unis. Voy. *Commissions rogatoires* 3.

Étrangers. Voy. *Actes judiciaires, Casiers judiciaires* 43, 75, 105, 111, *Commissions rogatoires, Extradition, Frais de justice* 168, 264, 266, *Mariages* 6, 7, *Naturalisation, Surveillance de la haute police* 1, *Traités, Tribunaux de commerce* 1.

Évêques. Voy. *Préséances* 7.

Excitation à la débauche. Voy. *Code pénal.*

Excuses. Voy. *Jury* 12.

Exécuteurs des hautes œuvres. Voy. *Exécution des arrêts criminels, Frais de justice* 31 à 34, 77, 112, 169.

Exécutions capitales. Voy. *Exécution des arrêts criminels.*

Exécution des arrêts criminels. 1 (31 juillet 1832). Règlement des frais de justice auxquels les exécutions donnent lieu, I, 401.

—— **2** (16 mai 1847). Délai dans lequel les condamnations à mort doivent être exécutées, II, 94.

Exécution des arrêts criminels. 3 (20 fév. 1868). Lieu des exécutions, III, 120.

—— **4.** Voy. *Frais de justice* 31 à 34, 77, 112, 169, *Grâces* 1, 3.

Exécution des jugements. Voy. *Frais de justice* 178 à 209, *Instruction criminelle* 26 à 45, *Marins* 1, *Militaires, Presse* 11, *Traités* 4.

Exécution des peines. Voy. *Emprisonnement, Exécution des arrêts criminels, Exécution des jugements, Frais de justice, Justice militaire.*

Exécution provisoire. Voy. *Presse* 18.

Exécutoire. Voy. *Assistance judiciaire* 3, *Frais de justice* 86.

Exhumation. Voy. *Frais de justice* 45.

Expéditions. Voy. *Frais de justice* 66 à 96, 101, *Huissiers* 2, *Notaires* 22.

Experts. Voy. *Frais de justice* 35 à 65, 217.

Exploits. Voy. *Actes judiciaires* 1, 2, *Douanes* 1, *Enregistrement* 12, 13, *Frais de justice* 97 à 135.

Expropriation pour cause d'utilité publique. Voy. *Cassation* 3, *Jury* 8.

Extorsion de signatures. Voy. *Code pénal.*

Extraction des condamnés. 1 (29 août 1854). Avis à donner aux directeurs des maisons centrales des nouvelles condamnations encourues par les prisonniers extraits de ces maisons, II, 281.

—— **2.** Voy. *Condamnés* 1, *Frais de justice* 16, 109.

Extraction des prisonniers. Voy. *Frais de justice* 16, 109.

Extradition. 1 (5 avril 1841). Instructions générales, II, 1.

—— **2** (5 avril 1841). Énumération des traités conclus avec des nations étrangères, II, 2.

—— **3** (5 avril 1841). Restriction apportée à l'extradition des malfaiteurs, II, 3.

—— **4** (5 avril 1841). Pièces à produire à l'appui de la demande d'extradition, II, 6.

Extradition. 5 (5 avril 1841). Malfaiteurs étrangers réfugiés en France, II, 8.

—— **6** (30 juillet 1872). Avance des frais de voyage aux témoins cités de France en Italie et réciproquement, III, 214.

—— **7** (30 juillet 1872). Signature lisible des mandats d'arrêt, III, 215.

—— **8** (30 juillet 1872). Énumération des pays avec lesquels sont intervenues des conventions pour l'arrestation provisoire des malfaiteurs et formalités à remplir avec chacun d'eux pour en assurer le maintien, III, 215.

—— **9** (22 fév. 1875). Arrestation provisoire en vertu de la convention du 29 avril 1869 entre la France et la Belgique, III, 333.

—— **10** (14 avril 1875). Convention signée le 15 août entre la France et la Belgique; délai pour la notification des mandats d'arrêt, III, 344.

Extradition. 11 (19 juin 1875). Mention du mot *extradition* sur les dépêches relatives à ces affaires, III, 355.

—— **12** (12 oct. 1875). Formalités à observer pour l'arrestation, III, 388.

—— **13.** Voy. *Frais de justice* 168, 264, 266.

Extraits d'arrêts et de jugements. Voy. *Absence* 2, *Amendes* 3, 6 à 8, *Casiers judiciaires* 7, *Chasse* 11, *Commerçants* 2, *Emprisonnement* 6, *Frais de justice* 69, 70, 74, 75, 81, 209, *Greffiers* 2, 10, *Instruction criminelle* 26, 29, 31 à 37, 40 à 42, 45, *Matières d'or et d'argent*, *Presse* 2, 21.

Extraits du casier judiciaire. Voy. *Casiers judiciaires*.

F

Fabrication. Voy. *Falsifications*, *Poudres* 1, 2.

Fabriques. Voy. *Notaires* 30.

Failli. Voy. *Faillite*.

Faillite. 1 (8 juin 1838). Avance des premiers frais par le Trésor public en cas d'insuffisance d'actif, I, 445.

—— **2** (8 juin 1838). Choix du syndic, I, 448.

—— **3** (8 juin 1838). Remplacement du syndic par le tribunal de commerce, I, 448.

—— **4** (8 juin 1838). Mode de réalisation de l'actif, I, 449.

—— **5** (8 juin 1838). Clôture pour cause d'insuffisance d'actif et devoirs du failli, I, 449.

—— **6** (8 juin 1838). Surveillance du ministère public, I, 450.

—— **7** (8 juin 1838). Transmission au parquet du jugement déclaratif et du mémoire dressé par le syndic, I, 450.

Faillite. 8 (8 juin 1838). Poursuites à exercer contre le failli, I, 451.

—— **9** (8 juin 1838). L'obtention du concordat n'entrave pas l'action publique, I, 452.

—— **10** (8 juin 1838). Acquittement par le Trésor des frais de poursuite pour banqueroute simple et frauduleuse, I, 452.

—— **11** (8 juin 1838). Crimes et délits commis par d'autres que par les faillis, I, 453.

—— **12** (8 juin 1838). Mesures destinées à hâter la liquidation, I, 454.

—— **13** (1er oct. 1840). Droits du ministère public pour l'incarcération du failli, I, 471.

—— **14** (1er oct. 1840). Avance des aliments faite par le Trésor public pendant l'incarcération du failli, I, 471.

—— **15** (23 fév. 1875). Consignation des fonds provenant des ventes et recouvrements, III, 335.

Faillite. 16. Voy. *Casiers judiciaires* 90, *Enregistrement* 1.

Falsifications. 1 (21 août 1854). Poursuites à exercer à l'occasion des fraudes constatées dans la fabrication du café-chicorée, II, 279

—— **2** (28 juin 1855). Répression de la fraude dans la vente des chandelles et bougies, II, 313.

—— **3** (4 juin 1857). Publicité à donner à la répression des fraudes dans la vente des marchandises, II, 376.

—— **4** (21 juillet 1858). Plâtrage des vins, II, 400.

—— **5** (23 mars 1875). Répression des fraudes dans la vente des engrais, III, 336.

—— **6.** Voy. *Billets de banque* 1, *État civil* 5, *Frais de justice* 63.

Fausse monnaie. Voy. *Billets de banque* 1, *Instruction criminelle* 36.

Fausses nouvelles (3 mars 1854). Répression des délits de fausses nouvelles commis par la voie télégraphique, II, 259.

Faux. Voy. *Billets de banque* 1, *Frais de justice* 29, 62.

Faux témoignage. Voy. *Code pénal.*

Femme mariée. 1 (1er août 1862). Faculté de placer en rentes sur l'État les sommes dont le remploi peut ou doit être fait en immeubles, II, 529.

—— **2.** Voy. *Alsaciens-Lorrains* 1, *Commerçants* 1, 2, *Contrat de mariage* 1, 2, *Hypothèques* 1.

Femmes. Voy. *Frais de justice* 34, 210, 222.

Feuilles d'audience. Voy. *Emprisonnement* 14, *Frais de justice* 82, *Jugements* 4, 5.

Flagrants délits. Voy. *Casiers judiciaires* 110, *Liberté provisoire* 1, 2.

Fonctionnaires. Voy. *Autorités administratives, Autorités civiles, Frais de justice* 227, *Signatures* 1, 2.

Forçats. Voy. *Bagnes, Grâces* 4, *Instruction criminelle* 8.

Forêts. Voy. *Amendes* 5, *Casiers judiciaires* 23 à 25, *Frais de justice* 15 à 21, 75, 183, 223, *Serment* 8.

Forme exécutoire. Voy. *Greffiers* 5.

Formule exécutoire. Voy. *Jugements* 2.

Fourrière. Voy. *Frais de justice* 214, 216.

Fous furieux. Voy. *Frais de justice* 22 à 28.

Frais. Voy. *Frais de justice, Notaires* 3, *Serment* 3 à 9.

Frais de garde. Voy. *Frais de justice* 210.

Frais de justice. *Généralités.* **1** (24 nov. 1813). Transmission en minutes à l'appui des pourvois en cassation des procès-verbaux des débats et des notes sommaires, I, 52.

—— **2** — (30 sept. 1826). Instructions générales, I, 196.

—— **3** — (30 sept. 1826). Dépenses comprises sous cette dénomination, I, 207.

—— **4** — (30 sept. 1826). Dépenses non comprises sous cette dénomination, I, 209.

—— **5** — (30 sept. 1826). Transport des procédures et des pièces à conviction et à décharge par les gendarmes, I, 215.

—— **6** — (30 sept. 1826). La prononciation des jugements contradictoires, en matière correctionnelle, tient lieu de signification, I, 237.

—— **7** — (30 sept. 1826). Port de lettres et de paquets, I, 284.

—— **8** — (30 sept. 1826). Frais de justice devant la haute cour de justice, I, 322.

—— **9** — (30 sept. 1826). Tableau général, I, 324 et suiv.

—— **10** — (18 juillet 1832). Consignation par la partie civile des sommes présumées nécessaires pour les frais de procédure, I, 399.

—— **11** — (10 sept. 1834). État par canton des relevés sommaires des jugements de simple police susceptibles d'opposition et d'appel, I, 417.

—— **12** — (16 août 1842). Instruc-

Frais de justice. 74. *Greffiers* (30 sept. 1826). Droits pour les extraits d'arrêts et de jugements, I, 244.

—— **75** — (30 sept. 1826). Droits pour les extraits de jugements en matière forestière, I, 244.

—— **76** — (30 sept. 1826). Copies des états de liquidation de frais et dépens, I, 245.

—— **77** — (30 sept. 1826). Assistance des greffiers à l'exécution des arrêts criminels et droits alloués, I, 246.

—— **78** — (30 sept. 1826). Copies délivrées sur leur demande aux accusés, I, 247 à 249.

—— **79** — (30 sept. 1826). Le renvoi devant un autre juge d'instruction ou devant une autre cour d'assises ne donne pas lieu à une nouvelle copie des pièces, I, 249.

—— **80** — (30 sept. 1826). Copies de pièces délivrées aux parties et à leurs frais en matière correctionnelle ou de police, I, 249.

—— **81** — (30 sept. 1826). Visa du ministère public sur les extraits et copies taxées par cotes, I, 249.

—— **82** — (30 sept. 1826). Rédaction des arrêts et jugements, et notes d'audience, I, 250.

—— **83** — (30 sept. 1826). Envoi des pièces de procédure en minutes et en expéditions, I, 251.

—— **84** — (30 sept. 1826). Pièces pour lesquelles l'envoi en copies est autorisé, II, 251.

—— **85** — (30 sept. 1826). Inventaire joint aux procédures, I, 252.

—— **86** — (30 sept. 1826). Actes expédiés dans la forme exécutoire, I, 253.

—— **87** — (30 sept. 1826). Écritures gratuites sous la dictée des magistrats, minutes d'actes, renseignements, I, 254.

—— **88** — (30 sept. 1826). Défense de réclamer des droits autres que ceux attribués par le tarif, I, 254.

—— **89** — (30 sept. 1826). Frais d'emballage et de transport de pièces distraites du greffe, I, 297.

Frais de justice. 90. *Greffiers* (30 sept. 1826). Etat des registres et papiers dressés sans frais en matière de transport des greffes, I, 297.

—— **91** — (30 sept. 1826). Règlement par le préfet et le sous-préfet du mode et des frais des marchés à passer en matière de transport des greffes, I, 298.

—— **92** — (30 sept. 1826). Inspection des greffes, I, 319.

—— **93** — (30 sept. 1826). Tableau des frais de justice criminelle, I, 332.

—— **94** — (15 déc. 1833). Confection par les greffiers de simple police et transmission au receveur de l'enregistrement d'un relevé sommaire des jugements susceptibles d'opposition et d'appel, I, 410.

—— **95** — (16 août 1842). Droits alloués aux greffiers, II, 25.

—— **96** — (18 janvier 1855). Droits alloués aux greffiers pour les expéditions des jugements de simple police, II, 286.

—— **97.** *Huissiers* (30 sept. 1826). Service près la cour d'appel, I, 255.

—— **98** — (30 sept. 1826). Fixation de la résidence, I, 255.

—— **99** — (30 sept. 1826). Salaires des huissiers attachés à la cour d'assises de Paris, I, 255.

—— **100** — (30 sept. 1826). Organisation, I, 256.

—— **101** — (30 sept. 1826). Signification sur minute et sur expédition, I, 256.

—— **102** — (30 sept. 1826). Salaire des citations, significations, notifications, communications et mandats de comparution, I, 257 à 260.

—— **103** — (30 sept. 1826). Frais de citations à la charge des administrations publiques, I, 257, 258.

—— **104** — (30 sept. 1826). Original unique pour les citations, I, 258.

—— **105** — (30 sept. 1826). Actes qui ne doivent pas être notifiés, I, 259, 260.

Frais de justice. 138. *Impressions* (30 sept. 1826). Nombre des placards, I, 286.

—— **139** — (30 sept. 1826). Transmission des placards aux maires, I, 287.

—— **140** — (30 sept. 1826). Frais d'apposition des affiches à la charge des communes, I, 287.

—— **141** — (30 sept. 1826). Désignation des imprimeurs, avis à donner du prix et des conditions des marchés, I, 287.

—— **142** — (30 sept. 1826). Correction des épreuves, I, 287.

—— **143** — (30 sept. 1826). Note des impressions tenues au parquet. Envoi au Ministère de la justice, I, 288.

—— **144** — (30 sept. 1826). Production et vérification des mémoires d'impression. Ordonnances d'exécution, I, 288.

—— **145** — (30 sept. 1826). Frais d'impression ou d'affiche à la charge d'un juré, I, 288.

—— **146** — (4 nov. 1831). Marchés pour les impressions des arrêts et jugements, I, 394.

—— **147.** *Jurés* (30 sept. 1826). Frais de voyage, I, 233.

—— **148** — (30 sept. 1826). Tableau des frais de justice criminelle, I, 332.

—— **149.** *Officiers publics et ministériels* (30 sept. 1826). Tableau des frais de justice criminelle, I, 324.

—— **150.** *Payement et avance des frais* (30 sept. 1826). Avance des frais de justice criminelle pour les administrations publiques, les contributions indirectes, les communes, hospices et établissements publics, I, 206.

—— **151** — (30 sept. 1826). Mode de payement des frais, I, 298.

—— **152** — (30 sept. 1826). Payement des frais urgents, I, 299.

—— **153** — (30 sept. 1826). Frais réputés urgents, I, 299.

—— **154** — (30 sept. 1826). Acomptes aux témoins indigents, I, 299.

Frais de justice. 155. *Payement et avance des frais* (30 sept. 1826). Dépenses extraordinaires autorisées par les procureurs généraux, I, 300.

—— **156** — (30 sept. 1826). Confection des états de frais urgents qui doivent être dressés par les receveurs de l'enregistrement, I, 300.

—— **157** — (30 sept. 1826). Mode de payement des dépenses non réputées urgentes, I, 301.

—— **158** — (30 sept. 1826). Rédaction des taxes, I, 301, 302.

—— **159** — (30 sept. 1826). Magistrats chargés des taxes et des exécutoires, I, 301.

—— **160** — (30 sept. 1826). Mémoires qui doivent être rendus exécutoires par le président et le juge d'instruction, I, 302.

—— **161** — (30 sept. 1826). Responsabilité des juges et des officiers du ministère public, I, 302.

—— **162** — (30 sept. 1826). Vérification des états et mémoires, I, 302.

—— **163** — (30 sept. 1826). Dispense du timbre des mémoires inférieurs à 10 francs, I, 303.

—— **164** — (30 sept. 1826). Nombre d'expéditions de chaque état ou mémoire, I, 303.

—— **165** — (30 sept. 1826). Des mémoires collectifs et de leur acquit, I, 303.

—— **166** — (30 sept. 1826). Mémoires comprenant des dépenses échangées au Ministère de la justice, I, 303.

—— **167** — (30 sept. 1826). Mémoires non présentés dans les délais déterminés, I, 304.

—— **168** — (30 sept. 1826). Frais d'extradition des prévenus, accusés et condamnés, I, 305.

—— **169** — (30 sept. 1826). Gages des exécuteurs et de leurs aides, I, 305.

—— **170** — (30 sept. 1826). Cas dans lesquels les agents de l'enre-

dont les parties offrent de se libérer, I, 321.

Frais de justice. 198. *Recouvrement des amendes et des frais* (30 sept. 1826). Reddition de compte par l'enregistrement des recouvrements effectués, I, 321.

—— **199** — (27 juin 1835). Exécutoire supplémentaire pour obtenir le recouvrement du droit de capture, I, 419.

—— **200** — (8 déc. 1838). Transmission mensuelle par les préfets du bordereau des dépenses payées sur leur mandat, I, 462.

—— **201** — (21 juillet 1853). Exercice de la contrainte par corps à l'encontre des délinquants insolvables et énumération des personnes qui ne peuvent pas être portées sur les états dressés par les receveurs de l'enregistrement, II, 233.

—— **202** — (1er avril 1854). Surveillance à exercer par le ministère public en matière de recouvrement des frais de capture, II, 263.

—— **203** — (4 août 1855). Recouvrement des frais de poste, II, 317.

—— **204** — (7 fév. 1856). Recouvrement des frais de poste, II, 328.

—— **205** — (21 fév. 1859). Cas dans lesquels la gendarmerie peut surseoir à l'exécution de la contrainte par corps, II, 417.

—— **206** — (30 sept. 1861). Abus de mémoires partiels établis par les greffiers pour éviter le timbre, II, 513.

—— **207** — (9 juillet 1872). Exercice de la contrainte par corps en matière criminelle et correctionnelle, III, 213.

—— **208** — (15 déc. 1874). Recouvrement des frais de translation, par chemin de fer, des prévenus et accusés, III, 319.

—— **209** — (6 sept. 1875). Délai de transmission par les greffiers aux trésoriers-payeurs généraux des extraits pour le recouvrement des amendes et frais de justice, III, 381.

—— **210.** *Scellés* (30 sept. 1826). Frais de garde, I, 234.

Frais de justice. 211. *Scellés* (30 sept. 1826). Incapacité pour les femmes d'être gardiennes de scellés en matière criminelle et correctionnelle, I, 234.

—— **212** — (30 sept. 1826). Tableau des frais de justice criminelle, I, 332.

—— **213.** *Séquestre et fourrière* (30 sept. 1826). Temps pendant lequel les objets périssables peuvent être mis sous séquestre, I, 234.

—— **214** — (30 sept. 1826). Temps pendant lequel les animaux peuvent être mis en fourrière, I, 234.

—— **215** — (30 sept. 1826). Mainlevée provisoire et vente des objets mis sous séquestre, I, 235.

—— **216** — (30 sept. 1826). Mainlevée provisoire des animaux mis en fourrière et vente de ces animaux, I, 235.

—— **217.** *Témoins* (30 sept. 1826). Indemnité accordée aux médecins, chirurgiens, sages-femmes, experts et interprètes appelés à comparaître soit devant un juge d'instruction, soit aux débats, I, 226.

—— **218** — (30 sept. 1826). Indemnité allouée aux témoins, I, 227.

—— **219** — (30 sept. 1826). Nécessité d'une réclamation expresse, I, 227.

—— **220** — (30 sept. 1826). Rédaction, délivrance, payement et acquit des taxes, I, 228.

—— **221** — (30 sept. 1826). Tarif des indemnités, I, 229.

—— **222** — (30 sept. 1826). Taxe pour les femmes et les enfants, I, 229.

—— **223** — (30 sept. 1826). Gardes champêtres et forestiers, gendarmes assimilés aux autres témoins, I, 229.

—— **224** — (30 sept. 1826). Indemnité allouée aux malades et infirmes, I, 230.

—— **225** — (30 sept. 1856). Frais de voyage et de séjour, I, 230.

—— **226** — (30 sept. 1826). In-

public des rôles de copie dressés soit par les huissiers, soit par les greffiers, II, 351.

Frais de justice. 282. *Vérification* (13 août 1875). Bulletins de vérification, III, 362.

—— **283.** Voy. *Aliénés* 1, *Amendes*, *Cours d'assises* 19, *Enregistrement* 9 à 13, *Exécution des arrêts criminels* 1, *Faillite* 10, 14, *Greffiers* 10, *Huissiers* 12 à 14, *Hypothèques* 1, *Instruction criminelle* 13, 39, *Jury* 15, *Pêche fluviale* 1, 2, 4, *Recrutement* 3.

Frais de poste. Voy. *Frais de justice* 203, 204.

Frais de retour. Voy. *Frais de justice* 252.

Frais de scellés. Voy. *Frais de justice* 210, *Successions vacantes* 3.

Frais de voyage et de séjour. Voy. *Frais de justice* 30, 51, 122, 147, 225 à 227, 233, 272, *Huissiers* 14.

Frais et dépens. Voy. *Frais de justice*, *Tarif*, *Tribunaux de commerce* 2.

Frais urgents. Voy. *Frais de justice.*

Franchise postale. 1 (23 mai 1856). Manuel mis à la disposition des fonctionnaires par le Ministère des finances, II, 335.

—— **2** (12 avril 1859). Payement par le destinataire des frais de poste auxquels donne lieu l'envoi hors du chef-lieu des avertissements à comparaître devant les tribunaux de simple police, II, 420.

Franchise postale. 3 (15 déc. 1860). Envoi en franchise aux magistrats du parquet des discours de rentrée et mercuriales, II, 498.

—— **4** (26 août 1863). Correspondance en franchise dans le canton entre les receveurs de l'enregistrement et les juges de paix ou commissaires de police, III, 23.

—— **5** (6 fév. 1873). Circulation en franchise des correspondances échangées pour le service du jury entre les présidents des tribunaux, d'une part, et, d'autre part, les juges de paix et les maires de l'arrondissement, III, 246.

—— **6** (6 fév. 1873). Circulation en franchise des correspondances relatives au service du jury, entre les présidents de tribunaux et entre ces présidents et le préfet de leur département, III, 246.

—— **7** (31 mai 1875). Franchise postale entre les procureurs de la République et certaines autorités militaires, III, 353.

—— **8** (29 oct. 1875). Correspondance entre les greffiers et les conservateurs des hypothèques, III, 396.

—— **9.** Voy. *Casiers judiciaires* 27, *Télégraphe.*

Fraudes. Voy. *Falsifications*, *Faux*, *Recrutement* 4.

Fulmicoton. Voy. *Poudres.*

G

Garantie. Voy. *Matières d'or et d'argent.*

Gardes d'artillerie. Voy. *Serment* 3.

Gardes champêtres. Voy. *Frais de justice* 15 à 21, *Procès-verbaux* 1.

Gardes forestiers. Voy. *Frais de justice* 15 à 21, *Serment* 8.

Gardes maritimes. Voy. *Serment* 6.

Gardes nationales mobilisées (11 janv. 1873). Intervention du juge de paix dans le remboursement des taxes spéciales, III, 240.

Gardes-pêche. Voy. *Serment* 7.

Gardiens-chefs. Voy. *Emprisonnement*, *Frais de justice* 15.

Gardiens de batterie. Voy. *Serment* 5.

Gardiens de scellés. Voy. *Frais de justice* 210, 211.

Gares. Voy. *Chemins de fer* 2.

Gendarmerie. 1 (6 janv. 1857). Enregistrement des procès-verbaux, II, 362.

—— **2.** Voy. *Amendes* 2, *Frais de justice* 5, 15 à 21, 201, 205, 223, 240 à 270, *Grâces* 7, *Justice militaire*, *Préséances* 6.

Gendarmes. Voy. *Gendarmerie*.

Généraux. Voy. *Préséances* 2, 4 à 6, *Procureurs généraux*, *Scellés* 2.

Gibier. Voy. *Chasse* 5, 10, 14, 15.

Grâces. 1 (20 juin 1825). Avis motivé sur l'exécution des condamnations capitales, I, 189.

—— **2** (9 août 1828). Propositions annuelles concernant les condamnés détenus, I, 376.

—— **3** (27 sept. 1830). Invitation à surseoir, même en l'absence de recours, à l'exécution des condamnations capitales; transmission de la procédure avec avis, I, 388.

—— **4** (7 fév. 1833). Demande de renseignements à l'administration de la marine sur les forçats renfermés dans les bagnes, I, 405.

—— **5** (20 janv. 1838). Propositions annuelles; notices individuelles, I, 435.

—— **6** (2 mai 1854). Sursis à l'exécution de la condamnation non encore suivie d'effet, en cas de transmission de recours en grâce, II, 267.

—— **7** (26 fév. 1855). Présence des officiers de gendarmerie à l'entérinement des lettres de grâce, II, 291.

—— **8** (3 mars 1855). Avis à donner aux receveurs de l'enregistrement des instructions ordonnées au sujet des recours en grâce, afin de surseoir au recouvrement des amendes, II, 292.

—— **9** (17 mai 1858). Avis à donner au directeur des domaines du département de la mise à l'instruction des recours, II, 395.

—— **10** (15 avril 1864). Notification aux directeurs des domaines de la remise des amendes, III, 35.

—— **11** (25 juin 1875). Communication des recours, III, 355.

Grâces. 12 (25 juin 1875). Sursis à l'exécution des peines, III, 356.

—— **13** (7 août 1875). Mentions à insérer dans les rapports sur le recours, III, 364.

—— **14.** Voy. *Casiers judiciaires* 74.

Greffes. 1 (11 mars 1824). Vérification par le ministère public, I, 173.

—— **2** (26 juillet 1831). Remise à l'administration des domaines des effets mobiliers déposés dans les greffes et susceptibles d'être vendus; exécution de l'ordonnance du 9 juin 1831, I, 391.

—— **3** (24 janvier 1852). Communication aux agents des forêts des jugements rendus à la requête de leur administration, II, 187.

—— **4** (6 mai 1852). Inventaire des armes déposées et remises à l'administration des domaines, II, 200.

—— **5** (6 mai 1852). Réquisition du ministère public à fin de confiscation des armes de chasse et engins prohibés, II, 200.

—— **6** (19 mai 1866). Remise aux préposés des domaines des actions et obligations nominatives ou au porteur déposées au greffe, III, 92.

—— **7.** Voy. *Archives*, *Casiers judiciaires* 2, 3, 6, *Enregistrement et timbre* 3, 5, 14, *Etat civil* 16, 18 à 20, *Frais de justice* 66 à 96, *Greffiers*, *Hypothèques* 3, *Jugements* 1, 3, 4, *Marques de fabrique*, *Médecine* 1, *Notaires* 37, *Tarif* 3 à 9, *Traités* 2.

Greffes des tribunaux de commerce. 1 (21 nov. 1868). Rédaction des états de produits annexés aux dossiers de cession, III, 135.

—— **2.** Voy. *Contrats de mariage* 1, 2, *Marques de fabrique* 3 à 6.

Greffiers. 1 (27 juin 1808). Inscription sur un registre spécial des actes concernant le dépôt annuel du double du répertoire des notaires, I, 42.

—— **2** (12 nov. 1816). Délivrance, sur papier non timbré et sans enregistrement, des extraits de jugements concernant l'administration des contributions indirectes, I, 69.

—— **3** (18 mai 1819). Dépôt annuel,

H

tion de la résidence par le tribunal, I, 181.

Huissiers. 8. *Compétence et discipline* (6 juin 1838). Droit d'exploiter; compétence territoriale, I, 442.

—— **9** — (6 juin 1838). Justices de paix; billets; avertissement préalable, I, 442.

—— **10** — (6 juin 1838). Pouvoir du juge de paix en matière de peines disciplinaires, I, 442.

—— **11** — (6 juin 1838). Interdiction de représenter les parties devant les justices de paix, I, 442.

—— **12.** *Droits et salaires* (15 oct. 1821). Remises exigées sur le salaire des huissiers, I, 115.

—— **13** — (24 oct. 1825). *Solvit* à donner par les huissiers aux avoués pour les actes extrajudiciaires signifiés dans l'intérêt de l'administration de l'enregistrement, I, 194.

Huissiers. 14. *Droits et salaires* (21 sept. 1855). Tarif en matière de transport, II, 325.

—— **15.** Voy. *Enregistrement* 12, 13, *Frais de justice* 97 à 135.

Hypothèque légale. Voy. *Hypothèques* 1, *Saisie immobilière* 1.

Hypothèques. 1 (15 sept. 1806). Constatation préalable par le magistrat du ministère public avant de requérir d'office l'inscription de l'hypothèque légale de la femme mariée, I, 39.

—— **2** (8 déc. 1813). L'état des inscriptions doit comprendre toutes celles qui existent sur les registres, I, 53.

—— **3** (27 oct. 1875). Dépôt au greffe du double des registres de dépôt, III, 393.

—— **4.** Voy. *Cautionnement* 1 à 4, *Frais de justice* 22 à 28, *Franchise postale* 8.

I

Imbécillité. Voy. *Aliénés, Frais de justice* 22 à 28, *Interdiction d'office.*

Immeubles. Voy. *Cautionnement* 1 à 4, *Femme mariée, Hypothèques, Loteries* 1, *Saisie immobilière, Mineurs* 1, *Tarif* 2.

Impressions. Voy. *Affichage, Frais de justice* 136 à 146, *Jury* 15, *Presse.*

Imprimés. Voy. *Frais de justice* 136 à 146, *Impressions, Imprimeurs, Notices individuelles* 2, 4, *Signalements.*

Imprimeurs. Voy. *Frais de justice* 136 à 146, *Impressions, Imprimés, Instruction criminelle* 35, *Presse.*

Incapacité. Voy. *Jury* 1, 5.

Incarcération. Voy. *Emprisonnement, Faillite* 13, 14.

Incompatibilité. Voy. *Huissiers* 6, *Juges de paix* 3, 4, *Magistrats* 5, 23, *Officiers publics et ministériels* 13.

Indemnité. Voy. *État civil* 14, 15, *Frais de justice, Invasion* 1.

Indigence. Voy. *Assistance judiciaire, Interdiction d'office, Mariages* 3, 4.

Infirmités. Voy. *Congés* 9, *Frais de justice* 224.

Ingénieurs. Voy. *Chemins de fer* 1, 4, 10, *Pêche fluviale.*

Inscription au rôle. Voy. *Avoués* 1, *Greffiers de justice de paix* 4.

Inscription hypothécaire. Voy. *Cautionnement* 1 à 4, *Hypothèques légales, Hypothèques.*

Insertion. Voy. *Absence* 8, *Instruction criminelle* 42, *Presse* 21.

Insolvabilité. Voy. *Frais de justice* 201.

Installation. Voy. *Officiers ministériels* 4.

Instituteurs. Voy. *Instruction criminelle* 44, 45.

Instruction criminelle. 1. *Information* (10 fév. 1819). Arrestations et maintien en liberté provisoire, I, 83.

—— **2** — (10 fév. 1819). Accélération des instructions, I, 83.

—— **3** — (6 déc. 1840). Rensei-

membres de la Légion d'honneur, I, 485.

Instruction criminelle. 33. *Exécution des jugements et arrêts* (6 déc. 1840). Envoi des extraits de jugements contre des marins, I, 485.

—— **34** — (6 déc. 1840). Envoi des extraits de jugements contre des instituteurs primaires, I, 486.

—— **35** — (6 déc. 1840). Envoi des extraits de jugements contre des imprimeurs et libraires, I, 486.

—— **36** — (6 déc. 1840). Envoi des extraits d'arrêts rendus en matière de fausse monnaie, I, 487.

—— **37** — (6 déc. 1840). Envoi aux préfets d'extraits de jugements rendus en matière de recrutement, I, 487.

—— **38** — (6 déc. 1840). Avis des condamnations portant renvoi sous la surveillance de la haute police, I, 488.

—— **39** — (6 déc. 1840). Transmission aux préfets du relevé des jugements condamnant à des amendes, I, 489.

—— **40** — (6 déc. 1840). Envoi d'extraits de jugements rendus en matière de presse, I, 489.

—— **41** — (16 janv. 1850). Affichage de l'extrait du jugement de condamnation par contumace, II, 122.

—— **42** — (16 janv. 1850). Insertion, dans l'un des journaux du département du dernier domicile du condamné, de l'extrait du jugement de condamnation par contumace, II, 123.

—— **43** — (16 janv. 1850). Exécution par effigie des jugements de condamnation par contumace, II, 126.

—— **44** — (4 avril 1855). Transmission au préfet des extraits de condamnation concernant des instituteurs, II, 296.

Instruction criminelle. 45. *Exécution des jugements et arrêts* (12 fév. 1873). Transmission des extraits de jugements concernant des instituteurs et avis à donner aux préfets des poursuites concernant des membres de l'enseignement, III, 247.

—— **46.** Voy. *Appels correctionnels, Casiers judiciaires, Cours d'assises, Détention préventive, Justice militaire, Signalements.*

Instruction publique. Voy. *Instruction criminelle* 5, 44, 45, *Préséances* 3, *Université* 1.

Insurrection. Voy. *État civil* 13 à 17.

Interdiction de communiquer. Voy. *Emprisonnement* 8, *Instruction criminelle* 22, 23.

Interdiction d'office. Voy. *Frais de justice.*

Interprètes. Voy. *Frais de justice* 35 à 65, 217.

Interrogatoire. Voy. *Instruction criminelle* 11.

Intervention. Voy. *Enregistrement* 10.

Invasion. 1 (15 mai 1874). Délivrance par les juges de paix des certificats nécessaires au recouvrement des indemnités, III, 304.

—— **2.** Voy. *État civil* 10.

Inventaire. Voy. *Absence* 1, *Cours et tribunaux* 3, *Greffe* 4, *Greffiers* 6.

Italie. Voy. *Actes judiciaires* 2, *Extradition* 6, *Traités* 1, 2.

Ivresse. 1 (23 fév. 1874). Répression des récidives, III, 287.

—— **2** (6 juin 1874). Tarif des droits alloués au greffier des tribunaux de police pour la rédaction des bulletins de jugement, III, 306.

—— **3.** Voy. *Casiers judiciaires* 73, *Notaires* 4.

J

Jeunes détenus. 1 (22 nov. 1847). La durée de détention doit être suffisante pour assurer l'éducation morale et professionnelle, II, 95.

L

M

Magasins militaires. Voy. *Huissiers* 1.

Magistrats. 1. *Généralités* (2 mars 1816). Rapports des magistrats avec l'autorité administrative, I, 64.

—— **2** — (31 juillet 1821). Costumes dans les cérémonies funèbres, I, 114.

—— **3** — (12 juin 1854). Suppression des droits d'assistance et rédaction des états de traitements, II, 272.

—— **4** — (3 mars 1858). Rapports des magistrats avec l'autorité administrative, II, 389.

—— **5** — (19 juin 1871). Démission des membres du parquet candidats à l'Assemblée nationale, III, 162.

—— **6** — (5 nov. 1875). Application du décret du 1er mars 1852 aux juges suppléants, III, 397.

—— **7.** *Candidatures et prestations de serment* (14 déc. 1813). Avis à donner des vacances et de la prestation de serment des magistrats, I, 55.

—— **8** — (27 oct. 1829). Prestation d'un nouveau serment en cas de nomination aux mêmes fonctions dans un autre ressort, I, 384.

—— **9** — (16 août 1848). Indication dans les présentations de l'âge des candidats, du stage, de la résidence, des empêchements pour cause de parenté et des incompatibilités, II, 106.

—— **10** — (15 mai 1850). Modification dans la forme des présentations, II, 132.

—— **11** — (22 fév. 1853). Transmission, à l'occasion des présentations, de rapports individuels et de notices séparées pour chaque candidat, II, 217.

—— **12** — (1er août 1859). Sollicitations en vue de l'avancement, II, 465.

—— **13** — (4 nov. 1859). Transmission rapide des présentations quand les vacances se produisent, II, 471.

Magistrats. 14. *Candidatures et prestations de serment* (4 fév. 1870). Sollicitations en vue d'avancement, III, 151.

—— **15.** *Discipline* (27 nov. 1821). Interdiction de donner des consultations, I, 117.

—— **16** — (12 déc. 1821). Discipline, I, 119.

—— **17** — (27 avril 1822). Interdiction des démissions ou demandes de retraite intéressées ou conditionnelles, I, 126.

—— **18** — (4 juin 1853). Visites périodiques du procureur général dans son ressort, II, 232.

—— **19** — (20 août 1853). Autorisation préalable pour porter les décorations étrangères, II, 238.

—— **20** — (5 août 1859). Justification des titres honorifiques et particules, II, 466.

—— **21** — (16 août 1859). Permanence de la résidence, II, 467.

—— **22** — (6 juin 1867). Autorisation de porter les décorations étrangères et acquittement des droits, III, 112.

—— **23** — (11 déc. 1875). Interdiction aux magistrats amovibles des tribunaux de première instance et aux juges de paix d'accepter les fonctions de délégués sénatoriaux, III, 410.

—— **24.** *Honorariat* (5 avril 1820). Conditions de l'honorariat, I, 98.

—— **25** — (23 avril 1855). Les rapports relatifs aux demandes de retraite doivent s'expliquer sur l'honorariat, II, 296.

—— **26.** *Notices individuelles* (15 mai 1850). Création de dossiers individuels et envoi de notices, II, 132.

—— **27** — (18 mai 1850). Renseignements que doivent contenir les notices destinées à compléter les dossiers individuels, II, 139.

Magistrats. 28. *Notices individuelles* (22 fév. 1861). Établissement et maintien des dossiers individuels dans les parquets de procureurs généraux, II, 500.

—— **29** — (21 juin 1871). Envoi annuel de notices individuelles, III, 163.

—— **30.** Voy. *Congés, Cours d'assises* 7 à 23, *Cours et tribunaux* 3, 4, 6, 9, 12, 14, *Frais de justice* 155, 159, 160, 271 à 280, *Juges de paix, Légion d'honneur* 2, *Ministère public, Officiers publics et ministériels* 12, *Pensions* 1, *Procureurs généraux, Signatures* 3, 4, 5, *Tribunaux de commerce* 3, 6, 7.

Main-forte. Voy. *Frais de justice* 16.

Mainlevée. Voy. *Liberté provisoire* 4.

Maires. Voy. *Élections* 2, *Frais de justice* 140, 150, 183.

Maisons centrales. Voy. *Condamnés* 1, *Emprisonnement* 11, 13, *Extraction de condamnés* 1, *Instruction criminelle* 29.

Maisons de correction. Voy. *Casiers judiciaires* 42, 65, *Jeunes détenus.*

Maladie. Voy. *Frais de justice* 224.

Mandats d'amener. Voy. *Emprisonnement* 2, *Frais de justice* 107, 117, *Marins* 2.

Mandats d'arrêt. Voy. *Emprisonnement* 2, *Extradition* 7, 10, *Frais de justice* 107, 117, *Liberté provisoire* 4.

Mandats de comparution. Voy. *Frais de justice* 102, *Signalements* 2.

Mandats de dépôt. Voy. *Détention préventive* 1, *Frais de justice* 107, 116, *Marins* 2, *Signalements* 2.

Mandats de payement. Voy. *Comptabilité* 1, *Frais de justice* 150 à 177.

Mandement exprès. Voy. *Frais de justice* 125.

Manufactures. Voy. *Travail des enfants.*

Manuscrits. Voy. *Commissaires-priseurs* 1, 2.

Marchés. Voy. *Frais de justice* 90, 141, 261.

Mariages. 1 (11 messidor an XII). Formalités à remplir pour suppléer au consentement des ascendants lorsque leur domicile est inconnu ou qu'ils sont absents, I, 21.

—— **2** (26 juillet 1848). Rédaction sur papier timbré des certificats destinés à justifier l'accomplissement des formalités du mariage civil avant le mariage religieux, II, 105.

—— **3** (29 mars 1851). Réclamation et transmission des pièces nécessaires au mariage des indigents, II, 176.

—— **4** (29 mars 1851). Rectification des actes de l'état civil nécessaires au mariage des indigents, exécution de la loi du 10 décembre 1850, II, 176.

—— **5** (29 oct. 1852). Désignation dans l'acte de consentement des parents des personnes avec lesquelles leurs enfants doivent s'unir, II, 212.

—— **6** (16 fév. 1855). Avis à donner aux étrangers et particulièrement aux Allemands relativement à l'autorisation de leur gouvernement, II, 290.

—— **7** (21 déc. 1871). L'acquisition du domicile proprement dit suffit pour que le mariage puisse être célébré. Application de cette règle à la commune d'option des Alsaciens-Lorrains, III, 182.

—— **8** (3 avril 1875). Mariage des officiers; formule de l'acte de déclaration d'apport de la future, III, 340.

—— **9** (12 août 1875). Mariage des officiers; dispense pour l'officier d'assister à la déclaration d'apport; constitution par un tiers de la dot réglementaire, III, 361.

—— **10** (11 nov. 1875). Instructions générales sur les dispenses d'âge, de parenté et d'alliance, III, 398.

—— **11.** Voy. *Commerçants, État civil, Femmes mariées, Contrats de mariage.*

Marine. Voy. *Casiers judiciaires* 36, *Grâces* 4, *Marins, Navigation, Notaires* 10, *Scellés* 1, 3, *Serment* 6, 7, 9, *Successions vacantes* 8.

Mines (20 juin 1872). Autorisation pour les ingénieurs de prendre copie des jugements ou arrêts rendus à la suite d'accidents dans les mines, III, 211.

Mineurs. 1 (1er août 1862). Faculté de placer en rentes sur l'État les sommes dont le remploi en immeubles est prescrit ou autorisé par la loi, II, 529.

—— **2.** Voy. *Alsaciens-Lorrains* 1, *Casiers judiaires* 42, 65, *Notaires* 1.

Mineurs de seize ans. 1 (6 avril 1842). Réquisition à fin d'information préalable dans les poursuites contre les enfants mineurs de seize ans, II, 15.

—— **2** (26 mai 1855). Circonspection dans les poursuites, II, 301.

—— **3** (25 oct. 1859). Mention, sur les états dressés en exécution des articles 600 et 601 du code d'instruction criminelle, des acquittements prononcés à l'égard d'enfants de moins de seize ans, II, 469.

Ministère public. 1 (1er oct. 1790). Devoirs et attributions des magistrats du parquet, I, 1.

—— **2** (3 avril 1822). Assistance sans voix délibérative des magistrats du parquet aux assemblées générales, I, 124.

—— **3** (11 oct. 1822). Assistance des membres du ministère public aux délibérations de la cour statuant, en assemblée générale, sur leurs réquisitions, I, 138.

—— **4.** Voy. *Absence* 3 à 8, *Aliénés* 1, 2, *Appels correctionnels, Brevets d'invention, Casiers judiciaires, Chemins de fer* 2, 9, *Congés* 11, *Correspondance, Délits forestiers* 1, *Douanes* 2, *Enregistrement et timbre* 4, 7, 12, *Extradition, Faillite* 6, 13, *Falsifications, Frais de justice* 22 à 28, 81, 143, 155, 161, 271 à 282, *Franchise postale, Grâces, Greffe* 1, 5, *Hypothèques* 1, *Instruction criminelle, Jeunes détenus* 2, *Juges de paix, Jury* 14, *Justices de paix* 2, *Légion d'honneur, Loteries* 2, *Magistrats, Mariages* 3, 4, *Mercuriales, Mineurs de seize ans, Notices individuelles, Officiers publics et ministériels* 2, 5, 12, *Pêche fluviale* 2, 3, *Pensions* 1, *Poudres* 1 à 3, *Préséances* 4, *Presse* 5, 10, 14, *Réunions publiques* 1, *Signalements* 1, *Signatures* 4, *Successions vacantes* 7, 8, *Surveillance de la haute police, Télégraphes* 1 à 8, *Titres nobiliaires* 1, *Transactions, Tribunaux de simple police* 1, 2, *Voirie.*

Minorité. Voy. *Alsaciens-Lorrains* 1, *Casiers judiciaires* 42, 65, *Mineurs* 1, *Notaires* 1.

Minutes. Voy. *Frais de justice* 82, 83, 101, *Jugements* 1, 3 à 6, *Notaires* 1, 2, *Tarif* 4, *Vente aux enchères.*

Mise en accusation. Voy. *Cassation* 1, *Correspondance* 1, *Cours d'appel* 1, *Frais de justice* 70.

Mobilier. Voy. *Cours et tribunaux* 3.

Moniteur des communes. Voy. *Bulletin des lois.*

Monts-de-piété (30 mai 1861). Restitution des objets engagés qui ont été saisis comme pièces à conviction, II, 508.

Mutations. Voy. *Cours d'assises* 7.

N

Naturalisation (20 juillet 1867). Instructions générales sur la loi du 29 juin 1867, III, 113.

Navigation. 1 (12 sept. 1833). Dispenses pour les capitaines marins étrangers de déposer le rapport prescrit par les articles 242 et 243 du Code de commerce, I, 408.

—— **2** (28 août 1835). Dépôt facultatif pour le capitaine étranger du rapport prescrit par les articles 242 et 243 du Code de commerce, I, 420.

Navigation. 3. Voy. *Marine, Marins, Scellés* 1.

Noblesse. Voy. *Titres nobiliaires, État civil* 5.

Noms et titres. Voy. *État civil* 5, 11, *Titres nobiliaires.*

Noms patronymiques. Voy. *État civil* 5, 11, *Titres nobiliaires*.

Notaires. 1. *Généralités* (28 floréal an XII). Conservation des minutes des actes relatifs aux ventes des biens de mineurs faites par délégation du tribunal, I, 20.

—— **2** — (6 vendémiaire an XIII). Restitution des minutes des testaments, I, 24.

—— **3** — (18 oct. 1820). Frais et taxe des liquidations, I, 110.

—— **4** — (17 mai 1821). Interdiction de recevoir les enchères des personnes en état d'ivresse, I, 113.

—— **5** — (6 nov. 1821). Dépôts au greffe des signature et parafe des notaires, I, 115.

—— **6** — (28 janv. 1822). Déclaration dans les actes de ventes de l'existence ou de l'absence d'opposition et versement en cas de dépôt à la caisse des dépôts et consignations, I, 122.

—— **7** — (13 nov. 1850). Formalités à remplir par le notaire et l'officier de l'état civil pour assurer la publicité des contrats de mariage, II, 162.

—— **8** — (13 nov. 1855). Affectation des salles de mairie ou d'école aux adjudications publiques, II, 327.

—— **9** — (26 juillet 1859). Visa diplomatique pour les procurations concernant les militaires attachés au corps expéditionnaire de Rome, II, 464.

—— **10** — (9 mars 1864). Avis à donner des clauses de révocation mentionnées dans les autorisations d'établissements de pêche délivrées par le Ministère de la marine, III, 34.

—— **11** — (2 oct. 1874). Interdiction de coter et parafer les titres au porteur inventoriés, III, 312.

—— **12.** *Certificats de vie et de propriété* (23 oct. 1839). Formalités à observer pour la délivrance des certificats de vie aux pensionnaires de l'État, I, 463.

—— **13** — (23 mai 1842). Délivrance de certificats de propriété concernant les rentes sur l'État, II, 18.

Notaires. 14. *Certificats de vie et de propriété* (6 mai 1844). Représentation des titres de pensions pour la délivrance des certificats de vie, II, 54.

—— **15** — (20 janv. 1854). Rétribution allouée pour la délivrance des certificats de vie, II, 258.

—— **16** — (11 avril 1857). Les certificats de propriété sont inutiles aux héritiers des anciens militaires afin de toucher les arrérages des secours viagers, II, 373.

—— **17** — (4 mai 1860). Délivrance par deux officiers publics des certificats de propriété en matière de rentes, pensions et cautionnements, II, 486.

—— **18** — (23 août 1873). Il n'est dû aucune rétribution aux notaires pour la délivrance aux anciens militaires de certificats de vie destinés à toucher des pensions inférieures à 50 francs par trimestre, III, 264.

—— **19.** *Chambres des notaires. Discipline, candidatures* (6 vendémiaire an XIII). Examen des candidats par la chambre de discipline, I, 24.

—— **20** — (6 vendémiaire an XIII). L'examen du candidat par la chambre de discipline doit toujours précéder la dispense de stage, I, 24.

—— **21** — (18 ventôse an XIII). Nécessité pour les membres des chambres de discipline de délibérer sur les candidatures toutes les fois qu'ils en seront requis, I, 27.

—— **22** — 18 ventôse an XIII). Expéditions sur papier timbré des délibérations de la chambre de discipline, I, 27.

—— **23** — (2 mai 1820). Supposition de personnes dans les actes notariés, I, 104.

—— **24** — (11 sept. 1823). Poursuites en cas d'attestation fausse de numération d'espèces, I, 164.

—— **25** — (30 août 1825). Rédaction des actes et approbation des blancs, I, 191.

—— **26** — (21 août 1838). Répres-

O

Officiers de santé. Voy. *Frais de justice* 35 à 65, 217, 254, *Médecine.*

Officiers ministériels. Voy. *Officiers publics et ministériels.*

Officiers publics et ministériels. 1. *Généralités* (18 mars 1824). Correction et netteté dans les copies de pièces, I, 176.

—— **2.** *Cessions d'offices* (21 fév. 1817). Surveillance à exercer par le ministère public sur les présentations de successeurs faites par les officiers ministériels, I, 71.

—— **3** — (31 juillet 1820). Présentation des successeurs, I, 107.

—— **4** — (31 oct. 1836). Versement du cautionnement avant l'installation, I, 430.

—— **5** — (8 fév. 1840). Examen des garanties présentées par les candidats, I, 465.

—— **6** — (28 juin 1849). Sincérité du traité de cession d'office, II, 111.

—— **7** — (28 juin 1849). Évaluation du produit des offices pour servir de base au prix de cession, II, 111.

—— **8** — (28 juin 1849). Rédaction des traités de cessions d'offices, II, 111.

—— **9** — (28 juin 1849). Actes produits à l'appui des cessions d'offices, II, 111.

—— **10** — (28 juin 1849). Inconvénients à imposer l'acquisition forcée des recouvrements dans les traités de cessions d'offices, II, 111.

—— **11** — (23 mars 1852). Célérité dans la transmission des dossiers de cessions d'offices, II, 190.

—— **12.** *Discipline* (15 fév. 1826). Parenté avec les magistrats du siège, I, 195.

—— **13** — (8 fév. 1840). Interdiction de participer à des opérations de banque et à des spéculations financières, I, 465.

Officiers publics et ministériels. 14. *Discipline* (8 fév. 1840). Surveillance à exercer par les chambres de discipline, I, 465.

—— **15** — (3 juin 1862). Les communautés et chambres de discipline n'ont pas le droit d'adresser des pétitions sans y avoir été autorisées par l'autorité compétente, II, 523.

—— **16.** Voy. *Amendes* 1, *Avoués, Consignation* 3, *État civil* 5, *Frais de justice* 149, *Huissiers, Notaires, Timbre* 1 à 3.

Opérations. Voy. *Frais de justice* 39, 40, 43, 44.

Opposition. Voy. *Casiers judiciaires* 119 à 122, *Greffiers* 7, *Instruction criminelle* 19, *Notaires* 6.

Option. Voy. *Alsaciens-Lorrains.*

Ordre. 1 (1er juin 1819). Mention sur le procès-verbal d'ordre de chaque acte de produit, I, 89.

—— **2** (20 juillet 1859). Convocation des créanciers, II, 463.

—— **3.** Voy. *Amendes* 4, *Saisie immobilière* 2, *Tarif* 2, 9, *Tribunaux* 9.

Organisation judiciaire. Voy. *Assistance judiciaire, Avocats, Avoués, Cassation, Congés, Correspondance, Cours d'appel, Cours d'assises, Cour de cassation, Cours et tribunaux, Frais de justice, Franchise postale, Greffes, Greffes des tribunaux de commerce, Greffiers, Greffiers de justice de paix, Huissiers, Instruction criminelle, Juges de paix, Jury, Justices de paix, Magistrats, Mercuriales, Ministère public, Notaires, Officiers publics et ministériels, Ordre, Pensions, Préséances, Presse, Procureurs généraux, Signatures, Tribunaux, Tribunaux de commerce, Tribunaux de simple police.*

Orphelins. Voy. *Frais de justice* 34, *Pensions militaires* 1, 2.

Outrages. Voy. *Code pénal.*

Ouverture. Voy. *Chasse* 2.

Ouvriers. Voy. *Frais de justice* 32.

P

Paquets. Voy. *Correspondance* 3, 5, *Frais de justice* 7.

Parafe. Voy. *Notaires* 5, *Signatures.*

Parenté. Voy. *Magistrats* 9, *Mariages* 5, 10, *Officiers publics et ministériels* 12.

Parquet. Voy. *Ministère public.*

Parties civiles. Voy. *Enregistrement* 2, 9, *Frais de justice* 10, 173, 182, 183, 185, 186, 229.

Pêche fluviale. **1** (6 mars 1863). Payement par l'administration des ponts et chaussées des frais de poursuites contre les délinquants, III, 3.

—— **2** (9 sept. 1863). Attributions du ministère public en matière de poursuites et payement des frais par l'administration des ponts et chaussées, III, 25.

—— **3** (23 juillet 1864). Transmission à l'administration des ponts et chaussées d'états trimestriels relatant les poursuites, III, 49.

—— **4** (16 janv. 1865). Remboursement par l'administration des ponts et chaussées des frais de justice avancés en matière de contraventions à la pêche fluviale, III, 57.

—— **5.** Voy. *Casiers judiciaires* 62, *Serment* 7.

Pécule. Voy. *Emprisonnement* 4.

Peines. Voy. *Amendes, Chasse* 8, *Code pénal, Emprisonnement, Frais de justice* 31 à 35, 42, 109, 115, 117, 135, 178 à 209, 242 à 270, *Presse* 17.

Pensions. **1** (23 déc. 1853). Modifications introduites dans la législation sur les pensions civiles attribuées aux magistrats; exécution de la loi du 23 septembre 1853, II, 249.

—— **2** (14 janv. 1854). Admission des commis greffiers des cours et tribunaux à la retraite moyennant les retenues prévues par la loi et mentions à insérer dans les états de traitements concernant ces fonctionnaires, II, 256.

Pensions. **3** (12 mai 1869). Suppression de la transmission en double expédition des pièces justificatives nécessaires aux héritiers pour toucher le traitement dû aux membres de la Légion d'honneur, III, 142.

—— **4.** Voy. *Notaires* 12 à 18.

Pensions militaires. **1** (1er mars 1823). Pièces justificatives dressées par les juges de paix à l'appui des demandes formées par les veuves et orphelins, I, 159.

—— **2** (14 juillet 1824). Dispense des droits d'enregistrement et de timbre pour les déclarations et actes de notoriété, I, 179.

—— **3.** Voy. *Notaires* 12 à 18.

Permis de chasse. Voy. *Chasse* 3, 13.

Perquisitions. Voy. *Frais de justice* 110, 118, *Huissiers* 1, *Instruction criminelle* 24, 25.

Percepteurs. Voy. *Amendes* 4 à 8.

Pétitions. Voy. *Officiers ministériels* 15.

Pharmacie. **1** (20 déc. 1860). Registres tenus par les greffiers de justice de paix pour recevoir les inscriptions des élèves et délivrance des extraits de ces registres, II, 499.

—— **2** (30 sept. 1875). Délivrance par les greffiers de justice de paix des certificats de stage, III, 386.

—— **3.** Voy. *Médecine.*

Pièces à conviction. Voy. *Frais de justice* 5, *Greffes* 2 à 6, *Greffiers* 8, *Monts-de-piété.*

Placards. Voy. *Frais de justice* 137 à 139.

Plaidoirie. Voy. *Avoués* 4, *Cours et tribunaux* 7.

Plâtrage. Voy. *Falsifications* 4.

Pointes. Voy. *Cours e tribunaux* 4.

Police des audiences. Voy. *Cours d'assises* 22.

Police du roulage. Voy. *Amendes* 2,

R

S

Serment. 3 (23 janv. 1855). Frais de prestation de serment des gardes d'artillerie, II, 288.

—— **4** (16 juin 1855). Frais de prestation de serment des agents financiers, II, 311.

—— **5** (13 nov. 1858). Frais de prestation de serment des gardiens de batterie, II, 414.

—— **6** (8 juin 1864). Frais de prestation de serment des agents de la marine, III, 39.

—— **7** (7 juillet 1864). Frais de prestation de serment des gardes-pêche, III, 48.

—— **8** (23 nov. 1864). Frais de prestation de serment des agents des administrations générales, III, 55.

—— **9** (17 sept. 1875). Frais de prestation de serment des agents de la marine, III, 384.

—— **10.** Voy. *Greffiers de justice de paix* 1, *Magistrats* 7, 8.

Service militaire. Voy. *Casiers judiciaires* 30 à 36, *État civil* 9, *Recrutement.*

Sessions. Voy. *Cours d'assises* 1, 5, 9 à 18.

Signalements. 1 (22 juin 1824). Envoi direct de parquet à parquet, I, 178.

—— **2** (8 fév. 1850). Énonciations à insérer dans les mandats décernés par le juge d'instruction, II, 127.

—— **3.** Voy. *Instruction criminelle* 30.

Signatures. 1 (22 fructidor an X). Dépôts des types des signatures des fonctionnaires publics, I, 17.

—— **2** (30 juillet 1850). Apposition de signatures lisibles sur les actes émanant de tous les fonctionnaires qui concourent à l'administration de la justice, II, 144.

—— **3** (21 mai 1861). Envoi au Ministère de la justice des types des signatures des juges de paix et de leurs suppléants, ainsi que des juges suppléants des tribunaux de première instance, II, 507.

—— **4** (21 mai 1861). Recommandation aux magistrats de signer lisiblement, II, 507.

Signatures. 5 (21 mai 1861). Légalisation par les juges de paix des signatures des notaires et officiers de l'état civil, II, 507.

—— **6.** Voy. *Jugements* 3, 6, *Notaires* 5, *Traités* 2.

Significations. Voy. *Actes judiciaires, Avoués* 6, *Frais de justice* 97 à 135.

Simple police. Voy. *Frais de justice* 94, 96, *Greffiers de justice de paix, Justices de paix.*

Solvit. Voy. *Huissiers* 13.

Sommiers. Voy. *Casiers judiciaires* 20.

Sous-préfecture. Voy. *Casiers judiciaires* 115 à 118.

Sous-préfets. Voy. *Chasse* 13, 15, *Frais de justice* 91.

Stage. Voy. *Magistrats* 9, *Notaires* 20, *Pharmacie* 1, 2.

Statistique. 1 (3 pluviôse an IX). Envoi des comptes périodiques, I, 15.

—— **2.** Voy. *Assistance judiciaire* 2, *Cours d'assises* 13, *Juges de paix* 16.

Statut personnel. Voy. *Mariages* 6.

Successions. Voy. *Traités* 1, 3, 7.

Successions en déshérence. 1 (3 mai 1825). Publicité et envoi en possession, I, 186.

—— **2.** Voy. *Successions vacantes.*

Successions vacantes. 1 (23 fructidor an VII). Avis à donner par les juges de paix, I, 13.

—— **2** (12 messidor an XIII). Dépôt des fonds chez le receveur des domaines, I, 29.

—— **3** (12 messidor an XIII). Privilège pour les frais de scellés et d'inventaires avancés par l'administration, I, 29.

—— **4** (8 juillet 1806). Formes à suivre pour l'acceptation, l'administration des biens et le payement des charges, I, 35.

—— **5** (21 avril 1828). Versements des fonds à la caisse des receveurs des domaines, I, 373.

—— **6** (21 avril 1828). Poursuites à

exercer contre les curateurs négligents, I, 373.

Successions vacantes. 7 (26 mai 1842). Conclusions à prendre par le ministère public afin que des règles de gestion soient fixées aux curateurs par le jugement de nomination, II, 19.

—— **8** (26 juin 1858). Transmission directe aux procureurs généraux, par le Ministre de la marine, des extraits concernant des successions vacantes aux colonies, payement des frais d'insertion, II, 399.

—— **9.** Voy. *Absence* 2, *Successions en déshérence.*

Suisse. Voy. *Extradition* 8, *Mariages* 6, *Traités* 4 à 6.

Suppositions de personnes. Voy. *Notaires* 23.

Sursis. Voy. *Grâces* 3, 6, 12.

Surveillance de la haute police. 1 (18 mai 1858). Réquisition du ministère public aux fins de condamnation à la surveillance de la haute police contre les étrangers poursuivis pour vagabondage, II, 397.

—— **2** (21 fév. 1874). Application de la loi du 23 janvier 1874; durée, remise et réduction, III, 284.

—— **3** (2 mars 1875). Mentions à insérer sur les extraits des arrêts des cours d'assises, III, 335.

—— **4.** Voy. *Instruction criminelle* 38.

Suspension. Voy. *Presse* 17.

Suspension des magistrats. Voy. *Tribunaux* 2.

Syndics. Voy. *Faillite* 2, 3, 7.

Syndics des gens de mer. Voy. *Serment* 6, 9.

T

Tableaux des avocats. Voy. *Avocats* 2.

Tables décennales. Voy. *État civil* 18 à 20.

Tarif. 1 (9 oct. 1826). Droits à percevoir par les greffiers des tribunaux de commerce, I, 342.

—— **2** (20 août 1842). Règles à suivre par les juges taxateurs relativement aux ventes judiciaires d'immeubles, II, 33.

—— **3** (27 mai 1854). Surveillance à exercer par le parquet sur les émoluments réclamés par les greffiers et la tenue des registres de greffe, II, 271.

—— **4** (13 déc. 1862). Indemnité payée au greffier pour le coût du papier timbré employé à la transcription des minutes des jugements et des actes, II, 533.

—— **5** (2 juillet 1864). Émoluments des greffiers de cours impériales et de tribunaux de première instance, III, 43.

—— **6** (2 juillet 1864). Droit d'état dû aux greffiers, III, 45.

Tarif. 7 (2 juillet 1864). Droit d'inscription sur le répertoire du greffe et remboursement du timbre, III, 46.

—— **8** (2 juillet 1864). Droits perçus par les greffiers pour les bulletins de remise, III, 47.

—— **9** (8 août 1867). Les greffiers n'ont droit à aucune allocation pour les réquisitions d'ouverture d'ordres et de contributions, III, 116.

—— **10.** Voy. *Frais de justice*, *Tribunaux de commerce* 2.

Taxes. Voy. *Avoués* 2, *Cours d'assises* 19, *Frais de justice* 13, 26, 57, 58, 134, 217 à 241, *Notaires* 3, *Tarif* 2.

Télégraphe. 1 (12 nov. 1851). Suppression du visa de l'autorité administrative pour la correspondance télégraphique des procureurs de la République, II, 185.

—— **2** (12 nov. 1851). Invitation aux magistrats de n'employer qu'exceptionnellement la voie télégraphique, II, 185.

—— **3** (6 janv. 1853). Les procureurs impériaux dans les chefs-lieux de cours d'appel ne sont pas admis à user directement de la voie télégraphique, II, 213.

Télégraphe. 4 (24 nov. 1854). Franchise des premiers présidents dans leur correspondance avec les ministres, II, 286.

—— **5** (16 fév. 1860). Avis à donner par voie télégraphique des accidents de chemins de fer, II, 484.

—— **6** (10 août 1865). Faculté accordée aux procureurs impériaux de correspondre entre eux par la voie télégraphique, III, 60.

—— **7** (10 août 1865). Franchise télégraphique entre les procureurs impériaux et les présidents des assises, III, 60.

—— **8** (6 avril 1866). Interdiction de l'emploi de la forme circulaire pour la correspondance télégraphique, III, 90.

—— **9.** Voy. *Fausses nouvelles* 1.

Témoins. Voy. *Chemins de fer* 4, 11, *Cours d'assises* 2, 19, *Extradition* 6, *Frais de justice* 217 à 241, *Instruction criminelle* 6, 8, 11.

Tentative. Voy. *Code pénal.*

Testaments. Voy. *Notaires* 29 à 36.

Timbre. 1 (9 août 1862). Nombre de lignes et syllabes que doivent contenir les copies de pièces, II, 530.

—— **2** (24 nov. 1864). Interdiction aux officiers ministériels de s'approvisionner de papier timbré chez les débitants de tabac, III, 56.

—— **3** (5 mai 1866). Rédaction sur papier timbré des récépissés délivrés entre avoués pour constater les communications de pièces, III, 91.

—— **4.** Voy. *Affichage* 1, *Avoués* 3, 5, 6, *Casiers judiciaires* 77, 78, 81, 89, 91, 97, 98, 102, 103, *Enregistrement* 9, 11 à 13, *État civil* 18, 20, *Frais de justice* 163, *Greffiers* 2, 9, *Huissiers* 3, *Liberté provisoire* 8, *Mariages* 2, *Notaires* 22, *Tarif* 4, 7.

Tirage au sort. Voy. *Jury* 11.

Titres nominatifs et au porteur. Voy. *Greffe* 6, *Notaires* 11.

Titres nobiliaires. 1 (19 juin 1858). Avis à demander en matière de poursuites pour usurpation, II, 398.

Titres nobiliaires. 2 (19 juin 1858). Recommandation de n'insérer dans les jugements et actes authentiques et officiels que les titres et noms justifiés, II, 399.

—— **3** (22 juillet 1874). Mention dans les actes de l'état civil, III, 308.

—— **4.** Voy. *État civil* 11, *Magistrats* 20.

Traductions. Voy. *Frais de justice* 48.

Traitements. Voy. *Tribunaux* 1.

Traités. 1 (31 déc. 1862). Convention passée avec l'Italie relativement aux liquidations des successions, II, 535.

—— **2** (14 sept. 1866). Légalisation des actes émanant des consuls d'Italie et dépôt au greffe du tribunal dans l'arrondissement duquel ils résident du type de leur signature, III, 97.

—— **3** (14 juin 1869). Avis à donner aux consuls, par les juges de paix, du décès de leurs nationaux, III, 143.

—— **4** (17 déc. 1869). Convention réglant les rapports réciproques entre la Suisse et la France en matière de compétence civile et commerciale, d'exécution de jugements, de transmission des actes judiciaires et des commissions rogatoires, III, 149.

—— **5** (7 fév. 1870). Interprétation de la convention du 15 juin 1869 entre la France et la Suisse sur la compétence du tribunal du domicile du demandeur, III, 151.

—— **6** (12 avril 1873). Interprétation de la convention passée entre la France et la Suisse le 15 juin 1869 sur la compétence du tribunal du domicile du demandeur, III, 248.

—— **7** (8 nov. 1875). Exécution des conventions conclues entre la France et certaines puissances et qui attribuent aux consuls le droit de liquider et d'administrer les successions, III, 397.

U

V

BIBLIOTHÈQUE NATIONALE R.F. IMPRIMÉS

TABLE CHRONOLOGIQUE

DES CIRCULAIRES DU MINISTRE DE LA JUSTICE

NON INSÉRÉES DANS LE RECUEIL OFFICIEL ET QUI SONT CITÉES DANS LE TEXTE ET LES NOTES.

1825 (9 août). Registre des actes d'huissiers; mandement exprès, I, 272, 273.

—— (3 mai). Frais de justice avancés pour le compte du Ministère de la justice par les administrations publiques, I, 207.

— Taxe des témoins, I, 228.

— Droits dus pour les extraits, I, 245.

— Condamnation de la partie civile aux frais, I, 308.

— Frais à supporter par les administrations publiques; — exécutoires décernés contre les parties civiles, I, 312, 314.

—— (10 mai). Règles à suivre lorsque les condamnés sont hors d'état d'être transférés dans les bagnes, I, 483.

—— (25 oct.). Transmission des présentations des magistrats immédiatement après la vacance, II, 472.

—— (29 oct.). Transmission des présentations des magistrats immédiatement après la vacance, II, 472.

—— (29 nov.). Avis à donner par le procureur de la République aux autorités militaires de l'arrivée du président des assises, II, 509.

1826 (9 janv.). Copies d'actes judiciaires à envoyer dans les colonies, III, 180.

— (30 janv.). Envoi de l'état des jurés non comparants, I, 370.

—— (22 mars). Extraits des condamnations aux travaux forcés, I, 479.

— Extraits des jugements et arrêts de condamnation à des peines qui sont subies dans les maisons centrales, I, 482.

—— (29 nov.). Avis à donner par les procureurs du roi aux autorités militaires de l'arrivée des présidents de cours d'assises, I, 163.

1827 (20 janv.). Exemption de la formalité du timbre pour les registres des perceptions tenus par les greffiers des justices de paix, I, 190.

—— (29 mars). Extraits des jugements et arrêts de condamnation à des peines qui sont subies dans les maisons centrales, I, 482.

1827 (30 avril). Consignation de frais d'aliments pour les faillis incarcérés, I, 447.

— Dépôt du failli dans une maison d'arrêt et consignation des aliments, I, 472.

—— (11 août). Avis à donner aux autorités militaires de l'arrivée du président des assises, I, 163.

— Honneurs dus aux présidents des assises, II, 509; III, 244.

—— (17 sept.). Avis à donner au Ministère de la justice des condamnations à la surveillance de la haute police, I, 488.

—— (13 nov.). Copie des procès de procédure délivrée gratuitement aux contumax, I, 248.

1828 (21 avril). Abus auxquels donnent naissance les procédures en déclaration d'absence des militaires ou marins, I, 161.

—— (24 mai). Menues dépenses et frais de parquet, II, 38.

—— (28 mai). Signalement des prévenus et des condamnés contumax, I, 483.

—— (7 juin). Extraits des condamnations aux travaux forcés, I, 479.

—— (5 juillet). Pièces à produire en matière de conflits d'attributions, III, 256.

—— (12 août). Renseignements à transmettre sur les poursuites criminelles et correctionnelles, I, 474.

—— (4 oct.). Déchéance des brevets d'invention, II, 92.

—— (6 déc.). Envoi des extraits de jugements contre les militaires, I, 484.

—— (14 déc.). Répression des contraventions commises pour le transport des lettres par des personnes étrangères à l'administration des postes, I, 106.

1829 (6 mars). Extraits des jugements et arrêts de condamnation à des peines subies dans les maisons centrales, I, 482.

1830 (26 juillet). Exécution de la

ou d'omission d'une des formalités exigées par la loi, II, 337.

1845 (30 mai). Conditions auxquelles les discours de rentrée peuvent jouir de l'immunité de la franchise postale, II, 499.

—— (4 sept.). Emprisonnement des militaires condamnés par les tribunaux ordinaires, II, 208.

— Exécution des peines prononcées contre les jeunes soldats non incorporés, II, 407.

—— (28 nov.). Exécution des peines prononcées contre les jeunes soldats non incorporés, II, 407.

1846 (1er juillet). Envoi du modèle pour la tenue au greffe du registre des oppositions et appels, II, 505.

1847 (15 déc.). Pièces à produire en matière de conflits d'attributions, III, 256.

1848 (14 juin). Emprisonnement des militaires condamnés par les tribunaux ordinaires, II, 208.

—— (21 oct.). Suppression des messes de rentrée, III, 267.

—— (22 oct.). Instructions générales sur les dispenses de parenté et d'alliance, III, 399.

—— (26 oct.). Actes judiciaires; transmission au Ministère de la justice par l'Algérie, III, 213.

—— (10 nov.). Réquisitoires par le ministère public à fin d'enregistrement des actes produits en justice, I, 412; III, 165.

1849 (30 oct.). Interdiction de prononcer des discours lors de l'installation et de la prestation de serment des magistrats des tribunaux de première instance, II, 167.

—— (29 déc.). Casier électoral, III, 322.

1850 (19 mars). Aucun écrit autre que la correspondance de service ne peut être admis à circuler en franchise, II, 338.

— Envoi des extraits de jugements rendus contre les imprimeurs et libraires, I, 487.

—— (31 mai). Casier électoral, III, 322.

1850 (13 juin). Casier électoral, III, 322.

—— (18 juillet). Visites des procureurs généraux dans le ressort, II, 232.

—— (24 août). Casier électoral, III, 322.

—— (16 oct.). Reprise de l'usage des messes de rentrée, III, 267.

—— (6 déc.). Huissiers; copie d'actes à envoyer à l'étranger, I, 471; III, 9, 180.

—— (23 déc.). Transfèrement des jeunes détenus, II, 96.

—— (31 déc.). Mode de rédaction des comptes rendus d'assises, II, 364.

— Travaux statistiques afférents aux comptes rendus d'assises, II, 367.

— Observations à formuler par les présidents d'assises dans leurs comptes rendus sur les extraits des casiers judiciaires, II, 367.

— Indication dans les comptes rendus d'assises de la date précise du crime, II, 368.

— Transmission distincte par le président des assises des propositions de grâces, II, 369.

— Visite des prisons faite par le président des assises, II, 370.

— Examen des excuses des jurés, I, 371.

1851 (1er oct.). Confiscation du cautionnement des individus mis en liberté provisoire en cas de condamnation par défaut, III, 74.

1852 (28 janv.). Correspondance en franchise entre les procureurs impériaux et les commissaires de surveillance administrative des chemins de fer, II, 337.

— Droit de correspondance en franchise entre les parquets et les ingénieurs en chef du contrôle, II, 490.

—— (14 mai). Admission des étrangers dans l'enceinte de la cour d'assises réservée aux magistrats, II, 480.

—— (10 août). Exécution des peines

prononcées contre les jeunes soldats non incorporés, II, 407.

1853 (31 janv.). Suppression dans les comptes rendus d'assises de l'appréciation sur les récusations, II, 367.

—— (29 avril). Relevé des frais de capture avancés par le Trésor, II, 263.

—— (7 déc.). Franchise postale entre les commissaires de police et les diverses autorités judiciaires, II, 337.

1854 (5 août). Confection et transmission des états des contraventions à la police et à l'exploitation des chemins de fer, II, 490.

—— (2 mai). Falsification des vins, II, 401.

—— (30 août). Transmission mensuelle des états des contraventions à la police et à l'exploitation des chemins de fer, II, 490.

—— (12 déc.). Tarif des transports d'huissiers, II, 325.

1855 (12 août). Falsification des cafés, chicorées, II, 280.

—— (26 avril). Envoi d'un état nominatif des attachés travaillant dans les parquets, III, 386.

—— (25 mai). Exécution de la convention signée le 18 juillet 1828 avec la Suisse pour régler les rapports judiciaires, III, 149.

—— (30 juin). Translation des prévenus ou accusés par le chemin de fer, II, 318, 412.

—— (4 août). Transmission des états, même négatifs, de contraventions à la police et à l'exploitation des chemins de fer, II, 490.

—— (23 oct.). Avis à donner par les notaires aux directeurs des établissements de bienfaisance, des dons et legs faits à ces établissements, II, 298.

—— (24 oct.). Correspondance en franchise entre les procureurs généraux et les commissaires spéciaux de police, II, 337.

—— (15 déc.). Renvoi aux parquets qui les ont transmis des relevés du registre des pointes et congés non conformes au modèle adopté, II, 314.

1856 (3 janv.). Envoi d'un état des poursuites et condamnations correctionnelles en matière de falsification de marchandises, II, 376.

—— (21 juillet). Casier électoral, II, 322.

—— (30 sept.). Mention relative à la responsabilité des maîtres et patrons à insérer sur des extraits de jugements concernant des ouvriers ou serviteurs, II, 332.

—— (25 nov.). Consignation des fonds par les syndics de faillite, III, 335.

1857 (18 fév.). Correspondance télégraphique, II, 188.

—— (7 août). Remboursement au Trésor des frais nécessités par la publicité des jugements de condamnation pour fraude sur les marchandises, II, 376.

—— (13 juin). Franchise postale accordée aux maires pour l'envoi des actes de l'état civil concernant des militaires, II, 336.

—— (7 nov.). Attributions des commissaires de surveillance administrative des chemins de fer, II, 204.

1858 (26 janv.). Fixation par le commandant de gendarmerie du nombre de gendarmes nécessaire à la translation par chemin de fer des prévenus et accusés, II, 413.

—— (18 fév.). Envoi mensuel des extraits de condamnations en matière de presse, I, 490; III, 209.

—— (29 juin). Correspondance en franchise entre les procureurs généraux et les préfets, II, 337.

—— (6 oct.). Demande de renseignements sur le transport des prévenus et accusés, II, 481.

1859 (22 janv.). Création de juges spéciaux pour les ordres, II, 438.

—— (16 mars). Transmission par le télégraphe de dépêches circulaires, III, 90.

—— (30 avril). Extraction des condamnés aux travaux forcés détenus

BIBLIOTHÈQUE NATIONALE R.F. IMPRIMÉS

TABLE CHRONOLOGIQUE

DES INSTRUCTIONS ET CIRCULAIRES

ÉMANÉES DES DIFFÉRENTS MINISTRES
ET DU PROCUREUR GÉNÉRAL PRÈS LA COUR DE CASSATION.

MINISTÈRE DE L'INTÉRIEUR.

1868 (6 janv.). Frais de retour des condamnés extraits des prisons pour comparaître comme témoins, III, 358.

—— (21 fév.). Inscription sur les extraits de jugements de la date de la libération des condamnés à l'emprisonnement, III, 52.

—— (6 juillet). Point de départ de la durée des peines à l'emprisonnement, III, 52.

1869 (22 janvier). Remboursement aux héritiers du pécule des condamnés décédés en prison, II, 70.

1870 (1er juillet). Remboursement aux héritiers du pécule des condamnés décédés en prison, II, 70.

1873 (8 nov.). Uniformité du régime dans les établissements pénitentiaires, III, 110.

1874 (7 mars). Transport des sangliers en temps prohibé, III, 298.

— Transport des lapins en temps prohibé, III, 299.

—— (17 juin). Exécution de la contrainte par corps dans les maisons de détention, II, 236.

1875 (15 avril). Administration du pécule des condamnés, II, 70.

—— (10 août). Application de la loi du 5 juin 1875 sur les prisons cellulaires, III, 365.

—— (19 nov.). Transmission des feuilles d'audience aux gardiens-chefs, III, 393.

1879 (18 juillet). Extradition, II, 9.

— Transfèrement des extradés, II, 9.

1880 (12 avril). Suppression de l'autorisation pour la vente des journaux, III, 128.

MINISTÈRE DES FINANCES.

1811 (31 août). Rôle des agents des forêts aux audiences, II, 478.

1823 (19 nov.). Enregistrement des procès-verbaux, exploits, actes et jugements en matière correctionnelle et criminelle, II, 519.

1826 (30 sept.). Recouvrement des condamnations pécuniaires, III, 297, 325.

1851 (30 juillet). Règlement des frais imposés aux greffiers par la confection des bulletins n° 1, II, 158.

1853 (12 fév.). Enregistrement des procès-verbaux, actes, exploits et jugements en matière correctionnelle et criminelle, II, 519.

1854 (13 mars). Prestation de serment des agents de la marine, III, 385.

—— (6 nov.). Tarif des transports des huissiers, II, 326.

1855 (23 juin). Tarif des transports des huissiers, II, 326.

—— (8 août). Surveillance des droits de transport perçus par les huissiers, III, 332.

1858 (29 sept.). Prestation de serment des agents des contributions indirectes, I, 71.

—— (13 déc.). Sursis à l'exécution de la contrainte par corps, II, 417.

1859 (4 août). Instructions relatives à l'inscription au répertoire et à l'enregistrement des exécutoires de dépens et états de frais, II, 468.

1861 (8 oct.). Recouvrement des frais sur les parties civiles, II, 514.

1875 (20 sept.). Recouvrement des amendes et des condamnations pécuniaires, I, 206; III, 297, 325.

—— (20 sept.). Recouvrement par les trésoriers-payeurs généraux des amendes de simple police et de police correctionnelle, I, 211.

—— (20 sept.). Rédaction des extraits de jugements, I, 317.

—— (20 sept.). Droits dus aux greffiers pour la rédaction des extraits de liquidation de jugements et d'arrêt, I, 317.

—— (20 sept.). Relevés sommaires qui tiennent lieu en simple police

MINISTÈRE DE LA GUERRE.

MINISTÈRE DE LA MARINE ET DES COLONIES.

MINISTÈRE DE L'INSTRUCTION PUBLIQUE.

MINISTÈRE DES TRAVAUX PUBLICS.

MINISTÈRE DE L'AGRICULTURE ET DU COMMERCE.

1855 (20 oct.). Falsification des vinaigres, II, 377.

1856 (10 juillet). Mise en vente de sangsues gorgées de sang, II, 377.

1858 (6 sept.). Dépôt au greffe des marques de fabrique, II, 409.

1859 (1er mars). Dépôt au greffe des marques de fabrique, II, 458.

1862 (11 sept.). Dépôt au greffe des marques de fabrique, II, 531.

1875 (20 mai). Correspondance en franchise des inspecteurs des enfants employés dans les manufactures, II, 75.

—— (29 mai). Attributions des inspecteurs des enfants employés dans les manufactures, II, 75.

PROCUREUR GÉNÉRAL PRÈS LA COUR DE CASSATION.

1845 (26 déc.). Mémoires à l'appui des pourvois en cassation en matière criminelle, II, 82.

1870 (17 mars). Transmission des actes de dénonciation des pourvois en matière électorale, III, 5.

1872 (11 déc.). Transmission par les procureurs généraux des décisions rendues sur renvoi après cassation, II, 82.

1874 (7 mai). Transmission des pourvois en matière de simple police, II, 81.

1876 (26 fév.). Transmission des pourvois en matière électorale, II, 81.

BIBLIOTHÈQUE NATIONALE
R.F.
IMPRIMÉS

FIN

www.ingramcontent.com/pod-product-compliance
Lightning Source LLC
Chambersburg PA
CBHW031608210326
41599CB00021B/3095